LE ISTITUTIONI HARMONICHE
AS VIRTUDES RETÓRICAS E A MÚSICA PRÁTICA NO SÉCULO XVI

Editora Appris Ltda.
1.ª Edição - Copyright© 2024 da autora
Direitos de Edição Reservados à Editora Appris Ltda.

Nenhuma parte desta obra poderá ser utilizada indevidamente, sem estar de acordo com a Lei nº 9.610/98. Se incorreções forem encontradas, serão de exclusiva responsabilidade de seus organizadores. Foi realizado o Depósito Legal na Fundação Biblioteca Nacional, de acordo com as Leis nos 10.994, de 14/12/2004, e 12.192, de 14/01/2010.

Catalogação na Fonte
Elaborado por: Josefina A. S. Guedes
Bibliotecária CRB 9/870

C157i
2024
	Callegari, Paula Andrade
	    Le istitutioni harmoniche: as virtudes retóricas e a música prática no século XVI / Paula Andrade Callegari. – 1. ed. – Curitiba: Appris, 2024.
	    268 p. ; 23 cm. – (Ciências da comunicação).
	
	    Inclui referências.
	    ISBN 978-65-250-5918-1
	
	    1. Música – História – Séc. XVI. 2. Zarlino, Gioseffo, 1517-1590. 3. Virtudes. 4. Vícios. I. Título. II. Série.
	
	                                                   CDD – 780.9

Livro de acordo com a normalização técnica da ABNT

Appris editora

Editora e Livraria Appris Ltda.
Av. Manoel Ribas, 2265 – Mercês
Curitiba/PR – CEP: 80810-002
Tel. (41) 3156 - 4731
www.editoraappris.com.br

Printed in Brazil
Impresso no Brasil

Paula Andrade Callegari

LE ISTITUTIONI HARMONICHE
AS VIRTUDES RETÓRICAS E A MÚSICA PRÁTICA NO SÉCULO XVI

FICHA TÉCNICA

EDITORIAL	Augusto Coelho
	Sara C. de Andrade Coelho
COMITÊ EDITORIAL	Marli Caetano
	Andréa Barbosa Gouveia - UFPR
	Edmeire C. Pereira - UFPR
	Iraneide da Silva - UFC
	Jacques de Lima Ferreira - UP
SUPERVISOR DA PRODUÇÃO	Renata Cristina Lopes Miccelli
PRODUÇÃO EDITORIAL	Bruna Holmen
REVISÃO	Camila Dias Manoel
DIAGRAMAÇÃO	Andrezza Libel
CAPA	Eneo Lage

COMITÊ CIENTÍFICO DA COLEÇÃO CIÊNCIAS DA COMUNICAÇÃO

DIREÇÃO CIENTÍFICA Francisco de Assis (Fiam-Faam-SP-Brasil)

CONSULTORES

Ana Carolina Rocha Pessôa Temer
(UFG-GO-Brasil)

Antonio Hohlfeldt
(PUCRS-RS-Brasil)

Carlos Alberto Messeder Pereira
(UFRJ-RJ-Brasil)

Cicilia M. Krohling Peruzzo
(Umesp-SP-Brasil)

Janine Marques Passini Lucht
(ESPM-RS-Brasil)

Jorge A. González
(CEIICH-Unam-México)

Jorge Kanehide Ijuim
(Ufsc-SC-Brasil)

José Marques de Melo
(In Memoriam)

Juçara Brittes
(Ufop-MG-Brasil)

Isabel Ferin Cunha
(UC-Portugal)

Márcio Fernandes
(Unicentro-PR-Brasil)

Maria Aparecida Baccega
(ESPM-SP-Brasil)

Maria Ataíde Malcher
(UFPA-PA-Brasil)

Maria Berenice Machado
(UFRGS-RS-Brasil)

Maria das Graças Targino
(UFPI-PI-Brasil)

Maria Elisabete Antonioli
(ESPM-SP-Brasil)

Marialva Carlos Barbosa
(UFRJ-RJ-Brasil)

Osvando J. de Morais
(Unesp-SP-Brasil)

Pierre Leroux
(Iscea-UCO-França)

Rosa Maria Dalla Costa
(UFPR-PR-Brasil)

Sandra Reimão
(USP-SP-Brasil)

Sérgio Mattos
(UFRB-BA-Brasil)

Thomas Tufte
(RUC-Dinamarca)

Zélia Leal Adghirni
(UnB-DF-Brasil)

*Aos amores da minha vida,
Cesar e Maria.*

AGRADECIMENTOS

Agradeço à Coordenação de Aperfeiçoamento de Pessoal de Nível Superior (Capes – Código de Financiamento 001), pelo apoio concedido para realização de estágio de pesquisa na Università di Bologna, Itália, no Programa Doutorado Sanduíche no Exterior.

À Fundação de Amparo à Pesquisa do Estado de São Paulo (Fapesp), por meio do Grupo de Pesquisa em Música da Renascença e Contemporânea (GReCo – Projeto Jovem Pesquisador em Centros Emergentes, Fapesp – Processo 2014/15570-0), pelo apoio para participação em eventos acadêmicos e de divulgação científica.

À Universidade Federal de Uberlândia (UFU), pela concessão de afastamento integral para a realização da pesquisa, e aos colegas do curso de Música, pelo carinho e estímulo. Em especial, àqueles que me incentivaram a levar adiante esta publicação.

Ao Prof. Dr. Paulo Mugayar Kühl, pelo acolhimento e interesse pelo tema, pela generosidade, sabedoria, postura ética e pelo clima amistoso e leve na orientação do trabalho.

Aos Profs. Dr. Fernando Luiz Cardoso Pereira, Dr.ª Helena Jank, Dr. Mário Henrique Simão d'Agostino (*in memoriam*) e Dr.ª Maya Suemi Lemos, pela leitura meticulosa do trabalho e pelas generosas contribuições para a versão final.

Ao Dr. Cesar Villavicencio, pelas infinitas contribuições desde o projeto até a conclusão da pesquisa, pelas leituras de diversas versões do texto e por compartilhar tantas descobertas, dúvidas e aprendizados.

À Luíza e Marina, pelo amor, carinho e acolhimento na "família de casa", e pela convivência fácil e gostosa que fez o tempo passar rápido e com muita leveza.

Aos meus pais, Paulo e Vânia, às minhas irmãs, Érika e Vívian, pelo amor, incentivo e apoio incondicional.

À querida Viviane Alves Kubo, pela amizade sincera, pelas inúmeras conversas sobre a pesquisa e pela ajuda imprescindível que possibilitou meu trabalho na Itália.

Às amigas Deborah, Paola, Sttela e Bartira, por toda a experiência de vida compartilhada na Itália. E a Júlia, Martinha, Luísa, Carina e Melina, pelo acolhimento, companhia e amizade enquanto estava longe de casa.

*Ringrazio cordialmente al Prof. Dr. Paolo Cecchi per la mia cotutela presso all'*Università di Bologna. *Ringrazio anche alle bibliotecarie della Biblioteca del Dipartimento delle Arti – Musica e Spettacolo, della Biblioteca Universitaria* (Università di Bologna) *e del* Museo Internazionale e Biblioteca della Musica di Bologna *per l'aiuto inestimabile. Desidero inoltre ringraziare il* Museo Internazionale e Biblioteca della Musica di Bologna, *che generosamente mi ha concesso l'accesso all'originale del trattato di Zarlino e ha autorizzato la riproduzione di alcune immagini presenti in questo libro.*

Vorrei esprimere la mia gratitudine al "caro amico dell'altro mondo", Prof. Daniele Salvatore, per le innumerevoli conversazioni e contributi alla comprensione del trattato di Zarlino e il suggerimento di confronto tra le sue varie edizioni; e ai carissimi Livio Ticli e Marcello Mazzetti, per la amicizia, gli incontri piacevoli, l'aiuto con i dubbi sulle idee di Zarlino e per condividere il piacere di far suonare la musica.

Sono altresì grata al Prof. Massimo Privitera (Università di Palermo), *Prof. Elio Nenci* (Università di Milano), *Prof. Jonathan Pradella* (Université de Fribourg), *Prof. Guido Mambella* (ricercatore dell'Athena Musica) *e alla Prof.ssa. Bice Mortara Garavelli* (Università di Torino) *che hanno contribuito in modo diretto o indiretto alla realizzazione di questo lavoro. Grazie mille a tutti voi!*

PREFÁCIO

Gioseffo Zarlino é uma figura de referência para o mundo da música, lembrado sobretudo como teórico e, em menor escala, como compositor, apesar de ter ocupado o cargo de mestre de capela em Veneza de 1565 até sua morte em 1590. Referência fundamental para quem se interessa pela teoria musical, curiosamente é um autor pouco estudado, apesar de muito citado. Sua gigantesca produção teórica e a complexidade dos temas que tratou talvez intimidem quem se propõe a examinar as várias questões ligadas à composição e à prática musical no século XVI. Complicando um pouco mais esse cenário, a disputa entre partidários do que foi chamado de *prima* e *seconda pratica*, que num primeiro momento opôs Giovanni Maria Artusi e Claudio Monteverdi, relegou Zarlino a uma improvável posição de "conservador", criando talvez mais uma camada de esquecimento de sua obra. Some-se a isso a dificuldade de leitura de um texto erudito italiano do século XVI, com questões conceituais, de vocabulário e com referências aos mais variados autores; parece que, com esse conjunto de dificuldades, criamos barreiras intransponíveis para o estudo de uma obra tão complexa.

Ultrapassando, pelo menos por enquanto, polêmicas e esquecimentos, o encontro com a obra de Zarlino e, em especial, as *Istitutioni Harmoniche* é riquíssimo. Podemos descobrir diversos assuntos que nos interessam e, até mesmo, para nossa surpresa, recomendações que aproximam o autor daquilo que Monteverdi proporia 50 anos depois. Mas, especialmente neste livro de Paula Callegari, podemos encontrar uma série de ideias relativas à música e à retórica. Sabemos que, pelo menos desde o século XV, vários artistas e teóricos vinham propondo uma aproximação das artes, em especial as do desenho, com certos princípios retóricos. Também conhecemos mais profundamente as propostas no Norte da Europa, em especial dos países que passaram pela Reforma, no que diz respeito à união entre música e retórica, com uma série de desdobramentos importantíssimos para a música até o fim do século XVIII. Contudo, nos estudos sobre retórica musical, quase nada foi falado sobre a Itália, seus compositores e seus teóricos.

É claro que, já no título da obra de Zarlino, o parentesco com a *Institutio oratoria*, de Quintiliano, está colocado, mas compreender os vários níveis de relação entre os preceitos retóricos e aquilo que Zarlino propõe é uma tarefa trabalhosa. Justamente aqui entra o rigoroso trabalho de Paula Callegari: ao examinar o tratado do teórico italiano, ela propõe um estudo de temas inéditos nas pesquisas sobre Zarlino, criando um trabalho pioneiro, revelando grande competência e enorme coragem. Parte da pesquisa foi realizada na Itália, especialmente na Universidade de Bolonha, e é importante destacar que, mesmo ali, este trabalho foi reconhecido por sua originalidade.

Dentro do colossal mundo das questões retóricas, Paula Callegari escolheu investigar aquelas ligadas à virtude e ao vício não apenas do próprio discurso e, consequentemente, do discurso musical, mas também aquelas ligadas aos comportamentos e, no caso dos músicos, das boas composições e da boa execução. A autora constrói um percurso que consegue elucidar as diversas sutilezas da passagem do mundo retórico para o mundo musical, mostrando quanto Zarlino era conhecedor da tradição e quanto se preocupava com seus desdobramentos na música. É preciso enfatizar que a transição da retórica para a música não é um processo simples, e comporta várias soluções e implicações. Menciono aqui alguns dos temas tratados: um exemplo importante, destacado pela autora nas preocupações de Zarlino, é o caso da execução das composições por parte dos cantores. Se os erros cometidos por estes e apontados por Zarlino nos parecem comuns, constantes ao longo dos séculos e até mesmo banais, o fundamento para sua crítica e para sua correção alinha-se com uma longa tradição retórica. Note-se que essa constatação só é possível após o longo trabalho de demonstração efetuado pela autora, que esmiuçou os diversos caminhos que nos levam a compreender a profundidade do texto zarliniano. Do mesmo modo, ao examinar algumas composições, a autora encontra os fundamentos teóricos para determinadas escolhas musicais, seja na manutenção das normas, seja em certas transgressões, todas contidas nos preceitos indicados por Zarlino. Assim, podemos ver que, mais do que um criador de normas rígidas, Zarlino tinha uma compreensão muito alargada do fazer musical e buscava, sobretudo, a coerência da composição e da prática musicais, associada a questões éticas.

O trabalho de Paula Callegari é exemplar em múltiplos aspectos: no rigor das traduções, na clareza do percurso construído, permitindo uma leitura concatenada das questões retóricas e musicais, no ineditismo do tema e da abordagem, e no enfrentamento de questões que atravessam os séculos e nos dizem respeito até hoje.

Paulo M. Kühl
Professor titular
Instituto de Artes, Universidade Estadual de Campinas (Unicamp)

SUMÁRIO

1
INTRODUÇÃO 13
   1.1 Nota ao texto 24

PARTE I

2
GIOSEFFO ZARLINO (1517-1590) 31
   2.1 *Maestro di cappella* em São Marcos 37
   2.2 Accademia della Fama 41
   2.3 Produção musical 46
   2.4 Escritos musicais 53

3
LE ISTITUTIONI HARMONICHE 59
   3.1 Primeira parte: os números, as proporções e as formas das consonâncias 70
   3.2 Segunda parte: as vozes ou os sons, que são a matéria das consonâncias 72
   3.3 Terceira parte: a arte do contraponto 73
   3.4 Quarta parte: os modos 76
   3.5 *Musico Perfetto* 77

PARTE II

4
VIRTUDE E VÍCIO 83
   4.1 Virtudes da elocução 99

5
CORREÇÃO (*HELLENISMÓS, LATINITAS*) 109
   5.1 Execução dos cantores 119

6
CLAREZA (*SAPHANEIA, PERSPICUITAS*) 123

7
DECORO (*TO PREPON, DECORUM, APTUM*) 137

8
ORNATO (*KATASKEUE, ORNATUS*) 157
    8.1 *Licentia* 180
    8.2 *Compositio* 194

9
ACOMODAÇÃO DA MÚSICA AO TEXTO 199

10
CONSIDERAÇÕES FINAIS 233

REFERÊNCIAS 239

ÍNDICE REMISSIVO 255

INTRODUÇÃO

A historiografia musical comumente estabelece uma forte relação entre as ideias do humanismo e o redescobrimento da música da antiguidade clássica. Na Itália, inúmeros fatores tornaram possível o movimento humanista, entre eles o surgimento de uma sociedade urbana rica, sustentada por atividades comerciais e industriais em larga escala e pelo desenvolvimento de instituições financeiras, além do acesso a textos antigos e do crescente interesse pela filologia devido à presença dos gregos exilados de Constantinopla. O aumento da concentração populacional nas cidades, o crescimento de fortunas privadas e a concentração de riqueza e poder político dos príncipes e doges encorajaram a disseminação da educação e criaram condições para a prática de patronato nas cidades-estado, o que foi crucial para o florescimento das artes. Nesse contexto, escritores e artistas tinham que atender a um novo gosto que não estava limitado pela tradição eclesiástica, e, assim, a cultura clássica mostrou-se adequada para preencher as necessidades dessa sociedade urbana de homens educados, tornando-se o modelo natural e a fonte de conhecimento secular em questões relacionadas aos interesses humanos e cívicos, o que até hoje pode ser observado, por exemplo, na arquitetura dos palácios e igrejas, nos bustos esculpidos em estilo romano, nas estátuas equestres e no estilo retórico presente em diversos tipos de escritos, não apenas na disposição dos argumentos, mas também na escolha dos conteúdos e nas formas escolhidas pelos autores, das quais o diálogo e o discurso foram as mais frequentes (PALISCA, 1985a).

Palisca (1985a) e Vega (2011) salientam que essa relação entre as ideias humanistas e a antiguidade clássica deve ser vista com cautela no campo da música, pelo fato de que a música dos antigos não podia ser recriada, como era possível em outras artes e disciplinas, como a literatura, a escultura ou a arquitetura, que tinham modelos palpáveis para seguir. Da mesma forma que a pintura romana era desconhecida no século XVI, a música dos antigos não podia ser ouvida naquela época. Além disso, muitos dos instrumentos musicais da antiguidade se perderam, e os textos conhecidos àquela altura tinham uma notação incompreensível em muitos aspectos. Assim, a renovação da música não partiu de modelos gregos ou latinos concretos, mas de textos que descreviam a natureza musical e seus efeitos, que eram as referências existentes no assunto, e, dessa forma, compositores e estudiosos preocuparam-se em encontrar uma fundamentação científica e filosófica para a prática da música moderna (PALISCA, 1977, p. 1). O humanismo musical estava, então, associado à compreensão da teoria musical antiga e sua relação com os poderes emocionais da música, o que demandava a recuperação de seus efeitos e a concepção da disciplina com base em suas implicações éticas e afetivas (VEGA, 2011, p. 36). Um reflexo disso foi a efervescência de estudos musicais realizados em diversos círculos, o que é evidenciado pela grande quantidade de tratados escritos e publicados nos séculos XV e XVI na Itália, que superam em muito o montante produzido em outros lugares (PALISCA, 1985a, p. 8).

Nesses textos, foram abordados diversos aspectos da música, e os conteúdos relativos à *Musica Theorica*, ou Especulativa, foram aqueles mais obviamente influenciados pelo passado clássico. Essa influência estendeu-se também à Música Prática, como resultado do desejo de racionalizá-la e fazê-la em conformidade com os preceitos da Música Teórica, o que é notável especialmente na teoria da composição. Os tutores para canto e vários instrumentos foram os menos afetados pelos modelos clássicos, mas ainda assim fazem parte do furor da produção intelectual do período. Nesses documentos, segundo Palisca (1985a, p. 22), as questões mais comuns são relativas à natureza dos modos; ao controle da dissonância, da melodia e do ritmo no contraponto; à relação entre música e texto; e à justificativa para que o senso auditivo ou matemático determinasse as regras da composição. De qualquer maneira, era recorrente a ideia de que a música deveria mover os afetos, seguindo os modelos da retórica e da oratória, como uma espécie de objetivo para os compositores: a "retórica foi a arte de persuadir e mover leitores e ouvintes a acreditar e sentir como o autor ou orador pretendia"[1] (PALISCA, 2006, p. 203, tradução nossa). Harrán (1988a, p. 138) observa que, nas fontes musicais quinhentistas, a música é identificada como um tipo de discurso; e o músico, como uma encarnação do orador ou do poeta, e, nesse sentido, o dever do orador de ser persuasivo e eloquente também incide sobre o músico. Isto quer dizer que tanto o compositor quanto o cantor (ou instrumentista) tinham a intenção de conquistar o ouvinte por meio de um discurso refinado, de modo que os princípios da retórica verbal passaram a pertencer, igualmente, à composição e à interpretação musical.

---

[1] "Rhetoric was the art of persuading and moving readers and listeners to believe and feel as the author or orator intended" (PALISCA, 2006, p. 203).

Para Harrán (1988a, p. 142), dos muitos teóricos do período que elaboraram as bases da relação entre música e retórica, designando ou demonstrando as conexões entre as duas áreas, Gioseffo Zarlino foi um dos que se destacaram por discutir, de forma ampla e perspicaz, questões como a necessidade de um cuidadoso artesanato musical, a adaptação da música às qualidades afetivas, sintáticas e de pronúncia do texto, as considerações relativas a invenção, disposição e apresentação dos materiais, as noções de elegância e barbarismo, as ponderações acerca dos afetos dos modos, entre outras. O autor ainda pondera que a transferência dos princípios da eloquência e persuasão da retórica para a teoria e a prática musical foi uma das grandes contribuições do movimento humanista e pode ser vista como um aspecto essencial que perpassa os escritos de Zarlino.

Segundo Wilson, Buelow e Hoyt (2001), os conceitos musicais relacionados com a retórica tiveram origem na extensa literatura sobre a retórica e oratória, principalmente devido à redescoberta da *Institutio oratoria* completa, de Quintiliano, em 1416, do texto da maturidade de Cícero, *De oratore*, em 1422, e da *Retórica* de Aristóteles. De acordo com Kickhöfel (2009, p. 6), o estudo de autores clássicos, a partir do *Quattrocento*, deu-se pela busca das fontes mais antigas que, por séculos, foram objeto de comentários e interpretações por vezes duvidosas. Essa nova abordagem conduziu a uma mudança de foco que se transferiu da metafísica para a ética e a política (relevantes para as necessidades sociais da época), o que, no campo da retórica, reconduziu ao cultivo das virtudes e à formação do homem bom (*vir bonus*) como pré-requisitos para a formação do orador.

Diante disso, é plausível pensar que, se houve esforços para adaptar princípios e estratégias advindos da retórica para a música no século XVI, então as considerações que dizem respeito à formação do orador também se estenderam à formação do músico. A adaptação dos conceitos de uma área em outra requer reformulações, mas observa-se que, tanto na oratória como na música, a retórica informa modos de comunicação humana com o intuito de torná-los mais efetivos. Em outras palavras, a retórica depende de uma prática, seja por meio de palavras, seja de sons. Embora exista uma evidente preocupação com o desenvolvimento das virtudes, tanto em termos gerais, como nas ideias humanistas que vigoravam no período, quanto em âmbito mais específico, como no domínio da elocução retórica — na qual é imprescindível que o orador tenha pleno domínio técnico da linguagem e seja capaz de expressar-se de forma clara e poderosa perante um público específico —, é surpreendente constatar que o termo "virtude" e outras noções a ele relacionadas raramente aparecem de forma explícita nos textos musicais do século XVI.

Porém, em declarações sobre execuções musicais da época, por exemplo, é possível verificar indícios da associação das virtudes à prática e à composição musical. Observemos o relato feito por Othmar Luscinius no seu *Musurgia seu praxis musicae* (1536) sobre o organista Paul Hofhaimer:

> Na execução musical, ele mostrou tanto força quanto graça. Ele não se estendeu em músicas longas causando desgosto, nem em uma brevidade desprezível [...] A mobilidade de seus dedos é maravilhosa sem, no entanto, comprometer o caráter majestoso de sua construção musical. Para ele não é suficiente que algo soe estudado, mas deve ser acompanhado de graça e beleza.[2] (LUSCINIUS, 1536 *apud* SMITH, 2011, p. 2, tradução nossa).

Nesse comentário, transparece o cuidado do organista em observar o equilíbrio entre o que concerne ao ouvido e também ao intelecto. Encontra-se um inerente cuidado com o uso da proporção correta entre técnica e inspiração. Ao se referir a não ter tocado algo muito longo nem muito breve, existe uma referência à escolha do tempo justo, o que possui relação direta com as virtudes. Nesse contexto, a atitude de excelência do músico implicou a escolha de um ponto entre os dois opostos mencionados (muito longo e muito curto) em uma circunstância específica, o que é uma preocupação intrínseca à ideia de mediania que caracteriza a ação virtuosa.

Por outro ângulo, as partituras daquela época careciam de qualquer indicação de nuances interpretativas, o que implica uma responsabilidade do intérprete musical em relação às escolhas em cada momento. Observemos as orientações de Nicola Vicentino em seu tratado *L'antica musica ridotta alla moderna prattica* (1555):

> [...] e algumas vezes se usa uma certa ordem de proceder nas composições que não se pode escrever, como são o dizer piano e forte, e o dizer rápido e devagar, e mover o tempo segundo as palavras para demonstrar os efeitos das paixões das palavras e da harmonia [...] e a experiência do orador o ensina, que se vê o modo que tem na oração, que ora diz

---

[2] "In the execution of music, he showed just as much power as grace. He neither extended himself in long songs causing distaste, nor in despicable brevity. [...] The mobility of his fingers is marvellous, without however harming the majesty of his musical construction. It is not enough for him that something sound learned, it must be accompanied by grace and beauty" (LUSCINIUS, 1536 *apud* SMITH, 2011, p. 2).

> forte e ora piano, e mais devagar e mais rápido, e com isso move muito os ouvintes e esse modo de mover o tempo faz muito efeito na mente [...].[3] (VICENTINO, 1555, IV.41, p. 94v, tradução nossa).

Assim como no relato de Luscinius, esse trecho de Vicentino revela a existência de diferentes possibilidades entre as quais o intérprete deve deliberar, valendo-se de um processo intelectual que considera as particularidades de cada situação, para, então, escolher por uma via de ação. Embora seja possível compreender uma distinção conceitual entre os âmbitos intelectual e prático, eles operam de maneira integrada e por muitas vezes simbiótica durante a realização musical (composição ou interpretação), de modo que, assim como na concepção das virtudes, o uso do conhecimento é somado à percepção do meio para orientar uma escolha que leva ao aumento das possibilidades de se proferir um discurso claro e eloquente.

Nesse sentido, este livro concentra-se na busca de diretrizes que possam sugerir maneiras de formar o músico com base no cultivo das virtudes, pois estas implicam o desenvolvimento do conhecimento e sua adaptabilidade ao momento, ou seja, o foco é direcionado às formas de desenvolver a aptidão para adaptar o discurso da melhor maneira possível perante o meio, guiada por uma predisposição de ordem ética, com o intuito de oferecer uma experiência musical consistente. Dessa forma, considera-se a hipótese de que, embora o conceito de virtude seja raramente mencionado de forma explícita nos escritos musicais do século XVI, ele norteava a formação do músico com o intuito de guiar os seus modos de ação, atuando de forma subliminar na construção de um discurso que tinha o comprometimento de comover, informar e deleitar, por meio de um equilíbrio entre *logos*, *pathos* e *ethos*.

Diante do que foi exposto, este livro pretende compreender de que forma as virtudes orientavam a formação do músico para a prática musical no século XVI, tomando como objeto de investigação o tratado *Le istitutioni harmoniche* (1558), de Gioseffo Zarlino, que se destacou como uma das mais emblemáticas fontes musicais do período, e de documentos que discorrem sobre a necessidade do desenvolvimento do caráter dentro de um campo de ação que interliga, de maneira indissociável, o âmbito prático e o

---
[3] "[...] & qualche uolta si usa un certo ordine di procedere, nelle compositioni, che non si può scriuere, come sono, il dir piano, & forte, & il dir presto, & tardo, & secondo le parole, muouere la Misura, per dimostrare gli effetti delle passioni delle parole, & dell'armonia, [...] & la esperienza, dell'Oratore l'insegna, che si uede il modo che tiene nell'Oratione, che hora dice forte, & hora piano, & più tardo, & più presto, e con questo muoue assai gl'oditori, & questo modo di muouere la misura, fà effetto assai nell'animo [...]" (VICENTINO, 1555, IV.41, p. 94v).

intelectual. Especificamente, a intenção é apreender os conteúdos do texto selecionado, relativos à música prática; identificar como o autor instrui sobre a normativa gramático-musical para a composição de contrapontos; verificar de que modo Zarlino orienta seus leitores acerca da clareza do discurso musical; investigar de que forma a noção de decoro está presente nas instruções do autor; e desvelar de que maneira o tratado concebe um discurso musical ornamentado.

Para isso, o embasamento concentra-se em três eixos que são examinados de forma comparativa: 1) estudos atuais sobre a música veneziana do século XVI; 2) *Le istitutioni harmoniche* e a literatura dedicada a este tratado e seu autor; e 3) o conceito de virtude na Ética a Nicômaco e em fontes gregas e romanas da retórica. Em grande parte do material estudado, observou-se que a relação entre retórica e música é associada à música poética da Alemanha reformada. Além disso, a bibliografia mais atual contém alguns títulos que reconhecem, demonstram e discutem a relação do repertório e dos escritos musicais do século XVI com a retórica. No entanto, nenhum deles tratou especificamente da questão das virtudes e tampouco se restringiu a analisá-la nos textos zarlinianos. O autor que propôs uma abordagem mais próxima a essa foi Don Harrán (1988a, 1997), que argumentou em favor de um código retórico para a interpretação da música do período, pautado nas noções de correção, clareza e adequação, e que examinou o conceito de elegância na crítica musical do período, mas sem identificar que são aspectos circunscritos no domínio da elocução retórica e que derivam da concepção aristotélica de virtude ética. Além disso, as análises realizadas pelo autor são bastante amplas e debruçam-se sobre tratados musicais dos séculos XV e XVI, publicados em diversas partes da Europa. Nesse sentido, acredita-se que as discussões aqui propostas podem contribuir para demonstrar a relação da música polifônica italiana do *Cinquecento* com as preceptivas retóricas, a qual se construiu paulatinamente nos escritos de diversos autores e culminou na obra de Zarlino.

Le istitutioni harmoniche possui uma importância indiscutível entre as fontes musicais do século XVI, uma vez que explica em profundidade tanto questões relativas à Música Especulativa [*Theorica*] — considerada no âmbito do *quadrivium* e pertencente ao currículo universitário, na qual aspectos melódicos, rítmicos e harmônicos são entendidos como proporções matemáticas — quanto à Música Prática [*Prattica*] — relativa às atividades do profissional que era conhecido por compositor, cantor ou tocador [*sonatore*] e que era praticada e aprendida nos coros escolares ou ensinada na relação mestre-aprendiz. Zarlino discorreu sobre essas duas partes da música em um único tratado porque acreditava que o compositor deveria, além de ter domínio do seu ofício, conhecer o motivo do que faz, o que reflete as atividades musicais deste compositor e teórico, conforme será visto mais adiante. Escrito e publicado na metade do século, o texto sistematiza os procedimentos do contraponto, o qual permanece, até hoje, como um dos pilares para a formação do músico, bem como define a teoria modal e é um dos poucos que discorrem, em detalhes, sobre a acomodação da música ao texto, ou seja, a adequação entre as notas musicais e as sílabas para a prática do canto[4]. Além disso, a obra de Zarlino esteve no centro de importantes controvérsias do século XVI que opõem a chamada prática antiga e a moderna, a exemplo do *Dialogo della musica antica et della moderna*, de Vincenzo Galilei (1581), em que o autor questiona os preceitos presentes na obra de seu professor Zarlino e da que contrapõe Giovanni Maria Artusi, também discípulo e defensor das ideias de Zarlino, e Claudio Monteverdi.

Embora seja um dos principais documentos musicais do *Cinquecento* e uma referência frequentemente citada por quem se dedica à música italiana desse período, são escassas as pesquisas atuais que se debruçam sobre esse tratado. Dentre as possíveis razões, pode-se destacar a extensão da obra, a complexidade dos temas e a profundidade com que são abordados, bem como a dificuldade imposta pela leitura de um texto escrito no século XVI, com linguagem, grafia e pontuação muitas vezes distintas do italiano vigente dos dias atuais. Nesse contexto, merecem destaque as seguintes iniciativas: a transcrição da edição de 1589 do tratado para o italiano moderno, realizada por Silvia Urbani (ZARLINO, 2011), com atualização da ortografia e da pontuação do texto e a inclusão de inúmeras notas de rodapé que auxiliam a compreensão de diversos aspectos do tratado, especialmente concernentes à terminologia utilizada pelo autor; os trabalhos de Lucille Corwin (2008), Guy Marco e Claude V. Palisca (ZARLINO, 1968) e Vered Cohen (ZARLINO, 1983), que traduziram para o inglês, respectivamente, a primeira, a terceira e a quarta partes do tratado; a publicação *fac-símile* da edição de 1561 pela editora Arnaldo Forni (ZARLINO, 1999), com ensaios introdutórios de Iain Fenlon e Paolo da Col, que também se encarregou de elaborar um apêndice com as variantes encontradas entre as edições de

---

[4] Outros tratados que discorrem sobre a acomodação da música ao texto são: *Scintile di musica* (1535), de Giovanni Maria Lanfranco, *Fior angelico di musica* (1547), de Angelo da Pizzighettone, *L'antica musica ridotta alla moderna prattica* (1555), de Nicola Vicentino, *Regole del contraponto, et compositione brevemente raccolte* (1595), de Valerio Bona, *Il compendio della musica* (1588), de Orazio Tigrini e, sobretudo, *De musica verbali libri duo* (ca. 1570), de Gaspar Stoquerus, que se destaca dos demais por se dedicar inteiramente ao assunto.

1561 e 1589; bem como as publicações de Judd e Schiltz (2015) e Judd (2006, 2007) dos livros de motetos compostos por Zarlino. Como será visto mais adiante[5], a publicação desses motetos na atualidade contribui para a difusão das composições musicais de Zarlino, comumente subdimensionadas em comparação com seus escritos teóricos, bem como auxiliam na compreensão de aspectos abordados em *Le istitutioni harmoniche*, já que foram elaborados no mesmo período em que o tratado foi redigido e podem ser estudados de forma complementar e interdependente. Cabe ainda mencionar a mostra *Mvsico Perfetto Gioseffo Zarlino (1517-1590): la teoria musicale a stampa nel cinquecento*, realizada em Veneza, entre dezembro de 2017 e janeiro de 2018, pela Biblioteca Nazionale Marciana em parceria com a Fondazione Ugo e Olga Levi, por ocasião da celebração dos 500 anos de nascimento do músico e com a publicação de um catálogo homônimo à mostra (ZANONCELLI, 2017). No Brasil, houve a realização de uma mesa-redonda em homenagem aos 500 anos de nascimento de Zarlino na III Mostra do Grupo de Pesquisa em Música da Renascença e Contemporânea (GReCo), em 2017; e a tese de Gustavo Ângelo Dias (2015), que investigou os princípios do acompanhamento no barroco setecentista à luz da teoria harmônica e contrapontística exposta em *Le istitutioni harmoniche*, parece ser a única pesquisa relacionada especificamente à obra de Zarlino desenvolvida até o momento[6].

Esse cenário demonstra que, de fato, são poucos os estudos que se dedicam ao músico e que o interesse pela obra desse compositor e teórico é relativamente recente. Ainda mais raras são as referências a Zarlino e sua obra em língua portuguesa. Esse panorama evidencia também a necessidade de estudos sobre este tratado que possam aprofundar a sua compreensão e desvelar novas possibilidades para interpretá-lo, já que é uma das fontes mais citadas do período, mas, aparentemente, pouco lida. Espera-se, portanto, que este livro ofereça uma contribuição para essas questões e que auxilie também, por meio da inclusão da tradução de diversas partes do tratado, com uma perspectiva, de certa forma didática, de contextualização e explicação de algumas de suas passagens mais complexas.

---

[5] Capítulo 2, subcapítulo 2.3, "Produção musical".

[6] Em consulta ao Catálogo de Teses da Capes, constam outros quatro trabalhos acadêmicos que discutem aspectos tratados por Zarlino, mas que não têm a sua obra como foco exclusivo: Mariel de Paula Chaves (2018) estudou a relação entre matemática e música com base nas divisões dos tempos musicais no compasso 4/4; Delphim Rezende Porto Júnior (2018) propôs uma contextualização segundo preceptivas humanistas e musicais das representações retóricas do exercício musical em fontes do Renascimento italiano; Tiago de Lima Castro (2017) investigou as possíveis fontes musicais consultadas por René Descartes para a redação de seu *Compendium musicae* (1618); e Carla Bromberg (2009) analisou a concepção científica de música na obra de Vincenzo Galilei (Disponível em: http://catalogodeteses.capes.gov.br/catalogo-teses/#!/. Acesso em: 11 out. 2019).

O trabalho que culminou na presente publicação foi realizado em diferentes etapas. Uma delas concentrou-se, em um primeiro momento, nos estudos relativos a *Le istitutioni harmoniche* e seu autor, a fim de obter uma compreensão geral do texto e de delimitar com mais precisão a porção do tratado em que seria realizada a análise proposta. Para isso, foram acessados exemplares de todas as edições publicadas durante a vida de Zarlino[7], disponibilizadas em formato eletrônico por diversas bibliotecas europeias e norte-americanas. Posteriormente, foi realizada uma tradução livre da terceira e da quarta partes da primeira edição do tratado (1558), que foi cotejada com as demais edições publicadas no século XVI (as de 1561, 1562, 1573 e 1589), pois elas incluem tabelas que corrigem erros da primeira edição[8] e essa comparação permitiu constatar a existência de algumas diferenças entre elas. Em alguns casos, elas são irrelevantes, apenas com a inversão da ordem de algumas palavras ou expressões ao longo da frase, mas, em outros, são mais significativas, com amplas inserções de textos, bem como modificações relativas ao conteúdo, das quais a mais notável é a renumeração dos modos proposta por Zarlino a partir da edição de 1573[9]. Nesse processo, três trabalhos mais recentes, mencionados anteriormente, foram utilizados simultaneamente às edições históricas: as traduções para o inglês de partes do tratado (ZARLINO, 1968, 1983); o índice de variantes elaborado por Da Col (ZARLINO, 1999, p. 56-96); e a transcrição da edição de 1589 para o italiano moderno, de Urbani (ZARLINO, 2011). Eles se tornaram imprescindíveis para o trabalho, pois permitiram o esclarecimento de diversas questões de difícil compreensão durante a leitura do texto original.

Outra etapa se caracterizou pela compreensão da literatura da retórica. Inicialmente, procedeu-se ao estudo da *Institutio oratoria*, de Quintiliano, especialmente os Livros VIII e IX, que, por discorrerem sobre a elocução

---

[7] Como será visto mais adiante, o tratado foi publicado pela primeira vez em 1558, e, posteriormente, em 1561, 1562, 1573 e 1589.

[8] No capítulo 22 da terceira parte (ZARLINO, 1558, III.22, p. 167), por exemplo, notou-se uma inconsistência entre o exemplo musical apresentado (que forma intervalos de terça) e o conteúdo do texto precedente (que trata da sétima maior), o que foi corrigido na errata da edição de 1561 com a recomendação de virar o livro de cabeça para baixo, mantendo as notas nos lugares em que foram impressas (*"voltando il libro, & leggendo tutto'l secondo essempio alla rivescia, tornerà bene"*). Feito isso, a discrepância resolveu-se e revelou um equívoco do processo de impressão do tratado.

[9] A renumeração dos modos é proposta por Zarlino, pela primeira vez, no tratado *Dimostrationi harmoniche* (1571) e reaparece na edição sucessiva de *Istitutioni harmoniche* (1573) e na sua inclusão como o primeiro volume em *De tutte l'opere* [...] (1589). O assunto é abordado na introdução de Palisca à tradução do quarto livro para o inglês (ZARLINO, 1983) e discutido de modo mais aprofundado por Crocker (1968). Para uma apreciação completa das variantes encontradas entre as edições de 1561 (que repete a de 1558) e 1589, vide apêndice elaborado por Da Col (1999, p. 56-96).

e suas virtudes (estilo, palavras, tropos, figuras de pensamento e de dicção), se configuram como uma das principais obras de referência para a análise proposta. Mais tarde, expandiu-se a bibliografia relacionada a essa temática, com a inclusão de obras de Aristóteles e Cícero e da *Rhetorica ad Herennium*. Ao fim dessa etapa, formou-se um panorama que orientou o exame do tratado de Zarlino, com os principais elementos relacionados aos conceitos de virtude e vício.

A realização de estágio de pesquisa na Università di Bologna (UniBo), Itália[10], foi outra etapa do trabalho. Nela, foi realizado um amplo levantamento bibliográfico e documental, em bases de dados eletrônicas e no acervo físico das seguintes bibliotecas: *Biblioteca del Dipartimento delle Arti – Musica e Spettacolo* e *Biblioteca Universitaria* da UniBo; Museo Internazionale e Biblioteca della Musica di Bologna; Biblioteca Comunale dell'Archiginnasio di Bologna; Biblioteca Comunale Ariostea di Ferrara e Fondazione Giorgio Cini, em Veneza. De especial importância foi o acesso a três originais da edição de 1558 de *Le istitutioni harmoniche*: um arquivado no Museo Internazionale e Biblioteca della Musica di Bologna, um na *Biblioteca Universitaria* da UniBo e outro na Biblioteca Ariostea di Ferrara. Os três exemplares consultados estão em perfeito estado de conservação, e, dentre eles, destaca-se o do Museo Internazionale e Biblioteca della Musica, que possui incontáveis anotações manuscritas marginais redigidas por Ercole Bottrigari, um dos pupilos de Zarlino. Essas anotações incluem questionamentos, concordâncias e sínteses elaboradas por Bottrigari acerca do conteúdo exposto por Zarlino.

Finalmente, houve a etapa de análise de *Le istitutioni harmoniche*, com foco na terceira e na quarta partes do tratado, pois são as que se referem à Música Prática e que possibilitam sua investigação à luz de conceitos advindos da ética e da retórica. Essa análise concentrou-se, primordialmente, no texto de Zarlino, mas, em situações específicas, recorreu-se à inclusão de exemplos musicais para que a discussão se tornasse mais clara. Nesses casos, foram utilizados os exemplos dados pelo próprio autor ao longo tratado[11], ou foram extraídos de seus motetos, ou ainda, de forma mais rara, de composições de outros músicos citados no tratado.

---

[10] Agradeço à Capes pela concessão de bolsa no Programa de Doutorado Sanduíche no Exterior.

[11] Sempre que possível, as figuras inseridas no texto com os exemplos contêm imagens retiradas do próprio tratado. No entanto, quando o exemplo estava dividido em mais de uma página ou a imagem não era clara o suficiente para permitir a leitura, procederam-se às transcrições musicais, que são todas de nossa responsabilidade, salvo indicação contrária.

O livro está estruturado em duas partes. A primeira delas contém dois capítulos introdutórios, dos quais o primeiro apresenta traços biográficos gerais de Gioseffo Zarlino e de sua formação, com base na primeira biografia sobre o compositor (redigida por Bernardino Baldi, em 1595) e fontes secundárias, com enfoque nos diversos aspectos relacionados às suas atividades musicais. O intuito não foi o de traçar uma biografia do músico — o que foge do escopo desta obra e que requereria uma pesquisa documental diversa da que foi desenvolvida —, mas sim perceber e discutir a maneira como a atuação musical de Zarlino é tratada pela literatura e como ela contribui para a compreensão do tratado aqui analisado. Surpreendentemente, constatou-se que ainda não existe uma biografia consistente do músico, de forma que esse capítulo contribui com ponderações acerca da atuação de Zarlino como mestre de capela em São Marcos, em Veneza, da sua participação na Accademia della Fama, de sua produção musical e de seus escritos teórico-musicais.

O capítulo seguinte é dedicado ao tratado propriamente dito e sua inserção no contexto musical veneziano do século XVI. As temáticas abordadas dizem respeito ao formato escolhido pelo autor, às características que o distinguem dos demais tratados publicados na mesma época, às questões relacionadas com sua primeira publicação (1558) e com suas posteriores reedições, à sua leitura e difusão tanto na Itália quanto em outras partes da Europa, ao propósito do autor com a redação do tratado e à forma como os seus conteúdos estão estruturados. O capítulo está dividido, por sua vez, em cinco subtítulos que apresentam uma sinopse de cada uma das partes do tratado, detalhando como os assuntos discutidos pelo autor podem ser agrupados de forma mais ampla, além de conter uma síntese de sua definição de músico perfeito.

A segunda parte do livro contém seis capítulos que expõem as premissas teóricas e desenvolvem a análise de *Le istitutioni harmoniche*. Para tanto, o capítulo 4 apresenta o conceito de virtude e sua correlata noção de vício, conforme estabelecidos por Aristóteles na Ética a Nicômaco. Na sequência, o capítulo demonstra como as concepções de virtude e vício, advindas da ética aristotélica, estão associadas com a elocução retórica, em que dizem respeito à organização do discurso e cujos diversos aspectos convergem para a adequação na incorporação e apresentação das ideias, de modo que resultem em um discurso que será efetivo. Nesse sentido, é um capítulo mais teórico, no qual são definidas, em linhas gerais, as quatro virtudes da elocução — *latinitas, perspicuitas, decorum* e *ornatus*

— com o intuito de apresentar o panorama conceitual que fornece o embasamento para a compreensão dos capítulos seguintes, que contêm a análise do tratado.

Os capítulos 5 a 8 seguem com o aprofundamento dos conceitos de cada uma das virtudes da elocução anunciadas anteriormente. Neles, os referenciais são expandidos e incluem obras clássicas da retórica — especialmente a *Retórica* de Aristóteles; *Rhetorica ad Herennium*; *De oratore*, de Cícero; e *Institutio oratoria*, de Quintiliano —, consultadas em traduções para o português, espanhol, italiano e inglês, bem como estudos atuais que auxiliam a sua compreensão. Esses capítulos também apresentam a análise do tratado, com particular ênfase nas partes 3 e 4 que são as que se ocupam da Música Prática, ou seja, dos aspectos concernentes à composição e à prática musical (por cantores e instrumentistas), e incluem conteúdos relativos à arte do contraponto, aos modos e à acomodação da música ao texto. A esse último aspecto foi dedicado todo o capítulo 9, pois engloba questões relacionadas com as quatro virtudes do estilo, simultaneamente. Todos esses capítulos procuraram evidenciar, com base na sistematização empreendida por Zarlino, de que forma as virtudes orientavam a formação do músico para a prática musical no século XVI. Finalmente, são apresentadas as conclusões e as referências.

1.1 Nota ao texto

Conforme mencionado anteriormente, a análise foi realizada com base na primeira edição de *Le istitutioni harmoniche*, publicada em 1558, com eventuais consultas às demais publicações do tratado ocorridas no século XVI. Embora seja uma prática mais difusa, a do estudo desse tratado pela edição de 1573 (o que possivelmente se justifica pelo reordenamento dos modos e por coincidir com um período de maior maturidade de Zarlino), a presente obra baseia-se na edição de 1558, pois a discussão aqui proposta não se alteraria com a escolha de uma de suas últimas edições.

Todas as traduções incluídas no texto são de nossa responsabilidade, salvo indicação contrária, e os trechos são indicados em nota de rodapé na língua original consultada. Especificamente em relação à obra de Zarlino, a compreensão da terminologia empregada pelo autor possui importância capital e, por isso, sempre que possível, optou-se por manter no português o termo mais próximo ao que consta no texto original (como nos casos de *chorda*, *harmonia* e *voce*, entre outros), mas com o cuidado de incluir uma nota de rodapé com a devida explicação. Considerando que o autor utiliza tanto a nomenclatura dos músicos teóricos quanto a dos práticos para se referir aos intervalos musicais, as duas formas são igualmente usadas ao longo do livro, conforme apresentado no quadro a seguir:

Quadro 1 – Nomenclatura dos intervalos musicais

Termo em italiano (Zarlino)		Tradução para o português	
Músicos teóricos	Músicos práticos	Músicos teóricos	Músicos práticos
Unisono	Unisono	Uníssono	Uníssono
Diapason	Ottava	Diapason [12]	Oitava
Semidiapason/ Diapason diminuta	Ottava diminuta	Semidiapason/ Diapason diminuta	Oitava diminuta
Diapason superflua		Diapason aumentada	[Oitava aumentada]
Diapente	Quinta	Diapente [13]	Quinta
Semidiapente	Quinta imperfetta/ Quinta diminuta	Semidiapente	Quinta imperfeita/ quinta diminuta
Diapente superflua		Diapente aumentada	[Quinta aumentada]
Diatessaron	Quarta	Diatessaron [14]	Quarta
Semidiatessaron		Semidiatessaron	[Quarta diminuta]
Tritono	Quarta superflua	Diatessaron aumentada/ Trítono	Quarta aumentada
Ditono	Terza maggiore	Dítono	Terça maior
Semiditono	Terza minore	Semidítono	Terça menor

---

[12] Embora o termo "diapasão" seja mais comumente utilizado, em língua portuguesa, para indicar o instrumento metálico que produz o som fixado como padrão para afinar vozes e instrumentos musicais (atualmente, indica o Lá$_3$ = 440Hz), é também um termo antigo que se refere ao intervalo de oitava, como se observa no tratado português *Arte de canto cham*, de Antonio Fernandez (1616, p. 51): "Capítulo IX. Das octavas, & suas especies, a que chamam Diapazam [Diapasão]". Para evitar uma possível confusão pela utilização do termo "diapasão" e devido à inexistência de terminologia em língua portuguesa correspondente a alguns intervalos, conforme nomeados pelos músicos teóricos, optou-se por manter a nomenclatura original, que pode ser observada na terceira coluna do Quadro 1.

[13] Em português: diapente, conforme nomenclatura constante no tratado *Arte de canto cham*, de Fernandez (1616, s/p): "Capítulo VI. Das quintas, & suas especies, a que chamam Diapente".

[14] Em português: diatessarão, conforme nomenclatura constante no tratado *Arte de canto cham*, de Fernandez (1616, p. 49): "Capítulo V. Das quartas, & de suas especies, a que por outro nome chamam Diathezaram [Diatessarão]".

Termo em italiano (Zarlino)		Tradução para o português	
Músicos teóricos	Músicos práticos	Músicos teóricos	Músicos práticos
Tuono	*Seconda maggiore*	Tom	Segunda maior
Semituono	*Seconda minore*	Semitom	Segunda menor
Essachordo maggiore	*Sesta maggiore*	Hexacorde maior	Sexta maior
Essachordo minore	*Sesta minore*	Hexacorde menor	Sexta menor
Diapente col ditono/ Eptachordo maggiore	*Settima maggiore*	Diapente com dítono/ Heptacorde maior	Sétima maior
Diapente col semiditono/ Eptachordo minore	*Settima minore*	Diapente com semidítono/ Heptacorde menor	Sétima menor

Fonte: a autora (2023)

No que tange às citações de textos antigos, as referências indicam as divisões internas das edições clássicas e que são universalmente usadas para que as passagens possam ser identificadas em qualquer edição e língua. As citações das obras de Aristóteles seguem as subdivisões de *Aristotelis opera*, de Immanuel Bekker, que foi a base para as traduções consultadas, em língua portuguesa. O nome da obra é abreviado e grafado em itálico (*Retórica* = *Ret.*; e Ética a Nicômaco = *Et. Nic.*), seguido das indicações do livro, página, coluna e linha, como no exemplo: *Et. Nic.*, IV, 1119a 22-27. Procedimento semelhante foi adotado para as obras de Quintiliano e Cícero, bem como para a *Rhetorica ad Herennium*, cujas citações indicam o livro, capítulo e versículo. As citações literais de Quintiliano (*Institutio oratoria* = *Inst. orat.*), em português, advêm da tradução realizada por Bruno Fregni Bassetto (Editora da Unicamp), com indicação do texto em latim e inglês (presentes na edição de The Loeb Classical Library, com tradução de H. E. Butler) em nota de rodapé, apenas nos casos em que o texto original ou a tradução inglesa expressam as ideias discutidas de forma mais precisa do que a tradução para o português, mas todas são identificadas da mesma forma, conforme explicado *supra* (i.e. *Inst. orat.*, VIII.I.1). As citações literais de Cícero e da *Rhetorica ad Herennium*, em português, são traduções de nossa responsabilidade e foram elaboradas, respectivamente, com base na tradução espanhola de José Javier Iso, na qual consta o nome traduzido da obra — *Sobre el orador* — e de Salvador Nuñez, que também traduz o nome da obra — *Retórica a Herenio*. Ambas foram publicadas pela Editorial Gredos e são as que estão incluídas nas referências. No entanto, ao longo do texto e nas citações, serão indicados os nomes originais dessas obras, em latim (*De oratore* e *Rhetorica ad Herennium*) ou suas abreviações (*De orat.* e *Rhet. Her.*, respectivamente), com as indicações dos textos em latim[15] (em consulta à edição de The Loeb Classical Library) e espanhol em nota de rodapé.

---

[15] Ao longo do livro, não existe nenhuma citação literal de trechos da *Rhetorica ad Herennium*, portanto não houve necessidade de informar os textos originais nas notas de rodapé.

PARTE I

2

GIOSEFFO ZARLINO (1517-1590)

Gioseffo Zarlino[16] é um dos personagens mais relevantes da música italiana no século XVI. Citações selecionadas por Cristle Collins Judd mostram-nos exemplos de quanto as críticas que ele recebeu ao longo dos séculos o enaltecem:

> *[...] nenhum teórico desde Boécio foi tão influente sobre o curso do desenvolvimento da teoria musical* – Robert Wienpahl, *Journal of American Musicological Society*.
>
> *Zarlino sozinho foi preeminentemente influente sobre teóricos posteriores em inúmeros países. Suas formulações [...] foram dominantes para músicos na Itália, França, Alemanha e Inglaterra* – Joel Lester, *Compositional Theory in the Eighteenth Century*.
>
> *O príncipe dos músicos modernos* – Rameau.
>
> *O teórico de seu século e talvez de todos os séculos* – Alfred Einstein.
>
> *[...] o mais famoso teórico musical entre Aristoxeno e Rameau* (Wikipedia).[17] (JUDD, 2013, p. 4, grifo do autor).

E, se nos propuséssemos a dar continuidade a essa compilação, um breve levantamento permitir-nos-ia acrescentar que foi "sem dúvida o teórico musical mais altamente considerado do século XVI"[18] (JUDD, 2006, p. vii), que seu nome se tornou quase sinônimo de verdade musical para o

---

[16] Na capa deste livro, observa-se o retrato de Zarlino, realizado por um pintor vêneto anônimo na segunda metade do século XVIII, que está exposto na seção *La Quadreria* do Museo Internazionale e Biblioteca della Musica di Bologna. Disponível em: http://www.bibliotecamusica.it/cmbm/scripts/quadri/scheda.asp?id=284. Acesso em: 15 maio 2018.

[17] "*[...] no theorist since Boethius was as influential upon the course of the development of music theory* – Robert Wienpahl, *Journal of American Musicological Society*.
Zarlino alone was preeminently influential on later theorists in numerous countries. His formulations ... were authoritative for musicians in Italy, France, Germany, and England – Joel Lester, *Compositional Theory in th Eighteenth Century*.
The prince of modern musicians – Rameau.
The theorist of his century and maybe of all centuries – Alfred Einstein.
[...] the most famous music theorist between Aristoxenus and Rameau (Wikipedia)" (JUDD, 2013, p. 4, grifo do autor). No fim do texto, a autora inclui as referências completas das bibliografias citadas.

[18] "Gioseffo Zarlino was without doubt the most highly regarded music theorist of the sixteenth century" (JUDD, 2006, p. vii).

século XVI[19] (LEWIS, 1985, p. 239), que ele figurou entre alguns dos mais famosos músicos da Europa[20] (GLIXON, 1983, p. 392), que foi grande teórico musical (PALUMBO-FOSSATI, 1986), célebre maestro (CAFFI, 1836), "legislador da música"[21] (CAFFI, 1831, p. 237), célebre restaurador da música no século XVI (RAVAGNAN, 1819), "o grande legislador do contraponto rigoroso"[22] (MOLMENTI, 1880, p. 304), ou ainda "o real e grandíssimo mérito de Zarlino: ter sido o autor da lei escrita para a música; lei que foi, rapidamente e para sempre, aceita com aclamação por todas as escolas de todo o mundo culto"[23] (CAFFI, 1836, p. 10).

Uma característica comum a todos esses trechos é que são altamente elogiosos e exaltam as contribuições de Zarlino como teórico musical. De modo semelhante, esta é também a característica que se sobressai no verbete de *The New grove dictionary of music and musicians*[24] dedicado ao autor, que sumariamente é descrito da seguinte forma:

> Teórico e compositor italiano. Foi um dos principais teóricos do contraponto no século XVI. Em seu livro *Le istitutioni harmoniche,* uma referência na história da teoria musical, ele conseguiu uma integração entre a teoria Especulativa e Prática e estabeleceu os métodos de Willaert como modelos para a escrita contrapontística.[25] (PALISCA, 2001b, p. 751).

---

[19] "Such has been Zarlino's stature through the centuries that his name has become almost synonymous with musical truth for the sixteenth century" (LEWIS, 1985, p. 239).

[20] "In the sixteenth century, especially, its leaders [of the ducal basilica of San Marco] were some of the most famous musicians of Europe: Adrian Willaert, Cipriano de Rore, Gioseffo Zarlino and Baldassare Donato as *maestri di cappella*" (GLIXON, 1983, p. 392, grifo do autor).

[21] "[...] que' fogli che trattano del legislator della musica, del famoso nostro Gioseffo Zarlino" (CAFFI, 1831, p. 237).

[22] "(1) Lo Zarlino, scolare del Willaert, fu il grande legislatore del contrappunto rigoroso" (MOLMENTI, 1880, p. 304).

[23] "Questo io credo che sia il reale e grandissimo merito di Zarlino: l'essere stato l'autore della legge scritta per la musica; legge che fu tosto e per sempre da tutte le scuole da tutto il colto mondo accettata per acclamazione" (CAFFI, 1836, p. 10).

[24] Para a preparação deste livro, também foram consultados os verbetes disponíveis no *Die Musik In Geschichte Und Gegenwart* (PALISCA, 1968a) e no Grove Music Online (PALISCA, 2001a). Cabe mencionar que o texto do Grove Music Online é exatamente o mesmo que está presente na sua edição impressa e que as informações constantes em ambas as obras de referência são praticamente as mesmas, de modo que não há discordâncias ou acréscimos entre um texto e outro. Em função disso, todas as citações do Grove foram retiradas de sua versão impressa: *The new grove dictionary of music and musicians* (PALISCA, 2001b). Além desses dicionários, o termo "Zarlino" foi buscado no *Dizionario biografico degli italiani*, no entanto estão disponíveis apenas as biografias iniciadas entre as letras A e R (até ROBORTELLO, Francesco). A edição on-line informa que o verbete "*ZARLINO Gioseffo, teorico musicale 1517-1590*" já está em fase de elaboração, mas não há a previsão para a disponibilização do conteúdo (Disponível em: http://www.treccani.it/biografico/elenco_voci/z. Acesso em: 14 out. 2019).

[25] "Italian theorist and composer. He was a leading theorist of counterpoint in the 16th century. In his book *Le istitutioni harmoniche*, a landmark in the history of music theory, he achieved an integration of speculative and practical theory and established Willaert's methods as models for contrapuntal writing" (PALISCA, 2001b, p. 751, grifo do autor).

Neste trecho, é possível observar que Zarlino é identificado primeiramente como teórico e depois como compositor. Além disso, ele é qualificado como o principal teórico de sua época, e a sua obra que merece destaque é classificada no campo da teoria musical, cuja contribuição mais relevante é a sistematização das regras do contraponto. Após esta breve definição, o texto é dividido em duas partes, das quais a primeira apresenta dados biográficos de Zarlino, com informações sobre as diversas disciplinas em que foi instruído, sua formação vinculada aos frades franciscanos, suas ordens religiosas e atuação profissional, da qual se destaca o posto de mestre de capela em São Marcos. A segunda parte descreve *Le istitutioni harmoniche* com certo detalhe, indicando os conteúdos de cada uma de suas quatro partes, as fontes que serviram de referência para a redação do tratado e a difusão desta obra, além de fazer uma breve menção a algumas das composições musicais de Zarlino, as quais, segundo o autor, "embora eruditas e polidas, são de interesse secundário"[26] (PALISCA, 2001b, p. 753). Ao fim, são indicados os títulos dos três tratados musicais escritos pelo autor e uma lista de referências bibliográficas básicas sobre o assunto.

O estudo deste verbete, somado a outros títulos relativos ao músico e sua obra, evidenciou distintas perspectivas relacionadas a sua biografia, sua formação e atuação musical, bem como aos seus interesses em outras áreas. Com base no que foi encontrado nas diversas fontes consultadas, este capítulo discute a maneira como essa literatura trata os diversos aspectos relacionados às atividades musicais de Zarlino[27]. Para tanto, além do verbete já mencionado, foi consultada a primeira biografia sobre o músico, inserida em *Le vite de' matematici italiani*, de Bernardino Baldi (Urbino,

---

[26] "Zarlino's compositions, though learned and polished, are of secondary interest" (PALISCA, 2001b, p. 753).

[27] Por uma questão de escopo, este capítulo não discutirá os demais assuntos relativos à biografia do músico, que permanece com lacunas que merecem ser investigadas em diversas áreas do conhecimento. É o caso, por exemplo, de sua data de nascimento, de sua formação e suas atividades religiosas, principalmente relativas ao período de Chioggia (sobre o qual as informações são ainda mais escassas e o acesso é mais restrito). Também faltam estudos sobre os anos iniciais do músico em Veneza (antes de sua nomeação como mestre de capela em São Marcos), sobre sua relação com a corte de Ferrara, bem como as outras áreas de interesse às quais Zarlino se dedicou, como a alquimia, a astronomia, o desenho, o entalhe e a criação e construção de instrumentos musicais. Outra vertente ainda inexplorada se refere aos escritos não musicais de Zarlino, que tratam de questões teológicas, matemáticas e filosóficas. Esses temas, assim como os de caráter musical, são amplamente discutidos em uma série de cartas escritas por e para Zarlino, que estão esparsas em arquivos italianos e foram exploradas, até o momento, de modo insuficiente pela pesquisa musicológica. Ainda seria possível compreender a figura de Zarlino segundo sua rede de relações musicais, religiosas, políticas, editoriais, intelectuais e artísticas, que incluem algumas das personalidades venezianas mais notáveis de seu tempo (entre elas, Adrian Willaert, Francesco dalla Viola, Vincenzo Diedo, Bernardo Tasso, Francesco Sansovino, Tintoretto, Andrea Palladio e Daniele Barbaro, para citar apenas alguns exemplos). Finalmente, cabe mencionar os poemas que lhe foram dedicados e as diversas controvérsias nas quais se envolveu diretamente ou que foram desenvolvidas em torno de sua obra. Assim, é evidente a premência de estudos que investiguem com mais profundidade cada uma dessas perspectivas.

1553-1617)[28], bem como outras fontes primárias e secundárias de diversos tipos, acessadas em dicionários, livros, artigos publicados em periódicos e teses. Essas fontes se destacam por estarem inseridas em obras de referência da área, por possuírem importância histórica para a compreensão do tema, ou pela originalidade com que discutem algum aspecto específico da atuação musical do autor.

A formação inicial de Zarlino deu-se em sua cidade natal, Chioggia (localizada na lagoa veneziana), onde aprendeu gramática com Giacobo Eterno Sanese, aritmética e geometria com Giorgio Atanagi, os princípios musicais com o frade Francesco Maria Delfico, e órgão com Marco Antonio Cavazzoni (ca. 1490-ca. 1559), "bolonhês, de sobrenome Urbino" (BALDI, 1887, p. 167-168; CORWIN, 2008, p. 3). De acordo com Benito Rivera[29] (JUDD, 2006, p. xviii), todos esses professores foram realmente ativos durante a juventude de Zarlino, embora muito provavelmente, tenham sido apenas alguns de seus professores. De modo semelhante, Nenci (BALDI, 2007, p. 544) afirma que Cavazzoni obteve certa notoriedade na primeira metade do século XVI e menciona a existência de documentos que comprovam que ele foi organista na catedral de Chioggia entre 1536 e 1537. Embora o autor não forneça nenhuma referência que permita identificar tais documentos, é notável a convergência desta informação com o que consta no verbete do Grove Music Online, no qual se lê que ele certamente era o "Marcho Antonio da Urbini" atuante na Catedral de Chioggia em 1536 e 1537, período em que Zarlino teve Cavazzoni como professor[30] (SLIM, 2001). Considerando-se as evidências da atuação de Cavazzoni na formação de Zarlino, o fato de que o

---

[28] *As vidas dos matemáticos italianos*, de acordo com Elio Nenci (2007, p. 11, p. 39), configuram-se como a primeira tentativa de escrever uma história das ciências matemáticas finalizada na época moderna e representam um grande avanço em relação ao que existia anteriormente sobre o assunto. A obra foi parcialmente editada seguindo critérios heterogêneos e é muitas vezes utilizada por meio de seu breve resumo, a *Cronica de' matematici overo epitome dell'istoria delle Vite Loro* (1707). Os manuscritos que compreendem as 202 Vidas perfazem um total de cinco volumes, conservados no Centro Internazionale di Studi "Antonio Rosmini" de Stresa, que foram reconstruídos pela primeira vez por Giovan Mario Crescimbeni em *Vita di Monsignor Bernardino Baldi da Urbino Abate di Guastalla* (1703-1704) e depois repetidos por Enrico Narduci no prefácio da edição de algumas biografias da obra baldiana no *Bulletino di biografia e di storia delle scienze matematiche e fisiche* (1868-1887) (NENCI, 2007, p. 21). Para a elaboração deste capítulo, foi utilizada principalmente a biografia de Zarlino presente na publicação de Narduci (BALDI, 1887, p. 167-175), mas também a edição anotada de Nenci (BALDI, 2007, p. 542-558).

[29] Essas informações foram fornecidas a Judd por Rivera em correspondência pessoal e fazem parte de material datilografado, não publicado (JUDD, 2006, p. xviii).

[30] Sobre a atuação de Marco Antonio Cavazzoni, cabe mencionar que seu nome aparece entre os contraltos nas listas de cantores da capela ducal de São Marcos de 1527, logo antes da nomeação de Willaert como mestre de capela, e também na de 1533 (ONGARO, 1986, p. 97-98). Além disso, Slim (2001) considera provável que ele seja o cantor designado como Marc'Antonio nos registros de São Marcos, ao redor de 1522, e afirma que, em seu testamento de 1560, Cavazzoni se descreve como um cantor de São Marcos. A autora também declara que foi amigo de Pietro Aaron e de Willaert, que esteve em Veneza entre 1528 e 1531 e que possivelmente foi o organista "M. Marco" que atuou em Santo Stefano.

organista atuou como cantor em São Marcos e de que é mencionado em alguns testamentos de Willaert[31], é plausível pensar que ele teria sido o responsável pelo contato entre Zarlino e Willaert, anos mais tarde em Veneza. Além disso, pouco se sabe sobre as atividades musicais de Zarlino neste período. O que se pode afirmar é que Zarlino utilizava o órgão da Catedral de Chioggia até pouco antes de sua mudança para Veneza (BALDI, 1887, p. 168) e que existem registros sobre a sua atuação, nesta catedral, como cantor, em 1536, e como organista, em 1539-1540, ou seja, nos anos em que recebeu suas promoções religiosas (CORWIN, 2008, p. 3; NENCI, 2007, p. 544). Infelizmente, as fontes consultadas não fornecem informações mais precisas acerca desse material.

Em 1541, Zarlino mudou-se para Veneza e ali deu prosseguimento à sua formação: estudou lógica e filosofia sob orientação de Cristoforo da Ligname, grego com Guglielmo Fiammingo, hebraico com um sobrinho de Elia Tesbite, e, durante três anos, foi pupilo de Adrian Willaert (BALDI, 1887, p. 168), que àquela época era mestre de capela em São Marcos. De acordo com Palumbo-Fossati (1986, p. 633), Zarlino e Willaert tornaram-se amigos e, em sinal de estima e afeto, Willaert deixou uma modesta herança para Zarlino. De fato, seus testamentos foram transcritos por Ongaro (1986, p. 464-465) e em dois deles Zarlino figura entre os testamentários de Willaert. No documento de 20 de janeiro de 1561 (*more veneto*)[32], encontra-se:

> [...] deixo para meu comissário, juntamente com os meus outros comissários nomeados no meu testamento, monsenhor padre Joseph Zarlino, ao qual deixo cinco ducados, aceitando a minha comissária, não desejo nada mais [...].[33] (ONGARO, 1986, p. 464).

E, no de 22 de maio de 1562, lê-se:

> [...] o notário escreveu conforme eu lhe disse, isto é, deixo ao monsenhor padre Iseppo Zarlini, meu comissário, além dos cinco ducados que lhe deixo pela minha dita cláusula adicional, dez ducados em bens ou em dinheiro, como ele quiser, deixo aos sete lugares mais aos meus beneficiários do dito testamento, além do que lhes deixo, pelo meu dito testamento,

---

[31] De acordo com as transcrições realizadas por Ongaro (1986, p. 460-463), o nome "Marco Antonio Cavazon" está presente nos testamentos de Adrian Willaert de 1552, 1558 (Notaio Francesco Micheli, Busta 645, nº 12) e 1559.

[32] O costume veneziano ou *more veneto* (que em alguns documentos aparece com a indicação abreviada "m.v.") é um estilo cronológico que corresponde ao uso do mais antigo calendário romano, no qual o ano da era cristã tinha início no dia 1.º de março. Ele foi utilizado em Veneza até 1797 e na França, entre os séculos VI e IX (Disponível em: http://www.treccani.it/enciclopedia/more-veneto/. Acesso em: 22 mar. 2018.). Essa data deve, portanto, ser compreendida como 20 de janeiro de 1562.

[33] "[...] lasso per mio Comessario apresso li altri mei Comessarij nominati nel mio Testamento messer pre Joseph Zarlino, alqual lasso cinque ducati accetando la mia Comessaria non voglio altro [...]" (ONGARO, 1986, p. 464).

quinze liras de pizoli[34] anualmente, para cada um, no Natal, enquanto Susana, minha mulher, viver e depois da morte de Susana, que eles tenham imediatamente aquilo que lhes deixo em meu dito testamento.[35] (ONGARO, 1986, p. 465).

Além da evidente proximidade com Willaert, a formação de Zarlino neste período também esteve relacionada com o contato que manteve com os então organistas da capela de São Marcos, Girolamo Parabosco (RAVAGNAN, 1819, p. 24-25) e Claudio Merulo (CAFFI, 1836, p. 9), e incluiu outras áreas, tais como teologia, alquimia e astronomia, mas não se sabe ao certo onde ou com quem as aprendeu (CAFFI, 1836, p. 8). De sua chegada a Veneza até a sua nomeação como mestre de capela em São Marcos, em 1565, as atividades musicais de Zarlino estiveram vinculadas às suas incumbências como *mansionario*[36] nas escolas de São Francisco e de Santa Maria della Carità, à redação e publicação do tratado *Le istitutioni harmoniche* (1558, 1561, 1562) e à impressão de suas composições musicais em diversas coletâneas, conforme será detalhado mais adiante[37]. Além disso,

---

[34] *Pizoli*, plural de *pizolo*, é uma das palavras utilizadas (assim como *piccolo* ou *picciolo*) para referir-se a uma moeda de peso e valor reduzidos (*denarius parvus*) da época em que as primeiras grandes foram inventadas. Provavelmente, o primeiro *pizolo* foi emitido em Veneza pelo doge Sebastiano Ziani (1172-1178). Esse termo genérico era seguido pelo nome do país ou por outras designações que permitissem identificar a sua procedência. Essa moeda desapareceu de circulação, mas ainda hoje o termo diz respeito a pequenas frações da moeda corrente (Disponível em: http://www.treccani.it/enciclopedia/piccolo/. Acesso em: 20 jun. 2018).

[35] "[...] Il qual nodaro ha scritto come Io li ho ditto Zoe lasso a messer pre Iseppo Zarlini mio Comessario oltra li ducati Cinque che li lasso per ditto mio Codicillo, ducati Diese In robba o In contadi si come lui vora, Lasso alli sette luogi pij per me beneffitiati nel ditto mio Testamento [...] oltra quello li lasso per ditto mio Testamento lire quindese di pizoli per uno ogni anno da Nadal per fina che Susana mia moglier vivera et doppo la morte de ditta Susana che I habbiano Inmediate quello li lasso per ditto mio Testamento" (ONGARO, 1986, p. 465).

[36] A *mansionaria* era um benefício menor financiado pelo legado de testamentários (CORWIN, 2008, p. 5), os quais poderiam deixar somas de dinheiro especificamente destinadas a esse propósito, sob administração dos *procuratori* de São Marcos. Em torno de 1531, a *mansionaria* era concedida aos membros mais antigos da capela com o intuito de melhorar a sua situação financeira, complementando os baixos salários recebidos, e, em contrapartida, gerava a obrigação de celebrar um número específico de missas em memória da pessoa falecida (ONGARO, 1986, p. 94). No Vocabolario Online, o *mansionario* é definido como um "eclesiástico que goza de benefício menor, sem ser considerado membro constitutivo de um capítulo. 2) Na Idade Média, [era] aquele que esperava a custódia de uma igreja com funções análogas às de um sacristão; hoje, pessoa que desenvolve aproximadamente as mesmas funções" // "*Mansionario*: Di ecclesiastico che gode di un beneficio minore, senza essere ritenuto membro costitutivo di un capitolo. 2) Nel medioevo, colui che attendeva alla custodia di una chiesa con funzioni analoghe a quelle di un sagrestano; oggi, persona che svolge pressappoco le stesse funzioni" (Disponível em: www.treccani.it. Acesso em: 12 dez. 2017).

[37] Em estudo recente, Jonathan Pradella (2018, p. 57-114) debruçou-se sobre documentos dos anos iniciais de Zarlino em Veneza (de sua chegada até a nomeação como mestre de capela em São Marcos), que recuperam e recontextualizam detalhes de sua vida nesse período. Além disso, o autor propõe novos questionamentos acerca da data de nascimento de Zarlino, rechaçando o ano de 1517, tradicionalmente indicado na literatura, e apontando a data de 31 de janeiro de 1520 como a mais provável, de acordo com os documentos consultados. O autor alerta, ainda, sobre a necessária obtenção de novos documentos, bem como a releitura das normas canônicas e de outros já conhecidos para termos algo mais conclusivo. Para se ter uma ideia do que era a vida musical veneziana na época da chegada de Zarlino à cidade, com toda a efervescência da cultura popular que se manifestava nas ruas, nas festas públicas (ou semipúblicas), nas celebrações privadas, mas também nas igrejas, nas escolas e nos círculos cultos, bem como no mercado de edição e publicação musical, vide Ongaro (2017, p. 33-42).

Zarlino concorreu ao cargo de mestre de capela na Catedral de Pádua, em 1560, mas foi superado por Pietro Antonio Guainaro[38] (CORWIN, 2008, p. 5; DA COL, 1999, p. 15).

2.1 *Maestro di cappella* em São Marcos

Talvez o aspecto mais relevante da atuação musical de Zarlino, ou pelo menos um dos poucos que são unanimemente abordados pelos autores que se dedicaram à sua vida e obra, é que sucedeu Cipriano de Rore como *maestro di cappella*, ou mestre de capela, na capela ducal de São Marcos, cargo que ocupou até a sua morte[39]. Ongaro (1986, p. 230) e Palumbo-Fossati (1986, p. 634) esclarecem que a situação da capela estava bastante confusa, devido ao afastamento de Willaert, já bastante idoso, e ao curto e turbulento período em que De Rore permaneceu no cargo[40]. Para Palumbo-Fossati (1986, p. 634), essa é a razão de o documento de admissão de Zarlino possuir um tom tão elogioso:

> Dia 05 de julho, 1565. Desejando os Ilustríssimos[41] Senhores Procuradores prover um mestre para a capela de São Marcos que seja não somente douto e prático na música, mas, como aquele que deve ser superior aos outros músicos, que seja também prudente e modesto ao fazer seu ofício, tendo [os Procuradores] tido ótima informação sobre a suficiência e a modéstia do Senhor Padre Iseppo Zarlino e, [ele] havendo desejado essa participação, com sua serenidade o elegeram para mestre da supracitada capela...[42] (ONGARO, 1988, p. 114).

---

[38] Estudo realizado por Raffaele Casimiri sobre a música e os músicos que atuaram na Catedral de Pádua entre os séculos XIV e XVI contém a transcrição de documentos que atestam a morte de Fra. Giordano, mestre de capela da catedral, em 8 de novembro de 1557 e a contratação temporária, nesse mesmo ano, de Piero Antonio Guainaro em seu lugar. A abertura de concurso para provimento do cargo só acontece posteriormente, em 14 de junho de 1560. Em 25 de junho, foi enviada uma proposta para que Zarlino participasse do concurso e outra para Guainaro, em 27 de junho. O resultado da eleição de Guainaro para o cargo foi publicado em 22 de julho de 1560 (CASIMIRI, 1941).

[39] Conforme os seguintes autores: Arnold e Cochrane (2017); Baldi (1887, p. 168); Bonaccorsi (1937); Caffi (1836); Da Col (1999, p. 13); Fenlon (1999, p. 7, 2002, p. 136, 2006, p. 264); Fétis (1867, p. 508); Palisca (2001b); Sansovino (1663, p. 628).

[40] De acordo com Da Col (1999, p. 15), a opção por Zarlino era uma tentativa de restabelecer a ordem da capela, cuja situação caótica era consequência da separação dos cantores, feita por De Rore, em dois coros, um para atuar na *cappella picciola* e outro para a *grande*, o que foi reprovado pelos *Procuratori* de São Marcos.

[41] De acordo com o dicionário da Accademia della Crusca (1729-1738, p. 682), "*clarissimo*" é o superlativo de "*claro*" e equivale a "*chiarissimo*", mas o termo é também um título dado aos senadores em Florença. Sentido semelhante a este foi encontrado no dicionário Vocabolario online do Istituto Treccani, no qual a palavra "*chiarissimo*" é definida como muito ilustre, de grande fama e notoriedade, é um título dado a pessoas ilustres ou a profissionais que exercem atividades intelectuais, especialmente literatos e professores universitários (Disponível em: www.treccani.it. Acesso em: 8 abr. 2021).

[42] "1565 adì. 5. lujo. Desiderando li clarissimi Signori Procuratori... provedere d'un maestro per la capella di S. Marco che sia non solamente dotto e pratico della musica, ma, come quello che ha da essere superiore alli altri musici, sia anche prudente e modesto in far il suo officio, havendo havuta ottima informatione della sufficientia e della modestia di Messer pre Iseppo Zarlino, et havedone voluto...haver sopra ciò participatione con sua serenità l'hanno eletto per maestro della sopradetta capella..." (ONGARO, 1988, p. 114).

Ongaro (1986, p. 231) também reconhece que o texto enaltece características da erudição e as qualidades de Zarlino como músico prático. O autor considera, entretanto, que isso é explicado por se tratar de um músico menos renomado internacionalmente em comparação com os dois que o antecederam no cargo. Como mestre de capela de São Marcos, Zarlino tornou-se o músico oficial de Veneza, participando não apenas das atividades diretamente ligadas à capela, mas também das grandes ocasiões da República. Assim, era encarregado de preparar música para as festas e vigílias da igreja, compor música para ocasiões especiais[43], ensinar contraponto, *canto fermo* e *canto figurato*[44] aos meninos do coro, estabelecer a ordem e a disciplina entre os coristas e manter os *Procuratori* informados sobre o comportamento, os progressos e a mudança vocal desses meninos (CORWIN, 2008, p. 7-8). Eventualmente, deixava certas composições sob a responsabilidade de seus discípulos — Claudio Merulo, Andrea Gabrieli e Giovanni Gabrieli — que eram organistas da capela e compositores (PALISCA, 2001b). A escolha por Zarlino, na avaliação de Edwards (1998, p. 389-400), teria sido certeira, dadas as evidências de que o músico demonstrou equilíbrio, diplomacia e talento na gestão musical e na organização da capela, especialmente no que diz respeito à relação com os músicos, com o doge e com os procuradores.

Em função desse cargo de prestígio, Zarlino certamente foi incumbido de preparar composições para três episódios-chave da história de Veneza: a celebração pela vitória na batalha de Lepanto (1571); as festividades pela visita do rei francês Henrique III à cidade em 1574[45] (CORWIN, 2008, p.

---

[43] Uma lista com as obrigações de Zarlino como mestre de capela é apresentada por Bryant (1981), com a indicação das datas em que as Vésperas foram executadas na capela ducal de São Marcos. O autor debruça-se especialmente sobre as obras para dois coros, o que auxilia a compreensão de diversas passagens de *Le istitutioni harmoniche* que se referem a exemplos musicais e celebrações litúrgicas específicas, bem como à prática do *coro spezzato*.

[44] Canto figurado (*canto figurato, musica figurata, musica misurata*) é aquele que utiliza figuras que representam sons de duração determinada, diferindo-se do cantochão (*canto fermo* ou *canto piano*), cuja grafia indica a especificação da altura, mas não a da duração (BLOXAM, 2001; DAL MASO, 2017, p. 84-85).

[45] Os dois eventos marcaram momentos cruciais da história veneziana e, pela importância que tiveram, passaram a ser celebrados também nos anos seguintes. A vitória na batalha de Lepanto tornou-se um evento permanente no calendário de celebrações da cidade (FENLON, 2007, p. 98). Um decreto do Senado determinou que fosse realizada uma procissão anual da Piazza San Marco até a igreja de Santa Giustina. Um relato de G. Stringa, de 1610, descreve a solenidade de tal procissão, e estudos de D. Bryant (1981) sugerem que músicas de Andrea Gabrieli e Giovanni Croce teriam sido compostas especialmente para essa celebração em 1587 e 1594, respectivamente. Além disso, uma carta de Claudio Monteverdi, de 1627, menciona uma composição realizada para a procissão de Santa Giustina (FENLON, 1987, p. 310-311). Fenlon (1987, p. 298) avalia que todas essas composições ajudaram a estabelecer e articular a vitória em Lepanto ao Mito de Veneza. De modo semelhante, Corwin (2008, p. 8) indica que louvores foram realizados no Dia da Ascensão, em 1575, em retrospectiva à visita do rei francês Henrique III a Veneza, no ano anterior.

8); e a missa celebrada, na presença do doge Sebastiano Venier e de toda a *Signoria*, na fundação do que seria futuramente a igreja do Redentor, erigida em agradecimento ao fim da peste que assolou a cidade entre os anos de 1575-76 (CAFFI, 1836, p. 24; PALUMBO-FOSSATI, 1986, p. 635). Embora pouco se saiba sobre os eventos musicais e a participação de Zarlino na celebração pelo fim da peste, é possível conhecer de forma mais detalhada as festividades em comemoração à vitória da Liga Santa contra os turcos e os eventos realizados em homenagem ao rei francês.

De acordo com Fenlon (1987, p. 298, 2007, p. 176), notícias sobre a vitória em Lepanto chegaram a Veneza 12 dias após o fim da batalha, e quase que imediatamente começaram a ser realizados diversos eventos, públicos e privados, oficiais e não oficiais, cujos relatos, descrições, gravuras, publicações musicais e antologias poéticas nos permitem ter uma impressão bastante clara sobre o lugar que a música ocupava na vida social, cívica e ritual da cidade. Conforme relato da época, entre esses eventos houve um grande concurso que reuniu o povo na Piazza San Marco e uma missa em que se ouviu o canto de um *Te Deum* (BENEDETTI, 1571). No primeiro domingo que sucedeu à notícia da vitória, uma missa solene foi celebrada em São Marcos por Diego Gusman de Silva, embaixador do rei espanhol, cuja música foi descrita da seguinte forma:

> [...] foram feitos concertos diviníssimos, porque soando ora um e ora o outro órgão, com toda sorte de instrumentos e de vozes, ambos conspiraram de uma só vez em um [só] tom, que realmente parecia que se abririam as cataratas da harmonia celeste e ela seria derramada dos coros angelicais.[46] (BENEDETTI, 1571, s/p).

Embora Benedetti não faça nenhuma referência ao compositor da música ouvida nessa solenidade, Fenlon (1987, p. 307) considera provável que ela estivesse sob a direção de Zarlino, o que é bastante plausível, se considerarmos que foi realizada na capela ducal de São Marcos, onde era o titular do principal posto musical, em uma celebração oficial da República. O autor também reconhece a impossibilidade de associar qualquer composição específica ao relato de Benedetti, mas chama atenção para o fato de que ela coincide com a descrição de *cori spezzati*, o que teria levado David Bryant a sugerir que se tratava do moteto a oito vozes *O salutaris hostia*, de

---

[46] "[...] si fecero concerti divinissimi, perché sonandosi quando l'uno e quando l'altro organo con ogni sorte di stromenti, e di voci, conspirarono ambi à un tempo in un tuono, che veramente pareva che s'aprissero le cattaratte dell'harmonia celeste, & ella diluviasse da i cori Angelici" (BENEDETTI, 1571, s/p).

Andrea Gabrieli (FENLON, 1987, p. 307). Em outra ocasião, no dia de Santo Stefano de 1571, foi apresentado o drama *Trionfo di Christo contra Turchi*, de Celio Magno, caracterizado como uma tradicional representação sacra que incluiria música composta por Zarlino. De acordo com Fenlon (1987, p. 308), não se conhece nada sobre essa composição, mas o autor informa que, conforme a descrição do embaixador de Ferrara, era uma música extraordinária e possivelmente escrita para três coros[47].

Outro estudo realizado por Fenlon (2006) relata pormenores da visita real a Veneza, que foi o ponto alto da viagem de Henrique III em seu retorno triunfal de Varsóvia para a França. A entrada do rei na República aconteceu em 18 de julho de 1574 e marcou o início de uma grande celebração que durou dez dias. De acordo com o autor, as cerimônias podem ser compreendidas, de um lado, como uma oportunidade para honrar o ilustre visitante e suas conquistas e, de outro, para instruir os participantes sobre as virtudes e o poder do Estado, que são componentes essenciais do Mito de Veneza, por meio de um espetáculo de beleza única, encenado onde a terra encontra o mar (FENLON, 2006, p. 262).

A primeira participação de Zarlino nessas celebrações aconteceu no momento em que Henrique III se ajoelhou no altar de uma das estruturas montadas no Lido para receber as bênçãos do patriarca de Veneza, quando um tradicional *Te Deum* e outras obras musicais foram apresentadas pelo coro de São Marcos, sob sua direção (FENLON, 2006, p. 264). No entanto, Fenlon (2006, p. 264) considera que dificilmente o coro tenha sido ouvido, já que ele cantou ao mesmo tempo que se ouvia um estrépito de instrumentos de metal e percussão e da artilharia, o que foi descrito em relatos da época e representado em uma gravura de Domenico Zenoni[48].

Pouco depois, quando o rei embarcou em um bucentauro, acompanhado pelo Cardeal e pelo Doge de Veneza, foi cantada uma música composta por Zarlino. Tanto a música quanto o texto, escrito em latim, em elegíacos dísticos em forma de diálogo, claramente derivado da literatura clássica, foram compostos especialmente para a encenação da *Tragedia* de Cornelio Frangipane, comissionada para satisfazer o desejo real de assistir a uma apresentação da

---

[47] Para mais detalhes sobre o texto do moteto *O salutaris hostia*, de A. Gabrieli, sobre o enredo do *Trionfo*, de Magno, e sobre as demais atividades musicais e artísticas que aconteceram durante as celebrações pela vitória em Lepanto, vide Fenlon (1987, 2007).

[48] A gravura intitulada *Entry of Henry III, King of France and Poland, into Venice* (ZENONI, 1574) pode ser observada em *The Elisha Whittelsey Collection*, no Metropolitan Museum of Art de Nova Iorque. Disponível em: https://www.metmuseum.org/art/collection/search/708943. Acesso em: 15 maio 2018.

companhia teatral Gelosi[49]. Novamente, o autor duvida que essa música tenha sido ouvida em meio ao barulho da multidão e dos fogos da artilharia. Em todo caso, ele ressalta que esse era um problema prático de segunda ordem, já que o mais importante era cumprir o decoro, e considera que "a obra de Zarlino (a música em si não sobreviveu) foi uma resposta musical apropriada às ressonâncias do mundo antigo evocado pelas estruturas temporárias de Palladio"[50] (FENLON, 2006, p. 264). Após a execução da música de Zarlino, foram encerradas as comemorações do primeiro dia da visita do rei; no segundo dia, os compromissos oficiais incluíram uma celebração na capela ducal de São Marcos, onde uma sequência de obras musicais foi apresentada pelo coro, imediatamente antes das orações proferidas pelo Patriarca de Veneza, pedindo pela proteção do rei francês. No entanto, Fenlon (2006, p. 265) considera, mais uma vez, que é impossível identificar essas músicas.

2.2 Accademia della Fama

As atividades musicais de Zarlino ainda estavam ligadas à Accademia Venetiana, também conhecida como Accademia della Fama[51] (CAFFI, 1836, p. 20), fundada pelo patrício Federigo Badoer[52] em 1557 e em funcionamento

---

[49] I Gelosi foi uma companhia de *Commedia dell'Arte* ativa entre 1568 e 1604 em diversas cidades do Norte da Itália, em Florença, em Viena e na França. Alguns de seus integrantes foram atores famosos, como Francesco Andreini (*Capitan Spavento da Vall'Inferna*) e sua esposa Isabella, cuja morte marcou o fim das atividades da companhia (Disponível em: https://www.treccani.it. Acesso em: 13 jun. 2018). Brown (2001) explica que essas trupes profissionais circulavam por toda a Itália apresentando peças total ou parcialmente improvisadas, bem como comédias escritas e outros tipos de obras. Todavia, o autor adverte que, embora os atores da *Commedia dell'Arte* sejam comumente caracterizados como "artesãos semi-letrados", a verdade é que muitos deles eram altamente alfabetizados, instruídos e musicalizados, a exemplo de Isabella Andreini, que foi poetisa, autora de uma égide pastoral, membro de uma academia, uma talentosa linguista e musicista. O autor salienta a necessidade de investigações mais detalhadas acerca da orientação musical dos atores da *Commedia dell'Arte*, bem como a sua conexão com as origens da ópera.

[50] "[...] Zarlino's piece (the music itself has not survived) was an appropriate musical response to the resonances of the ancient world evoked by Palladio's temporary structures" (FENLON, 2006, p. 264).

[51] O projeto *The Italian Academies 1525-1700: the first intellectual networks of early modern Europe* elaborou um banco de dados dos livros publicados por diversas academias italianas existentes naquele período, entre elas a Accademia della Fama. Para mais informações sobre o projeto, acessar a página eletrônica disponível em: http://italianacademies.org. Acesso em: 11 set. 2017. O acesso direto ao banco de dados é disponível em: http://www.bl.uk/catalogues/ItalianAcademies/. Acesso em: 11 set. 2017.

[52] Federigo Badoer (1519-1593) tinha quase 30 anos quando foi selecionado pelo Senado Veneziano como embaixador extraordinário para a corte do duque de Urbino, Guidobaldo II, e pouco depois foi escolhido para representar a República durante a visita de Felipe II a Gênova, Milão e Mântua. Manteve correspondência frequente com o humanista Giovanni Battista Amalteo, que o acompanhou nessas embaixadas e posteriormente foi contratado como tutor de Giovanni Lippomani, em Pádua. Além de Amalteo, que conhecia a organização e os conteúdos de um currículo humanista, Badoer manteve contato com outros poetas e intelectuais, incluindo Pietro Bembo, Lodovico Dolce, Pietro Aretino, Daniele Barbaro e Speroni, anos antes de fundar a sua academia (FENLON, 2002, p. 123).

até 1561. Em uma carta endereçada a Andrea Lippomano, datada de 1549, Badoer declarou os critérios que considerava essenciais para a formação do bom cidadão veneziano e que posteriormente se tornaram seus objetivos com a fundação da academia, como é possível observar a seguir:

> [...] serão muitos que... em pouco tempo... poderão se tornar verdadeiros possuidores de várias línguas, e da filosofia moral, da história e da cosmografia, das coisas de estado, e da arte do bem dizer, mas deverão versar, nestes anos, na filosofia natural, na teologia e no conhecimento daquelas ciências que elevam nossas mentes da terra ao céu.[53] (ROSE, 1969 *apud* CORWIN, 2008, p. 24).

Com base nesse trecho da carta, Corwin (2008, p. 24) corrobora Fenlon (2002, p. 125) ao considerar que a academia tinha a intenção de unir a *vita attiva*, ou seja, aquela de serviço ao estado, com a *vita contemplativa*, ou de devoção ao aprendizado. De acordo com Fenlon (1999, p. 7), trata-se de um projeto ambicioso e mesmo megalomaníaco, que superou amplamente as duas principais academias que existiram em Veneza até então (Accademia Aldina, em atividade de 1496 a 1515; e Accademia degli Uniti – Venezia, que funcionou a partir de 1551), tanto em questões de organização formal, com seus estatutos e listas de membros, quanto em escopo intelectual e político[54].

Num primeiro momento, os encontros da Accademia eram realizados diariamente na residência de seu fundador, cujos cômodos eram organizados para comportar salas de leitura e biblioteca, já que as leituras públicas estavam entre as principais atividades da academia. Essas seções tinham o intuito de unir e promover diversas ideias venezianas acerca de educação e serviço público, na formação dos participantes de acordo com as decisões da elite de Veneza (FENLON, 1999, p. 7). Posteriormente, as reuniões passaram a ser realizadas na antessala da biblioteca de São Marcos, a *Biblioteca Marciana*, que era destinada à leitura e às atividades culturais e didáticas[55] (BUSETTO, 2017, p. 31), e, por isso, foi considerada por Badoer

---

[53] "... saranno molti, che ... in picciol tempo ... potrai divenire vera posseditrice di varie lingue, e della philosophia morale, dell'historie, e della cosmographia, delle cose di stati, et dell'arte del ben dire, ma che le bisogna versare in questi anni nella philosophia naturale, nella Theologia, et nella cognitione di quelle scientie che della terra al cielo inalzano le menti nostre" (ROSE, 1969 *apud* CORWIN, 2008, p. 24).

[54] Um estudo que relaciona o programa cultural elaborado pela Accademia della Fama, a difusão de um conhecimento enciclopédico e a participação na vida política de Veneza pode ser observado em Moraes (2011).

[55] Busetto (2017, p. 23-32) apresenta mais informações acerca da construção e da importância da Biblioteca no Complexo Marciano, especialmente quando Pietro Bembo assumiu o posto de bibliotecário.

como o espaço ideal para a realização das leituras públicas (CORWIN, 2008, p. 28), o que, para Fenlon (2002, p. 125), contribuiu para fortalecer ainda mais a ligação entre a academia e a República.

Em seu curto período de existência[56], a academia teve cerca de cem membros, incluindo alguns dos mais proeminentes intelectuais da cidade, dos quais muitos também participavam ativamente da vida política (FENLON, 2002, p. 124). Zarlino foi um de seus integrantes de 1558 a 1561, possivelmente porque, segundo Corwin (2008, p. 29), era conhecedor de diversas disciplinas e era percebido publicamente como uma figura de ampla cultura, não apenas musical, mas também no campo da lógica, filosofia e filologia antiga.

De acordo com o *Instrumento di deputatione*, um manifesto publicado em 1560 que estabelecia a estrutura financeira, administrativa e intelectual da academia, Zarlino tornou-se um dos quatro responsáveis pelas atividades da *stanza* música[57] (CORWIN, 2008, p. 29; FENLON, 2002, p. 124), que era uma subdivisão da matemática, ao lado da geometria, aritmética, astrologia e cosmografia, dentro do *Consiglio delle Scientie* (FENLON, 1999, p. 8), que incluía as *stanze* teologia, filosofia e humanidades. A estrutura da academia, conforme representada na figura a seguir, contava também com um *Consiglio Politico*, encarregado de manifestar a utilidade do aprendizado para o Estado, reconhecendo o conhecimento estrangeiro ao mesmo tempo em que promovia a reputação de Veneza no exterior, e com o *Consiglio Oratorio*, que suportava o estudo das disciplinas ligadas ao *trivium* (gramática, retórica e lógica) e mantinha o cristianismo cívico e político como um fio condutor que entrelaçava todas as atividades da academia[58] (FENLON, 2002, p. 125).

---

[56] Corwin (2008, p. 32) explica que o encerramento das atividades da academia provavelmente se deu em função de suas relações com protestantes e suspeitos de heresia, num momento em que a Contrarreforma católica tornava as atividades da Inquisição mais intensas e severas. Outro motivo é que Paolo Manuzio, que publicava gratuitamente os títulos da academia, deixou Veneza em 1560 para viver em Roma. A razão definitiva, no entanto, foi que a academia contraiu dívidas e o próprio Badoer, preso sob suspeita de fraude, declarou falência e a academia foi fechada em 1561, cumprindo ordens governamentais.

[57] Além de Zarlino, a lista dos *musici* da Accademia della Fama, de acordo com Corwin (2008, p. 29, n. 64), incluía "Il Reverendo P. Fra. Francesco da Venezia ai Crocechieri/ Il Magnifico M. Hieronimo Orio/ Il Magnifico M. Alessandro Contarini".

[58] Corwin (2008, p. 28-29) reitera as informações acerca da estrutura da Accademia apresentadas por Fenlon (2002, p. 125), porém deixa de citar o *Consiglio Iconomico*, acerca do qual nenhum dos autores fornece mais detalhes ou referências.

Figura 1 – Organograma da Accademia della Fama

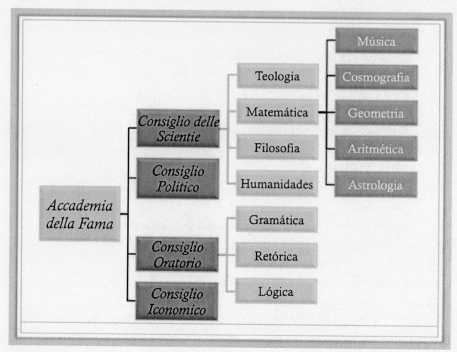

Fonte: a autora (2023)

Essa organização estrutural não apenas refletia a classificação do conhecimento vigente na época, mas também assegurava a educação científica e moral para o Estado, conforme pretendida por seu fundador, além de estar associada ao arranjo prático das salas da residência de Badoer para as seções de leitura. Para Fenlon (1999, p. 8), a nomeação de Zarlino, por si só, é um indicativo da considerável posição intelectual que o compositor tinha na cidade e para Palumbo-Fossati (1986, p. 633), ela também é notável, dada a importância que a matemática possui em sua concepção musical.

Ao lado das leituras públicas, outra atividade fundamental da academia foi um amplo programa de publicações que incluía mais de 300 títulos de diversas áreas, incluindo tratados científicos e obras clássicas, árabes, medievais, modernas e de jurisprudência, com a preocupação de estampar obras em vulgar, bem como traduções de obras gregas e latinas para o italiano, preocupação essa uma clara influência de Pietro Bembo, presente em Veneza naquele período e também um dos membros da academia[59] (FENLON, 2002, p. 132). Da proposta inicial, apenas cerca de 40 títulos foram de fato impressos (CORWIN, 2008, p. 29-30). Esse plano editorial era organizado de acordo com a supracitada subdivisão em conselhos e *stanze* e a lista de obras presentes na versão final do *Summa librorum* (MANUZIO, 1559 apud FENLON, 2002, p. 130), sob o título "Música", pode ser observada a seguir:

> Ptolomaei Musices Theorice graeca nondum impressa, cum latina interpretatione, & Porphyrii commentariis
> Cantus liber novus theoricus
> Ptolomaeus de harmonia cum Porphyrii commentariis graecus, & latinus recens factus
> Aristidis Quintiliani musica
> In Ptolomaei musicen Aristidis explicatio
> Euclidis Musice
> Ludovici Folliani musices theorice e latino in italicum sermonem versa cum quibusdam annotationibus ad confirmandam auctoris sententiam
> Iacobi Fabri music demonstrationes italico sermone expressae
> Disputatio in qua per demonstrationem ostenditur, an Musice a Geometria, vel Arithmetica pendeat
> Qualitates, & circunstatiae, quibus uti debet is, qui musicos cuiusque generis concentus velit componere, ubi perspicuum sit, quantum posse intersecationem illam intervallorum chromaticorum, atque enharmonicorum in genere diatonico
> Mundi harmonia, e qua colligitur, qui soni musici de sphaerum caelestium conversione, atque itidem de reliquis naturalibus procedere soleant.[60] (MANUZIO, 1559 apud FENLON, 1999, p. 9-11).

---

[59] Harrán (1988a, p. 155) explica que a tendência de melhorar e refinar o idioma literário foi o que levou Lorenzo Valla a compor sua *De linguae latinae elegantia* (1457), na qual a forma clássica do latim é privilegiada em detrimento da medieval. De forma semelhante, Pietro Bembo defendeu o latim ciceroniano, mas concentrou sua atenção nas reformas do vernáculo, com uma concepção musical do discurso que valorizava a sonoridade nos escritos em prosa, no que tange à ordenação das palavras e à composição das rimas. Dos vários dialetos falados na península, recomendou o toscano, como praticado por Petrarca, como modelo digno de imitação, pois era o que concedia "dignidade e elegância" ao vernáculo. Para mais informações acerca da influência de Bembo sobre os músicos, especialmente Willaert e seu círculo, vide Feldman (1995, p. 171-176) e Kirkendale (1979); e, sobre sua relação com a origem do madrigal italiano e uma problematização a respeito da filiação de Zarlino às ideias de Bembo, consultar Mace (1988).

[60] Essa lista de títulos é repetida em um texto posterior de Fenlon (2002, p. 130), que, assim como Corwin (2008, p. 30-32), fornece uma avaliação do significado de cada um deles, a possível relação entre sua escolha e o material existente no fundo doado pelo Cardeal Bessarion (hoje no acervo da Biblioteca Nazionale Marciana) e uma sinopse dos livros modernos. A resenha desses livros e de outros que são mencionados em *Le istitutioni harmoniche*, arquivados na Biblioteca Nazionale Marciana e que foram expostos na mostra veneziana *Mvsico Perfetto*, em 2017, pode ser consultada em Zanoncelli (2017).

De acordo com Fenlon (1999, p. 9), essa seleção combina teoria musical antiga e moderna de forma cuidadosa. O autor ressalta que Zarlino havia publicado *Le istitutioni harmoniche* pouco antes da fundação da academia, e, certamente, essa lista nos oferece uma noção bastante precisa dos interesses do compositor acerca da teoria musical grega e sua avaliação de autores mais recentes, cuja compreensão é expressa de forma mais concentrada na terceira e quarta partes de seu tratado (FENLON, 1999, p. 8-11). Entendimento semelhante a esse é percebido no texto de Da Col (1999, p. 18), para quem a participação do compositor nessa academia e a riqueza de fontes citadas em seu tratado contribuem para incluir a música em uma concepção unitária de saber.

Palumbo-Fossati (1986, p. 633) destaca que, como membro da Accademia della Fama, Zarlino mantinha laços de amizade com o poeta Bernardo Tasso (pai do poeta Torquato Tasso), com o matemático e filósofo Francesco Patrizi e com o escritor Francesco Sansovino, autor de *Venetia città nobilissima et singolare* (1663), que se caracteriza como o primeiro guia moderno da cidade. A autora também considera provável que Zarlino tenha conhecido Andrea Palladio pessoalmente, já que o arquiteto tinha domínio da obra do compositor, e ambos tinham as questões matemáticas como fundamento da ordem e codificação que caracterizava seus trabalhos. A presumível relação entre Zarlino e Palladio realmente parece plausível, considerando que ambos trabalharam nas cerimônias realizadas em Veneza durante a visita do rei francês Henrique III. Conforme já mencionado, houve a apresentação do coro de São Marcos, dirigido por Zarlino, em uma das estruturas temporárias (*loggia*) projetadas por Palladio, montadas na igreja de San Nicolò (Lido), onde os principais representantes da Igreja e do Estado deram as boas-vindas ao rei (FENLON, 2006, p. 262).

2.3 Produção musical

Parte da obra de Zarlino foi perdida, mas sabe-se que compôs sobretudo motetos e madrigais que apareceram publicados em diversas antologias entre 1548 e 1570. Ravagnan (1819, p. 50) relata ter questionado em São Marcos sobre a conservação de qualquer composição de Zarlino ou de obras musicais antigas, ao que recebeu a seguinte resposta:

> Responderam-me que de Zarlino, assim como dos mais velhos, não tinham jamais visto e nem cantado qualquer composição sua; que os escritos dos mestres antigos, os quais

se conservavam na igreja, desapareceram há muito tempo, e que os escritos musicais mais antigos que se conservavam no Arquivo da Procuradoria tinham sido alterados e parte, pelo que consta, foi levada embora. É, portanto, supérfluo procurar mais onde, na origem da arte, deveriam estar as mais belas partes do engenho humano nesse propósito. Os forasteiros, ávidos por tamanho tesouro, roubaram-no, e quisesse o céu que alguns dos nossos não tenham tido em mãos, ou por espírito partido, ou por covardia e ganância, sem refletir que privavam a nação de que a conquista podia ser, também, de decoro e de honra.[61] (RAVAGNAN, 1819, p. 51).

Desse modo, parece que, nos séculos subsequentes à morte de Zarlino, sua música deixou de ser conhecida em São Marcos. O que se identifica hoje como composições zarlinianas está reunido no seguinte quadro.

Quadro 2 – Publicações que contêm composições de Zarlino (continua)

Conteúdo	Publicação	Editor	RISM
1 madrigal, 5 v.	*Il terzo libro di madrigali di Cipriano de Rore et di altri eccellentissimi musici*	G. Scotto (Veneza)	1548
19 motetos	*Iosephi Zarlini Musici quinque vocum moduli, Motecta vulgo nuncupata, Lib. I*	A. Gardane (Veneza)	Z 99 [1549]
1 moteto, 6 v.	*Il primo libro de motetti a sei voci da diversi eccellentissimi musici composti*	Scotto	1549
1 moteto, 5 v.	*Primo libro de motetti a cinque voci da diversi eccellentissimi musici composti*	Scotto	1549
2 motetos	*Tertius tomus Evangeliorum*	J. Montanus e U. Nerber (Nurembergue)	1555
6 madrigais, 5 v.	*I dolci et harmoniosi concenti fatti da diversi eccellentissimi musici sopra varii soggetti. A cinque voci. Lib. I*	Scotto	1562

---

[61] "Mi si rispose anche dai più vecchi, che dallo Zarlino non avevano mai veduto, ne cantato alcuna composizione: che gli scritti di maestri antichi, i quali si conservavano in chiesa, sono da molto tempo spariti, e che i molti più scritti musicali antiquati che si conservavano nell'Archivio della Procuratoria de supra sono stati manomessi, e parte, per quanto si pote traspirare, passarono oltramare, e parte, oltramonte. È dunque superfluo il più cercare dove dell'origine dell'arte si dovevano essere i più bei parti dell'ingegno umano in questo proposito. Avidi i forestieri di tanto tesoro, lo ei derubarono, e volesse il cielo che alcuni dei nostri non avessero loro tenuto mano o per spirito di partito, o per viltà di poco denaro, senza riflettere che privavano la nazione di quanto anche conquista poteva esserle di decoro o di onore" (RAVAGNAN, 1819, p. 51).

Conteúdo	Publicação	Editor	RISM
1 madrigal, 5 v.	*I dolci et harmoniosi concenti... A cinque voci. Lib. II*	Scotto	1562
3 lições para os mortos e 1 moteto, 4 v.	*Motetta D. Cipriani de Rore et aliorum auctorum quatuor vocum*	Scotto	1563
12 motetos	*Iosephi Zarlini Clodiensis musici celeberrimi, atue illustriss. et excellentiss. Domini Venet. musices D. Marci moderatoris, Modulationes sex vocum, per Philippum Iusbertum, musicum Venetum collectae*	Francesco Rampazetto (Veneza)	Z 100
1 madrigal	*Di Hettor Vidue et d'Alessandro Striggio e d'altri eccellentissimi musici, madrigali a V & VI voci*	Rampazetto	1566
1 madrigal, 5 v.	*Suavissimae et iucundissimae harmoniae*	T. Gerlach (Nurembergue)	1567
1 moteto	*Primo libro di gli eterni mottetti di Orlando Lasso, Cipriano Rore et d'altri eccel. musici a 5 et 6 voci*	Scotto	1567
3 madrigais, 4 v.	*Terzo libro del desiderio Madrigali*	Scotto	1567
1 madrigal, 5 v.	*Corona della morte dell'illustre signore, il sig. Comendator Anibal Caro*	Scotto	1568
1 madrigal, 5 v.	*I dolci frutti primo libro de vaghi et dilettevoli madrigali*	Scotto	1570

Fonte: adaptado de Corwin (2008, p. 12)

Nele, é possível observar que são relativamente poucas as obras de Zarlino que foram impressas (50 obras catalogadas no quadro *supra*), mas é improvável que elas representem a totalidade da produção musical do compositor, especialmente se considerarmos as outras obras que são mencionadas por ele nos tratados e por outros autores em documentos variados e o posto de relevância que ocupava em um dos centros musicais mais efervescentes da Europa. Sobre esse aspecto, Fenlon (1999, p. 8) realça o pequeno número de composições que foram publicadas após o músico ter assumido o posto de mestre de capela em São Marcos, em 1565. De fato, notabiliza-se no quadro *supra* a coleção *Modulationes sex vocum*[62] (1566), estampada no ano seguinte à sua nomeação, e mais oito madrigais incluídos em antologias que também compreendem obras de outros compositores. Ao lado dessa coleção, *Musici quinque vocum moduli* (1549) é outra que se sobressai, por serem as duas únicas que contêm obras exclusivamente compostas por Zarlino, as quais, de acordo com Judd e Schiltz (2015, p. xii), foram impressas com o intuito de disponibilizar as obras a que o autor se refere com frequência em *Le istitutioni harmoniche*. As autoras argumentam que esses motetos foram compostos poucos anos antes da publicação do tratado e, dessa forma, consideram que são projetos complementares e que se influenciaram mutuamente. Assim, os motetos presentes nessa coletânea podem ser entendidos como o meio musical pelo qual o tratado pode ser lido (JUDD; SCHILTZ, 2015, p. xv).

Os conteúdos das composições de Zarlino, para Judd e Schiltz (2015, p. x), são reveladores da rede de conexões que ele estabeleceu com compositores e literatos de Veneza e de outras localidades italianas. É o caso do madrigal composto sobre o soneto escrito pelo aristocrata Domenico Venier *Mentre del mi buon Caro il fin ripenso*, que integra a coleção *Corona della morte dell'illustre signore [...] Anibal Caro*, editada por Giulio Bonagiunta, em homenagem póstuma ao poeta Annibale Caro. As autoras também destacam o moteto secular *Clodia quem genuit* (presente em *Musici quinque vocum moduli*), que se caracteriza como um lamento pela morte de Marchesino Vacca, residente de Chioggia, como uma composição que demonstra a manutenção do vínculo de Zarlino com sua cidade natal. A conexão do compositor com Ferrara e a família Este também é noticiada pelas autoras, a partir da constatação de que três motetos de *Modulationes sex vocum* aparecem em luxuosos livros de partes que foram usados na capela ducal daquela corte anteriormente à publicação da coleção em Veneza, e do moteto secular *Parcius Estenses – Clara sit*, descrito como um louvor a Alfonso II, incluído no agora incompleto *Primo libro de gli eterni mottetti*, de 1567. De forma semelhante, Corwin (2008, p. 4) pondera que os conteúdos de alguns dos motetos que integram *Musici quinque vocum moduli* manifestam os interesses acadêmicos do compositor por áreas como a teologia, linguística e estudos da antiguidade, enquanto outras obras dessa mesma coleção foram utilizadas como exemplos musicais na quarta parte de *Le istitutioni harmoniche*.

---

[62] Edições modernas das coleções *Modulationes sex vocum*, *Musici quinque vocum moduli* e outras composições de Zarlino foram publicadas recentemente: *Motets from the 1560's: Seventeen Motets from Modulationes sex vocum and Motetta D. Cipriani de Rore et aliorum auctorum* (ZARLINO, 2015); *Motets from 1549: Part 2, Eleven Motets from Musici quinque vocum moduli* (Venice, 1549) (ZARLINO, 2007); *Motets from 1549: Part 1, Motets Based on the Song of Sons* (ZARLINO, 2006).

Conforme já mencionado, há indícios de que existem obras de Zarlino que foram perdidas. Entre elas, Judd e Schiltz (2015, p. x) relacionam duas que são mencionadas em *Le istitutioni harmoniche*: um *Magnificat anima mea Dominum* para três coros[63] (ZARLINO, 1558, III.66, p. 268), que Caffi (1836, p. 16) afirma ter sido composto para a capela ducal, e uma missa, cuja quantidade de vozes não foi especificada por Zarlino[64] (1558, IV.21, p. 324). Judd e Schiltz (2015, p. x) também alegam que, embora não haja nenhuma publicação posterior a 1570 com composições de Zarlino, evidências externas e relatórios da época narram a execução de suas composições em importantes eventos religiosos e políticos de Veneza, como as já referidas comemorações pela vitória na Batalha de Lepanto e as celebrações à visita do rei francês a Veneza. Dessa forma, é bastante admissível que ele tenha continuado a compor nesse período, apesar de não ser possível acessar estas obras.

Um aspecto que chama atenção na literatura consultada é a referência de Caffi (1836, p. 16) a uma "célebre *favola d'Orfeo*" composta por Zarlino. Embora o autor não indique a data de tal obra, afirma que ela é anterior à *Dafne* (1597) de Peri e à *Euridice* (1600) de Giulio Caccini, ambas sobre textos de Rinuccini e apresentadas em Florença, bem como à *commedia harmonica* intitulada *L'Amfiparnasso* (1597) de Orazio Vecchi, representada em Modena (CAFFI, 1836, p. 17). Em função disso, o autor declara que Zarlino "foi também o primeiro prático no drama, ou seja, naquele estilo representativo, ao qual, depois, se deu o nome de teatral com a instituição do teatro"[65] (CAFFI, 1836, p. 17-18). Ele acrescenta que, mais tarde, quando o cardeal Mazarino quis introduzir o bom gosto musical na corte francesa

---

[63] A referência a esse *Magnificat* aparece no seguinte trecho: "E, embora seja um tanto difícil, não se deve evitar a fadiga por isso: porque é coisa muito louvável e virtuosa, e tal dificuldade se fará um tanto mais fácil quando forem examinadas as doutas composições deste Adriano [Willaert]; como são aqueles Salmi, Confitebor tibi domine in toto corde meo in consilio iustorum; Laudate pueri dominum; Lauda Ierusalem dominum; Deprofundis; Memento domine David, e muitas outras, entre as quais está o Cantico della Beata Vergine, *Magnificat anima mea Dominum*, o qual compus já [há] muitos anos, a três coros" // "Et benché si rendi alquanto difficile, non si debbe però schiuare la fatica: perciochè è cosa molto lodeuole, & virtuosa; & tale difficultà, si farà alquanto più facile, quando si hauerà essaminato le dotte compositioni di esso Adriano; come sono quelli Salmi, Confitebor tibi domine in toto corde meo in consilio iustorum: Laudate pueri dominum; Lauda Ierusalem dominum; Deprofundis; Memento domine Dauid, & molti altri; tra i quali è il Cantico della Beata Vergine, *Magnificat anima mea Dominum, il quale composi già molti anni a tre chori*" (ZARLINO, 1558, III.66, p. 268, grifo nosso).

[64] Zarlino declara ter composto a referida missa na seguinte passagem: "Ainda compus muitas cantilenas entre as quais se encontra o moteto a seis vozes, Miserere mei Deus miserere mei, *e uma Missa*, sem usar as observações mostradas na terceira parte [...]" // "Composi ancora io molte cantilene, trà le quali si troua a sei voci il motetto, Miserere mei Deus miserere mei, & una Messa, senza usar le osseruanze mostrate nella Terza parte [...]" (ZARLINO, 1558, IV.21, p. 324, grifo nosso).

[65] "[...] fu anche il primo pratico nel dramma, ossia in quello stile rappresentativo, cui diedesi poi nome di teatrale coll'istituzion del teatro [...]" (CAFFI, 1836, p. 17-18).

de Luís XIV, teria contratado músicos italianos e teria feito apresentar o *Orfeo* de Zarlino, cuja partitura teria vindo de Philidor e estaria depositada na biblioteca real, com outras obras musicais que teriam sido ouvidas naquele período (CAFFI, 1836, p. 18). Infelizmente, o autor não fornece mais detalhes sobre essa *favola d'Orfeo*, o que fez fracassar as tentativas de identificação da música a que ele se refere e de sua representação na França.

A alusão a esse *Orfeo* também está presente no verbete "Zarlino" do dicionário de Fétis (1867, p. 509), que se reporta ao *Risorgimento d'Italia*[66], no qual Saverio Bettinelli (1786, p. 164) afirma que Zarlino deu um exemplo de *"favole musicali in teatro"*, que foi apresentado em Veneza por ocasião da visita do rei francês Henrique III (portanto, em 1574), com música instrumentada e teatral. Fétis (1867, p. 509) refere-se também à historiografia musical francesa, que, embora reitere a apresentação de uma companhia italiana em Paris, indica diferentes datas. O autor, entretanto, contrapõe esta informação e declara que, na realidade, a obra apresentada em 5 de março de 1647 foi *Orfeo e Euridice*, e acrescenta que Zarlino realmente chegou a compor a música para um *Orfeo*, na época indicada por Bettinelli, porém explica que se tratava de um madrigal a várias vozes e considera improvável a sua apresentação na corte francesa 75 anos depois, quando o gênero madrigalesco estava em desuso e a ópera já existia na Itália. O autor finalmente afirma que o *Orfeo* em questão era o de Monteverdi, mas, também, sem apresentar fundamentos ou indícios documentais que confiram credibilidade a essa determinação.

A informação de que Zarlino compôs um *Orfeo* ainda é reiterada por Bonaccorsi (1937), que o identifica como o primeiro drama musical. O autor faz referência a Molmenti (1880, p. 317-319), que, por sua vez, apresenta uma longa argumentação com o intuito de confirmar esta hipótese, contrariamente à noção estabelecida pelos textos históricos de que o primeiro *melodramma*, que ele define como música unida ao drama, é a *Dafne* (1583) de Rinuccini. Para tanto, transcreve a narração de Frangipane que oferece detalhes sobre a sua *Tragedia* nas já mencionadas celebrações em homenagem a Henrique III:

---

[66] O *Risorgimento d'Italia*, de Bettinelli, foi publicado na segunda metade do século XVIII, período no qual, de acordo com Galasso (2013), a historiografia italiana não conhece nenhuma obra de importância particular. Para o autor, o texto é notável pela periodização proposta, que inclui a Idade Média, e por enfatizar obras civis, como estudos, artes e costumes sociais, em detrimento da história política, diplomática e militar da Itália. O texto enaltece o protagonismo italiano nas artes e no urbanismo, durante o Renascimento, e reconhece sua decadência no período imediatamente posterior, mas o autor considera que falta vigor na conduta do discurso de Bettinelli. De fato, no que tange à música, o texto é demasiado generalista e não há evidências de que o autor tenha realizado uma pesquisa aprofundada acerca das questões aqui discutidas.

> [...] todos os recitantes cantaram em suavíssimos concentos, quando sozinhos, quando acompanhados, e ao fim, o coro de Mercúrio era de instrumentistas que tinham tantos instrumentos que jamais haviam soado. As trombetas introduziam os deuses na cena que foi montada com a máquina trágica, mas não foi possível ordená-lo pelo grande tumulto de pessoas que ali estava. Não foi possível imitar a antiguidade nas composições musicais, por tê-las feito o senhor Claudio Merulo, que a tal ponto os antigos não devem jamais ter chegado, como aquele do Monsenhor Gioseffo Zarlino, que esteve ocupado nas músicas que o rei encontrou no bucentauro, que foram alguns versos meus em latim, e da igreja de São Marcos, e foi o autor daquelas [músicas] feitas continuamente a pedido de sua majestade.[67] (FRANGIPANE, 1573 apud MOLMENTI, 1880, p. 317).

Esse relato também foi transcrito no estudo de Fenlon (2006, p. 269) sobre a visita real francesa a Veneza, pela qual esclarece que a peça consiste em um fluxo musical contínuo, formado por uma sequência de falas, coros e interlúdios instrumentais, seguindo o modelo da tragédia grega. Semelhantemente à avaliação de Fétis (1867, p. 509), o autor considera pouco provável que a música feita para esta *Tragedia* tenha sido composta no estilo monódico do tipo introduzido cerca de 20 anos mais tarde nas óperas florentinas (FENLON, 2006, p. 266). Após citar o relato de Frangipane, Molmenti (1880, p. 319) analisa o sentido do diálogo da suposta composição de Zarlino que foi interpretada para receber o rei na embarcação e, com isso, conclui que ela possui o germe para a composição do *melodramma* e, desse modo, considera que Zarlino, com o *Orfeo*, teria dado à Itália o primeiro drama musical. Contudo, não se observa nenhuma menção ao personagem Orfeu em nenhum trecho daquela descrição. Além disso, o texto de Frangipane atribui as composições para a *Tragedia* a Merulo, e não a Zarlino, o que coincide com o julgamento de Fenlon (2006, p. 266), que acrescenta que Merulo tinha alguma experiência em trabalhar no teatro como mais um argumento para reforçar a concepção de que ele foi o autor das músicas dessa peça. Desse modo, se considerarmos as ponderações de

---

[67] "[...] tutti li recitanti hanno cantato in soavissimi concenti, quando soli, quando accompagnati; & in fin il coro di Mercurio era di sonatori, che haveano quanti varij istrumenti che si sonarono giamai. Li trombetti introducevano li Dei in scena, la qual era instituita con la machina tragica, ma non si è potuta ordinare per il gran tumulto di persone che quivi era. Non si è potuto imitare l'antichità nelle compositioni musicali havendole fatte il S. Claudio Merulo, che a tal grado non debbono giamai esser giunti gli antichi, come quel di Monsignor Gioseffo Zarlino, il qual è stato occupato nelle musiche che hanno incontrato il Re nel Bucentoro, che sono state alcuni miei versi latini, e della Chiesa di San Marco, & è stato ordinatore di quelle che continuamente si sono fatte ad instantia di sua Maestà" (FRANGIPANE, 1573 apud MOLMENTI, 1880, p. 317).

Fétis (1867) e os detalhes do estudo elaborado por Fenlon (2006), a análise de Molmenti parece confundir a música composta para a *Tragedia* de Frangipane, provavelmente por Merulo, com a de Zarlino que foi executada na recepção do rei no bucentauro.

2.4 Escritos musicais

Apesar do posto de mestre de capela em São Marcos e da atividade composicional que desenvolvia em um dos principais centros musicais da época, foi a partir dos seus três tratados musicais que Zarlino ficou mais conhecido. O quadro a seguir apresenta a lista dessas obras, em ordem cronológica, com informações gerais sobre seus respectivos conteúdos, editores e anos de publicação:

Quadro 3 – Tratados de Zarlino sobre música

Publicação	Editor	Ano	Conteúdo
Le istitutioni harmoniche	O próprio autor [P. da Fino]	1558	Tratado musical em quatro partes
Le istitutioni harmoniche	F. Senese (Veneza)	1561	Reedição da edição de 1558
[*Le istitutioni harmoniche*]	[F. Senese (Veneza)]	[1562]	[Reedição da edição de 1558]
Dimostrationi harmoniche	Senese	1571	Tratado musical
Istitutioni harmoniche	Senese	1573	Reedição da edição de 1558
Sopplimenti musicali	Senese	1588	Tratado musical
De tutte l'opere del R. M. G. Zarlino ch'ei scrisse in buona lingua italiana	Senese	1589	Compilação de escritos prévios. Tratados musicais aparecem como v. 1-3; v. 4 inclui seus escritos não musicais

Fonte: adaptado de Corwin (2008, p. 14)

Como é possível observar neste quadro, com exceção da primeira edição de *Le istitutioni harmoniche*, todos os outros tratados musicais foram impressos por Francesco Franceschi Senese. Se, por um lado, a produção musical de Zarlino não é tão numerosa, por outro, Mambella (2017b) chama atenção para o fato de que a sua abordagem musical supera as mil páginas, se somados os seus três tratados, e, apesar da centralidade de *Le istitutioni harmoniche* em toda a produção zarliniana, considera que os demais escritos do autor são igualmente importantes e também se caracterizam pela alta densidade das reflexões propostas[68].

Como Judd (2006, p. 181) bem observa, os livros eram objetos altamente valorizados pelo compositor, haja vista a biblioteca que mantinha em casa[69] e a existência de evidências, embora escassas, de que Zarlino não apenas lia, escrevia e colecionava livros, mas também de que se envolvia com a produção física, o design e as questões financeiras inerentes ao processo de produção de um livro[70] (JUDD, 2006, p. 183). Ao lado dessa inserção na cultura impressa, o que diferencia Zarlino de teóricos anteriores, na concepção de Judd (2006, p. 188), é o fato de todos os seus tratados musicais serem escritos em vernáculo. A autora explica que se trata de uma escolha deliberada do compositor, que reflete iniciativas intelectuais venezianas específicas, nomeadamente o ímpeto bembista de estabelecer o italiano como língua culta, em sua plenitude, já em curso desde os anos 1530. Assim, Judd (2006, p. 189) corrobora Feldman (1995) ao considerar

---

[68] O próximo capítulo discorre sobre diversos aspectos de *Le istitutioni harmoniche* e apresenta uma síntese do que é tratado por Zarlino em cada uma de suas quatro partes. Sinopses das *Dimostrationi harmoniche* e *De tutte l'opere* [...] (que inclui os *Sopplimenti musicali* e o *Trattato della Pazienza*) foram elaboradas por Mambella e Sciarra (2017, p. 204-209, 216-229), e uma resenha de *De vera anni forma*, um dos escritos não musicais de Zarlino, foi realizada por Bizzarini e Sciarra (2017, p. 210-215).

[69] A biblioteca de Zarlino é descrita por Sansovino (1663, p. 370-371) como uma das maiores e mais notáveis da região de Veneza, com mais de mil itens listados em seu inventário. De acordo com Zorzi (1994), ela realmente se caracteriza como algo excepcional, já que as grandes bibliotecas privadas da cidade continham entre 100 e 200 títulos. O inventário dos bens de Zarlino, realizado em sua residência quatro dias após a sua morte, foi reproduzido em fac-símile e transcrito por Palumbo-Fossati (1986, p. 636), e relaciona 290 livros impressos *in-folio*, 194 *in-quarto*, 354 *in-octavo*, 206 *in-duodecimo*, e 1 livro impresso *in-folio*, em pergaminho. Para a autora, Zarlino tinha consciência da importância de sua coleção de livros, uma vez que a designou em seu testamento como herança a seu sobrinho Iseppo. Como era comum na época, o documento informa as quantidades de livros apenas em relação ao tamanho, mas os títulos são omitidos, o que nos impede de saber com mais exatidão o que havia na biblioteca do músico. Contudo, é possível saber de alguns desses títulos conforme correspondências de Zarlino e de outros músicos de seu círculo, que relatam livros que emprestava a outras pessoas (DA COL, 1999, p. 29).

[70] Embora Judd (2006, p. 183) não apresente essas evidências em detalhes, a autora destaca a atuação de Zarlino na Accademia della Famma como uma tradução da união de preocupações, de ordem pragmática e outras mais elevadas, reveladas por sua biblioteca. Além disso, menciona a gravura *Vergine della Navicella* (1579) e alerta que sua autoria, atribuída a Zarlino por Bonaccorsi (1937), deve ser vista com ceticismo. A imagem representa uma personagem popular na cidade de Chioggia e foi anexa a uma história em oitava rima escrita por Bartolomeo Malombra e, posteriormente, republicada no livro *Chioggia in pericolo* (1676), do Frei Jacopo da Venezia. Embora este documento não permita identificar a autoria de Zarlino sobre a imagem nem a data de sua realização, estas informações foram posteriormente confirmadas por Antonio Maria Calcagno em sua *Storia dell'apparizione di Maria Vergine sul Lido di Chioggia* [...] (CALCAGNO, 1823, p. 77).

que a compreensão da obra de Zarlino faz parte de um quadro intelectual mais amplo, derivado de Bembo.

Além das obras listadas no Quadro 3, Baldi (1887, p. 173) menciona outros dois escritos musicais não publicados de Zarlino: *De re musica*, dividido em 25 livros, em latim, e *Melopeo*, ou seja, *Musico perfetto*, que trata da ideia de músico, como fizeram sobre o orador perfeito (Cícero) e o cortesão perfeito (Castiglione). De forma semelhante, Caffi (1836, p. 15) refere-se a *De Utraque Musica*, em 25 livros, a um *Trattato sulla quarta e sulla quinta, mezzane tra le consonanze perfette ed imperfette* e a um poema intitulado *Africa musicale* como obras não publicadas de Zarlino. O autor informa que Sansovino (1663, p. 628) citou *De Utraque Musica*, mas esclarece que não se conhece ninguém que tenha tido acesso a essas obras, nem se pode afirmar se ou onde elas existiram. Fétis (1867, p. 512), no entanto, declara que o padre Giovanni Battista Martini possuía uma versão manuscrita do *Trattato sulla quarta e sulla quinta [...]*, que foi cedido à biblioteca do então Instituto Musical de Bolonha. Conforme observado por Corwin (2008, p. 13), o tratado listado por Pe. Martini em sua *Storia della musica* (1757) é *Che la quarta, & la quinta sono mezane tra le conson. perfette, & imperfette*, título ligeiramente diverso do indicado por Fétis. Embora Caffi (1836), Fétis (1867) e Corwin (2008) tratem este texto de Zarlino como um tratado à parte, o mais provável é que ele seja a transcrição manuscrita que está arquivada no Museo Internazionale e Biblioteca della Musica di Bologna (Miscellanea, [1840?]), que corresponde exatamente ao sétimo capítulo da terceira parte de *Le istitutioni harmoniche*[71].

Na carta aos leitores (*Lectori Benevolo*) de *De vera anni forma* (1580)[72], um de seus escritos não musicais, Zarlino anuncia a publicação de *Vtraque musica*, que é também mencionado por Sansovino em seu *Venezia città nobilissima*:

> *Gioseppe Zarlino* Mestre de Capela de São Marcos, publicou quatro livros das Istitutioni Armoniche. Cinco livros das Dimostrationi Armoniche. Um tratado sobre Patientia. Um outro sobre Innovatione Anni. Um discurso sobre o verdadeiro dia da morte de Cristo. Um tratado da Origine de'

---

[71] "A quarta e a quinta são medianas entre as consonâncias perfeitas e imperfeitas" // "Che la Quarta, & la Quinta sono mezane tra le consonanze perfette, & le imperfette" (ZARLINO, 1558, III.7, p. 154-155).

[72] "Sic enim usu venire solet, vt iam nullum opus sit, uel à doctissimo uiro elaboratum, atque in lucem editum, quod non inuidorum ac maleuolorum maledictis uideatur carpi, quod tametsi mihi probè notum erat, non tamen desistere uolui, *quin etiam libros Vigintiquinque De utraque Musica* inscriptos non fine multo sudore composuerim; quos breui, ut confido, tibi in apertum relatos leges" (ZARLINO, 1580, ii, grifo nosso).

Frati Cappuccini. E vinte e cinco livros, em língua latina, de Vtraque Musica.[73] (SANSOVINO, 1663, p. 628, grifo do autor).

Além disso, e como devidamente observado por Fétis (1867, p. 512), o próprio Zarlino especifica, em seus três tratados musicais, um documento intitulado *Melopeo, ò musico perfetto*, provavelmente do fim da década de 1560 e, da mesma forma que em *De vera anni forma*, faz referência, nos *Sopplimenti musicali*, ao *De re mvsica*[74]. Vered Cohen (ZARLINO, 1983, p. 104), que realizou a tradução da quarta parte de *Le istitutioni harmoniche* para o inglês, considera provável que tenha existido pelo menos um rascunho de *Re mvsica*, já que na carta aos leitores da *Seconda parte dell'Artusi* (1603) seu autor promete lançar esse livro de Zarlino, como pode ser observado neste trecho:

> Mas porque do mal corvo, mal ovo; dessas minhas considerações descobrirão o quanto o autor do parecer é apto a semelhantes discursos, pareceres e demonstrações; leiam e observem bem, assim que eu puser em ordem o livro RE MVSICA, do Reverendo M. Gioseffo Zarlino, para dá-lo ao mundo.[75] (ARTUSI, 1603, p. vii).

---

[73] "*Gioseppe Zarlino* Maestro di Cappella di S. Marco, publicò quattro libri delle Istitutioni Armoniche. Cinque libri di Dimostrationi Armoniche. Vn trattato de Patientia. Vn'altro de Innovatione Anni. Vn discorso del vero giorno della morte di Christo. Vn trattato del'Origine de' Frati Cappuccini. Et vinticinque libri in lingua latina, de Vtraque Musica" (SANSOVINO, 1663, p. 628, grifo do autor).

[74] No *Ragionamento quinto* das *Dimostrationi harmoniche*, observa-se a seguinte referência: "[...] não duvido que se tiver em mente as coisas que escrevi nas Istitutioni harmoniche e se ver o que ditei no livro, o qual intitulei IL PERFETTO MVSICO e nos SVPPLIMENTI MVSICALI [...]" // "[...] non dubito; che se hauerete à memoria quelle cose, le quali hò scritto nelle Istitutioni harmoniche: et se uederete quello, ch'io hò dettato nel libro, il quale ho intitolato IL PERFETTO MVSICO: & nelli SVPPLIMENTI MVSICALI [...]" (ZARLINO, 1571, p. 311). Referência semelhante é encontrada na edição de 1573 das *Istitutioni harmoniche*: "Mas como eu tratei disso amplamente no livro intitulado Il MUSICO PERFETTO [...]" // "Ma perche diffusamente ho trattato questo nel Libro titolato Il MUSICO PERFETTO [...]" (ZARLINO, 1573, p. 426).
No fim do *Ottauo libro* dos *Sopplimenti musicali*, Zarlino mais uma vez faz referência a este tratado: "O porquê de ora ter falado com suficiência da última parte das coisas que considera em universal e em particular [da] música e da Melopeia, uma outra vez veremos as coisas que pertencem ao MELOPEO ou MVSICO PERFETTO" // "Il perche hauendo parlato hora à sofficienza dell'Vltima parte delle cose che considera in uniuersale & in particolare la Musica, & della Melopeia, un'altra fiata uederemo quelle cose che appartengono al MELOPEO, ò MVSICO PERFETTO" (ZARLINO, 1588, p. 330). Pouco mais adiante, o autor ainda menciona *De Re Mvsica*: "[...] espero que de novo me será concedido por ele que eu possa satisfazer o débito que há muito tempo contraí com cada estudioso, dando à luz por agora os prometidos 25 livros DE RE MUSICA, feitos em língua latina, com aquele que eu denomino MELOPEO ou MVSICO PERFETTO" // "[...] spero che di nuouo mi sarà da la lei concesso ch'io potrò satisfare al debito, che già molto tempo hò contratto con ciascheduno Studioso, ponendo in luce hormai i promessi Venticinque Libri DE RE MVSICA, fatti in lingua Latina; con quello ch'io nomino MELOPEO, ò MVSICO PERFETTO" (ZARLINO, 1588, p. 330).

[75] "Ma perche da mal Coruo mal ouo; da queste mie Considerationi scoprirete quanto l'Auttor del parere sia atto à simili discorsi, pareri, & Demostrationi; leggete & notate bene, fin tanto che io ponghi all'ordine il libro de RE MVSICA, del Reuer. M. Gioseffo Zarlino, per darlo al mondo" (ARTUSI, 1603, p. vii).

Juntamente a essa clara referência ao tratado, observa-se a seguinte anotação lateral: "Nova obra de Zarlino que em breve se dará às impressões"[76] (ARTUSI, 1603, p. vii). Além dessa menção explícita ao *De re mvsica*, Artusi (1603, p. 53-54) cita um trecho de *Vtraque musica* para esclarecer o que deve fazer o músico prático na tentativa de equilibrar as coisas que são prazerosas e deleitáveis ao ouvido, sem deixar de lado os artifícios, contrapontos duplos, fugas em movimento contrário e duplas, os quais, se bem acomodados, também alimentam o intelecto. Depois de comentar a citação apresentada, Artusi (1603, p. 55) segue com mais duas referências a esse tratado de Zarlino, hoje desconhecido, mas sem novas citações, explicando sobre a utilização de diversos elementos musicais para que o músico prático possa alcançar a finalidade da música, que é o deleite.

Com base nas evidências encontradas nos textos de Sansovino e Fétis, no tratado de Artusi e nos escritos do próprio Zarlino, Cohen (ZARLINO, 1983, p. 104) considera a possibilidade de *Re mvsica* e *Vtraque musica* serem a mesma obra. De qualquer forma, a suposição de Cohen parece admissível, uma vez observada, nas citações de Sansovino (1663, p. 628) e Zarlino (1588, p. 330), a coincidência de ambas as obras possuírem a mesma quantidade de volumes e serem escritas em latim. Cabe observar, por fim, que *De utraque musica* é um título que só aparece como referência em escritos de outros autores (ARTUSI, 1603; BALDI, 1887; CAFFI, 1836; SANSOVINO, 1663), mas não nas obras de Zarlino, que indicam apenas *De re musica* (ZARLINO, 1580).

---

[76] "Opera noua del Zarlino che presto si darà alle Stampe" (ARTUSI, 1603, p. vii).

3

LE ISTITUTIONI HARMONICHE

Considerada uma das obras teórico-musicais mais influentes dos séculos XVI e XVII (JUDD, 2006), *Le istitutioni harmoniche* é também a obra mais conhecida de Gioseffo Zarlino. "*Istitutioni*", de acordo com Da Col (1999, p. 16), é uma palavra que se refere à tratadística latina e que propõe um modelo de ensinamento sistemático e organizado em regras e disposições que pretendem transmitir um saber de forma exemplar, absoluta e totalizante[77]. O objeto de que trata Zarlino é a ciência musical ou harmônica, exposta com base em seus componentes teórico (especulativo) e prático, um dualismo que perpassa toda a obra e que pode ser justificado pela premissa conceitual presente na obra de Boécio e transmitida por Guido d'Arezzo.

De forma semelhante, Mambella (2017a, p. 196) considera que o nome do tratado indica que ele tem a intenção de instituir, construir ou edificar a ciência musical à luz de seus fundamentos. O autor considera que, ao mesmo tempo que faz referência ao tratado *De institutione musica*, de Boécio, o qual contém uma exposição sistemática do saber musical da antiguidade e foi uma fonte incontestável durante toda a Idade Média, o tratado de Zarlino confronta-o abertamente e pretende superá-lo. Tal superação, para o autor, se dá tanto pelo retorno à antiguidade clássica, por meio de um estudo direto de Zarlino das fontes gregas, particularmente de Ptolomeu, quanto pelo reconhecimento da originalidade e novidade da doutrina dos modernos, cujo principal representante é Willaert, identificado por Zarlino como o "novo Pitágoras". A força e singularidade de *Le istitutioni harmoniche*, para Mambella (2017a, p. 196), reside exatamente na essência do tratado, ou seja, na tensão entre a recuperação da teoria dos antigos e a justificativa da prática dos modernos. Nesse sentido, os modelos das fontes clássicas são abordados pelo autor, ao mesmo tempo que são confrontados com os presentes em tratados modernos.

O título do tratado de Zarlino, para Feldman (1995, p. 171), é também uma alusão à *Institutio oratoria*, de Quintiliano, que codificou nessa obra a prática de seu mestre e modelo, Cícero, da mesma forma que Zarlino fez, no

---
[77] Um antecedente latino na literatura italiana é o tratado de Pietro Aaron: *Libri tres de institutione harmonica* (1516).

século XVI, sistematizando a prática composicional de seu mestre Willaert. A autora considera que a escolha por redigir o tratado em forma de "instituição" foi uma maneira de enfatizar os lados prático e filosófico das disciplinas que compuseram sua ampla formação, relacionadas ao *studia humanitatis*, que incluía poesia, história, filosofia moral, gramática e retórica (FELDMAN, 1995, p. 172), como é possível observar na capa do tratado, logo abaixo do título: "As instituições harmônicas do M. Gioseffo Zarlino, de Chioggia, nas quais, além das matérias pertencentes à música, se encontram declarados muitos lugares de poetas, historiadores e filósofos, como se poderá ver claramente ao lê-las"[78] (ZARLINO, 1558, capa). Para o autor, a música compreende todas as artes liberais e, por isso, inclui as *artes dicendi* do *trivium*. Feldman (1995, p. 157-158) reconhece que diversos teóricos venezianos contemporâneos a Zarlino fizeram grandes esforços para estabelecer uma relação entre a linguagem e o som e contribuíram para construir uma consciência de questões retóricas na música[79]. A autora, no entanto, pondera que a real consolidação dessa relação, tanto em termos práticos como teóricos, só foi expressa pela primeira vez, com a devida confiança, em *Le istitutioni harmoniche*. Nesse sentido, Da Col (1999, p. 19) observa que o texto de Zarlino evidencia que a ordem proporcionada das palavras, própria da gramática, corresponde ao ordenamento dos sons; que a proporção dos silogismos, característica da dialética, produz composições admiráveis e grande prazer ao ouvido; e que a retórica requer a aplicação, na oração, de acentos musicais nos tempos apropriados, o que rende maravilhoso deleite aos ouvintes. Assim, as questões técnicas da Música Prática estão profundamente relacionadas com as suas qualidades artísticas, de modo que, corroborando Pietro Bembo, Zarlino considera que a beleza do contraponto requer correção, elegância e adequação às demandas expressivas do texto

---

[78] "Le istitutioni harmoniche di M. Gioseffo Zarlino da Chioggia; nelle quali; oltra le materie appartenenti alla musica; si trovano dichiarati molti luoghi di Poeti, d'Historici, e di Filosofi; si come nel leggerle si potrà chiaramente vedere" (ZARLINO, 1558, capa).

[79] Wilson (2001) informa que o vínculo entre retórica e música foi construído por volta de 1525, e em 1560 os conceitos e a terminologia da oratória clássica estiveram presentes de forma mais sistemática nos escritos de teóricos musicais em ambos os lados dos Alpes. De acordo com Tarling (2005, p. 21), a partir da Reforma na Alemanha, Lutero e Melanchthon colaboraram para a revisão dos métodos educacionais e, com a invenção da imprensa, houve a disseminação, no Norte da Europa, de novos escritos e materiais educativos que incluíam manuais de moral, boas maneiras e eloquência. Seguindo esse modelo, que adaptou doutrinas retóricas para a exegese das escrituras protestantes e a instrução nas *Lateinschulen*, os teóricos alemães escreveram tutores musicais que, cada vez mais, alinharam o ofício da composição musical aos princípios retóricos, o que foi denominado *Musica Poetica*. Na concepção luterana, a palavra sagrada poderia ser compreendida segundo a leitura, mas, quando associada à música, era expressa de forma ainda mais poderosa. A equiparação das funções expressivas da música com as da retórica foi estendida e detalhada nos escritos de Burmeister (1601, 1606), que sintetizou as ideias quinhentistas dessa relação e fundamentou a tradição teórica alemã das figuras retórico-musicais que perdurou pelos dois séculos seguintes.

(FELDMAN, 1995, 174). Para Zarlino, a atenção a esses três elementos era o "caminho para compor musicalmente com ordem bela, douta e elegante"[80] (ZARLINO, 1558, I.Pr., p. 2), o que o moveu ao trabalho de escrever o tratado.

Le istitutioni harmoniche foi publicado pela primeira vez em 1558 e comumente se afirma que o próprio Zarlino tenha publicado a sua primeira edição, devido à ausência de um colofão que indique de forma explícita o nome do editor. No entanto, Judd (2006, p. 189-191) relata estudos distintos[81] que associam o emblema presente na capa do tratado ao editor Pietro da Fino[82], mas a autora considera difícil compreender o papel desse editor na publicação do tratado. Primeiramente, porque não se sabe onde ou com quem ele teria conseguido as fontes musicais para editar os exemplos, mas também porque é incerto se ele teria impresso o tratado ou se teria fornecido os tipos para a impressão, já que o privilégio foi concedido em nome de Zarlino (como será visto mais adiante), o que pode indicar que o próprio autor teria financiado a publicação da obra (JUDD, 2006, p. 191). De modo semelhante, Da Col (1999, p. 13) pondera que a omissão do nome do editor na capa do tratado é um possível testemunho da vontade do autor de afirmar plenamente a propriedade do resultado de sua obra e esforço.

Le istitutioni harmoniche teve duas reimpressões, em 1561 e 1562, realizadas pelo editor Francesco [de' Franceschi] Senese, com o texto inalterado, mas com nova capa e uma lista com os erros presentes na primeira edição. Judd (2006, p. 191) esclarece que essas duas edições normalmente são confundidas e que o mais comum é mencionar apenas a de 1562. No entanto, o Quadro 3, com a compilação dos escritos musicais de Zarlino elaborada por Corwin (2008, p. 14), indica apenas a edição de 1561[83]. Judd (2006, p. 192) avalia que essas duas reimpressões da obra de Zarlino foram vantajosas para Franceschi Senese, pois ele pôde incluir o seu emblema

---

[80] "[...] via del componer musicalmente con ordine bello, dotto & elegante" (ZARLINO, 1558, I.Pr., p. 2).

[81] Entre os trabalhos citados por Judd (2006, p. 191), estão o livro *Music Printing in Renaissance Venice: The Scotto Press (1539-1572)* (1998), de Jane Bernstein, um estudo de Benito Rivera e Frans Wiering, cujo título e cuja data não são mencionados, e correspondência pessoal da autora com Frans Wiering.

[82] Da Col (1999, p. 16) informa que a marca tipográfica com o galo e o moto *"Excubo ac vigilo"* é a mesma que aparece em outras obras venezianas do período editadas por Pietro da Fino, que era identificado como *librèr*, e nas quais aparecia o nome do tipógrafo Giovanni Griffio.

[83] Essa mesma edição é a que foi publicada em versão fac-símile pela editora Arnaldo Forni (ZARLINO, 1999). As reimpressões de 1561 e 1562 contêm errata que é intitulada "Erros a serem corrigidos, incorridos na impressão" // *"Errori da correggere incorsi nel stampare"* (ZARLINO, 1561, 1562). No Brasil, a coleção de obras raras da biblioteca da Universidade Federal do Rio de Janeiro contém em seu acervo um exemplar original da edição de 1562 de *Le istitutioni harmoniche* (Localização: OR 781.3 Z36i) (Disponível em: https://minerva.ufrj.br/F.. Acesso em: 21 set. 2019).

e um subtítulo de identificação[84], com o mínimo investimento e esforço. Anos depois, em 1573, esse mesmo editor realizou uma nova impressão do tratado, cujo texto foi revisado e ampliado em relação ao original. Essa versão, para Judd (2006, p. 192), é muito mais elegante e possui ortografia distinta da de 1558, de modo que é perceptível a diferença entre os dois estilos de edição.

O tratado também integra a compilação de escritos do autor, de 1589, intitulada *De tutte l'opere del R. M. G. Zarlino ch'ei scrisse in buona lingua italiana*[85]. Essa publicação, também empreendida por Franceschi Senese, é dividida em quatro volumes: o primeiro contém os quatro livros de *Le istitutioni harmoniche*; o segundo, os cinco diálogos de *Le dimostrationi harmoniche*; o terceiro, os oito livros dos *Sopplimenti musicali*; e o quarto inclui os demais escritos de Zarlino: o *Trattato della patientia*, o *Discorso fatto sopra il vero anno & giorno della morte di Giesu Christo nostro Signore*, a *Informatione della origine de i R. F. Capuccini* e as *Risolutioni d'alcuni dubij, mossi sopra la correttione fatta dell'anno di Giulio Cesare*.

De acordo com Fenlon (1999, p. 7, n. 1), inúmeras cópias das diferentes edições de *Le istitutioni harmoniche* sobreviveram e são hoje conhecidas, o que é um indicativo de que foi uma das obras produzidas no período mais profusamente lidas e difundidas. Nesse sentido, é possível afirmar que o tratado exerceu influência sobre diversos teóricos e compositores das gerações seguintes. Na Itália, os discípulos de Zarlino foram os principais responsáveis pela transmissão de suas ideias, a exemplo de Artusi, que reeditou a terceira parte do tratado em forma de tabelas no seu *L'arte del contraponto ridotta in tavole* (1586), e dos tratados de Orazio Tigrini (*Il compendio della musica*, 1588) e Pietro Pontio (*Ragionamento di musica*, 1591), que sintetizam os preceitos zarlinianos relativos ao aspecto prático da música. Outro viés é observado no *Dialogo della musica antica et della moderna* (1581), de Vincenzo Galilei, que, ao tecer críticas veementes a *Le istitutioni harmoniche*, acaba por divulgar o tratado. Outros autores italianos que também o disseminaram são Gandolfo Sigonio (*Discorso intorno à' madrigali e à'i libri dell'antica musica ridutta alla moderna prattica da D. Nicola Vicentino*, ca. 1591), Lodovico Zacconi (*Prattica di musica*, 1592, 1622), Domenico Scorpione (*Riflessione armoniche*, 1701) e Giuseppe Tartini (*Trattato di musica*, 1754).

---

[84] "*In Venetia, Appresso Francesco Senese, al segno della Pace. XDLXI*"

[85] As edições de 1558 e 1589 de *Le istitutioni harmoniche* estão transcritas e disponíveis na versão on-line do Thesaurus Musicarum Italicarum (TmiWeb. Disponível em: http://tmiweb.science.uu.nl. Acesso em: 5 out. 2017).

Músicos de outras partes da Europa também reconheceram a importância desse tratado, que é citado em várias obras publicadas até o século XVIII. *Le istitutioni harmoniche* foi traduzido para o alemão por J. K. Trost (BONACCORSI, 1937; REESE, 1959) e por Sethus Calvisius em seu *Composition Regeln*, que por muito tempo foi atribuído a Jan Pieterszoon Sweelinck[86] (ADRIO; GOTTWALD, 2001; REESE, 1959). Este compositor conhecia profundamente a obra de Zarlino e realizou traduções para o holandês e adaptações de parte deste tratado para trabalhar com seus alunos (TOLLEFSEN; DIRKSEN, 2001), dos quais Jan Adam Reincken chegou a sintetizar algumas regras em seu *Erste Unterrichtung zur Composition* (1670) (SCHNEIDER, 2017). Na Inglaterra, Zarlino figura como uma das autoridades da música em *A plaine and easie introduction to practicall musicke* (1597), de Thomas Morley. De acordo com Bonaccorsi (1937) e Fétis (1867, p. 511), partes de *Le istitutioni harmoniche* também foram traduzidas para o francês por Jehan Le Fort, e, segundo Psychoyou (2017), o manuscrito que contém a tradução realizada por Etienne Loulié é uma fonte praticamente desconhecida. Na França, a obra de Zarlino ainda serviu de referência para Claude Le Jeune (*Dodecacorde*, 1598; e *Octonaires*, 1606), Salomon de Caus (*Institutions harmoniques*, 1615), René Descartes (*Compendium musicae*, 1618), Marin Mersenne (*Traité de l'harmonie universelle*, 1627), René Ouvrard (*Secret pour composer en musique par un art nouveau*, 1660) e Jean-Philippe Rameau (*Traité de l'harmonie réduite à ses principes naturelles*, 1727; e *Génération harmonique*, 1736). Na Polônia, a obra de Zarlino circulou por intermédio do compositor italiano Marco Scacchi, atuante entre 1624 e 1649, e seu tratado *Cribrum musicum* (1643) (KORPANTY, 2017). Por fim, a obra de Zarlino constitui a base para as contribuições do *Gradus ad Parnassum* (1725), de Johann Joseph Fux, utilizado com frequência nos dias atuais para o ensino de contraponto.

Em sua biografia sobre o músico, Baldi (1887, p. 168) chama atenção para o fato de que todas as edições de *Le istitutioni harmoniche* foram publicadas em italiano, o que, para ele, é uma evidência do interesse de Zarlino de que a obra fosse acessível a qualquer músico que quisesse estudá-la. De acordo com o biógrafo, ela começou a ser escrita anos antes de Zarlino tornar-se mestre de capela em São Marcos e pode ser considerada o resultado de sua instrução com Willaert, da ampla variedade de disciplinas que compuseram

---

[86] De acordo com Reese (1959, p. 377), *Le istitutioni harmoniche* foi traduzida para o francês e o alemão e foi reelaborada em holandês. Embora não forneça detalhes sobre as traduções francesas, o autor menciona a tradução de J. C. Trost, que se perdeu, e informa que A. Werkmeister, em seu *Harmonologia Musica* (1702), faz referência a uma tradução para o holandês que teria sido a forma original de *Composition Regeln*, até então atribuída a J. P. Sweelinck, da qual sobreviveu apenas a versão em alemão.

a sua formação e do que aprendeu com base no estudo de fontes musicais antigas, mas também no reconhecimento da prática dos modernos. Entre os autores citados no tratado, encontram-se filósofos, historiadores, oradores e poetas, gregos e latinos, além de músicos e matemáticos.

De modo semelhante, Judd (2006, p. 192) considera provável que *Le istitutioni harmoniche* e as músicas (motetos e madrigais) de Zarlino que foram impressas em coletâneas com obras de outros compositores teriam sido produzidas no período em que ele era discípulo de Willaert. Para a autora, esse tratado marcou o ápice do processo de expor exemplos musicais em obras teóricas, em consonância com o momento em que a disponibilidade e o papel da música impressa mudaram drasticamente em relação à cultura musical manuscrita precedente. Ela também avalia que a publicação de suas composições e escritos musicais se caracterizou como um meio pelo qual Zarlino pôde se posicionar como um herdeiro de seu mestre e estabelecer a sua reputação de músico prático e compositor erudito que dominava um verdadeiro conhecimento do assunto (ou seja, seu fundamento matemático), o que anos depois certamente foi considerado para a sua admissão como mestre de capela em São Marcos.

O privilégio concedido pela *Signoria* de Veneza para a impressão da obra autorizava a sua publicação durante um período de dez anos, conforme se observa a seguir, o que permitiu também as reedições de 1561 e 1562.

> O Privilégio da Ilustríssima Senhoria de Veneza
> Portaria do dia 16 de Outubro, 1557
> Que seja concedido ao M. P. Gioseffo Zarlino de Chioggia, que nenhum outro além dele, ou que ele nomeie, possa imprimir nesta nossa cidade [e] nem em qualquer lugar da nossa Senhoria, nem imprimir ou vender em outro lugar a obra por ele composta, intitulada Instituições harmônicas, nem em latim, nem em vulgar, pelo espaço dos próximos dez anos, sob todas as penalidades contidas na sua aplicação: sendo obrigado a observar tudo aquilo que é disposto em matéria de impressão.
> Josephys Tramezinus
> Notário do Duque.[87] (ZARLINO, 1558, s/p).

---

[87] "Il Priuilegio della Illustrissima Signoria di Venetia// 1557 Die 16 Octobris Rogatis.// Che sia concesso a M. P. Gioseffo Zarlino da Chioza, che niuno altro, che egli, ò chi hauerà causa da lui, non possa stampare in questa nostra città, ne in alcun luogo della nostra Signoria, ne altroue stampata in quella vendere l'opera titolata Istitutioni harmoniche, latina, ne volgare, da lui composta, per lo spacio di anni dieci prossimi, sotto tutte le pene contenute nella sua sopplicatione: essendo vbligato di osseruare tutto quello, ch'è disposto in materia di Stampe.// Iosephus Tramezinus// Duc. Not" (ZARLINO, 1558, s/p).

Como é possível observar, além de definir o prazo da permissão, o texto esclarece sobre quem é autorizado a imprimir e vender a obra na região de Veneza. De acordo com Corwin (2008, p. 63), o fato de a publicação de 1573 ter sido realizada por Francesco Senese, o mesmo responsável pela reedição de 1561, evitou a necessidade de renovação do privilégio. O documento que autoriza a publicação da obra também se refere a suas possíveis versões em latim, o que, de fato, foi prometido por Zarlino na carta aos leitores:

> Se eu ver, meus leitores humaníssimos, que estes meus trabalhos lhes são verdadeiramente caros, me esforçarei para dar-lhes, tanto mais rápido quanto me seja possível, estas mesmas Instituições em língua latina, com as DEMONS-TRAÇÕES Harmônicas, mencionadas em alguns lugares desta obra, e qualquer outra coisa, às quais (como se diz) ainda não dei o último toque.[88] (ZARLINO, 1558, s/p).

Entretanto, essa promessa de publicação de *Le istitutioni harmoniche* em latim permaneceu como um projeto nunca concretizado. Na carta aos leitores da edição de 1573, Zarlino explica que considerou mais conveniente aproveitar o tempo que gastaria em tal tradução para realizar outros trabalhos, como a conclusão de uma obra acerca da Música Especulativa e da Prática, escrita em latim, presumivelmente em 18 volumes, dos quais 12 já estavam prontos, e que, portanto, ninguém deveria esperar por uma tradução latina do tratado[89].

Todas as edições do tratado foram dedicadas a Vincenzo Diedo[90], que morreu um ano após a publicação de sua primeira edição. É na dedicatória do tratado que Zarlino expressa pela primeira vez a sua intenção com a obra:

---

[88] "S'io vedrò Lettori miei humanissimi, che queste mie fatiche veramente vi siano care; mi sforzarò di darui, tanto più presto, quanto per me si potrà fare queste medesime Istitutioni fatte in lingua Latina, con le DIMO-STRATIONI Harmoniche in alquanti luoghi di questa Opera nominate, & qualche altra cosa appresso; alle quali non hò ancora (come se dice) posto l'ultima mano" (ZARLINO, 1558, s/p).

[89] "Estando essas Instituições já em luz [e] deixando [de lado] tal empreendimento, voltei meu ânimo a reunir em um volume latino não somente as coisas Especulativas, mas também as Práticas da música. Assim, até o momento fui tão avante que reuni 12 livros, ao qual (visto que chegarão, como creio, ao número de 18) se agradar a Deus, logo-logo darei expedição. Mas vos faço saber que não esperem de mim outra coisa latina, além do dito volume" // "[...] essendo gia esse Istitutioni in luce: lasciando cotale impresa voltai l'animo à ridurre insieme in vn Volume Latino, non solamente le cose Speculatiue, ma etiandio le Prattiche della Musica. La onde fin'ora son ito tanto avanti, ch'io ne hò posto insieme Dodici libri: al qual (perciochè arriveranno, come credo, al numero di Diciotto) se à Dio piacerà, presto presto darò espeditione. Però vi fo' sapere, che non aspettiate da me altra cosa Latina, che il detto Volume" (ZARLINO, 1573, s/p).

[90] Vincenzo Diedo (1499-1559) nasceu em uma rica e prestigiosa família, que lhe permitiu uma rápida carreira política. Foi prefeito em Verona, senador em Pádua e, em 1556, foi eleito pelo Senado de Veneza para suceder Pietro Francesco Contarini como patriarca. Os quatro anos de seu patriarcado foram marcados pela supervisão e regulamentação da disciplina dos eclesiásticos e dos critérios de admissão às ordens sacras, do que se destacou a constituição que proibia a escolha de parentes nas eleições para o recebimento de benefícios e títulos canônicos (GULLINO, 1991).

> Porque ainda que se encontrem muitos autores que escreveram muitas coisas sobre a ciência e a arte, o homem não pode, lendo-as, adquirir o conhecimento que deseja, porque, na verdade, não tocam, suficientemente, nem mostram coisa alguma daquilo que é de grande importância. Assim, eu, que desde a tenra idade sempre tive inclinações naturais para a música, já havendo consumado uma boa parte da minha idade ao conhecimento dela e tornando-me consciente disso, *desejei tentar*, se eu puder de qualquer maneira, *levar à perfeição as coisas que pertencem à [música] teórica e à prática*, para gratificar a todos aqueles que de tal faculdade se deleitam.[91] (ZARLINO, 1558, s/p, grifo nosso).

O autor reconhece que existem muitos escritos sobre música, mas considera que são insatisfatórios tanto em relação aos temas apresentados quanto à profundidade como são discutidos. Com isso, declara o seu propósito de aperfeiçoar a abordagem disponível e preencher a lacuna observada tanto em relação à Música Especulativa quanto à Prática e, ao mesmo tempo, aproximar esses dois âmbitos do conhecimento musical, até então abordados de forma dissociada pela literatura. Tal aproximação ecoa a própria trajetória de Zarlino. Por um lado, o autor dedicou-se à música desde a infância e prosseguiu sua formação musical com Willaert, o que lhe permitiu atuar como cantor, organista e compositor, o que é identificado com o aspecto prático da música. Por outro lado, possuía uma sólida formação, que incluía, entre outras disciplinas, aritmética, geometria e lógica, que forneciam o embasamento matemático necessário para que ele se tornasse consciente desse conhecimento prático, ou seja, para que pudesse explicá-lo à luz dos preceitos científicos de sua época, o que era reconhecido como o viés especulativo ou teórico da música.

Com essa proposta de aproximação entre Música Teórica e Música Prática, Zarlino procurava também resgatar a dignidade da música. De acordo com o autor, a música de outrora apresentava alto grau de elaboração e era capaz de efeitos maravilhosos: ela podia controlar facilmente e com grande força as almas desenfreadas e mover os desejos e apetites dos homens, com maior prazer, conduzindo-os a uma vida tranquila e civili-

---

[91] "[...] percioche quantunque si ritrouino molti autori, che hanno scritto molte cose della Scienza, & dell'Arte; nondimeno l'Huomo leggendole, non ne può acquistar quella cognitione, che egli desidera; perche veramente non hanno tocco a sufficienza, ne mostrato cosa alcuna di quelle, che sono di grande importanza. La onde io, che fino da i teneri anni hò sempre hauuto naturale inchinatione alla Musica; hauendo gia vna buona parte della mia età intorno la cognitione di lei consumato; auedutomi di cotal cosa; volsi prouare, s'io poteua in qualche maniera, le cose, che appartengono alla Theorica, & alla Prattica, ritirar verso la loro perfettione; per far cosa grata a tutti coloro, che di tal facultà si dilettano" (ZARLINO, 1558, s/p).

zada. Mas, depois desse período, a música perdeu a sua honra e decaiu a uma ínfima baixeza, cuja causa seria a forma indigna como foi tratada por muitos, exceto por Willaert, considerado um compositor de raro intelecto e que começou a elevar a música à honra e à dignidade dos tempos antigos[92] (ZARLINO, 1558, I.Pr., p. 1-2). Conforme observado por Da Col (1999, p. 14), essa reivindicação de uma nova dignidade hierárquica para a música entre as disciplinas artísticas e a pretensão de restituir-lhe a "venerável gravidade" que possuía na antiguidade é uma espécie de paráfrase de uma célebre passagem das *Vidas* de Vasari relativa à pintura e à escultura[93]. Dessa forma, Zarlino almejava redimir a música da decadência em que estava e restabelecer o grande prestígio que possuía, tanto pela solidez de seus fundamentos quanto pelos efeitos que era capaz de produzir (MAMBELLA, 2017a, p. 196).

Nesse sentido, na concepção do autor, para que alguém fosse considerado realmente um bom músico não era suficiente que soubesse compor, mas era necessário que soubesse também a razão daquilo que fazia, era preciso que soubesse explicar racionalmente a sua prática. É o que ele explica quando compara o bom músico ao bom pintor:

> Mas, vendo que assim como [para] quem quer ser bom pintor e obter grande fama na pintura não é o bastante usar as cores de forma agradável, se sobre a obra que fez não souber render uma razão sólida, assim àquele que deseja ter o nome de verdadeiro músico não é o bastante e não traz muito louvor ter unido as consonâncias quando não souber dar conta de tal união; então me dispus a tratar, juntamente, daquelas coisas

---

[92] "Benche o sia stato per la malignità di tempi, o per la negligenza di gli huomini, che habbiano fatto poca stima non solamente della Musica, ma di gli altri studi ancora; da quella soma altezza, nella quale era collocata, è caduta in infima bassezza; & doue le era fatto incredibile honore, e stata poi riputata si vile & abietta, & si poco stimata, che appena da gli huomini dotti, per quel che ella è, viene ad esser riconosciuta. Et ciò mi par che sia auenuto, per non le esser rimasto ne parte, ne vestigio alcuno di quella veneranda grauità, che anticamente ella era solita di havere. [...] Nondimeno l'ottimo Iddio [...] ne hà conceduto la gratia di far nascere a nostri tempi Adriano Vvillaert, veramente vno di più rari intelletti, che habbia la Musica prattica giamai essercitato: il quale a guisa di nuouo Pithagora essaminando minutamente quello, che in essa puote occorrere, & ritrouandoui infiniti errori, ha cominciato a leuargli, & a ridurla verso quell'honore & dignità, che già ella era [...]" (ZARLINO, 1558, I.Pr., p. 1-2).

[93] O trecho a que o autor se refere é o seguinte: "Pois, vendo de que modo essa arte começou modesta, atingiu a máxima elevação e, de tão nobre grau, precipitou-se na ruína extrema, e vendo que a natureza dessa arte é semelhante à das outras coisas, como os corpos humanos, que precisam nascer, crescer, envelhecer e morrer, tais artistas poderão agora reconhecer com mais facilidade o progresso de seu renascimento e da perfeição que ela atingiu em nossos tempos" (VASARI, 2011, p. 76-77) // "I quali avendo veduto in che modo ella, da piccol principio, si condusse a la somma altezza e come da grado sí nobile precipitasse in ruina estrema, e, per conseguente, la natura di questa arte, simile a quella dell'altre, che, come i corpi umani, hanno il nascere, il crescere, lo invecchiare et il morire, potranno ora più facilmente conoscere il progresso della sua rinascita; e di quella stessa perfezzione, deve ella è risalita ne' tempi nostri" (VASARI, 1986, p. 132).

> que pertencem à [parte] Prática e à Especulativa desta ciência, para que aqueles que almejam estar [entre] o número de bons músicos, possam, lendo acuradamente a nossa obra, render razão de suas [composições].[94] (ZARLINO, 1558, I.Pr., p. 2).

O autor, então, estabelece que o domínio do aspecto teórico é algo imprescindível para que um músico seja considerado bom e, com isso, propõe-se a oferecer a explicação teórica necessária à atuação prática dos músicos. E tal explicação é destinada a quem já possui alguma experiência em "unir as consonâncias", ou seja, quem já tem algum tipo de conhecimento prático da música e dela se deleita, mas que ainda não conhece os fundamentos necessários para compreendê-la racionalmente.

Nesse sentido, e com o intuito de ser o mais claro possível, de modo que o leitor compreenda mais facilmente os assuntos discutidos, Zarlino divide o tratado em quatro partes. Primeiramente, são apresentados os pressupostos ou princípios racionais dos elementos que depois serão utilizados na música prática. Assim, de forma bastante ampla, pode-se dizer que o tratado é dividido em duas grandes partes. A primeira delas refere-se à Música Especulativa, e é, por sua vez, subdividida em uma parte matemática, dedicada aos números e às proporções, e uma parte acústica, que explica os sons e os intervalos musicais[95]. Essa primeira grande parte pode ser vista como um reflexo da ampla rede de relações intelectuais de Zarlino, que incluía um círculo de cientistas que privilegiavam a associação da teoria aristotélica da demonstração científica, com a platônica que enaltece o caráter sublime da matemática (DA COL, 1999, p. 25). A segunda grande parte diz respeito à Música Prática, e ela também possui uma primeira subdivisão, que trata da composição ou da arte do contraponto, e uma segunda, que discorre sobre as escalas modais e expõe as orientações acerca da acomodação da música ao texto. De acordo com Da Col (1999, p. 21), é na terceira e na

---

[94] "Ma vedendo, che si come a chi vuol esser buon pittore, & nella pittura acquistarsi gran fama, non è a bastanza l'adoprar vagamente i colori; se dell'opera, che egli hà fatta, non sa render salda ragione; cosi a colui, che desidera hauer nome di vero Musico, non è bastante, & non apporta molta laude l'hauer vnite le consonanze, quando egli non sappia dar conto di tale vnione; però mi son posto a trattare insiememente di quelle cose, lequali, & alla prattica, & alla speculatiua di questa scienza appartengono, a fin che coloro, che ameranno di essere nel numero di buoni Musici, possano leggendo accuratamente l'opera nostra render ragione di i loro" (ZARLINO, 1558, I.Pr., p. 2).
[95] A reflexão teórica de Zarlino, exposta em seus três tratados musicais, é detalhada e discutida por Mambella (2016) em seu livro *Gioseffo Zarlino e la scienza della musica nel '500: dal numero sonoro al corpo sonoro*. O autor insere o tratado no amplo contexto científico europeu e mostra como a interseção teórico-musical proposta é significativa do ponto de vista das inovações tecnológicas e organológicas, do momento evolutivo do pensamento matemático, da sagaz releitura dos textos clássicos e da efervescência cultural veneziana daquele período. Nesse sentido, o autor refuta a avaliação corrente que define Zarlino, de maneira equivocada, como um músico e teórico conservador e de pensamento estático.

quarta partes do tratado que Zarlino se debruça sobre as especificidades da linguagem musical, com a descrição das técnicas compositivas e das potencialidades comunicativas e expressivas da música, valendo-se de uma abordagem didática, sistemática e completa da composição musical que se tornou objeto de compêndio, tradução e citação pelas gerações seguintes.

Ao longo de toda a terceira e quarta parte, Zarlino refere-se a exemplos musicais concretos e frequentemente cita composições do repertório polifônico — de Johannes Ockenghem, Josquin des Prez, Nicolas Gombert, Costanzo Festa, Cristóbal de Morales, Pierre De La Rue, Cipriano De Rore e Adrian Willaert (seu modelo privilegiado, que sintetiza o ideal de beleza e sapiência) —, além de seus próprios motetos, muitos dos quais integram a coletânea *Modulationes sex vocum* (1566), como forma de esclarecer as regras explicadas textualmente. Feldman (1995, p. 177) observa que Zarlino não transcreve as obras que cita como exemplos musicais, mas apenas se refere ao nome delas, o que, para a autora, é um indicativo de que se esperava que o leitor conhecesse o repertório ou buscasse aprendê-lo. De maneira distinta, as referências explícitas às fontes teóricas consultadas são mais escassas, e alguns autores e suas obras nem sequer chegam a ser nomeados, embora alguns trechos sejam parafraseados ou traduzidos. Certamente, Zarlino conhecia as obras práticas de Silvestro Ganassi e as teóricas de Nicola Vicentino, Franchino Gaffurio, Lodovico Fogliano, Jacques Lefèvre d'Étaples, Stephanus Vanneo, Pietro Aaron, Henricus Glareanus e Giovanni Maria Lanfranco, mas, conforme ressalta Da Col (1999, p. 24), eles são citados apenas quando suas teses são confutadas.

Assim, Zarlino expõe o percurso formativo que compositores, cantores e instrumentistas deveriam percorrer, e estrutura a sua obra a fim de fornecer ao músico prático todos os princípios necessários para dar plena razão ao seu trabalho, de modo que possa tornar-se, então, um músico perfeito. Na avaliação de Fenlon (1999, p. 11), *Le istitutioni harmoniche* é o reflexo não apenas do treino musical e da formação intelectual de Zarlino, mas também da existência do acervo Bessarion na Biblioteca Marciana[96], do seu envolvimento com as atividades da Accademia della Fama, bem como da tradição de estudos da cultura grega que floresceu em Veneza a partir da segunda metade do século XV. Para o autor, a compreensão de Zarlino de toda essa literatura é expressa de forma mais concentrada na terceira

---

[96] Um inventário de 1474 registra a doação realizada pelo Cardeal Bessarion de livros e manuscritos, que incluem uma coleção denominada *Liber musica novus*, hoje pertencente ao acervo da Biblioteca Marciana de Veneza (MS. Grec. 322 [col. 711]). Mais informações sobre o assunto em Da Col (1999) e Fenlon (1999).

e na quarta partes do tratado, nas quais os fundamentos das autoridades clássicas são citados. A seguir, será apresentada uma sinopse do tratado, que expõe de forma mais detalhada como os capítulos podem ser reunidos em torno das temáticas elaboradas pelo autor.

3.1 Primeira parte: os números, as proporções e as formas das consonâncias

A primeira parte do tratado explica principalmente sobre os números, as proporções e suas operações[97] (ZARLINO, 1558, I.Pr., p. 2). Mas, antes de entrar no aspecto matemático propriamente dito, o autor inclui alguns capítulos introdutórios sobre a música *"in generale"*, que tratam da origem da música, dos seus louvores, sua finalidade, utilidade e divisão, e sobre a música *"in particolare"*, ou seja, a música instrumental, produzida por instrumentos naturais (a voz) ou artificiais. Além disso, esses capítulos iniciais incluem a distinção entre teoria e prática, conforme as definições de Boécio, que privilegia a primeira em detrimento da segunda e reconhece o compositor como músico perfeito (MAMBELLA, 2017a, p. 196). Essa introdução compreende os capítulos 1 a 11 e apresenta, portanto, a habitual revisão dos fundamentos filosófico e cosmológico da música (CORWIN, 2008, p. 34; PALISCA, 2001b, p. 752). Na avaliação de Da Col (1999, p. 18), a abordagem desses assuntos por Zarlino segue a linhagem dos lugares recorrentes nos tratados musicais precedentes (Boécio, Burzio, Gaffurio, Aaron, Lanfranco e Vanneo), mas, mais do que oferecer um compêndio, o autor amplifica aquelas fontes.

Em seguida, entre os capítulos 12 e 20, são abordados os papéis do número na música, nos quais Zarlino apresenta o conceito de número e como a definição de consonância está relacionada a ele (capítulos 12 a 16), com destaque especial para o *senario* (capítulo 13), que é o "número sonoro" pelo qual são geradas as formas de todas as consonâncias simples no "corpo sonoro" (PALISCA, 2001b, p. 752), ou seja, ele é identificado como a fonte da consonância musical. Essa é uma das grandes contribuições do tratado, pois a definição do *senario* — série de números primários de 1 a 6 que é exposta conforme suas propriedades matemático-musicais — validou a expansão da classe de intervalos considerados consonantes, que antes, de acordo com a tradição pitagórica, eram produzidos apenas pelas primeiras

---

[97] Uma tradução para o inglês da primeira parte de *Le istitutioni harmoniche*, baseada na edição de 1558 e com notas de rodapé que comentam as mudanças contidas na edição de 1573, foi realizada por Lucille Corwin (2008).

quatro divisões da corda. De acordo com Da Col (1999, p. 20), essa expansão demonstra o acolhimento dado por Zarlino às perspectivas abertas pela tratadística moderna — em especial pelo *Musica practica* (1482) de Bartolomé Ramos de Pareja, mas também pelos escritos de Gaffurio, Giovanni Spataro e Fogliano, que já consideravam as consonâncias imperfeitas — ao mesmo tempo que a supera por oferecer um fundamento teórico que legitima a ampliação do número de intervalos consonantes, conforme a experiência dos músicos práticos.

Valendo-se dessas definições, o autor passa a discutir, nos capítulos 17 a 20, a quantidade "em geral", dividida em discreta e contínua, e "em particular", que é o objeto da ciência musical, ou o número sonoro, conceito trazido da obra de Fogliano (capítulo 19). Mambella (2017a, p. 196) explica que, no tratado de Zarlino, a ciência musical depende da matemática e da física, pois é da união do número com o som que nasce a "música perfeita" ou em ato, que é aquela produzida por instrumentos naturais ou artificiais. Depois de apresentados os números, Zarlino faz a exposição matemática (capítulos 21 a 44), estabelecendo a diferença entre relação e média (*proporzioni*) e proporções (*proporzionalità*). As definições e gêneros das proporções estão presentes nos capítulos 21 a 30; e as operações matemáticas, nos capítulos 31 a 44. Mambella (2017a, p. 196) esclarece que Zarlino enfatiza a média harmônica (capítulo 39), na qual os números são as partes das quantidades sonoras. Na avaliação de Da Col (1999, p. 18), o grande espaço concedido por Zarlino aos números, às proporções e suas operações (capítulos 12 a 44), ao fundamento pitagórico da ciência musical e à referência a obras matemáticas (Euclides [Cleônides] e seu comentário de Campano da Novara) reflete tanto a concepção de música como parte do *Quadrivium* quanto a vasta cultura científica de Zarlino.

No que diz respeito à estrutura da primeira parte do tratado, Corwin (2008, p. 85-86) considera o capítulo 41 à parte, porque ele contém um ensaio sobre como a música se ajusta aos quatro tipos de causas definidas por Aristóteles na Física[98]. Conforme resumido por Palisca (1968b, p. x), é nessa seção do tratado que Zarlino apresenta os usuais louvores e classificações da música, seguidos do tradicional currículo da matemática musical.

---

[98] Esse ajustamento é feito por Zarlino (1558, I.41, p. 54) da seguinte forma: a causa material é o som, ou as cordas, pois ele é a matéria da qual se faz a música; a causa formal é o número ou a proporção, é a forma ou arquétipo que retém a coisa em si; a causa eficiente (o agente) é o músico; e a causa final (o objetivo ou resultado) é o cantar com melodias, o tocar qualquer instrumento com harmonia, é beneficiar e deleitar o ouvinte. Para o autor, as causas material e formal são intrínsecas à coisa, pois participam de sua essência, de sua natureza e nelas são permanentes, ao passo que as causas eficiente e final são extrínsecas, pois não pertencem à sua natureza ou ser.

3.2 Segunda parte: as vozes ou os sons, que são a matéria das consonâncias

Na segunda parte, Zarlino trata dos sons, mostra de que modo cada um dos intervalos necessários à harmonia se acomoda à sua proporção, aborda a divisão do monocórdio em cada espécie de harmonia em todos os gêneros, expõe os intervalos que podem ser utilizados em uma composição musical e de que modo eles se acomodam nos instrumentos artificiais, e apresenta questões relativas à construção de um instrumento que seja capaz de conter qualquer gênero de harmonia[99] (ZARLINO, 1558, I.Pr., p. 2). O início dessa parte (capítulos 1 a 17), de acordo com Mambella (2017a, p. 196), apresenta uma ampla discussão sobre a música dos antigos, na qual inclui o tema dos afetos ou efeitos [*effetti*] e o modo pelo qual a melodia e o número podem tornar o homem disposto a esses afetos e a vários costumes. Nesses capítulos, também são apresentados alguns conceitos fundamentais da teoria musical, tais como voz, som, consonância, dissonância, harmonia e melodia. Além disso, eles explicam a divisão do som em contínuo (da palavra) e discreto (da música) e contêm as definições de canto, modulação, intervalo (e suas espécies) e os três gêneros (diatônico, cromático e enarmônico) da música antiga.

Em seguida (capítulos 18 a 26), Zarlino procede à atribuição de uma relação específica para os intervalos, suas multiplicações e divisões em partes racionais, cuja explicação é feita por meio do monocórdio. Para a divisão dos intervalos em partes iguais, o autor utiliza o mesolábio e o método geométrico. A partir disso, passa à divisão do monocórdio nos três gêneros antigos, estabelece a correspondência entre os sons e as esferas celestes e chega à identificação do sistema sintônico-diatônico de Ptolomeu como a escala natural, o que, de acordo com Mambella (2017a, p. 196), é reconhecido como outra das características mais marcantes de todo o tratado, ao lado da definição do *senario*. Esse sistema é obtido da divisão harmônica completa da oitava, na qual a quinta também é dividida, pela primeira vez, em terça maior e terça menor. Tal divisão é feita de acordo com a natureza dos números sonoros, na qual as terças e sextas são consideradas consonantes.

---

[99] A palavra "harmonia" ocorre com frequência premente em *Le istitutioni harmoniche* e, de acordo com Urbani (2011, p. 745), pode ser considerada uma das chaves de leitura do tratado, pois a ela convergem e se acomodam múltiplos significados que estão intimamente interligados entre si. Conforme explicado pela autora, harmonia pode ser entendida (1) a partir do pensamento musical dos antigos, com o sentido de melodia ou cantilena; (2) como o resultado do desenvolvimento simultâneo e vertical de sons musicais; (3) com o sentido de harmonia das esferas, encontrada na regularidade dos movimentos dos corpos celestes, segundo a filosofia de Pitágoras e Platão; e (4), finalmente, como consonância da alma que deve ser entoada na ordem cósmica.

Com essa definição, Zarlino demonstra, a partir do capítulo 27, que na prática instrumental moderna os intervalos perfeitos, verdadeiros e naturais (que possuem conformidade com o monocórdio) não podem ser usados, mas apenas os intervalos acidentais [*accidentali*], que são decorrentes da necessidade técnico-construtiva dos instrumentos, ou seja, dos temperamentos elaborados para a repartição do coma. É ilustrado, então, pela primeira vez, o temperamento mesotônico 2/7 coma (MAMBELLA, 2017a, p. 198). Finalmente, Zarlino discorre sobre a possibilidade de as vozes, devido à sua flexibilidade, serem capazes de entoar tanto os intervalos perfeitos quanto os temperados, o que se desdobrou em um longo debate em sucessivas polêmicas, especialmente com Vincenzo Galilei.

De forma resumida, é nessa parte que o autor demonstra o sistema tonal grego e propõe uma teoria moderna de consonâncias e afinação, que é o sistema sintônico-diatônico (CORWIN, 2008, p. 34; PALISCA, 2001b). Na avaliação de Palisca (1968b, p. x), Zarlino aproveitou o ímpeto humanista de redescoberta dos textos gregos sobre música e, embora não fosse um idólatra da antiguidade, soube propor mudanças notavelmente pertinentes em sua época valendo-se do conhecimento disponível.

3.3 Terceira parte: a arte do contraponto

Na terceira parte do tratado, Zarlino (1558, I.Pr., p. 2) discorre sobre como e com "tão bela ordem" as consonâncias e dissonâncias devem ser colocadas nas composições a duas ou mais vozes[100]. Esta é, talvez, a porção mais conhecida do tratado, relativa à arte do contraponto, na qual, segundo Palisca (2001b, p. 753), Zarlino define os métodos de Willaert como parâmetros para a escrita contrapontística e pode ser tomada como modelo para quem se dedica à composição, à prática e à análise musical. Nessa parte, o autor discorre sobre como relacionar os intervalos na composição, apresenta as regras do contraponto, explica sobre a notação musical e estabelece critérios para distinguir as composições boas das más (CORWIN, 2008, p. 35). Para Judd e Schiltz (2015, p. xv), essa parte do tratado oferece um óbvio ponto de partida para quem deseja explorar as técnicas composicionais explicadas pelo autor.

Conforme resenha elaborada por Mambella (2017a, p. 198), a terceira parte também pode ser dividida em uma seção geral (capítulos 1 a 25), que apresenta as definições, os intervalos, as consonâncias e

---

[100] Uma tradução para o inglês da terceira parte de *Le istitutioni harmoniche*, baseada na edição de 1558, foi realizada por Guy A. Marco e Claude V. Palisca (ZARLINO, 1968).

seus usos, e uma seção particular (capítulos 26 a 80), na qual explica sobre o sujeito e as regras da composição. Nota-se, assim, que Zarlino organizou os conteúdos de forma similar ao que já havia feito nas partes anteriores do tratado. Na seção geral, o autor apresenta as definições de contraponto, claves e figuras (capítulos 1 e 2) e, em seguida, os elementos que compõem o contraponto — os intervalos simples e compostos, consonantes e dissonantes — com suas espécies e seus usos (capítulos 3 a 25). Destaca-se nessa seção a argumentação sobre a classificação da diatessaron (intervalo de quarta) como uma consonância (capítulo 5), que é feita por meio da autoridade dos músicos antigos, pela razão e por exemplos musicais. A discussão dos intervalos segue a ordem do mais simples para o mais complexo e sempre considera tanto as suas razões de proporção quanto a impressão auditiva que causam. Para o autor, as consonâncias imperfeitas, por exemplo, possuem um menor grau de doçura e suavidade em relação às consonâncias perfeitas. De modo semelhante, a comparação entre os intervalos indica que alguns são mais plenos (por serem mais puros, como a oitava) e outros são mais vagos (por conterem sons mais variados entre si, como a quinta) (capítulo 8). Nessa sequência de exposição, o uníssono não é considerado uma consonância (capítulo 11), mas o princípio dela, e é comparado ao ponto em relação à linha. A primeira consonância é a diapason ou oitava (capítulo 12), que é a quantidade básica ou o modelo pelo qual, por divisão, são encontradas as demais quantidades musicais, ou seja, os intervalos com suas respectivas razões de proporção. Distanciando-se da diapason, a classificação passa pelas demais consonâncias e segue para as dissonâncias, com a respectiva declaração de sua utilidade (capítulo 17) e a inclusão dos intervalos aumentados e diminutos (capítulo 24), bem como dos sinais de alteração (capítulo 25).

A seção particular, de acordo com Mambella (2017a, p. 198), inicia-se com a definição de sujeito (capítulo 26), que é o termo técnico utilizado por Zarlino para definir a parte sobre a qual o compositor elabora as outras partes da cantilena. As regras da composição expostas pelo autor partem do princípio de que o contraponto é feito principalmente de consonâncias, mas as dissonâncias são admitidas apenas acidentalmente [*per accidente*] (capítulo 27). Pode-se dizer que elas se configuram como a normativa para a composição contrapontística, estabelecida com base em certos preceitos que são impostos e de outros que são desautorizados, aos quais certas concessões são permitidas (capítulo 57). Os assuntos tratados incluem relações não harmônicas, condução melódica, batuta, síncopes e cadências, e também seguem do mais básico para o mais elaborado, ou seja, do contraponto simples, para os cânones com contraponto duplo e contraponto a três, quatro ou mais vozes. O autor estabelece uma correspondência entre as partes da cantilena (baixo, tenor, alto e canto) e os quatro elementos (terra, água, ar e fogo, respectivamente), tanto em relação à sua disposição quanto a sua função e seus tipos de movimentos melódicos mais característicos. Nas composições, especialmente nas que possuem mais de duas vozes, Zarlino considera necessário que, além da variedade de consonâncias, haja uma variedade de tipos de movimento melódico, de sons e de intervalos para que se produza uma cantilena com "boa e perfeita harmonia" (capítulo 29).

Nessa terceira parte do tratado, Judd e Schiltz (2015, p. xv) destacam o capítulo 66 como um verdadeiro arsenal de possibilidades para a realização de cânones [*fuga*], no qual Zarlino explora, entre outras, a composição com ou sem *cantus firmus*[101], em inversão e com guia e consequente trocando de lugar. Mambella (2017a, p. 198), por sua vez, recorda que, de forma semelhante à divisão da oitava, que resulta em uma quinta e uma quarta, Zarlino propõe a divisão da quinta, formando uma terça maior e uma menor, que são os intervalos que determinam o *ethos* do modo: "quando se usa a terça maior na parte grave, a harmonia se faz alegre e quando se usa na parte aguda, se faz mesta"[102] (ZARLINO, 1558, III.31, p. 181). Essa parte do tratado é finalizada com uma discussão sobre os três gêneros — diatônico, cromático e enarmônico — (capítulos 71 a 80), que demonstra de que forma a sua utilização pelos modernos é distinta do uso que faziam os antigos.

---

[101] "*Cantus firmus*" é um termo associado particularmente à música medieval e renascentista, que designa uma melodia preexistente usada como base para uma nova composição polifônica. A melodia pode ser obtida de um cantochão ou música secular monofônica, ou de uma voz de uma obra polifônica secular ou sacra, ou pode ser inventada livremente (BLOXAM, 2001). Como já explicado anteriormente, ele difere do canto figurado, que é aquele que utiliza figuras que representam sons de duração determinada.

[102] "[...] quando si pone la Terza maggiore nella parte graue, l'Harmonia si fà allegra; & quando si pone nella parte acuta, si fà mesta" (ZARLINO, 1558, III.31, p. 181). Feldman (1995, p. 175) adverte que a aderência de Zarlino aos modos diatônicos não deve ser confundida com a sua atitude em relação ao *ethos* modal. Conforme argumentação de Palisca (1983, p. xv-xvi), na quarta parte do tratado Zarlino insiste sobre a independência entre os modos eclesiásticos e os da antiguidade, mas enumera uma série de epítetos tradicionais sobre o *ethos* de cada um deles, com o cuidado de incluir referências de autores modernos, apesar de nenhum autor italiano anterior a ele ter abordado os modos 9 a 12. Nesse sentido, o distanciamento com que apresenta o *ethos* modal, a referência aos atributos da tradição clássica e a dependência de Glareano levam-no a considerar que as definições de Zarlino sobre o assunto não são convincentes. Para Palisca, a divisão dos modos em duas classes, de acordo com o tipo de terça (maior ou menor) formada pela harmonia construída sobre a final do modo (conforme mencionado por Mambella), é uma definição mais significativa.

3.4 Quarta parte: os modos

Na quarta parte, Zarlino (1558, I.Pr., p. 2) declara ocupar-se dos modos e de suas características, oferecendo uma apreciação mais acurada do que a de autores precedentes acerca das diferenças entre os sistemas modais grego e medieval[103] (PALISCA, 1968b, p. xi). De acordo com Mambella (2017a, p. 198), o autor inicia essa parte com uma discussão longa e erudita que considera testemunhos divergentes, bem como a variedade e oscilação das denominações dos modos antigos para concluir com uma definição que coloca em evidência a oitava, sua divisão e suas espécies (capítulos 1 a 9). Dessa forma, Zarlino faz com que cada modo coincida com uma das espécies de oitava, que são definidas de acordo com a localização dos semitons (capítulos 10 a 13). O autor estabelece a distinção entre modos autênticos e plagais conforme as divisões harmônica (com a quinta na parte grave) e aritmética (com a quinta na parte aguda). Com base nas definições estabelecidas nos capítulos anteriores e seguindo o sistema exposto por Glareano em seu *Dodecachordon* (1547), no entanto sem citá-lo (PALISCA, 1983, p. vii), Zarlino amplia o sistema vigente para 12 modos com a intenção de resolver o problema das composições que terminam sobre o dó e o lá (MAMBELLA, 2017a, p. 198). A partir de então, Zarlino define cada um dos 12 modos (capítulos 18 a 29) e estabelece a sua natureza ou propriedade, os diversos efeitos que produzem e a qual gênero de composição eles são mais adequados. Para o autor, a identificação do modo de uma composição não pode ser feita exclusivamente segundo sua nota final [*finale*], mas deve-se considerar também a quinta nos modos autênticos e a quarta nos modos plagais, bem como a quinta dividida em terça maior e terça menor. A descrição dos modos conforme exposta nessa parte do tratado só terá uma disposição nova e original a partir de 1571, quando Zarlino renumera os modos em suas *Dimostrationi harmoniche*.

Da Col (1999, p. 23) esclarece que essa quarta seção é dedicada à disposição expressiva conferida à música e à escolha do modo, feita com base no *ethos* correspondente a cada um deles, o qual, por sua vez, deve possuir conveniência com a natureza das palavras do texto. Nesse sentido, a última parte do tratado também discorre sobre a relação entre a música e a palavra (ZARLINO, 1558, I.Pr., p. 2) e demonstra de que forma as har-

---

[103] Uma tradução para o inglês da quarta parte de *Le istitutioni harmoniche*, baseada na edição de 1558, com notas de rodapé que ponderam sobre as mudanças na edição de 1573 e introdução de Claude V. Palisca, foi realizada por Vered Cohen (ZARLINO, 1983).

monias devem se acomodar ao texto (responsabilidade do compositor), bem como à forma pela qual as palavras devem se acomodar às figuras musicais (responsabilidade do cantor), num processo em que música e palavra se acomodam mutuamente. De acordo com Palisca (ZARLINO, 1983, p. xix), os capítulos 32 e 33, que tratam exatamente destas questões, estão entre os mais comentados de toda a obra, o que é compreensível pelo fato de que poucos autores antes dele se expressaram acerca de como dispor o texto em música e de como articular adequadamente as sílabas ao cantar. Recorrendo à autoridade de Platão, Zarlino estabelece que a harmonia e o número, da mesma forma que o modo, os intervalos e os ritmos, devem ser escolhidos de acordo com o texto (ou a oração) que será usado na música, observando-se as sílabas longas e curtas (DA COL, 1999, p. 23; MAMBELLA, 2017a, p. 200). Ao referir-se a essa parte do tratado, Da Col (1999, p. 23) pondera que a correspondência entre música e palavra se reflete na escolha dos intervalos de acordo com seu caráter afetivo, como no caso da terça maior e da terça menor, que fazem com que uma harmonia seja "alegre" ou "mesta", respectivamente. Para o autor, essa concepção, somada à preferência do músico pela *harmonia perfetta* (formada pelos intervalos de terça, quinta e suas replicadas), foi o que levou diversos estudiosos a identificarem Zarlino como o teorizador da tríade perfeita (base da harmonia moderna) e como o primeiro a conceber o dualismo modal que contrapõe as tonalidades maior e menor. Em sua avaliação, é um julgamento que nasce de uma oposição rígida e incorreta entre modalidade e tonalidade e que atribui um caráter precursor à teoria zarliniana que, em vez disso, se propôs a sistematizar e oferecer fundamento teórico à práxis de seu tempo e herdada da tradição (DA COL, 1999, p. 24).

  O tratado é finalizado com capítulos (35 e 36) que retomam a ideia de integração, em música, do sentido e da razão (prática e teoria), exposta no proêmio da obra como algo imprescindível para aquele que deseja tornar-se um músico perfeito. Dessa forma, Zarlino conclui o tratado com reflexões sobre composição, performance e crítica musical em geral.

3.5 *Musico Perfetto*

  Ao observar a estrutura da obra, é possível compreender que as duas primeiras partes estabelecem a fundamentação teórica que embasa as duas últimas. Assim, o tratado fornece orientações acerca de diversas temáticas que dizem respeito tanto à Música Teórica, na qual os elementos melódicos, rítmicos e harmônicos são explicados em termos matemáticos, quanto à Música Prática, que engloba as atividades de compor, cantar e tocar um instrumento musical. Dal Maso (2017, p. 32) salienta que, ao longo do tratado, Zarlino recomenda que aquele que deseja atingir o mais alto grau da ciência musical seja bem instruído no que concerne à aritmética e à geometria, que saiba tocar e afinar o monocórdio e que também conheça a arte de cantar e do contraponto, sem negligenciar a compreensão de outras ciências como a gramática, a dialética, a retórica, a ciência natural, a matemática e a filosofia natural[104]. As capacidades requeridas ao músico e os elementos necessários para uma boa execução musical configuram-se como conhecimentos indispensáveis ao músico que o autor definiu como perfeito:

> Músico é aquele que na música é perito e que tem a faculdade de julgar, não pelo som, mas pela razão, aquilo que em tal ciência está contido; e se puser em obra as coisas pertencentes à [música] prática, fará a sua ciência ainda mais perfeita, e músico perfeito poderá chamar-se. Mas o prático [...], diremos que é aquele que aprende os preceitos do músico com longo exercício [...], de modo que todo compositor pode ser chamado de prático, o qual, não por meio da razão e da ciência, mas pelo longo uso, sabe compor qualquer cantilena musical[105]; e todo tocador, de qualquer tipo de instrumento musical, que saiba tocar somente pelo longo uso e juízo do ouvido, ainda que a tal uso um e outro não tenha chegado sem o meio de alguma cognição. [...] Agora, tendo visto que a diferença que se encontra entre um e outro é a mesma que se encontra entre o artífice e o seu instrumento [...] podemos quase dizer que o músico é mais digno do que o compositor, do que o cantor, ou do

---

[104] Essa necessidade de entender outras ciências é uma tendência notável também em diversos tratados artísticos italianos, como o *Da pintura* [*De pictura*], de Leon Battista Alberti (em especial, no livro III) (ALBERTI, 2014). No caso da música, Zarlino parece ser o primeiro autor italiano a expor essa recomendação, de modo explícito e enfático — pelo menos entre os tratados consultados nas bases de dados do TmiWeb (Disponível em: http://tmiweb.science.uu.nl/. Acesso em: 15 out. 2019) e do Early Music Sources (Disponível em: https://www.earlymusicsources.com/Sources-database. Acesso em: 15 out. 2019). Para a especificação de todas as áreas de conhecimento mencionadas pelo autor, vide capítulo "O que deve ter quem deseja chegar a alguma perfeição na música" // "Quel che de' aver ciascuno che desidera di venire a qualche perfezione nella musica" (ZARLINO, 1558, IV.35, p. 343-344).

[105] "Cantilena" é um termo latino que significa canção ou melodia e se refere também à combinação de duas ou mais entidades melódicas simultâneas. A partir de 1270, o termo passou a ser aplicado, ainda, a canções polifônicas não baseadas em um *cantus firmus* (SANDERS, 2001).

> que o tocador, tanto quanto este é mais nobre e digno do que o instrumento. Mas não digo, porém, que o compositor e que alguém que exercita os instrumentos naturais ou artificiais seja ou deva ser privado deste nome, desde que ele saiba e entenda aquilo que opera e de tudo renda uma razão conveniente. Porque à semelhante pessoa convém não somente o nome de compositor, de cantor, ou de tocador, mas também de músico. Na verdade, se com um só nome devêssemos chamá-lo, nós o chamaríamos de músico perfeito.[106] (ZARLINO, 1558, I.21, p. 21).

Nesse trecho, Zarlino expõe de forma detalhada o que já havia declarado no proêmio da obra como o intuito de seu trabalho: orientar a formação do músico perfeito. De acordo com a definição do dicionário da Accademia della Crusca (PERFETTO, 1612, p. 612), o adjetivo *perfetto*, derivado do latim *perfectus, absolutus, integer*, refere-se àquilo que é inteiro, completo e não tem necessidade que nada seja adicionado, do que se depreende que o músico perfeito é aquele que é completo, inteiro e que não precisa de mais nada. Nesse sentido, e seguindo a exposição de Zarlino, as definições de músico (o teórico), compositor, cantor e tocador (o prático) implicam a carência de algo; eles são incompletos ou imperfeitos, pois ocupam-se da música apenas parcialmente. Conforme observado por Dal Maso (2017, p. 33), tanto o teórico quanto o prático podem vir a ser definidos como perfeitos, caso o primeiro se dedique também à operação das coisas pertencentes à prática, e o segundo passe a saber, entender e dar razão àquilo que faz. A autora pondera que, em termos atuais, seria algo equivalente a reunir, na mesma pessoa, o musicólogo e o músico (DAL MASO, 2017, p. xx). Na concepção do autor, portanto, o músico prático sem o conhecimento teórico, bem como o teórico sem a

---

[106] "Musico esser colui, che na musica è perito, & hà facultà di giudicare, non per il suono: ma per ragione quello, che in tal scienza si contiene. Il quale se alle cose appartinenti alla prattica darà opera, farà la sua scienza più perfetta. & Musico perfetto si portrà chiamare. Ma il prattico [...], diremo esser colui, che li precetti del Musico con lungo essercitio apprende, [...]. Di sorte che prattico si può dire ogni compositore, il quale non per ragione & per scienza: ma per lungo uso sappia comporre ogni musical cantilena; e ogni sonatore si qual si voglia sorte di istrumento musicale, che sappia sonare solamente per lungo uso, & giudicio di orecchio: ancora che a tale uso l'uno & l'altro non sia pervenuto senza'l mezzo di qualche cognitione. [...]. Hora havendo veduto la diferenza, che si ritrova tra l'uno & l'altro, esser l'istessa, che è tra l'artefice & l'istrumento; [...], potremo quasi dire, il Musico esser più degno del Compositore, del Cantore, o Sonatore, quanto costui è piu nobile & degno dell'istrumento. Ma non dico però, che'l compositore, & alcuno che esserciti li naturali, o artificiali istrumenti sia, o debba esser privo di questo nome, pur che egli sappia & intenda quello, che operi; & del tutto renda convenevol ragione: perche a simil persona, non solo di Compositore, di Cantore o di Sonatore: ma di Musico ancora il nome si conviene. Anzi se con un solo nome lo dovessimo chiamare, lo chiameremo Musico perfetto" (ZARLINO, 1558, I.21, p. 21).

prática, pode cometer erros ou fazer mau juízo das coisas da música, de modo que o músico perfeito é aquele que conhece essas duas vertentes da música, ou que se ocupa de sua totalidade[107].

Esse era o resultado almejado por Zarlino a qualquer leitor de seu tratado, pois, como sintetizado por Palisca (1968b, p. xii), o autor considerava que os músicos deveriam fundamentar sua prática musical em princípios descobertos pela razão, seguindo o modelo dos pintores (cuja técnica era baseada na anatomia e perspectiva) e dos arquitetos (que elaboravam seus planos conforme a geometria e a proporção), ao mesmo tempo que julgava infrutífera uma teoria pura que nunca encontrava expressão na prática musical. Nesse sentido, Da Col (1999, p. 21) reitera que Zarlino, nos últimos capítulos de *Le istitutioni harmoniche*, condenava o irracional uso e juízo do ouvido e propunha uma harmoniosa concordância entre *sensus* e *ratio*, o que, em sua avaliação, preenche uma lacuna existente na doutrina de Boécio, à qual o autor por vezes recorre para resumir argumentos e modelos expositivos, mas propondo um equilíbrio entre razão e sentido. O músico perfeito é definido, então, como aquele que, pela longa prática, sabe compor todas as cantilenas musicais e/ou sabe tocar pelo longo uso e juízo do ouvido e é também perito na faculdade de julgar pela razão. Como bem observa Da Col (1999, p. 17), nessa definição prevalece o princípio aristotélico de distinção entre o conhecimento empírico e a ciência, que se configura como a descoberta do porquê ou da causa, o que faz com que algo só seja verdadeiramente conhecido quando passamos a conhecer os seus princípios. Assim, Zarlino justifica a importância de reunir, na mesma pessoa, o músico prático e o teórico para formar o músico perfeito, como é possível observar em suas palavras: "assim, o músico prático sem a Especulativa, ou o especulativo sem a Prática, poderá sempre cometer erro e fazer mau juízo das coisas da música"[108] (ZARLINO, 1558, IV.36, p. 346).

---

[107] Ideal semelhante ao do músico perfeito de Zarlino é encontrado também nos escritos de Coclico, para quem os *musici* eram aqueles que conjugavam, plenamente, as habilidades teóricas com as capacidades práticas, valendo-se do domínio das facetas do processo composicional e do conhecimento de como adornar as melodias e nelas expressar todas as variedades de afetos. A definição também é equivalente à de *artifex*, de Hermann Fink (HARRÁN, 1988a, p. 156, 1988b, p. 432-438). Em seu *Compendium musices*, Coclico (1552, s/p) recomenda aos jovens músicos: "Ex animo consultum cupio ivventuti, ac ob hoc eam dehortari non desino, ne inhaereant prolixis scriptis Musicorum Mathematicorum, qui finxerunt tot signorum augmentationis & diminutionis genera, ex quibus nullus fructus, litis vero et discordiae plurimum oritur, acres per se quidem clara difficillima redditur: Verum omnes animi vires adhiberant, ut ornate canant, & textum suo loco applicent, quia Musica à Deo condita est ad suaviter modulandum, non ad rixandum, ac vere Musicus est & abetur, non qui de numeris, prolationibus, signis ac valoribus multa novit garrire & scribere, sed qui doctè & dulciter canit, cuilibet notae debitam syllabam applicans, ac ita componit ut laetis verbis laetos addat numeros & econtra &c.".

[108] "[...] cosí il musico prattico senza la speculativa, over lo speculativo senza la prattica, potrà sempre far errore e far cattivo giudicio delle cose della musica" (ZARLINO, 1558, IV.36, p. 346).

PARTE II

4

VIRTUDE E VÍCIO

Nas fontes musicais do século XVI, há uma correspondência entre música e discurso e entre o músico e o orador ou poeta (HARRÁN, 1988b), de modo que os princípios da retórica verbal passaram a pertencer também à composição e à interpretação musical. Abarcando um amplo espectro, a educação retórica, no século XVI, seguiu as recomendações de Cícero acerca do desenvolvimento da sabedoria, da verdade e da eloquência, bem como as de Quintiliano sobre o cultivo do bom-caráter como pré-requisito para os estudos retóricos, afirmando que, para ser um orador perfeito, era essencial ser um homem bom, do qual são exigidas "todas as virtudes do espírito" ou "excelências de caráter" (TARLING, 2005, p. 20).

Uma das maneiras de desenvolver as excelências que caracterizam o bom-caráter e que são imprescindíveis para a formação do homem bom, a que os autores se referem, é por meio da educação e do exercício constante das virtudes. Essas questões estão associadas ao comportamento ético e, de acordo com Anderson e Mathiesen (2001), integram o embasamento das visões de Aristóteles sobre a música. As atitudes éticas são definidas na *Metafísica* como as disposições para o bem ou o mal e são expressas por meio de ações de natureza correspondente (boas ou más). Mas o pensamento sobre a Ética é, de fato, sistematizado por Aristóteles em três obras: na Ética Grande, na Ética a Eudemo e, de forma mais completa e definitiva, na Ética a Nicômaco. Escrita para o seu filho, Nicômaco (e não para seus colegas filósofos ou para alguém que tivesse algum tipo de problema de comportamento), esta obra dedica-se, primordialmente, a definir a felicidade (*eudaimonía*[109], o fim último de todas as nossas ações e de toda a vida humana) e explicar os diversos

---

[109] De acordo com Rossi (2018, p. 109-110), o termo usado por Aristóteles, "*eudaimonía*", é recorrente na literatura e na filosofia grega e normalmente é traduzido em línguas neolatinas pela palavra "felicidade", mas considera que essa tradução corre o risco de ser enganosa e de não abarcar completamente o campo semântico de *eudaimonía*. Etimologicamente, ela possui o sentido de estado de bem-estar semelhante àquele dos deuses e, por isso, inclui elementos psicológicos como a satisfação máxima, o prazer, um profundo bem-estar interior, ou estar verdadeiramente bem. O autor informa que Aristóteles se refere a uma pessoa feliz com os termos equivalentes "*eudaímon*" (feliz) ou "*makários*" (beato), o que indica que a beatitude interna é característica inerente à felicidade. Além do âmbito psicológico, termos utilizados por Aristóteles de forma equivalente à "*eudaimonía*" são "*eu zên*", "*euzoía*" (viver bem, boa vida) e "*eu práttein, eupraxía*" (agir bem, ação excelente), e, assim, a *eudaimonía*, que é o nosso fim último, diz respeito ao viver bem e ao agir bem.

aspectos envolvidos em sua concretização, ou os meios possíveis para alcançá-la. Nesse sentido, Rossi (2018, p. 27) esclarece que Aristóteles denomina "pensamento prático" (*praktiké diánoia*) esse pensar acerca dos fins e meios, ou seja, o raciocinar sobre as ações que visam a um fim, e, por isso, sua ética diz respeito ao saber prático, porque tem como objeto as ações dos seres humanos direcionadas aos próprios objetivos. Além disso, o autor demonstra que, no âmbito da ética aristotélica, em todos os atos que perseguem um fim qualquer, encontram-se três aspectos inseparáveis: aquilo que se deseja, o bem almejado, ou aquilo move à ação (*tó oû héneka tinós*, ou *finis qui movet*); o sujeito em cujo benefício se deseja obter determinado bem (*tó oû héneka tini*, ou *finis cui bonum volumus*); e o ato ou sequência de atos intermediários pelos quais se alcança aquele bem (*finis quo bonum consequimur*).

Em relação ao primeiro aspecto, Rossi (2018, p. 29) explica que existem muitos fins que desejamos ao longo de nossa vida, os quais perseguimos de modo incessante. Todas as nossas ações e todos os nossos propósitos aspiram sempre a um fim, ou a um bem qualquer, e, por isso, o bem ou fim geral é aquilo a que almejamos em todas as nossas atividades. Em meio a uma profusão de propósitos, existe um que é comum a todos nós, um fim último que, ao longo da vida, se constitui no bem máximo ou supremo ao qual todos tendemos, mesmo quando não nos damos conta. Segundo o pensamento de Aristóteles, esse fim último ou bem supremo é a felicidade (*eudaimonía*), que se caracteriza como um estado de bem-estar profundo e duradouro que buscamos em todas as nossas ações, e, por isso, sua ética pode ser compreendida como a disciplina filosófica dedicada a como viver, ou como alcançar a felicidade. Trata-se de um pensamento eminentemente prático, no qual o saber se concretiza no agir. Assim, a felicidade é o que desejamos, é o que nos move à ação e que motiva os nossos comportamentos. Mas, para o autor, a felicidade não é um estado de ânimo vago e indefinido; ela só é atingida se perseguirmos e possuirmos um complexo de bens perfeitos, absolutos (internos ou externos)[110], pelos quais a felicidade se torna algo concreto.

---

[110] Conforme explicado por Rossi (2018, p. 153-154), para Aristóteles, a felicidade só se realiza concretamente quando gozamos de alguns bens perfeitos ou absolutos (*téle haplôs*) que são aqueles que nos parecem bons por natureza e que, por isso, amamos e buscamos já que, por meio deles, podemos ser felizes. Esses bens absolutos podem ser divididos em três categorias: os bens relativos ao corpo (como a saúde, a força, a energia, a beleza e os prazeres físicos); os bens externos a nós (como a honra, a riqueza, os amigos etc.); e os bens relativos à alma (as várias virtudes éticas, de relação e de pensamento). Todos esses bens nos dão contentamento interior e gratificação física e são necessários para que sejamos felizes, mas os bens da alma possibilitam-nos uma satisfação de nível superior à dos outros bens. Os bens do corpo e os bens da alma são superiores aos externos, porque têm a capacidade de melhorar diretamente o nosso ser. Os bens do corpo e os externos são bens de fortuna, porque dependem das vicissitudes da sorte, e, assim, a realização de uma vida feliz não depende apenas das nossas escolhas virtuosas e dos nossos esforços. De crucial importância para a ética aristotélica é que a felicidade jamais pode ser completa pela busca exclusiva de algum desses tipos de bens absolutos; ela é formada por um complexo de fins absolutos e só é alcançada se eles forem perseguidos de modo equilibrado.

Seguindo a linha de raciocínio do autor, a nossa procura pela felicidade dá-se porque a desejamos para nós mesmos, porque queremos que aquele bem-estar seja nosso, e, por isso, somos os destinatários dos fins que perseguimos com cada um de nossos atos, mesmo que aparentemente eles sejam praticados em benefício do outro[111]. Assim, é possível definir como segundo aspecto que nós mesmos somos o sujeito que se beneficia da nossa busca pela felicidade. Nesse sentido, a ética aristotélica diz respeito a nós, já que nós somos o sujeito da ética[112].

De acordo com Rossi (2018, p. 31), resta, então, perguntar: de que modo podemos alcançar a felicidade? Com que meios, ou como conseguimos atingir o fim último? A resposta, em conformidade com o pensamento de Aristóteles, situa-se precisamente no campo da ética, pois consiste nas ações e nos atos com os quais melhoramos a nós mesmos e alcançamos a perfeição humana. Tais ações e atos equivalem à realização mais perfeita possível de nós mesmos e de nossas capacidades naturais, de modo consciente e livre. Na concepção do autor, essa realização mais perfeita possível só será alcançada se a função humana, ou aquela que é típica da espécie humana (a faculdade intelectiva que guia todas as nossas faculdades), for desenvolvida de modo excelente. Além disso, a busca pelo fim último pressupõe um processo de deliberação, a possibilidade de escolhermos livremente e com consciência pelas ações e pelos comportamentos que nos levam à realização de nós mesmos e a sermos felizes, evitando o que nos provoca infelicidade ou mal-estar. Kraut (2012, p. 545) ressalta que a série de eventos mentais encadeados em uma deliberação particular é iniciada não por um processo de racionalização, mas pelo desejo de alcançar um determinado fim que, em alguns casos, é o objetivo de bem-estar que se pretende atingir em uma dada circunstância, mas, em outros, o objetivo possui direção oposta. Nesse sentido, a possibilidade de escolha entre comportamentos errados ou certos, guiada pela reta razão[113], configura-se

---

[111] Rossi (2018, p. 30) explica que, embora pareça egoísmo, o fato de cada um buscar a sua própria felicidade, para Aristóteles, faz parte da ordem correta das coisas.

[112] De acordo com Berti (2018, p. 17), a ética de Aristóteles é a mais humana, porque refere-se a leis morais pautadas em ações humanas, segundo suas capacidades que podem ser realizadas com virtude. Para o autor, trata-se de uma peculiaridade da cultura grega, na qual inexistia uma religião transmitida por meio de um texto, de sagradas escrituras, em que as leis éticas são estabelecidas com base na vontade divina, na revelação. As nossas características como seres humanos, a nossa essência profunda ou a nossa natureza (aspecto da nossa forma/essência e da nossa alma), e a nossa possível perfeição enquanto seres humanos, são alguns conceitos presentes na Ética a Nicômaco que possuem fundamento em outras obras de Aristóteles, particularmente a *Metafísica*, *Da alma*, *Física*, *Categorias* e *Tópicos*. Por uma questão de escopo, eles serão abordados apenas quando for necessário para a compreensão das discussões propostas.

[113] Na ética aristotélica, a reta razão está associada à virtude da prudência (*phrónesis*) e atua como reguladora e guia das virtudes de caráter e de relação. Sua função é orientar nas escolhas práticas, fazendo-nos conhecer e escolher pelo bem, ou o que é melhor em cada situação (ROSSI, 2018, p. 533-534).

como fator crucial na ética aristotélica. Para o autor, isso quer dizer que o meio mais importante pelo qual podemos alcançar a felicidade é agir de forma virtuosa.

A noção de virtude é examinada na Ética a Nicômaco, especialmente no segundo livro. Conforme sintetizado por Rossi (2018, p. 31-32), ela consiste dos nossos hábitos, adquiridos e tornados estáveis, por meio dos quais agimos e vivemos de modo excelente. As virtudes canalizam de forma positiva a nossa liberdade de escolha, que é decorrente de um processo de deliberação intelectual, e permitem-nos discernir sobre como atuar em cada situação concreta e particular para realizar, da melhor maneira possível, a função humana e as nossas capacidades individuais. Ao longo do livro, Aristóteles analisa os comportamentos virtuosos e as principais virtudes, que são divididas em virtudes morais (também chamadas de éticas ou de caráter) e virtudes intelectuais (ou de pensamento)[114]. De acordo com Kraut (2012, p. 530-531), essa categorização das virtudes reflete a divisão feita por Aristóteles entre as partes da alma (ou faculdade) que nos tornam aptos a raciocinar, a guiar nossas inferências segundo padrões de raciocínio, de responder criticamente às nossas próprias conclusões e de mudar o nosso modo de pensar com base na reflexão, bem como aquelas relativas a tipos de atividades que não são processos meramente físicos e que podem ser afetadas ou responder à faculdade do raciocínio. Nessa perspectiva, as virtudes intelectuais dizem respeito à nossa capacidade de fazer inferências, e podem ser definidas como estados de excelência da nossa faculdade intelectiva, seja teórica, seja prática, em cujo ápice estão as virtudes máximas da prudência (sabedoria prática, *phrónesis*) e da sabedoria (sapiência, *sophía*). E as virtudes morais são estados de excelência da nossa faculdade ligada aos desejos, no que diz respeito à manipulação ideal, baseada na razão, de dores e prazeres.

Nesse sentido, agir de forma virtuosa significa praticar, de forma consciente, comportamentos excelentes e eticamente belos pelos quais realizamos ao máximo as nossas capacidades humanas e nos desenvolvemos plenamente (ROSSI, 2018, p. 465). A virtude é o que permite desenvolver, de modo perfeito, a função específica de cada coisa. É, portanto, o elemento-chave que diferencia algo de algo *bom*, ou alguém que faz algo de alguém que faz algo *bem*. Nas palavras de Aristóteles, "toda virtude não torna apenas a própria coisa boa, como também faz com que ela desempenhe sua função

---

[114] Rossi (2018, p. 31-32) observa na ética aristotélica uma divisão das virtudes em três grandes grupos. Além das já mencionadas, o autor inclui as virtudes de relação, que são estados de excelência concernentes às nossas relações com os outros.

bem" (*Et. Nic.*, II, 1106a 15-20), ou seja, é por meio dela que se distingue a excelência nas funções específicas das coisas (uma manta, uma faca etc.), dos animais (um cavalo qualquer ou um bom cavalo), de cada parte do corpo (dos olhos, das mãos, dos pés etc.), e de cada pessoa que desenvolve determinada operação (um simples flautista e um bom flautista, ou harpista, ou escultor, ou carpinteiro etc.). De modo semelhante, conclui que "a virtude (excelência) do ser humano será o estado que o torna um bom ser humano e também o que o fará desempenhar a sua própria função bem" (*Et. Nic.*, II, 1106a 20-25). Assim, a virtude é uma disposição interior que dá a um ser a condição de perfeição ou de excelência que possibilita uma operabilidade ótima no desenvolvimento das próprias funções características[115].

Rossi (2018, p. 466, n. 4) esclarece que o nome dado por Aristóteles a todos esses hábitos de boa operabilidade é *aretê*, termo grego que foi traduzido para o latim por *virtus* e que, por isso, chegou ao italiano como *virtù* (e ao português como virtude). No entanto, considera que *aretê* seria mais bem traduzida por excelência (*eccellenza*), pois a palavra grega tem um sentido mais amplo do que aquele puramente ético, já que compreende qualquer forma de perfeição, de excelência ou de valor. Pondera, ainda, que a palavra "virtude" poderia soar um tanto antiquada nos dias atuais, por evocar a imagem de pessoas excêntricas ou ligadas a preceitos religiosos ou morais já superados, mas reconhece que, atualmente, muitas correntes de pensamento têm redescoberto a importância de hábitos virtuosos no âmbito da filosofia prática e da vida cotidiana concreta.

Considerando a definição de virtude como um estado, ou uma disposição que conduz à excelência no desenvolvimento de determinada ação, então a noção de disposição possui importância fundamental para a compreensão da virtude. As disposições são capacidades vitais e funcionais inerentes em nossa alma e, entre elas, as disposições psicofísicas (*diathéseis*) são as que adquirimos por meio do exercício (da prática), ou com base na aprendizagem, ou ainda mediante a repetição de determinados atos. A diferença entre elas é que algumas são simples, pois são menos enraizadas em nós e, portanto, são menos duradouras e podem ser mudadas com mais

---

[115] A função específica (érgon) de um determinado ser diz respeito ao modo de operar típico da sua espécie, ou à atividade característica para a qual é predisposto. De acordo com Rossi (2018, p. 105), cada tipo de ser é essencialmente destinado a cumprir certo tipo de atividade, e nela se encontra o seu bem. Segundo Aristóteles, a função específica do ser humano, ou o seu bem natural enquanto ser humano (*tò anthrópinon agathón*), é aquela típica, exclusiva e essencial da espécie humana; ou seja, é a função da razão, do intelecto. Trata-se, portanto, do exercício ativo do raciocínio, ou do uso efetivo da faculdade intelectiva, seja prática, seja teórica, em conformidade com a virtude (*Et. Nic.*, I, 1098a 15-20).

facilidade, e outras são estáveis, já que são mais enraizadas, mais contínuas e duradouras. De acordo com Rossi (2018, p. 467), as disposições estáveis (*héxis*) compreendem os diversos conhecimentos e saberes aprendidos desde o nascimento, e os hábitos excelentes que podem ser adquiridos com a repetição de ações virtuosas. Isso quer dizer que as disposições estáveis são conseguidas por meio da aprendizagem e do exercício constante, o que implica uma mudança gradual e consciente que, com o tempo, se torna um hábito e leva ao desenvolvimento de nossas potencialidades. O autor ressalta que não basta aprender as instruções, ou convencer-se racionalmente de algo, pois os atos que permitem adquirir um hábito precisam ser praticados concretamente. Além disso, esclarece que um único ato não é suficiente para estabelecer um hábito, mas o primeiro ato dá início ao hábito e cada ato sucessivo contribui para a consolidação desse hábito, de modo que a formação de diversos hábitos nos isenta da dificuldade de recomeçar continuamente (ROSSI, 2018, p. 470, 472). Quem desenvolve um hábito operativo possui também uma maior facilidade e precisão na realização dos atos aos quais está habituado e uma tendência maior a repeti-los, e, assim, ele nos permite realizar atos e ações de modo correto, regular e sem esforço. Em síntese, na concepção de Aristóteles, a necessidade de adquirir hábitos estáveis excelentes é preliminar à capacidade de agir de modo virtuoso e à possibilidade de realizar plenamente a função humana.

A função intelectiva, que é a que distingue o ser humano dos demais animais, é a que permite ao homem a liberdade de escolher entre o bem e o mal e de agir em conformidade com essa escolha. Com base na repetição de nossos atos, decorrentes de escolhas que tendem a uma dessas direções, criamos, portanto, hábitos que podem ser eticamente bons (perfeitos, excelentes) ou eticamente maus (imperfeitos). Nesse sentido, o desenvolvimento de hábitos estáveis que visam ao bem é identificado com a virtude (perfeição ou excelência); e, de modo semelhante, a repetição de atos ruins e errados produz hábitos estáveis em direção ao mal, o que, do ponto de vista ético, é uma imperfeição ou vício [*kakía*]. Rossi (2018, p. 477) explica que a constante repetição de atos excelentes estabiliza em nós a virtude correspondente e, a partir dela, tendemos a praticar ainda mais atos excelentes, o que gera um círculo virtuoso. A prática frequente de atos eticamente imperfeitos, por sua vez, tende a formar hábitos errados e que nos direcionam a comportamentos ruins, o que cria um círculo vicioso. Assim, o hábito é como um ponto móvel de referência para o ser humano, que o inclina a ser mais virtuoso ou mais vicioso com o passar do tempo.

Aristóteles considera que compreender as virtudes tem a finalidade de podermos nos tornar bons e que é por meio da prática que elas são adquiridas. De acordo com o autor, os homens tornam-se bons valendo-se do treino de bons hábitos, e as ações que constroem a virtude são exatamente as mesmas que podem destruí-la. Ele explica que "homens se tornam construtores construindo e se tornam tocadores de lira tocando lira. Analogamente, é a realização de atos justos que nos torna justos, a de atos moderados que nos torna moderados, a de atos corajosos que nos torna corajosos" (*Et. Nic.*, II, 1103b 1-5). O autor prossegue com a explicação de como as virtudes e os vícios são produzidos:

> [...] as ações que constituem princípios ou instrumentos para a produção de quaisquer virtudes são idênticas àquelas que são instrumentos da destruição dessas virtudes, [...] tanto os bons tocadores de lira como os maus são produzidos pela ação de tocar lira, [...] do mesmo modo que vos tornareis um bom construtor se construirdes bem, vos tornareis um mau construtor se construirdes mal. (*Et. Nic.*, II, 1103b 5-15).

Assente nesses exemplos, seria possível compreender que tanto os bons músicos quanto os maus se tornam músicos pela ação de fazer música e que, para tornar-se um bom músico, é necessário fazer música bem. Nesse sentido, Berti (2018, p. 18) faz notar como a concepção de felicidade coincide com o exercício da virtude na ética aristotélica. O autor chama atenção para o fato de que essa noção também está presente na linguagem comum, na qual algumas apresentações humanas, como a execução musical, quando alcançam um nível de excelência, são ditas tanto "virtuosas" quanto "felizes" (os qualificativos de tais ações excelentes são também atribuídos ao agente: o músico virtuoso é o que possui nível de excelência). Trata-se de adjetivos que denotam uma plena realização da capacidade humana nessa área de atuação específica.

Na sequência de sua exposição, Aristóteles atesta que "não apenas são idênticas as ações que, por um lado geram e desenvolvem {as virtudes} e, por outro, as destroem, como também serão idênticas as suas atividades"[116] (*Et. Nic.*, II, 1104a 25-30). Dos exemplos dados, compreende-se que, nas mesmas circunstâncias, alguns podem se comportar de modo virtuoso e outros de modo vicioso como resultado de escolhas feitas em direções diferentes, ou seja, virtude e vício são hábitos que formamos com base em uma sucessão

---

[116] Os termos entre chaves, nesta e nas demais citações diretas, constam no original e consistem de acréscimos feitos pelo tradutor da obra para o português.

constante de atos voluntários e deliberados[117] (ROSSI, 2018, p. 478-479). Nesse sentido, a virtude é um estado estável de excelência, uma perfeição de caráter e de pensamento, que se forma pela repetição constante de atos excelentes (*Et. Nic.*, II, 1103b 20-25). Ao corroborar Aristóteles, Rossi (2018, p. 494) esclarece que todo ato possui a sua consequência, porque pode dar início a uma cadeia de atos virtuosos ou viciosos que estabilizam em nós um hábito relativo à virtude ou ao vício correspondente, o qual pode nos aproximar ou nos distanciar do nosso fim último.

De acordo com Aristóteles, são as nossas ações que determinam a qualidade da formação de nossas disposições (*Et. Nic.*, II, 1103b 30-33). A virtude, portanto, é um estado estável de excelência, de perfeição de caráter e de pensamento que se forma pela repetição constante de atos excelentes, e, assim, é uma capacidade adquirida de produzir um caráter moral, ou de tornar-se bom e capaz de ações nobres que permitem a plena realização da função humana específica[118]; e, por isso, é fator essencial da felicidade (*Et. Nic.*, I, 1099b 30-1100a 5). Em contrapartida, o vício é o contrário da virtude e caracteriza-se pela corrupção ou degeneração de tal estado de excelência ou perfeição e é, por sua vez, fator essencial da infelicidade.

Na ética aristotélica, existe uma distinção entre habilidade e ação. Enquanto da habilidade é requerido apenas que ela tenha a sua própria excelência, para que um ato seja considerado justo e sábio, precisa satisfazer três requisitos: ter uma intenção deliberada, ser desinteressado e possuir uma constância de disposição. Nesse sentido, a virtude é entendida como uma atitude (e não uma capacidade ou sentimento) que deve ser cultivada, pois é ela que leva o homem a se tornar bom e desempenhar bem a sua função. À medida que se desenvolve um círculo virtuoso, as virtudes de caráter conduzem à realização de escolhas e ações de modo excelente guiadas pela reta razão, que é a que possui conformidade com a sabedoria, ou seja, hábitos virtuosos formam-se da conformação mais perfeita possível com o intelecto (que é o centro da nossa alma intelectiva). Conforme exposto por Rossi (2018, p. 495), quando as virtudes são adquiridas, elas nos

---

[117] Rossi (2018, p. 480) ressalta que todas as nossas escolhas e ações dependem de nós e, por isso, sempre existe a possibilidade de formarmos novos hábitos ou de modificarmos os nossos hábitos atuais para que sejam mais positivos, e, assim, trilhamos um caminho ético que nos conduz ao exercício pleno das virtudes em nossa vida.

[118] As virtudes a que Aristóteles se refere, do ponto de vista ético, são as virtudes da alma (justiça, temperança, sabedoria, conhecimento, e assim por diante), a da bondade e da beleza ética, que, de um modo geral, são designadas por virtudes humanas, já que são exclusivas da espécie humana (ROSSI, 2018, p. 482).

dispõem a usar o nosso intelecto prático e teorético de maneira excelente, efetuando escolhas e ações justas fundamentadas na reta razão para, assim, coordenar, da melhor forma possível, as várias situações que defrontamos ao longo da vida.

De acordo com Aristóteles, o "tornar-se bom" ou "excelente" requer primeiramente a natureza, ou determinadas inclinações naturais, e depois o hábito e a razão discursiva, que se constroem pela educação, pois algumas coisas são aprendidas com o hábito e outras com discursos. Para o autor, "não é a natureza que produz nenhuma das virtudes morais em nós, uma vez que nada que seja natural é passível de ser alterado pelo hábito" (*Et. Nic.*, II, 1103a 15-20). Por isso, é preciso atenção contínua para realizar uma estruturação verdadeira do nosso caráter por meio da criação de hábitos: "As virtudes não são geradas nem em decorrência da natureza nem contra a natureza, a qual nos capacita a recebê-las, capacidade que é aprimorada e amadurecida pelo hábito" (*Et. Nic.*, II, 1103a 25-30). É por isso que a virtude não é uma qualidade a priori, que define ou circunscreve a ação moral; ela está associada a ações resultantes de um processo de deliberação que leva em consideração os contrários. Dessa maneira, a criação de bons hábitos pode, gradualmente, nos modificar de forma positiva e estabilizar os impulsos do nosso desejo irracional e das nossas paixões, convertendo-se em disposições estáveis e nos tornando capazes de agir e de viver de modo excelente. Embora essa modificação de hábitos possa ser difícil, ela não é impossível. A educação, nesse contexto, é focalizada no desenvolvimento de disposições virtuosas com o intuito de ensinar a fazer coisas necessárias, úteis para a vida e, principalmente, a praticar ações eticamente belas, o que, para Rossi (2018, p. 489), não significa uma adequação a uma regra objetiva e universal, mas é um processo que depende do caráter do agente e culmina em um estado de harmonia interior.

Definidas como hábitos que aperfeiçoam as faculdades humanas, as virtudes são classificadas por Aristóteles em dois grandes grupos que seguem as características dessas faculdades: as virtudes intelectuais (de pensamento); e as virtudes morais (de caráter ou éticas)[119]:

---

[119] De acordo com a classificação de Rossi (2018, p. 496-497), as virtudes de relação são as que se referem aos bons hábitos que nos conduzem a estados de excelência nas nossas relações com os outros, tanto em palavras quanto em ações. Trata-se da amizade (*philía*), discutida por Aristóteles nos livros VIII e IX (*Et. Nic.*, VIII-IX 1155a 1-1172a 17), e da justiça (*dikaiosyne*), à qual é dedicado o quinto livro (*Et. Nic.*, V, 1129a 1-1138b 15). Além delas, Aristóteles refere-se à sociabilidade e à sinceridade (*alétheia*).

> Sendo a virtude de dois tipos, nomeadamente, intelectual e moral, deve-se a produção e ampliação da primeira sobretudo à instrução, exigindo isso consequentemente experiência e tempo. Ela é, portanto, resultante do desenvolvimento de disposições estáveis, ou do hábito, e está relacionada ao *ethos*. (Ét. Nic., II, 1103a 10-20).

As virtudes intelectuais (também denominadas dianoéticas) aludem aos estados de excelência da faculdade intelectiva, a qual, por sua natureza, depende da aprendizagem e busca a verdade por meio de duas funções distintas do pensamento: o intelecto prático, que dá origem ao nosso pensamento prático (*praktiké diánoia*) e perscruta o conhecimento relativo às ações; e o intelecto teorético, que dá origem ao nosso pensamento teorético (*theoretiké diánoia*) e tem como fim o conhecimento das coisas necessárias, dos princípios imutáveis, bem como das coisas contingentes, ou variáveis da realidade[120] (ROSSI, 2018, p. 500). Por isso, necessitam de experiência e tempo.

As virtudes morais, por sua vez, são as que estabilizam os impulsos do nosso desejo irracional e, por isso, são caracterizadas como estados de excelência da faculdade desiderativa e estão relacionadas com os prazeres e as dores[121]. Por esse motivo, são direcionadas mais facilmente às ações virtuosas e tendem a ser repugnantes aos vícios. Elas dizem respeito ao nosso caráter e desenvolvem-se, sobretudo, com o hábito e o exercício, e, assim, são também denominadas por Aristóteles como virtudes éticas[122]. O autor considera que

---

[120] O sexto livro da Ética a Nicômaco concentra-se nas virtudes dianoéticas: a arte (*tekhne*) ou disposição que, acompanhada de um raciocínio verdadeiro, se dirige à produção; o conhecimento (ciência, *episteme*) ou disposição que conduz às demonstrações; a prudência (sabedoria prática, *phrónesis*) ou o hábito prático racional que discerne e leva à deliberação entre o bem ou mal para o ser humano; o entendimento (inteligência, *noys*) ou hábito racional que busca intuir os primeiros princípios de todas as ciências, suas definições universais, ou os seus termos finais; e a sabedoria (sapiência contemplativa, *sophia*), que é o grau mais elevado e universal do saber e engloba as virtudes do conhecimento e do entendimento (*Et. Nic.*, VI, 1138b 16-1145a 10). De acordo com Rossi (2018, p. 500), a virtude mais importante do pensamento prático é a prudência (que se debruça sobre as realidades humanas) e a mais importante do pensamento teorético é a sabedoria (que se ocupa das realidades elevadas ou divinas).

[121] Aristóteles reflete que, "se as virtudes têm a ver com ações e paixões e toda paixão e toda ação são acompanhadas por prazer e dor, é por conta disso também que a virtude diz respeito ao prazer e à dor" (*Et. Nic.*, II, 1104b 15-20). O autor, no entanto, alerta que algumas ações ou paixões pressupõem o mal e não admitem uma mediania que possa identificá-las com a virtude. É o caso, por exemplo, da malevolência, da imprudência, da inveja, do adultério, do roubo e do homicídio, pois todos são censuráveis em si mesmos, são condutas que estão sempre erradas, independentemente das circunstâncias (*Et. Nic.*, II, 1107a 10-25).

[122] As principais virtudes éticas abordadas por Aristóteles são a coragem (*andreía*), a temperança (*sophrosyne*), a brandura (*praótes*), a generosidade (*eleutheriótes*), a magnanimidade (*megalopsychía*) e a justa ambição. Elas são anunciadas no segundo livro da Ética a Nicômaco (*Et. Nic.*, II, 1107a 27-1108b 10) e depois são analisadas, particularmente, no quarto livro (*Et. Nic.*, IV, 1119b 20-1228b 35). Além destas virtudes, o sétimo livro é dedicado a discutir a temperança, ou moderação (*Et. Nic.*, VII, 1145a 15-1155a 1).

> [...] a virtude diz respeito aos prazeres e às dores, que as ações que a geram são tanto as que a ampliam como também, se diferentemente realizadas, as que a destroem, e que as ações que constituem sua fonte de geração são aquelas nas quais é ela convertida em ato. (*Et. Nic.*, II, 1105a 13-15).

Desses grupos de virtudes, Aristóteles distingue as virtudes morais das virtudes intelectuais[123], pois as primeiras caracterizam-se como uma mediania, uma via de meio (*mesótes*), ou um justo meio (*tò méson*) entre o excesso (*hyperbolé*) e a deficiência, ou defeito (*élleipsis*)[124], isto é, entre o muito e o muito pouco, conforme o seguinte exemplo:

> É fato que o excesso de exercícios bem como a deficiência destes arruinarem [*sic*] o vigor; do mesmo modo, tanto a bebida e o alimento em demasia quanto a falta destes, arruínam a saúde, quando em proporção adequada a produzem, aumentam e preservam. (*Et. Nic.*, II, 1104a 15-20).

Assim, para o autor, as virtudes são desenvolvidas por meio da prática e estão ligadas à ideia de proporcionalidade que, valendo-se da relação entre o *logos* e a experiência, leva a uma prévia escolha e que consiste na mediania relativa a nós, situada entre dois vícios extremos caracterizados, por um lado, pela deficiência, e, por outro, pelo excesso (Ét. Nic., II, 1106a 30-35).

Dando prosseguimento à sua linha de raciocínio, Aristóteles demonstra como os bons artesãos e profissionais se orientam pela mediania em seu trabalho:

> [...] um mestre de qualquer arte evita o excesso e a deficiência, procurando e elegendo o ponto mediano, a mediania, quer dizer, não da coisa ou objeto, mas relativamente a nós. Se, portanto, a maneira na qual toda arte cumpre eficientemente sua tarefa é se atendo à mediania e estimando seus produtos segundo ela (daí a observação corrente de que de uma perfeita obra de arte nada se pode tirar nem nada a ela adicionar, dando a entender que o excesso e a deficiência destroem a perfeição, ao passo que a mediania a preserva) [...]. (Ét. Nic., II, 1106 b 5-15).

---

[123] De acordo com a classificação de Rossi (2018, p. 498-499), as virtudes de caráter e as de relação, exceto a virtude da amizade benevolente, têm como característica comum essa definição geral de virtude como um justo meio entre dois extremos, que são viciosos.

[124] Edson Bini, que traduziu a Ética a Nicômaco para o português, explica que o termo usado por Aristóteles para este vício denota tanto o sentido de insuficiência quanto o de falta, de escassez (*Et. Nic.*, p. 84, n. 172).

Nesse sentido, Rossi (2018, p. 498) ressalta a importância particular atribuída por Aristóteles ao termo mediano entre dois extremos opostos, e Lausberg (2003, §8, p. 64) evidencia a correspondência da virtude com as pretensões de perfeição da arte (*ars* ou *téchne*), e, quando falta a virtude, aparece o vício, devido a um excesso ou deficiência. Esse justo meio, no entanto, é uma medida qualitativa e subjetiva, é a mediania relativa a nós, pois faz referência individual às disposições e aos atos de cada um de nós, e que não é excessivamente grande, nem excessivamente pequeno, e, por isso, esse ponto intermediário não é único nem o mesmo para todos. Aristóteles fornece-nos alguns exemplos que ajudam a compreender a oposição entre virtudes e vícios: em relação ao medo e à autoconfiança, a virtude da coragem situa-se na mediania entre a covardia (excesso de medo) e a temeridade (excesso de autoconfiança); no que tange à relação com o dinheiro, a generosidade é a virtude encontrada entre o excesso da prodigalidade e a deficiência da mesquinhez, e a magnificência[125] é a virtude situada entre o excesso da insipidez ou vulgaridade e a deficiência da torpeza; ou, no tocante à ira, a brandura é a mediania localizada entre o excesso da irascibilidade e a deficiência do desalento (Ét. *Nic.*, II, 1107b-1108a). Assim, em sua doutrina ética, a medida ou moderação manifesta-se de modo exemplar em uma moral que, certamente, é ensinável, mas cujo saber é insuficiente, se não é acompanhado de sua prática (MORA, 1965, p. 132).

Desse modo, seria incoerente pensar em um termo médio puramente quantitativo, objetivo e aritmético, equidistante de cada um dos extremos e que é único e o mesmo para todos; essa seria a mediania da coisa (*Et. Nic.*, II, 1106a 30-35). A diferença entre os dois tipos de mediania (subjetiva e objetiva) é elucidada da seguinte forma:

> Se dez (10) minas de alimento é muito para uma pessoa em particular e duas (2) minas pouco, disso não se conclui que o treinador prescreverá seis (6) minas porque talvez mesmo isso seja demasiado ou excessivamente pouco para alguém que o irá receber. Será uma porção {excessivamente} pequena

---

[125] Aristóteles explica que a diferença entre o magnificente e o generoso é que o primeiro lida com grandes somas de dinheiro, ao passo que o segundo lida com pequenas. O autor ainda apresenta vários outros exemplos de virtudes e vícios (como os relacionados ao prazer e à dor ou honra e a desonra, para citar apenas alguns), e esclarece que, em certos casos, não existe um termo específico para expressar determinada virtude ou vício. É o que acontece, por exemplo, com a virtude encontrada na mediania entre o excesso e a falta de ambição, ou com o vício de quem sofre da deficiência relativa aos prazeres (o termo mais aproximado, para o autor, seria "insensível"), bem como à maioria das qualidades que dizem respeito à verdade ou ao prazer (no entretenimento ou nas situações do cotidiano) (Ét. Nic., II, 1107b-1108a).

para Milo, mas uma porção {excessivamente} grande para alguém que está começando a praticar atletismo. (*Et. Nic.*, II, 1106b 1-5).

Valendo-se dessa noção de justo meio, Aristóteles enuncia uma definição geral de virtude como

[...] um estado que leva à prévia escolha e que consiste na mediania relativa a nós, sendo isso determinado pela [reta] razão, isto é, como a pessoa dotada de prudência o determinaria. E é uma mediania entre dois vícios, um em função do excesso e outro em função da deficiência. (*Et. Nic.*, II, 1107a 1-5).

Por outro lado, qualquer desvio dessa justa medida, em qualquer direção, significa um erro: "em todas as coisas a mediania é louvável, enquanto os extremos não são nem corretos nem louváveis, mas repreensíveis" (*Et. Nic.*, II, 1108a 15-20). Trata-se, portanto, de uma decisão balizada pela busca de uma medida intermediária que é relativa ao indivíduo, e não à coisa, ou ao objeto, e que não é única nem a mesma para todas as pessoas. Nesta ideia, está incluída uma preocupação em encontrar o equilíbrio entre "não muito pouco" e "não em demasia", que são os vícios, e que depende de cada situação específica.

A recepção desse conceito no século XVI, expressa no emblema presente na *Iconologia*[126] (1603) de Cesare Ripa (1560-1645), pode auxiliar a compreensão da virtude. Como pode ser observado na figura a seguir, a virtude é representada e descrita por Ripa (1603, p. 510-511) como uma jovem alada, bela e graciosa, que segura uma lança com a mão direita e uma coroa de louro com a esquerda, e cuja veste, de caráter modesto, possui um sol na altura do peito. Ela é jovem, porque a virtude jamais envelhece; e é permanentemente vigorosa e desenvolta, já que seus atos resultam do hábito e perduram ao longo de toda a vida do homem virtuoso. É bela, porque a virtude é o maior ornamento da alma humana. Para o autor, as

---

[126] A *Iconologia* é uma coleção de emblemas que tem o objetivo de personificar, por meio de imagens, as paixões, as virtudes, os vícios e todos os diferentes estados da vida (RIPA, 2002, p. 9). Ela se preocupa com o significado último das imagens, ou seja, ela tenta explicar o porquê das imagens em um contexto determinado e, por isso, configura-se como uma teoria das imagens da qual se pode extrair uma moralidade ou lição proveitosa. Suas alegorias destacam dois princípios básicos: a disposição, que é o estado psíquico visível na expressão do rosto ou na atitude da figura, e inclui a postura da cabeça, a expressão da face, o gesto dos braços, mãos e pernas, e a indumentária; e a qualidade, que é o conjunto de elementos essenciais, como a cor da pele, a proporcionalidade da figura e aspectos físicos como idade e peso. A obra foi publicada pela primeira vez em Roma (1593) e teve edições, reimpressões e traduções para várias línguas, mesmo após a morte do autor, nas quais ocorreram diversos tipos de modificações. A partir da terceira edição, também impressa em Roma (1603), a obra passa a ser ilustrada.

asas são uma alegoria do que é próprio da virtude, ou seja, elevar-se, tanto na acepção de levantar voo sobre os usos comuns dos homens vulgares quanto no sentido religioso de subir ao céu, ou de tornar-se semelhante a Deus, sinônimo de bondade e da própria virtude, o qual é identificado nas Sagradas Escrituras como o "Sol da Justiça". A imagem do Sol significa que, assim como ele ilumina a Terra, a virtude, aninhada no coração, regula as potências do homem para dar movimento, vigor, luz e calor a todo o corpo (considerado um pequeno mundo para os gregos). A coroa de louro está presente porque ele é sempre verde e nunca é atingido por um raio, o que denota que a virtude sempre demonstra vigor e jamais é abatida por qualquer adversário, intempérie ou má sorte. A lança na mão direita simboliza a superioridade, a força e o poder que possui sobre o vício, que é sempre submetido e vencido pela virtude.

Figura 2 – Virtude

Fonte: Ripa (1603, p. 511)

Como observado na descrição *supra*, o emblema ilustra os principais aspectos que foram abordados até o momento como característicos da virtude. Ripa refere-se à consolidação de hábitos que movem os seres humanos e os conduzem a ações e comportamentos belos e vigorosos e que, por sua excelência ou perfeição, são os que mais se aproximam do fim último que é a felicidade.

Em contrapartida, Rossi (2018, p. 499) explica que, segundo Aristóteles, todo estado ou disposição estável de caráter que leva uma pessoa continuamente a andar em direção ao excesso ou à deficiência nas próprias emoções ou ações representa o oposto da virtude, ou seja, trata-se de um vício de caráter. Desse modo, eles podem ser compreendidos como estados de imperfeição, ou disposições habituais que conduzem a atos caracterizados pela carência ou pelo excesso, do ponto de vista ético. De acordo com Rossi (2018, p. 500), na concepção aristotélica, os vícios que se opõem às virtudes de caráter e de relação são os do exagero ou da falta, o demasiado ou muito pouco; já os vícios relativos às virtudes de pensamento indicam defeitos no modo de pensar que impedem a realização de escolhas e operações guiadas pela reta razão, bem como o conhecimento da realidade das coisas, de modo adequado. Conforme sintetizado por Lausberg (2003, §1063, p. 381), a falta de virtude (*virtus*) caracteriza o vício (*vitium*), seja o da escassez, seja o do exagero, de modo que as duas noções se contrapõem.

Mais uma vez, o emblema elaborado por Ripa (1603) contribui para a compreensão da concepção de vício desenvolvida *supra*, como pode ser observado na figura a seguir. Ripa (1603, p. 443-444) descreve o vício como um tipo de perversidade, e, em seu emblema, é retratado como um anão inteiramente desproporcional e de olhar vesgo que abraça uma hidra. Em sua descrição, consta que possui pele escura e cabelo avermelhado. A falta de proporção está associada a toda sorte de iniquidades que se encontram na natureza e representa aqueles que, embora aptos a fazer o bem, se dedicam ao mal, que é considerado uma perversidade viciosa, já que depende da força de uma vontade que realiza uma escolha distorcida. Do mesmo modo que a falta de proporção, a feiura, o olhar vesgo e o cabelo ruivo são características consideradas viciosas, o que indica que todo tipo de deformidade é identificado como um vício. O personagem está abraçado a uma hidra porque é um animal que possui sete cabeças, as quais simbolizam os sete pecados mortais, e, quando uma delas é cortada, renasce com força ainda maior. Com isto, o autor estabelece uma analogia com o vício que domina um corpo e, mesmo quando combatido pela virtude, não se rende, pois possui uma força de vontade habituada ao mal e, assim, ressurge mais rigoroso, obstinado e empenhado em suas ações perversas. Finalmente, o autor esclarece que, para vencer e superar o vício, é necessário resistir a ele, esquivar-se e evitá-lo por completo. Desse modo, o emblema e sua descrição também realçam os atributos dos vícios de caráter, especialmente os que se referem à falta de proporção, à dedicação ao mal e às deliberações que conduzem a escolhas direcionadas ao mal.

Figura 3 – Vício

Fonte: Ripa (1603, p. 515)

No que diz respeito à noção de mediania e sua relação com a definição de virtudes e vícios, Aristóteles explica: "Há, assim, três disposições – duas destas, vícios (um em função de excesso e o outro em função de deficiência) – e uma virtude, que é a mediania; e cada uma delas, de uma certa forma, se opõe às outras" (*Et. Nic.*, II, 1108b 10-15). Ao comentar o trecho, Rossi (2018, p. 499) ressalta que os dois extremos relativos a qualquer virtude são contrários um do outro, mas também são contrários à mediania, e, assim, os três elementos são contrários entre si.

Aristóteles finaliza o segundo livro da Ética a Nicômaco com a seguinte revisão da definição de virtude:

> O suficiente foi dito objetivando mostrar que a virtude moral é uma mediania e em que sentido ela o é, a saber, que é uma mediania entre dois vícios (um em função do excesso e o outro em função da deficiência); foi dito, ademais, que ela

o é porque visa a atingir o ponto mediano nas paixões e nas ações. (*Et. Nic.*, II, 1109a 20-25).

Seguindo a definição aristotélica, Hansen (2013, p. 39) esclarece que a virtude (*areté* ou *virtus*) consiste num intervalo de "a mais e de menos" no qual opera o juízo ou um sentido de medida (*méson* ou *proportio*) que identifica o que é apto em um caso ou desmedido, para o excesso ou a falta, em outro. Com base nessa definição, Aristóteles reflete sobre o esforço necessário para que alguém se torne virtuoso, devido à dificuldade de encontrar o ponto mediano, ou o justo meio que leva à decisão em cada ação ou comportamento particular. Lausberg (2003, §1063, p. 382) reitera essa reflexão e esclarece que a atribuição de um fato ou feito às categorias *virtus/vitium* não é uma tarefa fácil, tanto devido à complexidade das realidades concretas quanto à dupla limitação da *virtus*, como uma medida justa que se encontra entre o vício do excesso e o da deficiência. Assim, a virtude pode se tornar um vício, se for aplicada em demasia ou falta (HANSEN, 2013, p. 40).

Para alcançar a mediania, a recomendação de Aristóteles é que o primeiro passo seja o de evitar o extremo que mais se opõe a ela, pois ele, provavelmente, envolve mais erro do que o outro. Nesse caso, trata-se de uma deliberação sobre a melhor forma de agir, o que implica uma responsabilidade, pois a escolha é feita por alguém que conhece as circunstâncias específicas e decide atuar de uma maneira ou de outra. Em outras palavras, a virtude localiza-se entre dois vícios e é regulada pela percepção e adaptação à situação na qual a atividade se realiza. É por isso que o autor considera que "é o estado mediano em tudo que constitui objeto de louvor, embora devamos por vezes nos inclinar para o excesso e, por vezes, para a deficiência; com efeito, é deste modo que mais facilmente atingiremos a mediania e o bem" (*Et. Nic.*, II, 1109b 25-30), o que é qualificado por Aristóteles como algo raro, louvável e nobre.

4.1 Virtudes da elocução

A elocução, denominada *elocutionem* em latim e equivalente a φράσις (*phrásin*)[127] dos gregos, está relacionada com o uso das palavras, seja isoladamente, seja em conjunto, para dar forma às ideias, e, por isso, ela é também

---

[127] De acordo com Bruno Fregni Bassetto (2016, p. 357, n. 2), que realizou uma tradução da *Institutio oratoria*, de Quintiliano, para o português, o termo grego significa "ação de exprimir através da palavra", "elocução", "linguagem" e também "caráter expressivo de uma palavra", ou, em sentido mais amplo, "discurso", "estilo". Assim, possui um conteúdo semântico mais amplo que o termo "frase", que significa "construção que encerra um sentido completo".

identificada como estilo (*lexis*) (*Inst. orat.*, VIII.I.1; GARAVELLI, 2018, p. 158). Nesse sentido, Aristóteles considera que não é suficiente dispor da matéria do discurso, mas é necessário exprimir-se de forma conveniente para que o discurso seja investido de sua aparência satisfatória (*Ret.*, III.1, 1403b 15-20). No entanto, cabe alertar que, na concepção aristotélica, "o estilo é necessário, mas deve funcionar mais como auxiliar de argumentação do que como simples técnica de ornamentação" (ALEXANDRE JÚNIOR, 2005, p. 45). De acordo com Burton (2016), o estilo diz respeito à expressão artificiosa das ideias, à forma de dizer o que foi encontrado na *inventio*[128], à forma de expressar os argumentos ou o conteúdo com vistas à eloquência, ou seja, ele se refere a como incorporar as ideias na linguagem e personalizá-las no contexto da comunicação. É exatamente essa impossibilidade de dissociação entre forma e conteúdo, um sentido de unidade do discurso, o que Crasso manifesta no início do terceiro livro de *De oratore* (ISO, 2002). Sobre isso, Garavelli (2018, p. 158) avalia que a divisão entre os conceitos e as palavras que os pronunciam, ou entre os conteúdos e seu revestimento verbal (em latim, entre *res* e *verba*), resultou na possibilidade de desenvolver uma teoria da expressão que permite considerar o próprio discurso (ou modos de exprimir-se) como objeto de reflexão.

Nesta perspectiva, a elocução não pode ser considerada incidental, superficial ou suplementar, mas possui um papel central no processo retórico. De modo semelhante, Miranda (2014, p. 266) explica que a doutrina da elocução é norteada pela concepção funcional e persuasiva da linguagem, na qual o produto artístico é resultante da relação entre o orador e o ouvinte. Nesse sentido, não se trata de um aspecto opcional do discurso; ela é essencial à retórica, na medida em que a forma ou o meio linguístico no qual algo é comunicado faz parte da mensagem tanto quanto o seu conteúdo, e, por isso, diversos autores dedicaram-se a explicar cada aspecto da forma linguística (BURTON, 2016).

Reconhecendo a importância da elocução no processo retórico, Aristóteles dedicou a ela grande parte do terceiro livro de sua *Retórica*, o que, para Rapp (2010, §8), levou muitos estudiosos a considerarem essa seção

---

[128] A *inventio* (*Héuresis* em grego) é um dos cinco cânones retóricos, cujo termo latino, de acordo com Garavelli (2018, p. 84), significa pesquisar e encontrar argumentos sobre os quais é possível desenvolver uma tese. A autora informa que a função e as tarefas atribuídas à retórica por Aristóteles estão associadas principalmente ao que constitui matéria da *inventio*, e Quintiliano, que desenvolveu sua exposição teórica conforme as obras de Cícero, dedicou a ela três livros (IV ao VI) de sua *Institutio oratoria*. Sumariamente, a *inventio* consiste em descobrir <u>o que</u> será dito (em vez de <u>como</u>) e está relacionada ao núcleo argumentativo e persuasivo da retórica, e, por isso, é associada a um apelo ao *logos*. Alguns de seus lugares comuns, chamados de "tópicos da invenção" ou categorias comuns de pensamento, se tornaram convencionalmente usados nesse processo de busca (BURTON, 2016).

como um tratado mais ou menos autossuficiente. Garavelli (2018, p. 159) pondera que, ao tratar da *léxis*, o autor atesta a necessidade pragmática de capturar a atenção do público, que, em hipótese, pode ser tão heterogêneo e variado quanto as diversas circunstâncias do proferir um discurso em público. Na parte destinada à elocução, Aristóteles concentra-se no exame das várias formas de dizer ou formular o que foi encontrado na invenção e, para isso, parte de uma exploração inicial do que é a elocução para tentar determinar em que consiste um bom estilo em prosa, o que Rapp (2010, §8) considera ser o núcleo dessa obra aristotélica. Entre as qualidades indicadas como aquelas que de alguma forma se relacionam com o bom estilo, estão a utilização de comparações, a correção no uso do grego, a adequação e os meios pelos quais um estilo se torna prolixo e digno. Nessa seção, o autor também contrapõe um estilo que é nomeado como frígido ou de dissuasão (*psuchron*) e discorre acerca da forma rítmica do estilo na prosa e sobre o fluxo periódico e não periódico do discurso. Finalmente, Aristóteles apresenta uma distinção entre o estilo oral e o escrito e pondera sobre a sua adequação aos três gêneros do discurso (deliberativo, judicial e epidítico).

De modo semelhante, Quintiliano dedicou três livros (Livros VIII, IX e X) de sua *Instituição oratória* a este aspecto. Ao começar a discorrer sobre o assunto, o autor declara:

> [...] a partir daqui, trataremos do método da elocução, a parte mais difícil do trabalho, com o que todos os oradores concordam. De fato, até M. Antônio [...] tendo visto pessoalmente muitos oradores realmente bons, declara não ter encontrado nenhum eloquente: julga que ao bom orador é suficiente dizer o que convém, mas dizê-lo com arte é próprio do eloquentíssimo. (*Inst. orat.*, VIII.Pr.13).

Neste enunciado, o autor estabelece uma diferença entre o bom orador e aquele que é, de fato, eloquente. Ao primeiro é suficiente ser claro e dizer o que é necessário, mas o segundo é aquele capaz de dizer com arte, de usar uma linguagem ornamentada (MIRANDA, 2014, p. 261). De acordo com Garavelli (2018, p. 158-159), a elocução é o domínio que dá forma ao conteúdo e está associada, muitas vezes, à ideia de revesti-lo com embelezamentos ou artifícios, o que permite identificá-la como um ponto de encontro entre a retórica e a poética. Para a autora, os estudos das qualidades que tornam uma expressão apropriada e decorosa e dos recursos que são adequados a cada um dos estilos e gêneros literários permitiram a identificação da doutrina da elocução com o estilo.

De modo semelhante, Rapp (2010, §8.1) explica que as discussões sobre o estilo pertenciam, originalmente, mais à arte poética do que à retórica, já que os poetas foram os primeiros a impulsionar os estudos sobre o estilo, cujas questões estão relacionadas às diferentes maneiras de formular um determinado assunto. O autor comenta que, na *Retórica* de Aristóteles, elas estão associadas ao impacto sobre o grau de clareza do discurso, uma vez que a clareza contribui para a compreensão; e a compreensibilidade favorece a persuasão. Nessa obra aristotélica, a noção de clareza é de fundamental importância, pois a virtude ou excelência (*aretê*) do estilo depende, necessariamente, da clareza, já que o propósito genuíno de um discurso é fazer com que algo seja claro. Contudo, a formulação de expressões linguísticas claras, por si só, não é suficiente para qualificar um estilo como excelente, já que elas tendem a ser banais ou monótonas, o que o bom estilo deve evitar. Em contrapartida, a utilização de palavras ou frases incomuns e dignas é recorrente na tentativa de não ser banal, mas, nesse caso, também se corre o risco de usá-las excessivamente ou de forma inapropriada em relação ao estilo ou ao assunto. Valendo-se da consideração de todos esses elementos, Aristóteles define a excelência do discurso da seguinte maneira:

> Consideremos, por conseguinte, que essas questões foram já examinadas e proponhamos como definição que a virtude suprema da expressão enunciativa é a clareza. Sinal disso é que se o discurso não comunicar algo com clareza, não perfará a sua função própria. E ele nem deve ser rasteiro, nem acima do seu valor, mas sim adequado. (*Ret*. III.2, 1404b 1-4).

Nessa definição, conforme avaliação de Rapp (2010, §8.1), a virtude do estilo tem que evitar duas tendências contrárias. Nela, a elaboração de um bom estilo envolve uma tensão, pois ele precisa ser claro, sem ser muito banal nem demasiado digno, e, ao mesmo tempo, apropriado ao assunto do discurso. Nesse sentido, o autor destaca que a virtude do estilo segue o mesmo delineamento das virtudes éticas presente nos escritos de Aristóteles, pois tanto a virtude do estilo quanto a virtude de caráter são definidas como um meio situado entre dois opostos, um caracterizado pela deficiência e outro pelo excesso. Garavelli (2018, p. 165) igualmente explica que a concepção retórica de virtude (*virtus*), relacionada à elocução, possui fundamento aristotélico e corresponde à sua definição clássica como uma distância equilibrada entre dois extremos. Um deles é caracterizado pela penúria ou falta, parcial ou total, e pode ser decorrente da falta de habilidade, ou seja, o não poder, por não ser intelectualmente capaz, ou da falta de vontade que leva alguém a não se empenhar de modo suficiente. O outro extremo é o excesso, ou a superabundância não guiada pelo discernimento, ou pelo "bom juízo" que é a sabedoria, a medida ou o equilíbrio. De acordo com a autora, a *virtus* oratória na tradição retórica, relacionada à comunicação, é identificada com o sucesso, com o alcance dos resultados desejados e com a afirmação pessoal, e nela confluem a clareza, a pertinência e a adequação. A autora avalia, no entanto, que, no confronto da doutrina das virtudes da elocução situada na retórica clássica com as suas reformulações mais atuais, as maiores e mais profundas divergências são encontradas onde a conexão com os princípios orientadores é mais direta, a exemplo das noções de *licentia*, definida para resguardar a noção correlata de erro[129] (GARAVELLI, 2018, p. 166).

Quando relacionadas à elocução, as virtudes dizem respeito à organização do discurso e pressupõem uma preocupação abrangente com aspectos intrínsecos à linguagem, relativos à gramática, ao público, à eficácia e ao apelo afetivo, guiada pelo princípio do decoro, e à importância da ornamentação, o que leva a uma adequação na incorporação e apresentação das ideias que resulta em um discurso que será efetivo. Por outro lado, existe um rico vocabulário para identificar os vícios da elocução, que só poderão ser qualificados dessa forma se avaliados em relação ao contexto e propósito. Isso quer dizer que os vícios retóricos se caracterizam como algum tipo de quebra de decoro, resultando em um discurso que não possui eficácia perante um público que conheça certas convenções. Assim, no que tange à elocução, cada dimensão ou aspecto do discurso possui uma virtude ou vício associado, de modo que a mesma locução pode ser considerada um vício ou uma virtude, dependendo do contexto (BURTON, 2016).

De modo semelhante, Burton (2016) esclarece que, quando uma linguagem figurativa é usada de acordo com o contexto e o propósito, ela é eloquente e eficaz, exemplificando uma virtude do estilo. Mas, se essa linguagem figurativa não é apta a esse contexto e propósito, ela se torna ineloquente e ineficaz, passando, dessa forma, a exemplificar um vício. Assim, no âmbito da elocução, as virtudes são úteis na organização de diversos aspectos, ajudam a entender a relação entre a retórica e a gramática e são particularmente convenientes na definição de termos positivos contra os quais se pode compreender uma ampla variedade de vícios retóricos.

Na *Retórica* de Aristóteles a virtude do estilo é definida como um meio entre a banalidade, que está relacionada com a busca pela clareza, e a realização de um discurso excessivamente elevado, que o autor considera

---

[129] As noções de *licentia* e erro serão retomadas mais adiante neste capítulo e, posteriormente, em um subcapítulo do capítulo 8 (8.1).

igualmente inapropriado. Na avaliação de Rapp (2010, §8.1), é por isso que ele trata de apenas uma virtude do estilo em prosa (a clareza). De acordo com Lausberg (2003, §460, p. 11), o sistema corrente de virtudes (*virtutes dicendi*) foi inicialmente definido por Teofrasto e Demétrio (discípulos de Aristóteles) e distingue uma virtude gramatical — *latinitas* — e três virtudes retóricas (*virtutes elocutionis*) — *perspicuitas*, *decorum* e *ornatus*[130]. Um outro sistema de classificação é encontrado na *Rhetorica ad Herennium*, na qual um discurso correto e bem-acabado deve possuir três qualidades: *elegantia* (que inclui *latinitas* e *explanatio*), *compositio*[131] e *dignitas* (*ornatus*), que possui como características principais a *gravitas* e a *suavitas*, e à qual o *decorum*[132] fica subordinado. Lausberg (2003, §460, p. 11) e Nuñez (1997, p. 238, n. 35) informam que, posteriormente, Cícero e Quintiliano voltaram a adotar a divisão quádrupla das virtudes proposta por Teofrasto. Diante disso, Rapp (2010, §8.1) adverte que ler a *Retórica* aristotélica através das lentes da retórica romana é o que, possivelmente, faz com que estudiosos busquem, com frequência, identificar duas, três ou quatro virtudes do estilo na obra de Aristóteles. No entanto, Burton (2016) e Garavelli (2018, p. 164) consideram que, independentemente do sistema adotado, as virtudes da elocução dizem respeito à forma de incorporar as ideias na linguagem e personalizá-las no contexto da comunicação, conforme os requisitos de cada estilo. Neste sentido, o desenvolvimento das virtudes implica um aperfeiçoamento intelectual que pode oferecer diversas possibilidades de ação para uma escolha que é harmonizada com as características de cada situação; e, em função disso, podem ser entendidas como normas ou procedimentos que podem ser produtivos (como virtudes) ou improdutivos (como vícios) (BURTON, 2016).

---

[130] Burton (2016) também classifica a *evidentia* como uma virtude do estilo que se refere a como o discurso atinge as emoções (*pathos*) por meio de representações. Sua raiz latina sugere "o que salta aos olhos" ou o que proporciona uma "visão clara e nítida". Quando relacionado à oratória, o termo grego ἐνάργεια denomina um conjunto de figuras dedicadas a uma "descrição ou narração viva e animada". Na obra de Aristóteles (*Ret.* III.11), o assunto é exposto segundo exemplos de como o orador pode "trazer as coisas diante dos olhos", com o intuito de tornar o estilo mais vívido (RAPP, 2010, §8) e na de Quintiliano (*Inst. orat.*, VIII.III.61-71) a *evidentia* foi classificada como um adorno (em vez de ser considerada uma virtude específica), pois está associada ao embelezamento, que é um processo em que, mais do que expressar uma ideia de forma adequada, pretende formar uma concepção mais clara do que se deseja dizer, emprestando-lhe um brilho adicional. Assim, para o autor, ela é uma qualidade suprema da oratória, pois permite tornar uma ideia mais óbvia do que o que é esperado, ou ir além do que é meramente lúcido e aceitável. Mais informações sobre a *evidentia* em Garavelli (2018, p. 342, 345-346, 353, 388) e Lausberg (2003, §810-819).

[131] Salvador Nuñez (1997, p. 237, n. 35), que realizou a tradução da *Rhetorica ad Herennium* para o espanhol, esclarece que a *compositio* (*construcción*) é tratada como uma virtude individual na *Rhet. Her.*, mas, no sistema corrente de classificação das virtudes, ela é incluída como uma subcategoria da *dignitas* (*ornatus*). A *compositio* será discutida mais adiante no capítulo 8 (8.2, "*Compositio*").

[132] Nuñez (1997, p. 238, n. 35) explica que, nessa obra, a adequação era uma exigência inerente às outras virtudes e necessariamente devia ser relacionada com a personalidade do orador, com o público e com as características do tema.

Seguindo o sistema corrente de classificação das virtudes, a correção diz respeito a uma ideal integridade da língua, tanto em seus aspectos lexicais quanto gramaticais, e foi chamada pelos gregos de *hellenismós* ("grecidade") e pelos romanos de *latinitas* ("latinidade"), *sermo purus* ou *puritas* ("pureza de língua") (GARAVELLI, 2018, p. 164). É ela que conserva a pureza da linguagem e a mantém livre de quaisquer falhas, denominadas por barbarismos e solecismos. No âmbito da retórica, a clareza (*saphaneia, perspicuitas* ou *explanatio*) é a virtude que se refere a uma preocupação em tornar o discurso compreensível pelo público[133]; caso contrário, será percebido como ambíguo ou obscuro. Na obra de Cícero (*De orat.*), essas duas virtudes são qualidades prévias, necessárias e indispensáveis em qualquer tipo de linguagem artística (ISO, 2002), como se observa no seguinte trecho: "qual é o melhor modo de expressar-se [...] do que falar em latim, com clareza e gosto, a fim de que nossas palavras sejam adequadas e congruentes com aquilo que se trata?"[134] (*De orat.*, III.37). Em uma passagem seguinte, Cícero volta a tratar da importância dessas duas virtudes, dando especial ênfase à escolha e à ordenação das palavras:

> [...] nem tampouco poderíamos nos deter mais tempo para tratar sobre os meios com que podemos conseguir que se entenda o que temos que dizer: evidentemente, falando em latim, com palavras usuais e assinalando adequadamente o que queremos declarar e designar sem palavras ou expressões ambíguas, e com um período não excessivamente longo, nem prolongando demasiado aquelas palavras que, por semelhança, se transferem de outros âmbitos, nem com conteúdos divididos, nem os tempos transtornados, nem as pessoas confusas e nem a ordem totalmente alterada [...].[135] (*De orat.*, III.48-49).

---

[133] Na *Rhetorica ad Herennium*, as noções de *latinitas* e *explanatio* (esta equivalente à *perspicuitas*) fazem parte da virtude da *elegantia*. Assim, essa virtude faz com que cada ideia seja expressa com pureza e clareza (*Rhet. Her.*, IV.17.1).

[134] "[...] Quinam igitur dicendi est modus melior, nam de actione post videro, quam Latine, ut plane, ut ornate, ut ad id, quodcumque agetur, apte congruenterque dicamus?" // "[...] ¿cuál es el mejor modo de expresarse [...] que hablar en latín, con claridad y gusto, a fin de que nuestras palabras sean adecuadas y congruentes con aquello de lo que se trata?" (*De orat.*, III.37).

[135] "[...] neque vero in illo altero diutius commoremur, ut disputemus, quibus rebus adsequi possimus, ut ea, quae dicamus, intellegantur: Latine scilicet dicendo, verbis usitatis ac proprie demonstrantibus ea, quae significari ac declarari volemus, sine ambiguo verbo aut sermone, non nimis longa continuatione verborum, non valde productis eis, quae similitudinis causa ex aliis rebus transferuntur, non disceptis sententiis, non praeposteris temporibus, non confusis personis, non perturbato ordine [...]" // "[...] ni tampoco nos podríamos detener más tiempo en tratar aquello otro de con qué medios podemos conseguir que se entienda lo que hemos de decir: evidentemente, hablando en latín, con palabras usuales y señalando adecuadamente lo que queremos declarar y designar sin palabras o expresiones ambiguas, y con un periodo ni excesivamente largo, ni prolongado demasiado aquellas palabras que, por semejanza, se transfieren de otros ámbitos, ni con los contenidos escindidos, ni los tiempos trastocados, ni las personas confundidas, ni el orden totalmente alterado [...]" (*De orat.*, III.48-49).

O requisito fundamental de um discurso, conforme exposto por Garavelli (2018, p. 164), é que ele seja adequado ao que é requerido pelos propósitos, pelas circunstâncias e pelas características do tipo de gênero ao qual ele pertence. Essa qualidade, conhecida por decoro, é a virtude da elocução que os gregos denominaram *prépon*; e os romanos, *aptum*, e se refere a propriedade, conveniência, conformidade ou congruência com fatores externos e internos à produção do discurso. Trata-se de uma adequação da forma ao conteúdo que, segundo a autora, está relacionada ao alcance de fins prefixados e à situação, bem como à conformidade às regras. O decoro possui um caráter essencialmente pragmático e pode ser entendido, ao mesmo tempo, como o ponto de partida e o de chegada das outras virtudes.

Finalmente, o ornato (*ornatus*)[136] é a virtude que confere beleza ao discurso, derivada de um uso sabiamente regulado de meios e ornamentos. Garavelli (2018, p. 164) pondera que essa virtude, por si só, seria a menos necessária ao discurso, mas, como a beleza é um fator significativo para a sua aceitabilidade formal e tem o poder de transformar um erro em uma licença, ou seja, um desvio intencional, o ornato pode produzir ou aumentar a capacidade do discurso de se fixar e irradiar na mente do ouvinte. No que tange ao ornato, Cícero adverte sobre a necessidade de que o orador possua virtudes de caráter:

> E precisamente porque esta é uma faculdade maior, ela precisa estar mais unida à honradez e a uma extraordinária prudência. Pois, se proporcionássemos técnicas oratórias àqueles que carecem dessas virtudes, no final, não os teríamos feito oradores, mas teríamos dado armas a uns loucos.[137] (*De orat.*, III.55).

Isso porque, conforme destacado por Garavelli (2018, p. 164), é de acordo com o juízo do orador que os embates entre as virtudes (a clareza contra a concisão ou brevidade, que faz parte do ornato; as elegâncias do ornato contra as várias manifestações das outras virtudes etc.) se resolvem conforme a prevalência dos fins (pragmáticos) e dos valores intrínsecos dos meios (estilísticos).

---

[136] Na *Rhetorica ad Herennium*, a *dignitas* é a virtude do estilo que se identifica com o ornato e nela está compreendida a noção de decoro.

[137] "[...] sicut haec vis, quae scientiam complexa rerum sensa mentis et consilia sic verbis explicat, ut eos, qui audiant, quocumque incubuerit, possit impellere; quae quo maior est vis, hoc est magis probitate iungenda summaque prudentia; quarum virtutum expertibus si dicendi copiam tradiderimus, non eos quidem oratores effecerimus, sed furentibus quaedam arma dederimus" // "Y precisamente porque ésta es una facultad mayor, ha de estar más unida a la honradez y a una extraordinaria prudencia. Pues si les proporcionáramos técnicas oratorias a quienes carecen de estas virtudes, a la postre no los habríamos hecho oradores, sino que les habríamos dado armas a unos locos" (*De orat.*, III.55).

Desse modo, pode-se dizer que a *latinitas* e a *perspicuitas* são próprias de qualquer linguagem que preze a correção e a precisão, pois falar bem e com clareza é condição necessária a qualquer estilo. O *aptum* é um princípio muito geral, fundamental à retórica e que norteia a elaboração do *ornatus*, o qual visa aumentar o poder de persuasão do discurso. De acordo com Garavelli (2018, p. 164-165), o fracasso ou desvio relativo às virtudes que ocorre de maneira injustificada constitui um erro (*vitium*) caracterizado pela falta ou pelo excesso, mas torna-se uma licença (*licentia*), ou permissão, quando a infração é justificada por um motivo mais forte do que aquele a que é contraposto. A autora também explica que essa ideia de permissão ou supressão das normas estáveis, de forma lícita e intencional, deriva do uso da retórica no âmbito jurídico (na qual persuadir o juiz é um dever mais forte do que manter a precisão linguístico-idiomática), mas, quando é aplicada à língua, configura-se como o contraste entre a gramática e a retórica, ou entre o falar correto e o falar bem, de forma eficaz, conforme a definição de Quintiliano: "A retórica é a arte de falar bem; ora, o orador sabe falar bem" (*Inst. orat.*, II.XVII.37). Além disso, a licença, segundo Garavelli (2018, p. 167), também se caracteriza por uma certa flexibilização das leis da gramática em face das necessidades da poesia, na qual as escolhas são balizadas pelo confronto entre os fins (pragmáticos) e os meios (estilo). Para a autora, esse confronto serviu para justificar os usos "desviantes" em relação à gramática normativa no ensino da retórica literária, com base em determinados autores que foram estabelecidos como modelos a serem imitados. Assim, a infração aos preceitos gramaticais, apesar de identificada, passou a ser um privilégio reservado a quem possuísse autoridade, e as boas razões que a justificam fizeram com que fosse reconhecida como virtude. Essa confrontação entre gramática e retórica ou entre gramática e poesia está diretamente ligada à *latinitas*, uma vez que o pleno domínio da língua é a necessidade mais fundamental e indispensável ao exercício da eloquência.

Burton (2016), contudo, alerta que o estilo é muitas vezes associado, e até mesmo reduzido, a uma ornamentação superficial e explica que, na retórica clássica e da Renascença, ornamentar significava dar aos pensamentos a expressão verbal apropriada para realizar suas intenções. Para Miranda (2014, p. 266), a compreensão da doutrina da elocução reduzida à arte da ornamentação ou à classificação de figuras e de tropos é enganosa, já que o *ornatus* da linguagem é onde reside sua função expressiva e seu maior poder persuasivo. Sobre isso, Burton (2016) esclarece que existem figuras de linguagem que se relacionam especificamente com cada uma das formas de persuasão, ou seja, há figuras que convencem por meio de um apelo emocional (*pathos*), racional (*logos*) ou de credibilidade do orador (*ethos*).

5

CORREÇÃO (*HELLENISMÓS, LATINITAS*)

A correção é a virtude da elocução que diz respeito à pureza linguística (*puritas* ou *sermo purus*) e é por meio dela que se fala ou se escreve de maneira consistente com as convenções de vocabulário e sintaxe, e de gramática e uso em determinada língua, as quais são amplamente derivadas da utilização por pessoas cultas, especialmente as autoridades literárias (BURTON, 2016). Ela é, portanto, um atributo imprescindível para o exercício da eloquência e, por esse motivo, é considerada por Aristóteles (*Ret.*, III.5, 1407a) como a qualidade mais fundamental da elocução e definidora de sua excelência. A correção, nesse contexto, está relacionada com as normas que visam à correção da linguagem, ao respeito às regras gramaticais e às convenções da língua (ALEXANDRE JÚNIOR, 2005, p. 45). Cícero apresenta parecer semelhante ao de Aristóteles e adverte que ninguém nunca admirou um orador pelo simples fato de falar corretamente, mas cometer erros pode levar o público ao riso e o orador ao completo descrédito (*De orat.*, III.52). De acordo com o autor, a aprendizagem do uso correto das palavras dá-se com método, pela gramática e pela prática da leitura e da fala (*De orat.*, III.42).

Conforme observado por Harrán (1988b), os teóricos musicais, seguindo os modelos da gramática e da retórica, também definiram suas próprias regras e instruíram compositores e cantores nos rudimentos de sua arte. Na concepção de Zarlino, por exemplo, um bom contraponto está, primordialmente, associado à correção:

> E tanto mais o contraponto é julgado deleitável e bom, quanto mais se usa, com boa graça, [as] melhores maneiras [*modi*], com ornato e belo proceder, e isso segundo as regras que busca a arte de compor bem e corretamente.[138] (ZARLINO, 1558, III.1, p. 147-148).

---

[138] "Et tanto più il Contrapunto è giudicato dilettevole, & buono; quanto più si usa con buona gratia, megliori modi, & con ornato, & bello procedere; & questo secondo le regole, che ricerca l'Arte del bene, & correttamente comporre" (ZARLINO, 1558, III.1, p. 147-148).

Para o autor, um contraponto só é qualificado como bom se for composto de forma correta e possuir conformidade com as regras, de modo que este é o seu requisito mais básico, ao qual estão associados o ornato, as melhores maneiras e uma bela elaboração musical.

Na avaliação de Garavelli (2018, p. 167), a relevância da correção é a razão que levou Aristóteles (*Ret.*, III.5) a fornecer prescrições claras acerca das partes gramaticais do discurso, relativamente ao grego, o que, de forma semelhante, também é observado no primeiro livro da obra de Quintiliano, em relação ao latim (*Inst. orat.*, I.IV-VIII). Os dois autores dedicaram-se a estabelecer os requisitos da correção linguística e incluíram advertências contra possíveis erros, nos quais se observa certa tendência de conservar o purismo e a integridade da língua ao mesmo tempo que consideram suspeito e ameaçador o que é estrangeiro ou que se propõe como inovação. Para Garavelli (2018, p. 173), a censura aos erros cumpria a função didática de instruir sobre o falar bem, para o qual a correção gramatical é um requisito fundamental, e servia, ao mesmo tempo, para estabelecer critérios que auxiliavam na distinção do tipo e da extensão das variações aceitáveis.

O cuidado presente nas obras de Aristóteles e Quintiliano com a definição de uma normativa gramatical, a precaução dos autores relativa aos erros e a desconfiança em relação ao que é estrangeiro são aspectos também observados nos tratados musicais do século XVI. No caso específico de *Le istitutioni harmoniche*, a normativa gramático-musical é estabelecida, de forma detalhada e aprofundada, na parte do tratado dedicada à Música Prática, na qual Zarlino discorre sobre as regras para a composição contrapontística (cujos requisitos indispensáveis são apresentados entre os capítulos 26 e 70[139] da terceira parte), sobre a elaboração musical de acordo com determinado modo (explicada entre os capítulos 18 e 29 da quarta parte), bem como sobre a acomodação da música ao texto (discutida nos capítulos 30 a 34 da quarta parte). Cabe reiterar a importância e pioneirismo dessa obra no contexto em que foi escrita, visto que, embora não seja a primeira a abordar os conteúdos nela discutidos, é a que propõe um tratamento mais minucioso e escrupuloso das particularidades da linguagem musical, cuja

---

[139] O capítulo 26 — "O que se busca em qualquer composição: primeiro, o sujeito" // "Quel che si ricerca in ogni compositione, & prima del Soggetto" — sintetiza os requisitos necessários à composição contrapontística: 1) encontrar o sujeito; 2) compor principalmente com consonâncias e acidentalmente com dissonâncias; 3) usar intervalos com proporções contidas nos números sonoros; 4) usar as consonâncias nas melodias, de forma variada; 5) ordenar a cantilena de acordo com determinado modo ou tom; e 6) acomodar a música às palavras e seu conteúdo. Além disso, esse capítulo apresenta a definição de sujeito, expõe as possíveis formas de encontrá-lo e pondera sobre a sua importância para a composição do contraponto (ZARLINO, 1558, III.26, p. 171-172).

normativa prática é ampla e solidamente fundamentada na teoria, o que contribuiu para resgatar a dignidade da música, tão reivindicada pelo autor valendo-se do estudo dos antigos.

Essa normativa sistematizada por Zarlino é derivada de seu vasto conhecimento de textos musicais, tanto da antiguidade quanto de autores que foram seus contemporâneos ou de gerações pouco anteriores. Conforme já mencionado[140], são autoridades da área que forneceram as premissas conceituais que sustentam o tratado e que contêm os modelos a serem seguidos (justificados por uma reconhecida *auctoritas*), ou que são confrontados de acordo com a prática de músicos modernos de excelência, responsáveis por dar à música o seu estado de perfeição e por purificá-la dos abusos e barbarismos do passado. Portanto, são preceitos resultantes de sua erudição teórico-musical somada aos seus estudos com Willaert e à produção musical desse compositor, considerado por Zarlino como a autoridade musical exemplar a ser seguida.

Por um lado, as orientações acerca da correção na música prática são expressas, principalmente, quando o autor instrui sobre a maneira certa de utilizar o material musical. Essas instruções estão presentes, por exemplo, em diversos capítulos da terceira parte do tratado que discorrem sobre o uso de consonâncias e dissonâncias no contraponto, dos quais citamos apenas alguns: "Que as composições devem ser compostas primeiramente de consonâncias e depois, acidentalmente, de dissonâncias" (ZARLINO, 1558, III.27, p. 172-173); "Em qual maneira duas ou mais consonâncias perfeitas ou imperfeitas contidas sob a mesma forma podem ser postas imediatamente uma após a outra" (ZARLINO, 1558, III.32, p. 182-183); "Como se concede que duas ou mais consonâncias, perfeitas ou imperfeitas, contidas em diversas formas, sejam postas uma imediatamente após a outra" (ZARLINO, 1558, III.33, p. 183); "De que maneira deve-se proceder de uma consonância para a outra" (ZARLINO, 1558, III.38, p. 187-190); e "Dos contrapontos diminuídos a duas vozes e de que modo se podem usar as dissonâncias" (ZARLINO, 1558, III.42, p. 195-199)[141]. De forma

---

[140] Como referido no capítulo 3, algumas das autoridades musicais que fundamentaram o tratado de Zarlino no campo teórico são: Boécio, Pitágoras, Ptolomeu, Gaffurio, Fogliano, Lefèvre d'Étaples, Vanneo, Aaron, Glareano, Lanfranco e Ramos de Pareja. E o repertório musical citado como exemplo inclui obras de compositores como: Ockenghem, Josquin, Gombert, Festa, Morales, De La Rue, De Rore e, o mais louvado de todos, Willaert.

[141] "Che le Compositioni si debbeno comporre primieramente di Consonanze, & dipoi per accidente di Dissonanze" (ZARLINO, 1558, III.27, p. 172-173); "In qual maniera due, o più Consonanze perfette, ouero imperfette contenute sotto vna istessa forma, si possino porre immediatamente l'vna dopo l'altra" (ZARLINO, 1558, III.32, p. 182-183); "Come due o più consonanze perfette overo imperfette, contenute sotto diverse forme poste l'una immediatamente dopo l'altra, si concedono" (ZARLINO, 1558, III.33, p. 183); "In qual maniera si debba procedere da una consonanza ad un'altra" (ZARLINO, 1558, III.38, p. 187-190); e "Delli contrapunti diminuiti a due voci, e in qual modo si possino usar le dissonanze" (ZARLINO, 1558, III.42, p. 195-199).

semelhante, as orientações acerca da correta utilização do material musical também podem ser consultadas na quarta parte do tratado, quando o autor trata da acomodação da música ao texto, como é o caso dos seguintes capítulos: "Do modo que se deve ter ao acomodar as partes da cantilena e de suas extremidades e quanto as suas notas extremas agudas podem ser distantes da nota extrema grave da composição" (ZARLINO, 1558, IV.31, p. 337-339); "De que maneira as harmonias se acomodam às palavras do sujeito" (ZARLINO, 1558, IV.32, p. 339-340); e "O modo que se deve ter ao colocar as figuras cantáveis sob as palavras" (ZARLINO, 1558, IV.33, p. 340-341)[142]. Assim, de forma semelhante ao demonstrado por autores da retórica, é notória a dedicação de Zarlino à sistematização de regras que devem ser obedecidas para que uma escrita contrapontística seja considerada correta, o que se configura como a qualidade mais básica para distinguir as boas das más composições.

Por outro lado, a preocupação do autor com a correção na composição musical também é verificada quando o autor prescreve proibições, advertências contra possíveis erros e procedimentos que devem ser evitados na elaboração do contraponto, como é o caso dos seguintes capítulos: "Que não se deve colocar duas consonâncias contidas na mesma proporção, uma após a outra, ascendendo ou descendendo, sem nenhum [intervalo] intermediário" (ZARLINO, 1558, III.29, p. 176-179); "Que deve-se evitar, o máximo possível, os movimentos por saltos e, de forma semelhante, as distâncias que podem ocorrer entre as partes da cantilena" (ZARLINO, 1558, III.37, p. 187); "Que nos contrapontos deve-se evitar, o máximo possível, os uníssonos e as oitavas" (ZARLINO, 1558, III.41, p. 194-195); "Que não se deve permanecer por muito tempo no grave ou no agudo nas melodias" (ZARLINO, 1558, III.46, p. 205); e "Algumas advertências acerca das composições feitas a mais de três vozes" (ZARLINO, 1558, III.66, p. 263-268)[143]. Um exemplo desse tipo de abordagem pode ser observado no

---

[142] "Del modo che si ha da tenere nell'accommodar le parti della cantilena, e dell'estremità loro; & quanto le chorde estreme acute di ciascuna di quelle, che sono poste nell'acuto possino esser lontane dalla estrema chorda posta nel grave del concento" (ZARLINO, 1558, IV.31, p. 337-339); "In qual maniera l'armonie s'accommodino alle soggette parole" (ZARLINO, 1558, IV.32, p. 339-340); e "il modo, che si ha da tenere, nel porre le Figure cantabili sotto le Parole" (ZARLINO, 1558, IV.33, p. 340-341).

[143] "Che non si debbe porre due Consonanze, contenute sotto vna istessa proportione, l'vna dopo l'altra ascendendo, ouero discendendo senza alcuno mezo" (ZARLINO, 1558, III.29, p. 176-179); "Che si debbe schivare più che si può i movimenti separati e similmente le distanze che possono accascare tra le parti della cantilena" (ZARLINO, 1558, III.37, p. 187); "Che nei contrapunti si debbono schivar gli unisoni, più che si puote, e che non si de' molto di lungo frequentare le ottave" (ZARLINO, 1558, III.41, p. 194-195); "Che non si de continouare molto di lungo nel grave, o nell'acuto nelle modulationi" (ZARLINO, 1558, III.46, p. 205); e "Alcuni avertimenti intorno le compositioni, che si fanno a più di tre voci" (ZARLINO, 1558, III.66, p. 263-268).

capítulo em que o autor trata do uso de intervalos aumentados e diminutos, o qual é iniciado com um alerta sobre o tipo dos intervalos que serão utilizados na composição:

> Qualquer consonância ou intervalo dividido em muitas partes pode ser denominado pelo seu número de cordas[144], todavia, deve-se advertir para não cair em um erro no qual alguns [músicos] práticos às vezes caíram. Considerando uma ordem de sons somente pelo número de cordas e subestimando os intervalos contidos entre elas, muitas vezes puseram os intervalos aumentados ou diminutos em suas composições no lugar da verdadeira e legítima espécie de consonâncias.[145] (ZARLINO, 1558, III.24, p. 168).

Dessa forma, o autor notifica que é necessário conhecer plenamente os intervalos, pois eles são definidos não apenas pela distância entre suas notas extremas, mas também pelos tipos de intervalos que contêm internamente, a fim de que possam ser utilizados da maneira correta na composição. A intenção do autor é prevenir erros que já foram praticados por outros compositores que, pelo fato de desconhecerem a correta classificação dos intervalos ou de não estarem atentos a ela, cometeram o equívoco de utilizar intervalos aumentados ou diminutos no lugar de suas respectivas consonâncias. Após essa advertência inicial, Zarlino passa à explicação pormenorizada dos intervalos dissonantes, os quais, com base na justificativa pela autoridade dos antigos (no entanto, sem nomeá-los especificamente), podem ser usados nas composições porque tornam o contraponto mais elegante e aprazível do que quando não são utilizados. O autor é incisivo ao declarar que as dissonâncias devem ser usadas com ordem e de acordo com regras específicas para evitar confusão, pois a obediência a esse conjunto de normas, que diz respeito aos movimentos (paralelos e contrários) das vozes, é o que confere toda beleza, graça e bondade a qualquer composição (ZARLINO, 1558, III.27, p. 173). Ao longo de sua demonstração, Zarlino

---

[144] A palavra *"chorda"* foi aqui traduzida por corda, privilegiando a terminologia original utilizada por Zarlino. De acordo com Dal Maso (2017, p. 36), os termos *lettere, alfabeto, corde sonore, chiavi* e *posizioni* (além desses, seria possível incluir a palavra *voce*) são equivalentes a "notas" quando se referem à altura específica de um som. É essa acepção que a palavra possui no trecho aqui citado. Em outras passagens do tratado de Zarlino, as palavras *"chorda"* e *"chorde"* referem-se às cordas dos instrumentos musicais.

[145] "ET quantunque ogni Consonanza, & ogni Interuallo diuiso in molte parti, si possa denominare dal numero delle chorde; tuttauia si debbe auertire, di non cascare in vno errore, nel quale sono cascati spesse volte alcuni Prattici; i quali considerando vno ordine di suoni nel numero delle chorde solamente, & facendo poca stima de gli interualli contenuti in esso; hanno posto tallora nelle compositioni loro alcuna delle predette consonaze superflua, ouero diminuta, in luogo della uera, & legittima specie" (ZARLINO, 1558, III.24, p. 168). A utilização de intervalos aumentados e diminutos voltará a ser discutida mais adiante, conforme a noção de licença (capítulo 8, subcapítulo 8.1).

dá atenção especial aos intervalos de quarta, quinta e oitava, tomando as suas respectivas consonâncias como referência (diatessaron, diapente e diapason)[146]. O autor define-os de acordo com os tons e semitons contidos entre suas notas extremas, a sua formação por notas diatônicas (quando são considerados intervalos dissonantes) ou pela combinação de notas diatônicas e cromáticas (quando são considerados dissonantíssimos), bem como as suas razões de proporção, e são denominados semidiatessaron, trítono, semidiapente, diapente aumentada, semidiapason e diapason aumentada. A utilização desses intervalos é, finalmente, desaconselhada pelo autor:

> Estes e todos os outros intervalos mostrados acima são dissonantíssimos e não devemos colocá-los nos contrapontos porque gerariam fastio ao ouvido. Não sem razão, os mais peritos músicos práticos deram uma regra para evitar esse erro: não se deve jamais colocar a voz do mi contra fa[147] nas consonâncias perfeitas, como mais adiante veremos. Deve-se advertir, no entanto, que às vezes se coloca a semidiapente nos contrapontos no lugar da diapente e semelhantemente, o trítono no lugar da diatessaron, que fazem bons efeitos. Mas demonstrarei de que maneira se deve fazê-lo mais adiante.[148] (ZARLINO, 1558, III.24, p. 169-170).

Após uma extensa argumentação musical, com a análise de cada um desses intervalos, que é corroborada pelo fundamento matemático, expresso nas suas respectivas proporções[149], e justificada, definitivamente, pelo efeito ruim que provoca no ouvido, o autor conclui com a definição de uma regra

---

[146] Conforme Quadro 1, na nota ao texto.

[147] O *mi contra fa* é uma das circunstâncias em que se aplica uma alteração na nota originalmente escrita e acontece por *causa necessitatis* com o intuito de formar uma consonância vertical para evitar intervalos indesejáveis, especialmente o trítono (SILVA, 2010, p. 145). Essa alteração é um dos casos de *musica ficta* (música falsa ou fictícia), que pode ocorrer pela indicação na partitura ou extemporaneamente pelo intérprete e depende da compreensão e execução do sistema de hexacordes da solmização e é determinada pela aplicação das regras do contraponto (DAL MASO, 2017, p. 78). Para mais informações sobre solmização e os casos de realização de *musica ficta*, vide Dal Maso (2017, p. 49-81), Rotem (2019), Silva (2010, p. 128-154) e Smith (2011, p. 20-54).

[148] "Questi, & tutti gli altri interualli mostrati di sopra sono dissonantißimi, & non si debbeno porre ne i Contrapunti: perche generarebbeno fastidio all'vdito. Onde non senza giuditio, i Musici prattici più periti diedero vna Regola, per schiuar questi errori, Che non si douesse mai porre la voce del Mi contra quella del Fa, nelle consonanze perfette; come più oltra vederemo. Si debbe però auertire, che alle volte si pone la Semidiapente ne i Contrapunti in luogo della Diapente: similmente il Tritono in luogo della Diatessaron, che fanno buoni effetti: ma in qual maniera si habbiano a porre, lo dimostrerò più oltra" (ZARLINO, 1558, III.24, p. 169-170).

[149] Como já mencionado, um dos requisitos básicos para a composição contrapontística, de acordo com Zarlino (1558, III.26, p. 171-172), é usar intervalos com proporções contidas nos números sonoros. As formas e razões de proporção dos intervalos aumentados e diminutos são as seguintes: semidiatessaron, *super 21 partiente 75* (96:75); trítono, *super 13 partiente 32* (45:32); semidiapente, *super 19 partiente 45* (64:45); diapente aumentada, *super 9 partiente 16* (25:16); semidiapason, *super 23 partiente 25* (48:25); e diapason aumentada, *dupla sesquiduodecima* (25:12) (ZARLINO, 1558, III.24, p. 169-170).

que restringe a utilização desses intervalos na composição musical. Ela, no entanto, pode ser menos rígida para a semidiapente e o trítono, mas apenas em situações específicas e porque resultam em bons efeitos, conforme será discutido mais adiante[150]. Desse modo, a censura aos erros, a definição da normativa referente ao uso dos intervalos aumentados e diminutos, e a discussão de uma exceção a essa regra são apresentadas conjuntamente pelo autor com a intenção de instruir sobre como elaborar corretamente um contraponto e, assim, compor bem.

A noção de estrangeiro é outro aspecto associado com a virtude da correção que também está presente em escritos musicais do *Cinquecento*. No capítulo dedicado às claves e às figuras de ritmo, Zarlino explica esses sinais utilizados para a grafia musical, bem como as sílabas de solmização. O autor também reconhece que os músicos antigos se valiam de outros símbolos[151], além desses, dos quais parte ainda era utilizada em seu tempo e promete abordá-los em outros trechos da obra:

> Pois pretendo falar principalmente daquelas coisas que são necessárias e recaem sob o sentido do ouvido, cujo objeto, realmente, é o som, deixando de lado (enquanto puder), aqueles que são estranhos e forasteiros à audição.[152] (ZARLINO, 1558, III.2, p. 149).

O autor refere-se, claramente, à existência de sinais qualificados como "estranhos" e "forasteiros", mas que remetem a questões que extrapolam a percepção sonora. De acordo com a declaração, eles serão deixados de lado, quanto possível, em detrimento da abordagem de elementos mais pertinen-

---

[150] A utilização desses intervalos é explicada no capítulo 30: "Quando as partes da cantilena têm relação harmônica entre si e em que modo podemos usar a semidiapente e o trítono nas composições" // "Quando le parti della cantilena hanno tra loro Harmonica relatione, & in qual modo potemo vsare la Semidiapente, & il Tritono nelle compositioni" (ZARLINO, 1558, III.30, p. 179-181). E no capítulo 57: "O que o contrapontista deve observar além das regras dadas e de algumas licenças que poderá tomar" // "Quel che de' osservare il contrapuntista oltra le regole date e d'alcune licenze che potrà pigliare" (ZARLINO, 1558, III.57, p. 234-238). A discussão sobre o uso da semidiapente e do trítono será retomada mais adiante, conforme a noção de licença (capítulo 8, subcapítulo 8.1).

[151] Os outros sinais aos quais o autor se refere, nominalmente, são: sinais de tempo, de modo, de prolação, pontos, bequadro, bemol, sustenido, pausas, ligaduras, presas, fermatas e retornos (ZARLINO, 1558, III.2, p. 149). Alguns deles são definidos e têm seus usos discutidos ao longo do tratado: capítulo 25 "Dos efeitos que fazem os sinais ♮, ♭ e ♯" // "Degli effetti che fanno questi segni ♮, ♭ & ♯"; capítulo 50 "Das pausas" // "Delle Pause"; capítulo 67 "Do tempo, do modo e da prolação e em que quantidade se devem terminar ou numerar as cantilenas" // "Del tempo, del modo, & della prolatione; & in che quantità si debbino finire, o numerare le Cantilene"; capítulo 70 "Do ponto, das suas espécies e seus efeitos" // "Del punto; delle sue specie; & delli suoi effetti". Antes de Zarlino, Lanfranco (1533, p. 45) é um dos autores que também fizeram menção aos sinais antigos e modernos que indicavam os valores das notas perfeitas e imperfeitas.

[152] "Imperoche principalmente intendo di trattar quelle cose, che sono necessarrie, & cadeno sotto il sentimento dall'vditto, il cui oggetto è veramente il Suono; lassando (per quanto potrò) da parte quelle, che a tal sentimento sono strane, & forastiere" (ZARLINO, 1558, III.2, p. 149).

tes ou necessários e conforme ofereçam comodidade para a compreensão do som musical. Como Zarlino associa tais sinais ao universo sonoro dos antigos, eles certamente eram considerados "estranhos" e "forasteiros", porque, pelo menos em parte, eram desconhecidos pelo autor e por seus contemporâneos[153]. Além disso, se relembrarmos que esse tratado é reconhecido como uma obra que sistematiza a prática musical de seu tempo (PALISCA, 2001b) e que Zarlino a considera, em alguns aspectos, em mais alta estima do que a dos antigos, parece mesmo irrelevante que o autor trate de assuntos que não se relacionem diretamente com ela ou que apenas sirvam para demonstrar um conhecimento acerca da música do passado.

A profunda preocupação com a exatidão linguística é característica da virtude da correção e diz respeito tanto a palavras isoladas quanto a grupos de palavras. Quando usadas individualmente, Quintiliano (*Inst. orat.*, VIII.I.1) recomenda que se deve considerar se estão corretas na língua utilizada, se são claras, elegantes e bem-adaptadas para transmitir o sentido pretendido; e, se são utilizadas em conjunto, é necessário observar se são corretas, dispostas de forma apropriada e adornadas com figuras de estilo. Embora seja comumente classificada no âmbito da elocução[154], Lausberg (2003, §528, p. 46-47) considera que, por tratar-se da "forma de se expressar com correção idiomática"[155] (LAUSBERG, 2003, §463, p. 17), essa virtude pertence à gramática. Para Cícero, trata-se de um aspecto tão básico que chega a ser considerado um pré-requisito para a prática do orador: "não estamos pretendendo ensinar a expor a quem não sabe falar, nem que se espere que possa falar com ornato quem não pode fazê-lo com correção"[156] (*De orat.*, III.38).

No âmbito da *latinitas*, o desvio do uso comum das palavras, isoladamente (*verba singula*) ou em conjunto (*verba coniuncta*), é considerado um tipo de vício quando acontece sem nenhum motivo justificável, mas pode

---

[153] Cabe relembrar a advertência de Palisca (1985a) e Vega (2011) de que a música dos antigos não podia ser recriada ou ouvida no século XVI, que muitos dos instrumentos musicais da antiguidade desapareceram e que os textos então conhecidos tinham uma notação incompreensível em muitos aspectos.

[154] Aristóteles (*Ret.*, III, 1407b 15-20), Quintiliano (*Inst. orat.*, VIII.I.2) e seus comentadores Burton (2016) e Garavelli (2018) são alguns autores que classificam a *latinitas* como uma virtude da elocução. De acordo com Burton (2016), esse procedimento é também encontrado na *Rhetorica ad Herennium* (IV.11.12) e em Trebizond (65v-66v).

[155] "La *Latinitas* [...] es la forma de expresarse con corrección idiomática" (LAUSBERG, 2003, §463, p. 17, grifo do autor).

[156] "Atque eorum quidem, quae duo prima dixi, rationem non arbitror exspectari a me puri dilucidique sermonis, neque enim conamur docere eum dicere, qui loqui nesciat; nec sperare, qui Latine non possit, hunc ornate esse dicturum [...]" // "[...] no estamos pretendiendo enseñar a exponer a quien no sabe hablar, ni que se espere que pueda hablar con ornato quien no puede hacerlo con corrección [...]" (*De orat.*, III.38).

ser avaliado como uma virtude retórica (*virtus*), se é decorrente de uma escolha deliberada com vistas a uma comunicação realmente persuasiva (GARAVELLI, 2018, p. 174). Essa virtude é conhecida por metaplasmo (*metaplasm*), termo genérico utilizado para identificar figuras ortográficas que se caracterizam pela mudança na forma de grafar palavras isoladas por meio da alteração de letras ou sílabas (adição, omissão, inversão ou substituição), o que pode ser feito de forma consciente pelo artista ou orador em função da eloquência ou do verso (BURTON, 2016). Trata-se de modificações acolhidas pelo sistema linguístico, seja por força do hábito (introdução de novos objetos ou tecnicismos, por exemplo), seja justificadas por uma autoridade (*auctoritates*) que as aprove como modelos a serem seguidos (GARAVELLI, 2018, p. 174-175).

Considerando o uso de palavras isoladas e retomando a concepção aristotélica, qualquer desvio em relação à pureza linguística é identificado como um vício que pode ser caracterizado, por um lado, pela deficiência gramatical, denominado barbarismo (*Inst. orat.*, I.V.5-33), ou, por outro, pelo excesso, que é chamado de arcaísmo. Esse tipo de excesso, de acordo com Garavelli (2018, p. 171), ocorre quando são empregados vocábulos antiquados, não usados habitualmente, como forma de ostentação e degeneração do purismo da língua, sem motivos que os fundamentem. Desse modo, tendem a ser considerados como vício, pois distanciam-se do costume linguístico legitimado pela norma e pelo uso. Nuñez (1997, p. 238, n. 37) explica que o barbarismo é um vício de nível lexical, porquanto refere-se a palavras isoladas. Trata-se de uma escassez que, conforme explicado por Garavelli (2018, p. 169-170), advém do termo grego *"barbarismós"*, que indica, etimologicamente, o que é bárbaro ou forasteiro, e está associado tanto com o uso de palavras estrangeiras (vocábulos estranhos ao grego ou pertencentes a dialetos regionais) quanto com o falar como um estrangeiro, ou seja, com as deficiências da fala que são praticadas por estrangeiros. Ambos são identificados com algo não natural; por isso, são inaceitáveis. De acordo com a autora (GARAVELLI, 2018, p. 170), essa conotação negativa manteve-se quando o termo passou para o latim, de modo que, se *barbarismós* é uma violação da virtude denominada *hellenismós*, *barbarismus* é o seu correspondente para designar uma corrupção da *latinitas*. Lausberg (2003, §480, p. 25) ainda nota que os desvios que ocorrem em palavras isoladas podem se expressar em parte na escritura, mas há casos em que são reconhecíveis apenas na pronúncia. De qualquer forma, são barbarismos resultantes de erros no uso da linguagem e, portanto, configuram vícios gramaticais.

De forma semelhante, os desvios relativos a grupos de palavras podem ser definidos como vícios, se ocorrerem de forma injustificada, mas também podem se configurar como virtudes, quando passam a ser tratados como figuras gramaticais (*schema*), ou figuras de palavra ou de pensamento, encontradas no domínio do *ornatus*. Nesse caso, representam um desvio consentido em relação às normas de correção linguística (GARAVELLI, 2018, p. 188) ou ao modo corrente de falar no cotidiano, e corresponde à forma artística da expressão (LAUSBERG, 2003, §499, p. 35). No entanto, os equívocos relativos ao agrupamento de palavras caracterizam um tipo de vício que é genericamente denominado solecismo. Ele é resultante de uma desmedida, para a falta ou o excesso, referente a erros de morfologia (formação e flexão das palavras, ou seja, declinação nominal e conjugação e concordância verbal) e sintaxe (relativa às relações formais que interligam os constituintes da sentença, atribuindo-lhes uma estrutura) que disturbam a comunicação porque contrariam o preceito clássico de dizer "quanto basta" (não aquém nem além do necessário). Garavelli (2018, p. 172) esclarece que o termo é derivado de *solecismus*, do latim, o qual, por sua vez, advém de *soloikismós*, do grego, que se refere ao modo de falar dos habitantes de Soli, uma cidade da Cilícia, onde se falava grego incorretamente.

Em síntese, qualquer desvio em relação à *latinitas* pode se configurar como um erro ou como uma licença, dependendo da ausência ou da existência, respectivamente, de uma justificativa que leva a escolhê-lo em determinado contexto. Desse modo, Lausberg (2003, §473, p. 23) ressalta que a proximidade entre *virtus* e *vitium* é tal que a diferenciação entre eles depende de um juízo muito exercitado. No quadro a seguir, é possível observar um resumo dos desvios relacionados à virtude da correção:

Quadro 4 – Erros e licenças em relação à virtude da correção

Virtude	Erros		Licenças	
	Em palavras isoladas	Em conjuntos de palavras	Em palavras isoladas	Em conjuntos de palavras
Correção (*hellenismós, latinitas*)	Barbarismos Arcaísmos	Solecismos	Metaplasmos	Figuras gramaticais

Fonte: adaptado de Garavelli (2018, p. 169)

Embora haja uma clara distinção conceitual entre barbarismos e solecismos no campo da gramática, Harrán (1988b, p. 421) constatou que essa diferença tende a desaparecer nos escritos sobre música e o termo "barbarismo" é amplamente utilizado para se referir à maioria das corrupções musicais. Além disso, considera que, enquanto os autores da gramática e da retórica se concentraram apenas na linguagem, "barbarismo" possui um significado um pouco mais amplo na tratadística musical, já que o termo se refere tanto às falhas resultantes de erros de composição quanto às que decorrem de uma acomodação deficiente da música às palavras do texto em seus aspectos de pronúncia, sintaxe e acentuação. O autor ainda avalia que o motivo pelo qual diversos teóricos musicais e compositores (anteriores a Zarlino e também das gerações subsequentes) se preocuparam com os barbarismos na música vocal está relacionado com o princípio humanista que, implícita ou explicitamente, determina que a música seja subserviente às palavras do texto[157]. Para que elas sejam compreendidas, é preciso que sejam dispostas e interpretadas de forma correta, mas os barbarismos obscurecem a estrutura do discurso e impedem a compreensão de seus significados; por isso, devem ser evitados e removidos. Assim, de modo geral, observa-se que, nos escritos musicais, os barbarismos apontam para erros relacionados tanto à composição quanto à execução musical e podem ser identificados em aspectos como a pobreza ou inépcia (*gaucherie*) rítmica, os problemas na condução das vozes, os equívocos melódicos e problemas na acomodação da música às palavras (HARRÁN, 1988b, p. 421).

5.1 Execução dos cantores

De acordo com Lausberg (2003, §480, p. 25), existem diferentes tipos de barbarismos, e alguns são identificáveis na escrita, enquanto outros são reconhecíveis unicamente na pronúncia. Nesse caso, segundo Quintiliano (*Inst. orat.*, I.V.10), está compreendido um vício que "consiste em acrescentar ou suprimir de uma palavra, à escolha, uma letra ou uma sílaba, ou colocar uma por outra ou a mesma em outro local que não o da ordem certa", o que foi repreendido pelo autor na troca do *c* pelo *g* em um discurso no qual foi dito *percula* em vez de *pergula* (balcão, varanda). Esse tipo de barbarismo

---

[157] Como será visto mais adiante, o capítulo 9 discute a acomodação da música ao texto, que parte da premissa platônica de que a melodia é um composto de oração, harmonia e número, na qual os dois últimos aspectos são submissos e devem ser adequados ao primeiro. Um dos assuntos abordados é a utilização de pausas e a elaboração de cadências, que dizem respeito à sintaxe musical. Embora seja pertinente à *latinitas*, sua discussão será realizada com as demais virtudes da elocução.

equivale a um erro de pronúncia que também é apontado nos escritos musicais do século XVI e pode ocorrer pela omissão, adição, mudança ou transposição de sílabas. Tanto no campo da retórica quanto no da música, ele se configura como uma falta contra a correta composição fonética da palavra (HARRÁN, 1988b, p. 422; LAUSBERG, 2003, §479, p. 24), que é um dos aspectos censurados por Zarlino na prática dos cantores:

> Mas acima de tudo (até que as palavras da cantilena sejam entendidas) devem se resguardar de um erro que se encontra em muitos, isto é, de não mudar as vogais das palavras, como seria dizer, proferir A no lugar de E, I no lugar de O, ou U no lugar de uma das nomeadas. Mas devemos proferi-las segundo sua verdadeira pronúncia. E é coisa realmente vergonhosa e digna de mil repreensões ouvir cantar, às vezes, alguns deselegantes, tanto nos coros e nas capelas públicas, quanto nas câmaras privadas, e proferir as palavras corruptas, quando deveriam proferi-las claras, expeditas e sem nenhum erro.[158] (ZARLINO, 1558, III.45, p. 204).

Como é possível observar, a preocupação do autor assemelha-se muito com a definição de Quintiliano, principalmente no que diz respeito à mudança de letras quando os cantores pronunciam o texto de uma composição. Na sequência, ainda cita o exemplo de cantores que dizem "Aspra cara e salvaggia e crada vaglia", quando o correto seria "Aspro core e selvaggio e cruda voglia"[159], o que mostra, muito claramente, de que modo essas mudanças de letras distorcem as palavras. Elas modificam completamente a sua sonoridade e, dessa forma, obscurecem o seu sentido, dificultam e confundem a compreensão do texto pelo ouvinte. O exemplo trata, portanto, de um vício de pronúncia (LAUSBERG, 2003, §480, p. 25), no qual as palavras são ditas incorretamente pelos cantores, e, por isso, recebe a crítica de Zarlino. Conforme expresso pelo autor, essa incorreção é considerada vergonhosa, deselegante e repreensível, e, por ser recriminada de forma tão veemente, parece provável que isso realmente acontecia na prática musical da época e talvez até com certa frequência. Assim como na definição de

---

[158] "Ma sopra il tutto (accioche le parole della cantilena siano intese) debbono guardarsi da uno errore, che si ritroua appresso molti; cioè di non mutar le Lettere uocali delle parole, come sarebbe dire; proferire A in luogo di E, ne I in luogo di O, ouero V in luogo di una delle nominate: Ma debbono proferirle secondo la loro uera pronuntia. Et è ueramente cosa vergognosa, & degna di mille reprensioni, l'udir cantare alle uolte alcuni goffi; tanto nelli Chori, & nelle Cappelle publiche; quanto nelle Camere priuate, & proferir le Parole corrotte, quando douerebbono proferirle chiare, espedite, et senza alcuno errore" (ZARLINO, 1558, III.45, p. 204).

[159] *Aspro core e selvaggio e cruda voglia*: Soneto 265 da segunda parte do *Canzoniere* de Francesco Petrarca (2018, p. 895).

barbarismo, o exemplo constitui uma corrupção das palavras e trata-se, portanto, de um vício de pronúncia que é repreendido por Zarlino e deve ser evitado e estar ausente da prática musical dos cantores. Harrán (1988b, p. 421) ressalta que, para que as palavras possam ser entendidas, é preciso que haja correção tanto na sua disposição quanto na sua execução e que essa preocupação, conforme demonstrada por Zarlino, caracteriza um reflexo da influência do pensamento retórico na música italiana do século XVI. Ainda cabe notar que proferir as palavras "segundo a sua verdadeira pronúncia" é uma exigência que independe da situação em que a música é realizada, seja em espaços públicos, seja em espaços privados. Ao expor e criticar esse tipo de erro, Zarlino faz um alerta contra a confusão na pronúncia das vogais, ao mesmo tempo que instrui sobre a importância de pronunciar as palavras da maneira correta, de modo que pode ser compreendida no âmbito da *latinitas* como um requisito fundamental de um discurso musical eloquente. Além disso, ao acusar esses erros, o autor apresenta um relato da prática musical de seu tempo e, valendo-se da descrição dos problemas que aconteciam em execuções musicais, permite-nos ter uma ideia do que era louvável e esperado de um bom músico (compositor ou intérprete).

Em parte significativa do tratado, o autor dedica-se à sistematização das regras do contraponto e, dessa maneira, oferece os preceitos necessários para que uma composição seja bem elaborada. No entanto, mesmo em casos em que o contraponto é composto corretamente, podem existir problemas que se revelam apenas no momento da prática musical e que, também, acabam por violar as regras contrapontísticas. Zarlino oferece-nos um exemplo dessa situação quando explica os aspectos que pertencem às responsabilidades dos cantores:

> Primeiramente, deve [o cantor], com toda diligência, tentar no seu cantar, proferir a melodia do modo que foi composta pelo compositor e não fazer, como fazem alguns pouco prudentes, os quais, para se fazerem mais valiosos e sapientes do que os outros, às vezes fazem, da sua cabeça, algumas diminuições tão selvagens (direi assim) e tão fora de qualquer propósito, que não apenas dão fastio a quem as escuta, mas também cometem mil erros ao cantar, de modo que, às vezes, fazem, com muita discordância, dois ou mais uníssonos, ou duas oitavas, ou ainda, duas quintas e outras coisas semelhantes que, sem dúvida, são insuportáveis nas composições. Também, há alguns que, às vezes, ao cantar, fazem a nota mais aguda ou mais grave do que deveria, coisa que o compositor jamais

> teve em mente, como quando no lugar do semitom cantam o tom, ou o contrário, e outras coisas semelhantes e, assim, seguem erros infinitos, além da ofensa ao ouvido. Portanto, os cantores devem se assegurar de cantar corretamente as coisas que são escritas segundo a mente do compositor [...].[160]
> (ZARLINO, 1558, III.45, p. 204).

De acordo com o autor, a responsabilidade mais básica do cantor é cantar corretamente as melodias, conforme foram criadas pelo compositor. Os erros apontados, nesse caso, não dizem respeito à composição em si, mas sim ao momento da execução musical, quando o cantor decide improvisar e, por não ter diligência nem prudência suficientes, acaba por cometer equívocos básicos, que são intoleráveis em qualquer contraponto. Assim, podem ser identificados como barbarismos, uma vez que dizem respeito a uma deficiência praticada na aplicação das regras contrapontísticas. Além de reprovar tal inépcia na elaboração extemporânea de diminuições, o autor repreende a execução de notas erradas, pois os intervalos realizados produzem harmonias consonantes e dissonantes em lugares diferentes do previsto e resultam em um contraponto diverso daquele que o compositor havia inicialmente imaginado. Para o autor, esses erros produzem efeitos ruins e podem provocar aborrecimento ou desgosto no ouvinte. Desse modo, a correção é novamente apontada pelo autor como um requisito indispensável na prática dos cantores.

---

[160] "Primieramente dee con ogni diligenza proveder nel suo cantare di proferir la modulazione in quel modo che è stata composta dal compositore, e non far come fanno alcuni poco aveduti, i quali, per farsi tenere più valorosi e più sapienti degli altri, fanno alle volte di suo capo alcune diminuzioni tanto salvatiche (dirò così) e tanto fuori d'ogni proposito, che non solo fanno fastidio a chi loro ascolta, ma insieme commettono nel cantare mille errori; conciosia che alle volte vengono a fare insieme, con molte discordanze, due o più unisoni, o due ottave overamente due quinte e altre cose simili, che nelle composizioni senz'alcun dubbio non si sopportano. Sono poi alcuni che nel loro cantare fanno alle volte la voce più acuta o più grave di quello che è il dovere, cosa che non ebbe mai in mente il compositore, come quando in luogo del semituono cantano il tuono o per il contrario e altre simili cose; laonde ne segue dipoi errori infiniti, oltra l'offeso del senso. Debbono adunque i cantori avertire di cantar correttamente quelle cose che sono scritte secondo la mente del compositor [...]" (ZARLINO, 1558, III.45, p. 204).

6

CLAREZA (*SAPHANEIA, PERSPICUITAS*)

A clareza, para Aristóteles (*Ret.*, III.1, 1404b 01-05), é a virtude da elocução na qual consiste a excelência (*aretê*) do estilo em prosa, e a relação entre essa virtude e o estilo é expressa da seguinte forma: "a questão do estilo ocupa um espaço necessário em todo ensino; não é destituído de importância, quando se trata de expor um assunto com clareza, exprimir-se de uma maneira ou de outra" (*Ret.*, III.1, 1404a 08-10). De acordo com Alexandre Júnior (2005, p. 35), ela é um dos princípios que caracterizam o esquema retórico aristotélico, no qual é concebida como norma básica de estilo e composição. Rapp (2010, §8.1), comentando Aristóteles, explica que ela está associada ao estilo, pois a maneira como determinado assunto é elaborado tem impacto sobre o seu grau de clareza. Além disso, o autor destaca que, como na *Retórica* aristotélica o propósito genuíno de um discurso é tornar algo claro, então uma boa formulação, necessariamente, deverá ser clara (RAPP, 2010, §8.1). Nesse sentido, é por meio da *perspicuitas* que a linguagem se torna inteligível, e por isso se relaciona de forma bastante próxima com a correção (*latinitas*), que é o seu fundamento linguístico.

Quintiliano (*Inst. orat.*, VIII.II.22) e posteriormente Lausberg (2003, §528, p. 46-47) consideram que a clareza é a primeira das virtudes retóricas[161], pois, para os dois autores, a *latinitas* é pertencente à gramática. Cabe lembrar que, no sistema de classificação da *Rhetorica ad Herennium* (IV.17.1), a *latinitas* e a *perspicuitas* (ou *explanatio*) compõem a virtude da *elegantia*, que faz com que uma ideia seja expressa com correção e clareza. Independentemente do sistema adotado, Burton (2016) e Lausberg (2003, §529, p. 47) informam que a meta da *perspicuitas* é a compreensibilidade intelectual, e, por isso, ela diz respeito à propriedade no uso de nomes e termos corretos (*proprietas*), bem como na ordenação das palavras, com o intuito de tornar o discurso inequívoco e inteligível para o público, por meio de um apelo ao *logos*.

---

[161] Para Quintiliano, "nobis prima sit virtus perspicuitas" (*Inst. orat.*, VIII.II.22). Na tradução para o inglês, de H. E. Butler (1976, p. 209), lê-se "I regard clearness as the first essential of a good style"; na tradução para o italiano, de R. Faranda e P. Pecchiura (2003, p. 141), consta "per noi prima virtù sia la chiarezza"; e, na tradução para o português, B. F. Basseto (2016, p. 221) opta por "As qualidades principais sejam para nós a clareza [...]".

No âmbito musical, Zarlino (1558, III.1, p. 147-148) estabeleceu uma série de diretrizes para a elaboração do contraponto, cujos elementos fundamentais são os intervalos musicais (simples e compostos, consonantes e dissonantes) que, na melodia [*modulatione*][162], são dispostos na passagem de uma nota para a outra. As regras propostas se organizam em torno do princípio geral de que o contraponto é feito, preferencialmente, por consonâncias:

> E embora eu tenha dito que nas composições se usam principalmente as consonâncias e depois, acidentalmente, as dissonâncias, com isso não se deve entender que elas podem ser usadas nos contrapontos ou nas composições sem nenhuma regra ou ordem, já que resultaria em confusão. Mas deve-se advertir de colocá-las com ordem e regra para que tudo corra bem.[163] (ZARLINO, 1558, III.27, p. 173).

Dessa forma, o autor enfatiza a importância da regulamentação dos movimentos intervalares realizados em cada uma das vozes, seja ascendente, seja descendente, em movimento paralelo ou contrário, com especial atenção à utilização das dissonâncias. Para isso, anuncia que apresentará as regras de utilização das consonâncias e dissonâncias

> [...] que serão não apenas úteis, mas também muito necessárias a todos aqueles que desejam compor cada cantilena de modo regulado, com boa ordem, douta e elegantemente, com boas razões e bons fundamentos[164] (ZARLINO, 1558, III.27, p. 173).

Desse modo, Zarlino sistematiza um conjunto de regras que estabelecem obrigações e proibições com o objetivo de compor bem, corretamente e de forma ordenada, para que não haja confusão.

Um exemplo dessas regras é a que proíbe a utilização de uma dissonância ou pausa de mínima entre duas consonâncias perfeitas da mesma espécie (por exemplo, uníssono, diapason ou diapente), em movimento

---

[162] O termo *"modulatione"*, ao longo do tratado de Zarlino (1558), refere-se ao movimento feito de um som ao outro por meio de diversos intervalos, e deve, portanto, ser entendido como um progresso, proceder, ou movimento de um som ao outro de acordo com o tempo (duração) das figuras cantáveis (DAL MASO, 2017, p. 248-249). Por este motivo, optou-se por traduzir o termo por "melodia", da mesma forma que fizeram Marco (ZARLINO, 1968) e Cohen (ZARLINO, 1983) nas traduções de partes do tratado para o inglês.

[163] "Et benché io habbia detto, che nelle compositioni si vsino principalmente le Consonanze, & dipoi per accidente le Dissonanze; non si debbe per questo intendere, che si habbiano a porre ne i Contrapunti, Compositioni, come vengono fatte, senza alcuna regola, & senza alcuno ordine; percioche ne seguirebbe confusione: ma si di auertire di porle con ordine, & con regola; acciò il tutto torni bene" (ZARLINO, 1558, III.27, p. 173).

[164] "[...] che saranno, non solo vtili; ma anco necessarie molto a tutti coloro, che desidereranno di ridursi in vn modo regolato, & ordine buono di comporre dottamente, & elegantemente, con buone ragioni: & buoni fondamenti, ogni cantilena" (ZARLINO, 1558, III.27, p. 173).

paralelo (ZARLINO, 1558, III.47, p. 205). O motivo dessa restrição, de acordo com o autor, é que esse contexto musical é percebido auditivamente como uma repetição da consonância perfeita que é intermediada pela dissonância ou pela pausa de mínima. Desse modo, nenhuma delas produz nenhuma variedade de harmonia e, ao utilizá-las desse modo, o compositor contrariaria outra regra dada anteriormente, de que duas consonâncias contidas na mesma proporção, ou seja, que são da mesma espécie, não devem ser usadas consecutivamente sem nenhum outro intervalo entre elas[165]. Como é possível observar, as razões dadas por Zarlino estão associadas às virtudes da *latinitas*, pois a recomendação do autor diz respeito a uma regra já apresentada em capítulo anterior, e da *perspicuitas*, pois refere-se à forma como essa disposição dos intervalos musicais será compreendida pelo ouvinte.

Depois de apresentar exemplos musicais de diversas situações em que essa regra é corrompida e de discutir os problemas de cada um deles explicando as razões de sua aplicabilidade ao intervalo de oitava, o autor reitera que esses casos excepcionais também dizem respeito ao intervalo de quinta, e acrescenta outra situação, em que as vozes realizam movimento paralelo e uma delas possui o intervalo preenchido por graus conjuntos em semínimas, como na figura a seguir.

Figura 4 – Intervalo de quintas paralelas com uma das vozes preenchidas

Fonte: Zarlino (1558, III.47, p. 207)

De acordo com o autor, situações como essa, de quintas paralelas, são mais toleráveis do que as de oitavas, embora nenhuma delas seja

---

[165] O assunto é tratado no capítulo 29: "Que não se deve colocar duas consonâncias contidas na mesma proporção, uma após a outra, ascendendo ou descendendo, sem nenhum [intervalo] intermediário" // "Che non si debbe porre due Consonanze, contenute sotto vna istessa proportione, l'vna dopo l'altra ascendendo, ouero discendendo senza alcuno mezo" (ZARLINO, 1558, III.29, p. 176-179).

louvável. Nas palavras do autor, "tanto mais se podem suportar quanto que as quintas intermediadas de tal maneira não são assim facilmente compreendidas pelo ouvido, porque não são simples como é a oitava"[166] (ZARLINO, 1558, III.47, p. 207). Novamente, observa-se que a argumentação do autor estabelece relação com o entendimento da composição, com a forma com que ela é percebida pelo ouvido. Assim, a ordenação dos elementos musicais da maneira correta, seguindo as regras, é o que garante a *proprietas* e a inteligibilidade da composição e as qualidades que são esperadas de um bom contraponto; portanto, estão relacionadas com as noções de *latinitas* e *perspicuitas* (ou, de acordo com a *Rhetorica ad Herennium*, com a virtude da *elegantia*).

Na obra de Zarlino, a preocupação com a compreensão ainda diz respeito à relação entre o texto e a música. Nesse âmbito, a utilização das pausas também contribui para a clareza da composição e está relacionada com a compreensão das palavras, conforme explicado pelo autor:

> E deve-se de todo modo observar aquilo que muitos dos antigos já observaram, isto é, não colocar tais pausas a não ser no fim das cláusulas ou pontos da oração sobre a qual é composta a cantilena e, semelhantemente, no fim de cada período. Isso também deve ser observado pelos compositores, de modo que os membros da oração sejam divididos e que se ouça e entenda inteiramente a sentença das palavras [...].[167] (ZARLINO, 1558, III.50, p. 212).

Desse modo, é evidente o cuidado em garantir que as palavras do texto sejam percebidas e assimiladas pelos ouvintes. O autor recomenda

---

[166] "E tanto più si possono sopportare quanto che le quinte tramezate in cotal maniera non sono così facilmente comprese dall'udito, perché non sono semplici, com'è l'ottava [...]" (ZARLINO, 1558, III.47, p. 207). O autor explica, no capítulo 7 (ZARLINO, 1558, III.7, p. 154-155), que a oitava (diapason) é a consonância mais simples e mais perfeita de todas. O motivo é que ela possui proporção dupla (2:1), que é a mais próxima do uníssono, cuja proporção é a igualdade (1:1), o princípio, a origem. Como os outros intervalos possuem proporções que são mais distantes da igualdade, a oitava é mais simples e possui mais perfeição do que eles. Seguindo a mesma lógica, a quinta (diapente) é menos perfeita que a oitava, mas é mais perfeita que as outras consonâncias, porque possui a forma de proporção *sequialtera* (3:2) e é a consonância mais próxima da oitava. Ou seja, quanto mais distante a proporção de uma consonância é da dupla (intervalo de oitava), mais ela é imperfeita. Seguindo esta lógica, segue o intervalo de quarta (diatessaron) e posteriormente, as consonâncias imperfeitas. Essa ordem de classificação, da consonância mais perfeita para a mais imperfeita e em seguida as dissonâncias (ou seja, dos intervalos mais simples para os mais complexos), é o critério adotado por Zarlino para estabelecer a sequência de apresentação e discussão dos intervalos musicais ao longo do tratado (parte III, capítulos 11 a 25).

[167] "E si debbe per ogni modo osservar quello che già molti degli antichi hanno osservato, cioè di non porre tali pause se non nel fine delle clausule o punti della orazione, sopra la quale è composta la cantilena, e simigliantemente nel fine d'ogni periodo. Il che fa dibisogno che i compositori eziandio avertiscano, acciochè i membri dell'orazione siano divisi e la sentenza delle parole si oda e intenda interamente [...]" (ZARLINO, 1558, III.50, p. 212).

que o compositor deve se esforçar para não cometer o erro de utilizar pausas antes do fim da sentença. Além disso, Zarlino (1558, IV.30, p. 337) aconselha que pausas e cadências sejam dispostas em lugares convenientes, que são os que favorecem a precisa distinção das palavras. Nesse caso, a conveniência ou a adequação da música ao texto está associada à intenção de que ele seja entendido e, por isso, pode ser associada à virtude da clareza. Para o autor, as cadências marcam os fins de períodos ou sentenças, e as pausas possuem semelhança com a pontuação do texto. Desse modo, as cadências mais fortes e as pausas mais longas relacionam-se com fins de períodos; enquanto cadências secundárias e pausas breves, com os pontos intermediários do texto[168]. A intenção é que se possa discernir os períodos e ouvir perfeitamente o sentido das palavras (ZARLINO, 1558, IV.32, p. 340) e, assim, assegurar que o sentido do texto seja plenamente compreendido pelo público.

Retornando ao campo da retórica, Aristóteles recomenda que, para assegurar a clareza de um discurso, "termos dialetais, nomes compostos, bem como termos cunhados devem ser escassamente usados e em raras oportunidades [... pois] se desviam do estilo conveniente, pecando pelo excesso" (*Ret.*, III.1, 1404b 30-35). De modo semelhante, a *Rhetorica ad Herennium* (IV.17.1) expõe que um discurso claro é alcançado por meio de termos de uso comum, que são aqueles empregados habitualmente na linguagem do cotidiano, e por termos próprios, que são os que se aplicam de maneira específica àquilo de que se fala. De maneira mais detalhada, Quintiliano (*Inst. orat.*, VIII.II.6-11) explica que a propriedade pode acontecer de quatro formas diferentes. A primeira delas é qualificar cada coisa pelo seu nome, o que não é necessariamente uma virtude, mas desrespeitá-la constitui o vício da impropriedade. A segunda forma diz respeito a várias coisas que são designadas pela mesma palavra. A terceira acepção é a de coisas que possuem uma denominação extremamente particular, ou que são qualificadas por uma expressão exata para a qual não há outra com maior conteúdo, ou então que são designadas por apostos específicos. E a quarta forma é a identificada por um nome metafórico que expressa um conjunto significativo de qualidades. Cabe ressaltar que, para Aristóteles, a metáfora "constitui o meio que mais contribui para conferir ao pensamento clareza, encanto" (*Ret.*, III.1, 1405a 5-10).

De modo semelhante, Zarlino também chama atenção para o que é de uso comum como um dos aspectos que conferem elegância às composições:

---

[168] A função sintática das pausas e cadências foi anunciada no capítulo precedente e será retomada mais adiante, no capítulo 9, que trata da acomodação da música ao texto.

> E embora observando as regras dadas acima não se encontrasse nas composições nada que fosse digno de repreensão, sendo expurgadas e livres de qualquer erro, nem se ouvisse nelas se não boa e suave harmonia, não obstante, lhes faltaria um não sei o quê de belo, de gracioso e elegante, quando não se ouvisse aquilo que até agora é conhecido por todos, por ser muito usado e frequentado por muitos músicos em suas composições.[169] (ZARLINO, 1558, III.51, p. 212).

De acordo com o autor, apesar de o contraponto ser elaborado de forma absolutamente certa, a ausência do que é familiar, do uso de procedimentos que são usados por vários músicos, faz com que a composição deixe de ser bela e elegante. Nesse caso específico, Zarlino refere-se à realização de fuga ou consequência entre as vozes, na qual uma parte segue imitando canonicamente a melodia da outra, em uníssono ou intervalos de quinta ou quarta, conforme a indicação do compositor. Para o autor, falta o elemento que é de conhecimento comum, a ordem que garantiria a plena compreensão do discurso musical e que lhe conferiria as qualidades que estavam faltando: "essa maneira de cantar é não apenas deleitável, mas contém elegância e artifício, tanto mais quanto procede com bela ordem e contraponto regulado"[170] (ZARLINO, 1558, III.51, p. 212). São qualidades, portanto, que se relacionam com as virtudes da elocução, visto que o autor se refere à elegância e ao artifício do contraponto[171].

Garavelli (2018, p. 191-192) pondera que um discurso dirigido a um público particular só será qualificado como claro e compreensível dependendo da avaliação de quem escuta. Diferentemente da *latinitas*, para a qual existe uma normativa gramatical objetiva que possibilita identificar o que é permitido ou o que é vetado, a *perspicuitas* e seus vícios contrários são discernidos sob o critério principal de adequação ao público, pois, conforme Cícero, é impossível que quem diz coisas que não entendemos possa dizer coisas que admiramos (*De orat.*, III.38). Em outro trecho, o autor ressalta que ninguém jamais foi exaltado por ter dito algo de modo que seu

---

[169] "E quantunque, osservando le regole date di sopra, non si ritrovasse nelle composizioni alcuna cosa che fusse degna di riprensione, essendo purgate da ogni errore e limate, né si udisse in esse se non buona e soave armonia, li mancherebbe nondimeno un non so che di bello, di leggiadro ed elegante, quando non si udisse quello, che ormai da ciascuno è conosciuto, per esser molto usato, e frequentato da i musici nelle loro compositioni" (ZARLINO, 1558, III.51, p. 212).

[170] "Et questa maniera di cantare è non solamente dilettevole, ma in se contiene eleganza e arteficio; tanto più quanto procede con ordine bello e regolato contrapunto" (ZARLINO, 1558, III.51, p. 212).

[171] Como visto anteriormente (capítulo 4, tópico "Virtudes da elocução"), a elegância é a virtude que se refere à correção no uso da linguagem e à sua compreensibilidade pelo público. O artifício, por sua vez, diz respeito ao *ornatus*, que será discutido mais adiante (capítulo 8).

público tenha compreendido, mas quem não pôde lográ-lo certamente foi desconsiderado (*De orat.*, III.52). De modo semelhante, Quintiliano (*Inst. orat.*, VIII.II.3) declara que, "nesse tipo de propriedade, que emprega os próprios nomes de cada coisa, não existe nenhuma qualificação, mas o que lhe é contrário constitui um vício". Nesse sentido, Lausberg (2003, §533, p. 48) ressalta que a clareza é tão evidentemente necessária para a linguagem que não é considerada propriamente uma virtude retórica, de modo que, quando uma palavra é apropriada a uma determinada matéria (*res*), ela se caracteriza como *proprietas*, ao passo que a falta de propriedade, ou clareza, constitui um vício denominado *improprium*.

Nos escritos musicais, uma das formas de demonstrar preocupação com a clareza está relacionada com a correta pronúncia das palavras pelos cantores. Zarlino considera este aspecto válido para qualquer local onde é realizada a interpretação musical, seja em igrejas, seja em capelas públicas ou câmaras privadas, e classifica como algo vergonhoso que os cantores profiram as palavras corruptamente, por meio da modificação das vogais. O autor adverte para que a pronúncia seja clara, expedita e sem nenhum erro[172] (ZARLINO, 1558, III.45, p. 204) e, assim, faz um alerta com o intuito de garantir que a interpretação musical seja entendível para o público. Nesse caso, trata-se de uma atenção dada à clareza no âmbito da música em ato, que é aquela realizada na prática por instrumentos musicais e/ou vozes, a qual possui equivalência com a *actio*[173] retórica. A perfeita compreensão das palavras, de acordo com Zarlino (1558, IV.32, p. 340), também depende da acomodação da música ao texto, de modo que a duração das notas deve acompanhar a divisão silábica das palavras: figuras mais longas correspondem a sílabas longas, ao passo que ritmos curtos são associados a sílabas breves. A desobediência a esse princípio geral resulta em barbarismos, pois corrompe a acentuação das palavras e, por consequência, esse erro compromete a sua inteligibilidade[174]. Desse modo, as recomendações de Zarlino acerca

---

[172] Como pode ser observado neste trecho que já citamos: "E é coisa realmente vergonhosa e digna de mil repreensões ouvir cantar, às vezes, alguns deselegantes, tanto nos coros e nas capelas públicas, quanto nas câmaras privadas, e proferir as palavras corruptas, quando deveriam proferi-las claras, expeditas e sem nenhum erro" (ZARLINO, 1558, III.45, p. 204).

[173] De acordo com Burton (2016), a *actio* (*pronuntiatio*, *hypokrisis*), ou pronúncia, é o último dos cinco cânones retóricos e preocupa-se com *como* algo é dito, conforme um estudo atento relacionado ao treinamento vocal e ao uso de gestos. Trata-se de algo crucial para determinar o significado ou o efeito de um discurso, especialmente porque faz uso de um forte apelo persuasivo ao *pathos*. A importância da pronúncia é frequentemente enfatizada nas discussões sobre os exercícios práticos (*exercitatio*) da educação retórica. Originalmente, a pronúncia era associada à retórica oral praticada em um contexto público, mas pode ser vista, mais amplamente, como o aspecto da retórica que diz respeito à apresentação pública do discurso (oral ou escrita).

[174] Esse aspecto será discutido mais detalhadamente a seguir, no capítulo 9.

da compreensão das palavras assemelham-se ao observado por Lausberg (2003, §480, p. 25): por um lado, algumas corrupções se expressam no discurso escrito, o que, para Zarlino, seria a responsabilidade do compositor de acomodar a música ao texto com figuras rítmicas que possuam correspondência com a divisão silábica das palavras; por outro, alguns tipos de erro são identificáveis apenas na pronúncia, a qual, segundo Zarlino, seria de responsabilidade do cantor e deve ser correta, clara e fluente, a fim de garantir o entendimento pelo público.

Para Burton (2016), pode ser mais fácil entender a *perspicuitas* pela *obscuritas*, que é o seu vício oposto. Lausberg (2003, §530, p. 47; §533, p. 49) recorda que, como sempre acontece na relação entre virtudes e vícios, também existem certas licenças relativas à obscuridade que, para serem consideradas assim, precisam ter uma motivação especial[175]. De acordo com Garavelli (2018, p. 192), quando falta clareza, a obscuridade pode ser total, que é o vício máximo por deficiência, e depende de uma situação contingencial da fala, seja porque o discurso é elaborado em um idioma desconhecido pelo público, seja porque é pronunciado com um volume de voz insuficiente, ou porque a dicção é confusa, por exemplo. A obscuridade, de acordo com Quintiliano, também pode decorrer do uso de palavras que precisam ser explicadas para tornarem-se compreensíveis (por serem obsoletas, por serem próprias de áreas de conhecimento específicas ou porque possuem mais de um significado) (*Inst. orat.*, VIII.II.12-13), bem como de um conjunto de palavras (*Inst. orat.*, VIII.II.14-15), que podem tornar o período demasiadamente longo (pelo uso de hipérbole ou hipérbato), ou que apresentam uma construção caótica, como quando a ordem normal de disposição dos elementos textuais é subvertida (síncrise)[176], ou ainda, pela inserção de longas ideias entre parênteses. Segundo Cícero, para falar bem, é preciso procurar usar as palavras adequadas, de modo que nada resulte confuso e dissonante ou em ordem invertida; além disso, é importante cuidar da pronúncia (*De orat.*, III.40). Em outro trecho, o autor é incisivo ao criticar a falta de clareza em uma exposição:

> [...] seu discurso é tão confuso, tão desordenado, de sorte que não há nada que começa nem nada que segue; e tal extravagância e desordem na expressão que o discurso, que

---

[175] Quintiliano (*Inst. orat.*, VIII.II.4-6) explica que muitas coisas não tinham termos próprios para designá-las, tanto em latim quanto em grego, o que configurava uma necessidade para o desvio do uso comum de certas palavras, por exemplo: para quem atira um dardo (*iaculum*), diz-se atirar (*iaculari*), mas, para quem joga bola (*pila*), arremessa um chuço (*sudem*) ou cacos (*testae*), não existiam palavras específicas. Essa seria uma justificativa para possíveis desvios.

[176] Garavelli (2018, p. 192) ressalta que, embora seja criticada como erro num texto expositivo em prosa, a síncrise se torna um recurso precioso da poesia.

> é o que deve aportar clareza às coisas, o que leva é obscuridade e trevas, dando a impressão, com suas palavras, de fazer ruído a si mesmos.[177] (*De orat.*, III.50).

No mesmo sentido, Zarlino condena as imprecisões cometidas por compositores que falham ao acomodar a música ao texto:

> Quem poderia descrever a má ordem e a forma sem graça que muitos [músicos] práticos têm e tiveram, e quanta confusão fizeram ao acomodar as figuras cantáveis às palavras da oração proposta?[178] (ZARLINO, 1558, IV.33, p. 340).

O autor segue respondendo à pergunta e descreve os aspectos que estão relacionados com tal confusão. No que tange à composição, Zarlino queixa-se de períodos confusos, cláusulas imperfeitas, cadências fora de propósito, erros nas harmonias, inobservância dos modos, partes vocais mal acomodadas entre si, ritmos desproporcionais e movimentos melódicos sem propósito. Em relação à acomodação da música ao texto, aponta o proferir das palavras em períodos confusos, erros na associação da harmonia às palavras e figuras rítmicas mal dispostas em relação à sua divisão silábica (ZARLINO, 1558, IV.33, p. 341). Essa inadequação entre música e texto, portanto, pode ser identificada com o *improprium*, e os diversos tipos de erro apontados pelo autor resultam em confusão e desordem[179].

A *perspicuitas* também será comprometida quando for identificado algum tipo de ambiguidade, o que é definido como uma obscuridade parcial, pois ela torna duvidosa a compreensão da frase. A ambiguidade ocorre quando o sentido é obscurecido pelo desvio verbal e de vocabulário, ou seja, deriva da escolha dos termos empregados (*Inst. orat.*, VIII.II.16). Ela também pode ser decorrente do uso de palavras inúteis, que resultam em rodeios, na falta de objetividade na expressão e no prolongamento da exposição além do que é necessário (*Inst. orat.*, VIII.II.17). Nesse caso, são vícios relacionados ao excesso na busca de clareza, que variam de acordo com o tipo do discurso,

---

[177] "[...] ita confusa est oratio, ita perturbata, nihil ut sit primum, nihil ut secundum, tantaque insolentia ac turba verborum, ut oratio, quae lumen adhibere rebus debet ea obscuritatem et tenebras adferat atque ut quodam modo ipsi sibi in dicendo obstrepere videantur" // "[...] tan confuso es su discurso, tan desordenado, de suerte que no hay nada que empieza ni nada que sigue; y tal extravagancia y desorden en la expresión que el discurso, que es lo que debe aportar claridad a las cosas, lo que lleva es oscuridad y tiniebla, dando la impresión, con sus palabras, de hacerse ruido a sí mismos" (*De orat.*, III.50).

[178] "Chi potrebbe mai raccontare il mal ordine e la mala grazia, che tengono e han tenuto molti prattici, e quanta confusione hanno fatto nell'accommodar le figure cantabili alle parole dell'orazione proposta?" (ZARLINO, 1558, IV.33, p. 340).

[179] Valendo-se dos problemas destacados, Zarlino (1558, IV.33, p. 340) anuncia que apresentará as regras para acomodação da música ao texto, a fim de instruir compositores e cantores "para que não resulte nenhuma confusão" ou "tanta desordem". Essas regras serão apresentadas e discutidas mais adiante, no capítulo 9.

e podem ser discernidos como um pedantismo derivado do exagero de especificações e da falta de capacidade de desfrutar "o poder evocativo do 'não dito'" (GARAVELLI, 2018, p. 193-194). Além disso, a mensagem pode tornar-se ambígua pela eliminação de palavras indispensáveis ao discurso, o que deixa a compreensão exclusivamente a cargo da perspicácia do público (*Inst. orat.*, VIII.II.19). Nesse caso, são decorrentes do modo de ordenar a frase e podem gerar interpretações diversas ou até mesmo contrastantes. Cícero, ao tratar dos meios com os quais podemos conseguir que se entenda o que temos que dizer, refuta os vícios aqui mencionados:

> [...] evidentemente, falando em latim, com palavras usuais e assinalando adequadamente o que queremos declarar e designar sem palavras ou expressões ambíguas, e com um período não excessivamente longo, nem prolongando demasiado as palavras que, por semelhança, se transferem de outros âmbitos, nem com os conteúdos separados, nem os tempos transmutados, nem as pessoas confusas, nem a ordem totalmente alterada.[180] (*De orat.*, III.49).

De forma bastante semelhante, Quintiliano ressalta a importância de garantir a clareza dos assuntos para se discursar bem:

> As qualidades principais sejam para nós a clareza, a propriedade das palavras, a ordem correta, a conclusão não demasiadamente longa, assim que nada falte nem nada seja supérfluo: que o discurso seja assim aprovável pelos entendidos e compreensível pelos leigos. (*Inst. orat.*, VIII.II.22).

Nesse sentido, e conforme sintetizado por Rapp (2010, §8.1), a clareza é importante para a compreensão; e a compreensibilidade contribui para a persuasão, o que pode ser obtido de uma variedade de estratégias e figuras que tornam o discurso mais ordenado (como algumas formas de repetição ou figuras de raciocínio). No entanto, o autor adverte que expressões lin-

---

[180] "Latine scilicet dicendo, verbis usitatis ac proprie demonstrantibus ea, quae significari ac declarari volemus, sine ambiguo verbo aut sermone, non nimis longa continuatione verborum, non valde productis eis, quae similitudinis causa ex aliis rebus transferuntur, non discerptis sententiis, non praeposteris temporibus, non confusis personis, non perturbato ordine" // "[...] evidentemente, hablando en latín, con palabras usuales y señalando adecuadamente lo que queremos declarar y designar sin palabras o expresiones ambiguas, y con un periodo ni excesivamente largo, ni prolongando demasiado aquellas palabras que, por semejanza, se transfieren de otros ámbitos, ni con los contenidos escindidos, ni los tiempos trastocados, ni las personas confundidas, ni el orden totalmente alterado" (*De orat.*, III.49). O primeiro requisito, para o autor, é falar em latim com palavras usuais, do que se entende, hoje, o uso de palavras comuns na língua em que o discurso será proferido. O tradutor da obra para o espanhol explica que a palavra "escindidos" provavelmente se refere a *disiunctio* ou hipérbato, que é a figura de retórica relativa à separação, no discurso, de elementos que normalmente ficam unidos (por exemplo, nome e adjetivo) (ISO, 2002, n. 62).

guísticas claras tendem a se tornar banais ou desinteressantes, o que deve ser evitado em um bom estilo, já que o excesso de banalidade pode dissipar a atenção do público. Para isso, o orador pode recorrer a expressões dignas ou elevadas, que, em geral, são aquelas que, justificadamente, se desviam do uso comum. Cícero, contudo, adverte que essas palavras mais rebuscadas só são recomendadas se o orador já tiver usado palavras comuns (*De orat.*, III.39). Se, por um lado, a utilização dessas expressões tem a vantagem de despertar a curiosidade do público, por outro, corre-se o risco de o discurso tornar-se obscuro, se elas forem usadas em demasia. Além disso, Rapp (2010, §8.1) ressalta que o uso de uma linguagem elevada demais, de forma desproporcional ao assunto tratado, será percebido pelo público como algo deliberado e pode comprometer a credibilidade do orador. Nesse sentido, Burton (2016) corrobora Quintiliano (*Inst. orat.*, VIII.II.11) quando alerta que uma linguagem figurada, quando usada reiteradamente, pode reduzir ou impedir a clareza do discurso e, por isso, considera que existe uma tensão natural entre essa virtude e o *ornatus* (que será discutido mais adiante). Da mesma forma, Miranda (2014, p. 264) adverte que "uma linguagem que acumule figuras sem ordem nem sentido, não exprime de forma natural o sentimento e acaba por destruir o próprio efeito que pretende". Assim, esses autores são unânimes ao advertirem sobre o cuidado com a escolha de uma linguagem apropriada, para que a mensagem seja clara, mas sem ser banal, de modo que não ocorra nenhum vício que comprometa o requisito básico da *perspicuitas* em um discurso. A clareza, portanto, está associada com o uso de palavras corretas e de forma apropriada, tanto isoladamente como em conjunto, e com evitar os vícios da obscuridade e da ambiguidade, que resultam em equívocos e incompreensões, a fim de que o discurso seja apreendido pelo público (*Inst. orat.*, VIII.II.12-20). Desse modo, ela pode ser definida como a virtude que faz com que algo se torne mais inteligível ou seja entendido de forma mais completa.

Partindo da definição de *elegantia*[181] (*Rhet. Her.*, IV.17.1), Harrán (1988b) propôs uma discussão do significado desse termo em uma série de escritos musicais da Renascença. Além dessa referência, recorreu a fontes da retórica e da literatura, bem como a manuais do século XVI para compor o seu quadro teórico. Em obras como *Margarita philosophica* (1503), de Gregor Reisch, e *Della eloquenza* (1557), de Daniele Barbaro, o autor notou que a

---

[181] Conforme exposto anteriormente (capítulo 4, tópico "Virtudes da elocução"), na *Rhetorica ad Herennium* (IV.17.1) a *elegantia* é a virtude da elocução que compreende a *latinitas* e a *perspicuitas* (ou *explanatio*) e faz com que uma ideia seja expressa com correção e clareza.

elegância diz respeito tanto à fala quanto à escrita e é composta de elementos que conferem pureza [*latinitas*] e clareza [*perspicuitas*] à oração, por meio de palavras usuais e próprias (HARRÁN, 1988b, p. 415). Sua revisão inclui Lorenzo Valla, que anos antes, no tratado *De linguae latinae elegantia* (1477), criticava de forma veemente as corrupções do latim medieval e defendia as práticas clássicas da língua como capazes de restituir-lhe a elegância. Além disso, Harrán (1988b, p. 416) constatou que os preceitos da elegância também eram delineados segundo Aristóteles e Horácio, para os quais o bom estilo deve ser claro, pois o discurso que não consegue transmitir claramente um significado deixa de fazer exatamente o que deve, e precisa ser adequado, evitando tanto as palavras e construções sem significado quanto o uso indevido de formas elevadas. Em seu estudo, o autor (HARRÁN, 1988b, p. 416) enfatiza a compatibilidade linguística, que se dá pela escolha das palavras de acordo com a emoção, com o orador e com suas ações, de modo que a elegância é entendida como um refinamento do estilo, pois considera que as palavras têm grande poder quando são empregadas de maneira apropriada e cuidadosamente ponderada. O autor entende que a elegância pode ser alcançada em qualquer nível do discurso e ela depende da *latinitas* (correção) e da *explanatio* ou *perspicuitas* (que o autor traduz como transparência[182] e adequação) (HARRÁN, 1988b, p. 418). Ele ainda esclarece que é possível ser correto no uso da linguagem sem ser elegante, mas não é possível ser elegante sem correção no uso das propriedades lexicais da linguagem. Ademais, considera que os termos "apropriado" e "inapropriado" designam o certo e o errado, aconselhável e desaconselhável, e são aplicáveis ao que é correto ou incorreto no uso da linguagem, de modo que o "inapropriado" pode ser relacionado a barbarismo, mas o "apropriado" não é necessariamente ligado à elegância, da qual é apenas um constituinte (HARRÁN, 1988b, p. 426-427). O autor prossegue reforçando que a *proprietas* pertence à parte da elegância conhecida por *perspicuitas*, e suas qualidades cognatas *rectitudo*, *decorum*, a*ptum* e *appropriatum* são suas partes constituintes. Com isso, Harrán (1988b, p. 427) conclui que, no âmbito musical, a propriedade se estende a tudo o que é correto na composição e na interpretação, ao passo que a impropriedade se refere ao que é incorreto ou inadequado na prática musical. Nesse sentido, o autor (HARRÁN, 1988b, p. 427-428) constatou

---

[182] Embora "transparência" [*transparency*] seja, de fato, um sinônimo de "clareza", a palavra estaria mais diretamente relacionada com a "qualidade do que é transparente = diafaneidade" ou com uma "superfície ou tecido transparente" (Disponível em: https://dicionario.priberam.org/transpar%C3%AAncia. Acesso em: 16 maio 2019). Essa terminologia não foi encontrada em nenhuma das fontes consultadas, relativas à retórica, que tratam das virtudes da elocução para fazer referência à *perspicuitas*, que é reiteradamente traduzida por "clareza" [*clarity*, *chiarezza*] (*Ret*.; *Rhet. Her*.; *Inst. orat*.; BURTON, 2016; GARAVELLI, 2018; LAUSBERG, 2003).

que teóricos musicais de diferentes épocas se concentraram em oferecer instruções para o que é apropriado, e o músico que não segue as regras ou que as quebra (tanto as teóricas quanto as da tradição oral) incorre em impropriedades ou barbarismos. Além disso, considera que a educação musical visa formar um sentido do que é bom ou razoável e eliminar os maus hábitos.

Levando em conta a exposição do autor, fica bastante evidente que, embora exista uma divisão no campo conceitual, as virtudes da elocução agem de maneira integrada e muitas vezes indissociável, o que dificulta ou até mesmo impossibilita que se estabeleça uma separação absoluta entre elas. De acordo com as fontes consultadas[183], no contexto da elocução, a *perspicuitas* seria traduzida por clareza, e indica mais o sentido de entendimento, compreensibilidade, inteligibilidade e perspicuidade (termo em português que mais se aproxima da designação latina), em vez de transparência e adequação, como mencionado por Harrán. Conforme exposto no capítulo anterior[184], aspectos relativos à correção no uso da linguagem pertencem ao âmbito da *latinitas*, ao passo que as incorreções ou erros que infringem os preceitos gramaticais são os seus respectivos vícios, designados genericamente por barbarismos. Já as noções do que é adequado/inadequado, apropriado/inapropriado, aconselhável/desaconselhável ou conveniente/inconveniente estão associadas à concepção de decoro (*aptum, decorum, to prepon*, frequentemente traduzido para o português como decoro, adequação ou conveniência, e não por propriedade, como no inglês [*propriety*]), que, além de ser o princípio controlador de toda a retórica e estabelecer a adequação dos meios às finalidades, no tocante ao estilo, refere-se à escolha de palavras adequadas a um assunto específico, que integra um discurso elaborado para uma circunstância particular (BURTON, 2016), o que será aprofundado no próximo capítulo. Desse modo, não é possível considerar a adequação ou mesmo a propriedade como sinônimos da *perspicuitas*; elas são relativas à *proprietas*, que funciona como um princípio norteador de uma escolha que tem como finalidade a clareza, ou que pretende tornar o discurso compreensível para determinado público, mas ela não é a clareza em si. Nesse sentido, os termos "apropriado" e "inapropriado" estão relacionados com o que é "aconselhável" e "desaconselhável" e são pertencentes ao domínio do decoro, mas não necessariamente dizem respeito ao que é certo ou errado,

---

[183] As obras consultadas incluem tratados de retórica — como *Retórica* (Aristóteles), *Rhetorica ad Herennium*, *De oratore* (Cícero), *Institutio oratoria* (Quintiliano) — e fontes secundárias que os comentam (BURTON, 2016; GARAVELLI, 2018; LAUSBERG, 2003; MIRANDA, 2014).

[184] Capítulo 5, "Correção".

bem como o que é correto ou incorreto, pois estes dependem da normativa do uso da linguagem e são aspectos vinculados à *latinitas*. Assim, no âmbito musical, a propriedade não se restringe ao que é correto na composição e na interpretação; ela está associada a escolhas que tenham pertinência com as especificidades de cada situação e pode, até mesmo, justificar a aplicabilidade de uma exceção ou licença. Do mesmo modo, a impropriedade refere-se ao que é inadequado na prática musical, mas não necessariamente ao que é incorreto ou a um barbarismo, pois é possível ser correto e inadequado ao mesmo tempo, como no exemplo dado por Zarlino, em que o compositor elabora um contraponto absolutamente correto, do ponto de vista normativo (*latinitas*), mas que é inadequado em relação à clareza, devido à ausência de procedimentos familiares e reconhecíveis pelo público[185].

A preocupação com a *proprietas*, segundo Harrán (1988b, p. 429), pode ser observada nos escritos musicais do século XVI quando os autores orientam sobre as propriedades na composição, na acomodação da música ao texto e no canto. O autor notou que, na concepção de Zarlino, a beleza e a elegância na forma de cantar dependem da invenção de contrapontos que devem ser coordenados com as palavras:

> Primeiramente, [o compositor] deve compor as suas cantilenas segundo as regras dadas acima, sem distanciar-se dos preceitos, os quais ainda estou por demonstrar. Depois, deve empenhar todo seu estudo a que o contraponto, isto é, as partes de sua cantilena sejam ordenadas e reguladas de tal maneira que possam ser cantadas agilmente e sem qualquer dificuldade.[186] (ZARLINO, 1558, III.45, p. 203).

Essas orientações são direcionadas principalmente aos compositores, mas Zarlino também considera que elas são de interesse dos cantores, aos quais oferece regras que instruem para uma boa pronúncia, para respirar facilmente, para a correta escolha do tempo e para a expressão adequada. A importância da compreensão é tal que, de acordo com Harrán (1988b, p. 428), é uma prerrogativa para mover um ouvinte, mas o entendimento só acontece se as palavras forem enunciadas de forma correta e com clareza.

---

[185] "E embora observando as regras dadas acima não se encontrasse nas composições nada que fosse digno de repreensão, sendo expurgadas e livres de qualquer erro, nem se ouvisse nelas se não boa e suave harmonia, não obstante, lhes faltaria um não sei o quê de belo, de gracioso e elegante, quando não se ouvisse aquilo que até agora é conhecido por todos, por ser muito usado e frequentado por muitos músicos em suas composições" (ZARLINO, 1558, III.51, p. 212).

[186] "Primieramente debbe comporre le sue cantilene, secondo le Regole date di sopra, non si partendo dalli Precetti, i quali più oltra son per dimostrare. Dipoi debbe porre ogni suo studio, che'l Contrapunto, cioè le parti della sua cantilena siano ordinate, & regolate in tal maniera, che si poßino cantare ageuolmente, & che siano senza alcuna difficultà" (ZARLINO, 1558, III.45, p. 203).

7

DECORO (*TO PREPON*, *DECORUM*, *APTUM*)

O decoro é o princípio controlador de toda a retórica e diz respeito à capacidade de deliberar, de avaliar as circunstâncias para que uma ação seja sempre adequada ou apropriada à sua finalidade. Sua terminologia grega, "*to prepon*", foi traduzida para o latim por *decorum* ou *aptum*, que significa adequação, conveniência ou congruência com fatores externos e internos à produção do discurso (GARAVELLI, 2018, p. 164; LAUSBERG, 2003, §1059, p. 380). De acordo com Cícero (*De off.*, I.93-94), a natureza essencial do decoro é aquilo que é "conveniente"[187], e, por isso, é impossível separá-lo da honestidade, pois o que é conveniente é honesto e o que é honesto é conveniente. Hansen (2013) explica que, na instituição retórica[188], o decoro pode ser entendido como um preceito genérico que é mobilizado para indicar o que deve ser um discurso benfeito, e na técnica retórica ele está associado à descoberta do que é adequado para persuadir, ou do que é apropriado num ato de deliberação. De acordo com o autor, a técnica (*tékhne*) sistematiza regras que são extraídas da experiência e que buscam realizar uma ação eficaz que seja apta a determinado fim. Nesse sentido, o decoro baseia-se na experiência para definir a adequação entre as palavras e o assunto (matéria), as circunstâncias e a ocasião (*kairós*)[189], o público e o orador (BURTON, 2016; HANSEN, 2013, p. 33). Nas palavras de Cícero,

---

[187] "De facto, servir-se da razão e da linguagem com prudência ou fazer aquilo que desejares com ponderação ou ainda em tudo ver o que de verdadeiro existe e defendê-lo – nisto consiste aquilo que é conveniente [...]" (*De off.*, I.94).

[188] O autor explica que, "como técnica, 'retórica' relaciona-se à fala – não a qualquer, mas à inventada e ordenada segundo técnicas de escorrer ou discorrer com a eficácia persuasiva do falar bem definido como *bene dicendi* por Cícero e Quintiliano" (HANSEN, 2013, p. 11, grifo do autor). Nesse sentido, considera que *retórica* é um adjetivo (*tékhne rhetoriké*, *ars rhetorica*) que indica uma qualidade própria das técnicas da longa duração da instituição retórica greco-romana. De acordo com o autor, a instituição retórica era chamada pelos romanos de *consuetudo*, ou costume, e nela todos os atos discursivos mobilizam preceitos genéricos — *méson*, *proportio*, *commensuratio* (medida ou proporção), *prépon*, *decorum* (decoro), *eikós*, *verosimilis* (verossimilhança) — que indicam o que deve ser um discurso bem feito.

[189] De acordo com Burton (2016), *kairós* (*tempus speciale*, *occasio*) refere-se ao momento oportuno, à ocasião mais propícia para falar, ao modo como um determinado contexto de comunicação exige e compele uma fala, o que leva à consideração das contingências de um dado tempo, local e cultura e considera as oportunidades dentro de um contexto específico para que as palavras sejam efetivas e apropriadas àquele momento. Por isso, o conceito está intimamente ligado às considerações do público e do decoro.

"ao longo de todo o discurso, ser capaz de fazer o que se deve compete à técnica e dotes naturais do orador, mas saber quando tem que fazê-lo, [compete] à sua prudência"[190] (*De orat.*, III.212).

Para auxiliar a compreensão da noção de decoro, segue o emblema contido na *Iconologia* de Ripa (1613, p. 170) que também explica textualmente as suas principais características.

Figura 5 – Decoro

Fonte: Ripa (1613, p. 170)

De acordo com a descrição do autor (RIPA, 1613, p. 170-171), observa-se na figura um jovem honesto e belo, envolto em uma pele de leão. Na mão direita, sustenta um cubo, sobre o qual está colocada a imagem de Mercúrio, e, na mão esquerda, segura um ramo de amaranto, ou flor de

---

[190] "Ornamentis eisdem uti fere licebit alias contentius, alias summissius; omnique in re posse quod deceat facere artis et naturae est, scire quid quandoque deceat prudentiae" // "Y a lo largo de todo el discurso, ser capaz de hacer lo que debe hacerse compete a la técnica y dotes naturales del orador, pero saber cuándo hay que hacerlo, a su prudencia" (*De orat.*, III.212).

terciopelo, rodeada por um letreiro que diz *"Sic floret decoro decus"*. A planta também é usada para coroar o jovem e aparece bordada em seu traje. No pé direito, calça um coturno; no esquerdo, um tamanco. O autor esclarece que o decoro é representado jovem e belo porque é um ornamento da vida humana e está unido à honestidade, que pode ser entendida como o que melhor convém à excelência humana e como algo tão próprio e conveniente à nossa natureza que nele se manifestam a moderação e a temperança, com certo estilo nobre, civil e livre. Assim, o decoro difunde-se e alcança tudo o que convém ao honesto e às diferentes virtudes. A beleza de seu corpo é evidenciada pelos membros bem proporcionados, que, como o decoro, leva à aprovação de quem vive com ordem, constância e moderação que podem ser observadas em tudo o que é dito ou feito; o que é decoroso segue o que é justo e honesto, e o que é bom e conveniente. De acordo com Ripa (1613, p. 172), a pele de leão simboliza a grandeza, a força, o valor e a virtude excelsa da alma, que são atribuídas a quem, pelo decoro, se mostra magnânimo, generoso e forte. Essa alegoria sugere que as falas e ações decorrentes do decoro nunca serão alvo de ignomínia ou reprovação. Desse modo, a alegoria possui bastante semelhança com o que Cícero diz acerca do decoro:

> Com efeito, assim como a beleza física, devido ao delinear simétrico das partes, impressiona a nossa vista e causa admiração devido a isso mesmo: a harmonia entre todas as partes que se humanizam na graça; do mesmo modo este decoro, que na vida é tão cintilante, suscita o aplauso daqueles com quem vivemos por causa da ordem, constância e moderação de todas as nossas palavras e de todas as nossas ações. (*De off.*, I.98).

Ripa (1613, p. 173) também explica que, com a mão direita, o jovem segura um cubo sobre o qual está plantada a figura de Mercúrio, o que é associado a gravidade, estabilidade, solidez, prudência e constância no falar, exigidos pelo decoro, o que implica a necessidade de outorgar o devido respeito a cada um, de mostrar consideração no pensamento, falando honestamente, bem e com honra. Quem observa o decoro é sempre pensativo antes de falar, é eloquente, prudente e medita sobre o que ponderar e alegar. A mão esquerda sustenta um ramo de amaranto, o qual floresce o tempo todo e, mesmo quando mingua nos invernos mais rigorosos, volta ao seu antigo vigor quando recebe água, simbolizando o homem que pode fraquejar diante das asperezas e turbulências do mundo, mas, apoiando-se no decoro, é capaz de resolver, por meio da reflexão, o que é mais conveniente para cada caso. O autor explica que a fita com a inscrição *"Sic floret decoro decus"*[191] significa que, mediante a virtude do decoro, a honra e a respeitabilidade florescem o tempo todo (RIPA, 1613, p. 174). Reportando-se a Cícero, sintetiza que o decoro contém certa honestidade, temperança, modéstia e moderação que nos evita as perturbações da alma de modo extremo. Assim, como uma virtude, o decoro guia-nos pela via do meio, equilibrando o que corresponde ao dever e o que convém à honestidade.

O coturno e o tamanco calçados pelo jovem, para Ripa (1613, p. 176-177), representam o decoro do caminhar e de estar entre as pessoas. O coturno, de aspecto grave, é utilizado por caçadores, heróis, príncipes, pelos atores da tragédia e pelo Sumo Pontífice, sendo considerado um símbolo de alteza, de majestade e do espírito divino; é versátil e apto para movimentos ágeis. O tamanco do pé esquerdo possui aparência mais simples e é atribuído, pelos poetas, às pessoas comuns. Tanto o coturno quanto o tamanco se acomodam em qualquer tipo de pé, direito ou esquerdo, masculino ou feminino, e, assim, simbolizam a observação do decoro nas diversas situações sociais e representam as diferentes maneiras de se apresentar em público e de se movimentar, o que sugere a conveniência de cada um deles em diferentes situações, a busca de equilíbrio entre o passo grave e o ordinário, bem como faz referência aos engenhos baixos ou sublimes e aos estilos poéticos grave (poemas trágicos) ou simples (poemas cômicos).

Como observado na descrição de Ripa, o emblema contém diversos detalhes que representam muitas das principais características desse princípio, que é central para toda a retórica, tais como: honestidade, moderação, temperança, modéstia, proporção, senso de medida, ponderação, equilíbrio, adequação, ordem, justiça e prudência. Os elementos alegóricos utilizados pelo autor sugerem uma noção de conveniência que relaciona personagens, circunstâncias, idade, ações, palavras, gestos e comportamentos.

Como princípio de moderação e aptidão, como "doutrina do meio", o decoro estrutura a pedagogia e os procedimentos da retórica, o uso geral da linguagem, e dele resulta uma correlação entre os efeitos dos estilos e os preceitos dos gêneros, dos lugares-comuns das matérias, dos destinatários e das circunstâncias (HANSEN, 2013, p. 25). Considerando o princípio do decoro, Quintiliano (*Inst. orat.*, XI.I.45-47) esclarece que o tom de cada discurso será único, dependendo de aspectos como o nível de instrução do público (erudito ou inculto), o tempo, o lugar (público ou privado), o tipo de

---

[191] "Assim floresce o decoro com decoro" (RIPA, 2002, p. 249).

espaço (aberto ou fechado, cidade conhecida ou estranha, acampamentos militares ou fórum) e a duração exigida (amplo ou resumido), e todos eles têm importância e requerem formas específicas de eloquência.

Desse modo, os autores indicam que o estilo do discurso decorre de uma série de aspectos que, conforme a noção de decoro, são arranjados de forma apropriada entre si para garantir que o todo seja eloquente. Alguns desses aspectos também são referidos por Zarlino quando expõe o que o cantor deve observar em sua prática:

> Então, o cantor não deve, ao cantar, soltar a voz com ímpeto e com furor à guisa de um animal, mas deve cantar com voz moderada e proporcioná-la com as dos outros cantores, de maneira que não [as] supere e deixe de ouvi-las, pois assim se ouviria barulho ao invés de harmonia. Isso porque esta não nasce de outra [coisa] a não ser da temperança de muitas coisas postas juntas de tal maneira que uma não supere a outra. Os cantores também terão esta advertência: que se canta de um modo nas igrejas e nas capelas públicas e de outro nas câmaras privadas; pois ali se canta com voz plena, mas não do modo dito acima, e nas câmaras se canta com voz mais contida e suave, sem fazer nenhum barulho. Mas quando cantarem em tais lugares, procederão com juízo, de modo que não sejam dignamente condenados (fazendo de outra forma). Além disso, devem observar de não cantar com movimentos do corpo, nem com atos ou gestos que induzam ao riso aqueles que veem e escutam, como fazem alguns que se movem de tal maneira, o que também fazem alguns tocadores, que realmente parece que bailam. Mas, agora, deixando de lado tal coisa, digo que, se o compositor e os cantores observarem aquelas coisas que pertencem ao seu ofício, não há dúvida que qualquer cantilena será deleitável, doce e suave e plena de boa harmonia e oferecerá caro e doce prazer aos ouvintes.[192] (ZARLINO, 1558, III.45, p. 204).

---

[192] "Non debbe adunque il cantore nel cantar mandar fuori la voce con impeto e con furore a guisa di bestia; ma debbe cantar con voce moderata e proporzionarla con quelle degli altri cantori, di maniera che non superi e non lascia udir le voci degli altri, laonde più presto si ode strepito ch'armonia; conciosia ch'ella [l'harmonia] non nasce da altro che dalla temperatura di molte cose poste insieme in tal maniera che l'una non superi l'altra. Avranno eziandio i cantori questo avvertimento, che ad altro modo si canta nelle chiese e nelle cappelle pubbliche, e ad altro modo nelle private camere; imperoché ivi si canta a piena voce, non però se non nel modo detto di sopra; e nelle camere si canta con voce più sommessa e soave, senza far alcuno strepito. Però quando canteranno in cotali luoghi, procederanno con giudicio, acciò non siano poi (facendo altrimenti) degnamente biasimati. Devono oltra di questo osservare di non cantar con movimenti del corpo né con atti o gesti che induchino al riso chi loro vedono e ascoltano, come fanno alcuni i quali per sì fatta maniera si muovono, il che fanno eziandio alcuni sonatori che par veramente che ballino. Ma lasciando ormai cotesta cosa da un canto, dico, che se 'l compositore e i cantori insieme osserveranno quelle cose che appartengono al loro officio, non è dubbio ch'ogni cantilena sarà dilettevole, dolce e soave e piena di buona armonia, e apporterà agli uditori grato e dolce piacere" (ZARLINO, 1558, III.45, p. 204).

Nesse trecho, o tipo de voz que Zarlino recomenda para a prática dos cantores é qualificado por adjetivos que também caracterizam o decoro, tais como o uso de uma voz "moderada e proporcionada", cujo resultado será uma sonoridade harmônica e equilibrada, na qual nenhum cantor se sobressai em relação aos demais. Embora os termos pareçam um tanto genéricos, considerá-los dessa forma é importante justamente porque eles se inserem em um contexto retórico, no qual as escolhas dependem de uma avaliação circunstancial para serem adequadas a determinado fim. Em contrapartida, o autor adverte contra o "ímpeto" e o "furor" que fazem o cantor parecer um "animal" e o conjunto soar como "barulho" [*strepito*]. Desse modo, o autor aconselha que evitem cantar de uma forma que é excessiva e, por isso, criticável[193]. O texto de Zarlino também faz referência à necessidade de adequação do tipo de voz ao local em que a música será cantada: uma voz plena é mais conveniente para igrejas e capelas públicas, ao passo que uma voz mais comedida e suave é indicada para espaços privados. Além disso, o autor restringe movimentos corporais e outros gestos exagerados. De forma semelhante ao que foi observado antes no emblema de Ripa (1613) e nos aspectos mencionados por Quintiliano (*Inst. orat.*, XI.I.45-47) que definem as particularidades de cada estilo discursivo, ao explicar o que deve ser observado pelo cantor, Zarlino alude a várias características do decoro relacionadas à execução musical, como moderação, temperança, proporção, adequação e conveniência, além de considerar aspectos como o local em que a música é cantada, a ação e o gesto do cantor (e, por conseguinte, do instrumentista), que são circunstâncias específicas das quais depende a eloquência do discurso musical. Assim, dizem respeito a um tipo de decoro que concerne especificamente aos cantores e à sua prática, o qual certamente difere da noção de decoro que é necessária à atividade do compositor.

A noção de decoro implica a correlação de diversos fatores e está associada à divisão em três gêneros ou tipos de causas da oratória, estabelecida por Aristóteles (*Ret.*, I.3, 1358b 1; 1359a 1). Para cada uma delas, o autor associou uma finalidade, um tipo de público, um aspecto de tempo, tópicos de invenção mais adequados e um tipo de argumento. Ele explica que a oratória deliberativa ou legislativa tem o propósito de induzir ou dissuadir a Assembleia (Senado); assim, está interessada no futuro e dedica-se ao que é útil, bom, vantajoso ou benéfico e ao que é danoso, indigno, desvantajoso

---

[193] Paolo da Col (2018, p. 257), no entanto, ressalta que, para a geração seguinte, conforme prescrito por Giovanni Croce em 1610 (*Sacre Cantilene concertate a tre, a cinque et sei voci, con i suoi ripieni a quattro voci et il basso per l'organo*), o *cantare con strepito* tornar-se-ia um efeito especial requerido pelo *stile concertato* para acentuar os contrastes de tipo *chiaroscuro*, principalmente nas partes indicadas com "*tutti*", porque produz um bom efeito.

ou prejudicial, argumentando por exemplos. A oratória judicial ou forense tem o intuito de acusar ou defender perante um tribunal; ela refere-se ao passado e está relacionada com questões de justiça ou injustiça, de ataque ou defesa, utilizando o raciocínio silogístico (entimemas) com o intuito de esclarecer. E a oratória demonstrativa ou epidíctica é aquela dedicada ao louvor (elogio) ou à censura (vitupério) para promover a admiração dos espectadores; ela se relaciona com o presente e trata das virtudes, do que é digno de honra, ou dos vícios, valendo-se do uso de amplificações. Dessa forma, para cada tipo de oratória, o processo de descoberta e de desenvolvimento dos argumentos considera a finalidade que é respectiva a cada um dos gêneros mencionados, numa avaliação do que é apropriado para cada tipo de público e circunstância (REBOUL, 2004, p. 45-47).

De forma semelhante, o princípio do decoro foi observado por Cícero (*De orat.*, III.210-212) ao dividir o estilo (*stilus*), ou elocução (*lexis, elocutio*), em três níveis e designá-los como apropriados a distintos propósitos retóricos. O autor considera que cada estilo deve ser adequado a um tipo de oratória, de audiência, de orador ou de ocasião. O estilo alto, nobre ou sublime (*genus grande, sublime, robustum*) é pertinente para tratar de matérias elevadas. Ele possui o intuito de comover (*movere*), de suscitar fortes emoções, por meio do apelo ao *páthos*, sobretudo no momento da peroração, e, para isso, requer um estilo de linguagem que comporta ornamentação vigorosa e abundante. Em contraposição, o estilo baixo, ou simples (*genus subtile, humile, summissum, tenue, gracile*), é apropriado para matérias baixas e tem como finalidade a clareza do assunto tratado; por isso, suas virtudes mais características são a *latinitas* e a *perspicuitas*. Seu objetivo retórico é o de demonstrar (*probare*) e ensinar (*docere*) o público, principalmente na narração e confirmação, implicando uma utilização comedida do ornato. O estilo médio, ou temperado (*genus medium, mediocre, modicum, moderatum*), por sua vez, é definido pela negação dos dois anteriores. Ele é adequado para matérias intermediárias (nem elevadas nem baixas) e tem o propósito de deleitar (*delectare*), de ser agradável, por meio de uma atitude moderada, especialmente no exórdio e na digressão, acomodando a utilização de algum tipo de ornato que seja agradável, gracioso e suave. Em cada um desses estilos, o decoro orienta o orador no sentido da conveniência, da busca por uma adequação natural entre a forma e a finalidade do discurso (GARAVELLI, 2018, p. 406-407; REBOUL, 2004, p. 62)[194].

---

[194] Embora Harrán (1988a, p. 142) afirme que Zarlino se refira aos *genera dicendi*, ou os diferentes níveis de composição, e que os diversos estilos musicais em voga em sua época sejam mencionados em *Le istitutioni harmoniche* (missa, moteto, madrigal, canzona etc.), não foi possível identificar nesse tratado uma proposta de divisão do discurso musical em diferentes níveis, seguindo o modelo de Cícero.

Quando relacionado à elocução, o decoro (*aptum*) é considerado uma de suas virtudes, expressa com o sentido de adequação, como o mediador entre o uso das palavras, a matéria e a organização do discurso (BURTON, 2016), e, por isso, possui um caráter essencialmente pragmático, pelo qual pode ser entendido, ao mesmo tempo, como o ponto de partida e o de chegada das outras virtudes. Lausberg (2003, §1055, p. 375) destaca que o discurso é uma obra que, mais do que qualquer outra, está ligada à ética social e individual, e, por isso, para Quintiliano, o decoro é a virtude que consiste em nos expressarmos de modo adequado (*Inst. orat.*, XI.I.1). Garavelli (2018, p. 164, 394) esclarece que o requisito fundamental de um discurso é que ele seja apto ao que é requerido pelas circunstâncias e pelos propósitos do falar, bem como pelas características do gênero ao qual pertence, além da conformidade com as regras.

Essa noção de adequação entre a forma e o conteúdo pode ser observada no tratado de Zarlino (1558, III.46, p. 205), por exemplo, quando o autor instrui sobre a composição das melodias de cada uma das partes do contraponto e relaciona-as com os registros grave, médio e agudo. O princípio geral é que elas devem conter notas dos três registros e não ultrapassar o âmbito do modo, nem permanecer por muito tempo em suas extremidades. O motivo é que o cantor pode se cansar, especialmente se tiver uma voz grave e a melodia persistir no agudo, ou se tiver uma voz aguda e for forçado a cantar na região grave. Essa situação, no entanto, não é absolutamente condenável, se há um propósito que a justifique.

> [...] os compositores modernos têm por costume [...] que quando as palavras denotam coisas graves, baixas, profundas, descida, temor, prantos, lágrimas e outras coisas semelhantes, fazem as suas melodias continuarem um pouco no grave, mas quando significam alteza, agudeza, subida, alegria, riso e outras coisas semelhantes, as fazem permanecer no agudo.[195]
> (ZARLINO, 1558, III.46, p. 205).

Desse modo, o autor apresenta a orientação básica para que o compositor percorra todas as notas do modo sem que a melodia insista em um dos registros extremos, mas também expõe um propósito que fundamenta, de maneira clara e consistente, os casos em que essa insistência é permitida. Trata-se de uma situação excepcional que deriva da escolha do registro mais

---

[195] "[...] i compositori moderni hanno per costume [...] che quando le parole dinotano cose gravi, basse, profunde, discesa, timore, pianti, lagrime e altre cose simili, fanno continuare alquanto le lor modulazioni nel grave; ma quando significano altezza, acutezza, ascesa, allegrezza, riso e altre simili cose, le fanno modular nell'acuto" (ZARLINO, 1558, III.46, p. 205).

adequado para compor a melodia com o intuito de expressar plenamente o conteúdo do texto. Essa concessão, adverte o autor, não deve alongar-se muito, e poderá resultar não apenas em grande comodidade para os cantores, mas também em boas e perfeitas cantilenas (ZARLINO, 1558, III.46, p. 205).

Um exemplo dessa recomendação de Zarlino pode ser observado a seguir, na Figura 6, que contém uma transcrição do trecho final (compassos 62 a 75) do madrigal *Susanne un jour* (1570), de Cipriano de Rore[196]. Ao longo da música, cada uma das cinco vozes possui melodias que exploram toda a sua tessitura[197], mas todas elas permanecem por mais tempo no registro médio, em conformidade com a orientação geral de Zarlino, mencionada anteriormente. A última frase do texto (*Que d'offenser par péché le Signeur*) é repetida três vezes, e, nas duas últimas, verifica-se que o compositor é mais insistente no extremo agudo, especialmente na voz do *superius*. Essa decisão é possivelmente justificada como uma tentativa de enfatizar, musicalmente, a dor, o sofrimento e o grito de desespero do eu lírico diante da possibilidade de ofender ao Senhor pelo pecado. É somente nesse trecho que De Rore utiliza, pela primeira vez, a nota mais aguda dessa voz (Sol 4), que é repetida e circundada por notas da mesma região e que são, no máximo, uma quarta mais grave que ela. Acompanhando o que ocorre no *superius*, as demais vozes também empregam as notas do extremo agudo com mais frequência, e o *pathos* da voz superior é reforçado por melismas ascendentes acomodados nas palavras ofender [*offenser*] e pecado [*péché*]. Eles são realizados de forma intercalada entre as demais vozes (*contratenor, quinta pars, tenor* e *bassus*), de modo que uma voz dá continuidade à sequência de semínimas da outra (figuras rítmicas que até então haviam aparecido apenas esporadicamente), imprimindo um movimento rítmico mais rápido do que o realizado anteriormente, e, dessa forma, também contribuem para ressaltar a angústia e agitação presentes no texto. Embora Zarlino recomende que as melodias permaneçam no registro grave quando pretendem denotar temor, prantos e lágrimas, nesse trecho, De Rore é persistente no uso do extremo agudo das vozes e de movimentos melódicos ascendentes. A opção do compositor por essa espécie de transgressão pode ser entendida como uma resposta musical à temática do texto do madrigal, que se refere à violação da castidade

---

[196] Texto completo do madrigal: *Susann' un jour d'amour sollicitée/ Par deux viellards, convoitans sa beauté,/ Fut en son coeur triste et désconfortée,/ Voyant l'effort fait à sa chasteté./ Elle leur dit, Si par désloyauté/ De ce corps mien vous avez jouissance,/ C'est fait de moi. Si je fais résistance,/ Vous me ferez mourir en déshonneur./ Mais j'aime mieux périr en innocence,/ Que d'offenser par péché le Seigneur* (DE RORE, [1570] 2018). A partitura completa do madrigal está disponível em: https://imslp.org/wiki/Susann'_un_jour_(Rore%2C_Cipriano_de). Acesso em: 23 out. 2019.

[197] *Superius*: Fá # 3 – Sol 4; *Contratenor*: Dó 3 – Dó 4; *Quinta pars*: Fá 2 – Lá 3; *Tenor*: Fá 2 – Lá 3; e *Bassus*: Lá 1 – Ré 3.

de Susanne pelos anciãos que a desonraram. Assim, pode-se encontrar, no texto, possíveis razões que fundamentam as escolhas dos procedimentos composicionais adotados por De Rore, mesmo que, ocasionalmente, eles pareçam contrariar as recomendações gerais expressas por Zarlino.

Figura 6 – *Susanne un jour*, compassos 62 a 75

Fonte: De Rore ([1570], 2018)

O preceito do decoro, na concepção aristotélica, está associado a ater-se ao que é conveniente, a encontrar, para cada matéria e situação, o modo mais apropriado de comunicar-se, o que sugere uma certa "normalidade" de dada expressão, relativamente ao contexto linguístico e à circunstância em que o discurso é produzido. Nas palavras de Aristóteles, "é o estilo apropriado ao assunto que concorre para a persuasão" (*Ret.*, III.7, 1408a 20), e ele só será conveniente se for apto a expressar as emoções e o caráter, e se mantiver uma estreita relação com o assunto (*Ret.*, III.10, 1408a 10).

Um dos aspectos mais relevantes para a composição de uma boa polifonia vocal é a elaboração do material musical da forma mais apropriada possível ao assunto do texto, o que diz respeito aos intervalos utilizados, aos ritmos, às harmonias e ao modo de cantar. Uma das recomendações de Zarlino é buscar a maior variedade possível, tanto em relação aos tipos de consonâncias quanto em relação aos intervalos e às harmonias. No que tange aos intervalos, Zarlino é contrário à opinião dos cromatistas de que os intervalos cromáticos e enarmônicos, que possuem sua forma ou proporção fora dos números harmônicos, também são capazes de exprimir os conceitos e conteúdos das palavras e, assim, de mover os afetos do ouvinte. No caso de instrumentos que possuem muitas cordas e que produzem diversos tipos de intervalos, o autor faz o seguinte alerta:

> [...] eles[198] não devem, no entanto, ser usados, se não com propósito e quando a cantilena e o modo os requeira, pois usar qualquer coisa sem necessidade e sem propósito é coisa realmente vã e denota pouca prudência, além de gerar grande fastio à própria audição de tal objeto[199]. (ZARLINO, 1558, III.80, p. 291).

Nesse sentido, as orientações dadas são relacionadas com o princípio do decoro, pois sempre apontam para a necessidade de adequação, conveniência e propriedade. Além disso, o autor considera que o compositor deve esforçar-se para não utilizar os intervalos aumentados e diminutos[200]. Para obter a variedade mencionada *supra*, a orientação geral é que as terças (maiores e menores) sejam utilizadas de forma alternada em uma melodia; por exemplo, se a terça maior for usada primeiro, a seguinte deverá ser menor, e assim por diante. No entanto, para o autor,

> Tal coisa não deveria ser observada com tanta obrigatoriedade [nas composições a várias vozes] quando em comparação com essas relações [a duas vozes], porque, enquanto se procura fugir delas, o concento continuaria por algum espaço de tempo em uma das divisões mencionadas sem qualquer [outro] meio, e faz com que a cantilena, às vezes, seja triste

---

[198] O autor refere-se aos vários tipos de intervalos produzidos pelas cordas dos instrumentos.

[199] "[...] non si debbeno però adoperare se non con proposito, & quando la cantilena, & il modo lo ricerca: conciosia che l'adoperare qualunque cosa senza necessità, & senza proposito, è cosa veramente vana, & dinota poca prudenza; oltra che genera al propio sentimento di tale oggetto, gran fastidio" (ZARLINO, 1558, III.80, p. 291).

[200] Esses intervalos, conforme já mencionado (capítulo 5), são a semidiatessaron, o trítono (ou diatessaron aumentada), a semidiapente, a diapente aumentada, a semidiapason e a diapason aumentada.

nas palavras que contêm alegria, ou seja alegre nas que tratam de matérias tristes, sem nenhum propósito.[201] (ZARLINO, 1558, III.31, p. 182).

Embora a variedade seja valorizada em uma composição, para Zarlino ela não deve se sobrepor à adequação do resultado musical em relação ao sentido das palavras, pois este é um dos requisitos indispensáveis para que um contraponto seja qualificado como bom. Nesse sentido, entre as premissas expostas pelo autor,

> [...] a sexta e última [...] é que a harmonia que ela [cantilena] contém seja acomodada de tal forma à oração, isto é, às palavras, que nas matérias alegres a harmonia não seja flébil e ao contrário, nas [matérias] flébeis, a harmonia não seja alegre.[202] (ZARLINO, 1558, III.26, p. 172).

Esta ideia ainda é reforçada em um outro trecho do tratado:

> E como vai acontecer, às vezes, de compor sobre as palavras que buscam uma harmonia um tanto dura e áspera, para que se venha, com os efeitos, imitar o sujeito contido na oração. Mas quando for preciso usar durezas semelhantes, então se poderá usar as sextas, nas quais sejam [utilizadas] figuras de maior valor, como as breves e semibreves misturadas, ou se colocarão as dissonâncias entre elas, que sejam ordenadas segundo as regras e modos mostrados acima e se haverá o propósito, assim como haveria usando a quarta ou a décima primeira na síncope [...].[203] (ZARLINO, 1558, III.66, p. 263).

Novamente, a recomendação do autor parte do caráter expressivo das palavras para a escolha do material musical mais conveniente. Ao estabelecer, neste trecho, que, para matérias alegres, as terças maiores são

---

[201] "La qual cosa non si potrebbe osseruare cosi di leggieri, quando si hauesse rispetto a queste relationi: conciosiache mentre si cercasse di fuggirle, si verebbe a continouare il concento per alquanto spatio di tempo in vna delle sopradette diuisioni senza alcun mezo; & far che la cantilena alle volte si vdirebbe mesta nelle parole, che portano seco allegreza; ouero si vdirebbe allegra in quelle, che trattano materie meste, senza alcun proposito" (ZARLINO, 1558, III.31, p. 182).

[202] "Et la Sesta, & vltima (oltra l'altre, che si potrebbeno aggiungere) è, che l'harmonia, che si contiene in essa, sia talmente accommodata alla Oratione, cioè alle Parole, che nelle materie allegre, l'harmonia non sia flebile; & per il contrario, nelle flebili, l'armonia non sia allegra" (ZARLINO, 1558, III.26, p. 172).

[203] "Et perche accaderà alle volte, di comporre sopra le parole, le quali ricercano la harmnia alquanto dura, & aspra; acciò si venga con gli effetti ad imitare il soggetto contenuto nella oratione; però quando bisognarà usar simili durezze, allora si potranno porre le seste, nelle quali siano le figure di alquanto valore; come de brevi, & di semibrevi mescolate; overamente si porranno le dissonanze tra loro, che siano ordinate secondo le regole, & modi mostrati di sopra; & si haverà il proposito; si come averebbe ponendo la quarta, over la undecima nella sincopa [...]" (ZARLINO, 1558, III.66, p. 263).

mais apropriadas; e, para matérias tristes, as terças menores, Zarlino (1558, III.10, p. 156-157) reitera o que já havia dito no capítulo que trata da natureza das consonâncias imperfeitas, no qual o autor declara que as terças e sextas maiores (e suas replicadas) são muito vivas e alegres, ao passo que as terças e sextas menores (e suas replicadas) são doces e suaves, tendendo ao lânguido e ao mesto[204]. Além disso, considera que, nas palavras mais duras e ásperas, são mais aptas as harmonias em que prevalecem intervalos de sextas, figuras de maior valor, e o uso de quartas ou décimas primeiras em ritmos sincopados. Na concepção zarliniana, a importância da adequação é tal que ela é reiterada em diversas passagens do tratado[205], e, desse modo, a incompatibilidade entre música e texto pode ser entendida como um vício relativo ao decoro e faz com que a composição seja considerada imperfeita. Embora tais recomendações pareçam simples, ou até mesmo óbvias, elas são reveladoras do esforço de Zarlino para sistematizar, tanto em termos matemáticos quanto pelo efeito provocado no ouvido, cada detalhe da prática vigente em sua época e, dessa forma, elevar a arte musical a um patamar de igualdade com as artes liberais e aproximá-la de suas preceptivas. Cabe notar que essa associação estabelecida pelo autor entre a natureza desses intervalos e sua característica expressiva é a que permanece em uso até hoje.

No que diz respeito ao estilo, Hansen (2013, p. 26) esclarece que "*Lexis, elocutio* ou elocução corresponde ao uso de palavras de sentido próprio e figurado como adequação às coisas do discurso, *topoi, res,* e à ornamentação regrada do seu estilo". No âmbito musical, essa noção de adequação ao propósito do discurso pode ser observada quando Zarlino estabelece a necessidade de encontrar um sujeito como um requisito indispensável para a elaboração de qualquer composição:

> A primeira [coisa] é o sujeito, sem o qual não se faria nada, pois, assim como o agente leva em consideração o seu fim em toda operação e funda sua obra sobre qualquer matéria,

---

[204] O autor explica que esses intervalos maiores são característicos dos modos pelos quais as consonâncias são utilizadas de acordo com o número sonoro, ou seja, nos quais a quinta é dividida harmonicamente formando uma terça maior e outra menor. Em função disso, as cantilenas compostas nesses modos (na edição de 1558, o quinto, o sexto, o sétimo, o oitavo, o décimo primeiro e o décimo segundo modos) também são vivas e alegres. Por outro lado, as terças e sextas menores estão presentes em modos cujas consonâncias são apresentadas contra a natureza do número sonoro, isto é, naqueles em que a quinta é dividida aritmeticamente e forma uma terça menor e outra maior. Nesses modos (na edição de 1558, o primeiro, o segundo, o terceiro, o quarto, o nono e o décimo), as composições são mestas, lânguidas e moles (ZARLINO, 1558, III.10, p. 156-157).

[205] Como nos exemplos aqui mencionados, extraídos dos capítulos 26, 31 e 66 da terceira parte do tratado. O assunto é retomado e aprofundado na quarta parte de *Le istitutioni harmoniche*, nos capítulos 31 a 33, nos quais o autor discorre sobre a acomodação da música ao texto, o que será discutido mais adiante, no capítulo 9.

> a qual é chamada sujeito, também o músico, considerando o fim que o move em suas operações, requer a matéria ou sujeito sobre o qual virá a fundar a sua composição. E assim conduz sua obra à perfeição, segundo o fim proposto.[206] (ZARLINO, 1558, III.26, p. 171).

Na concepção do autor, o sujeito é fundamental para o contraponto, pois ele servirá de parâmetro para que o compositor possa escolher o material musical mais conveniente para expressar o sentido do texto. Dessa forma, ele funciona, ao mesmo tempo, como um princípio e como um fim, com base no qual o músico decidirá pelo modo, pelas melodias, pelas harmonias, pelos ritmos e pelas cadências, por exemplo, que sejam mais ajustados para exprimir as emoções e o caráter do texto. Para o autor, o sujeito é a base sobre a qual "é fundada a sua cantilena, que adorna com várias melodias e harmonias, de modo que rende caro prazer aos ouvintes"[207] (ZARLINO, 1558, III.26, p. 172).

Por definição, o decoro é caracterizado pela adequação entre o uso das palavras, a matéria e a organização do discurso e, assim, é entendido como uma virtude do estilo, pois é identificado com uma preocupação que envolve aspectos relativos ao assunto, à gramática e à importância de ornamentar a linguagem com vistas à eficácia e ao apelo afetivo junto ao público. Nesse sentido, o decoro garante que exista uma relação orgânica entre as partes e o todo, entre forma e conteúdo, e, dessa maneira, pode-se dizer que ele é uma virtude, pois guia a ação do orador conforme as preocupações éticas em um processo de escolha que é circunstancial (LAUSBERG, 2003, §1055, p. 375; VILLAVICENCIO, 2013, p. 71).

De acordo com Lausberg (2003, §1074, p. 388-389), os vícios relativos ao decoro são designados pelos termos *"indecorum"* e *"ineptum"* e são relacionados com a falta de conveniência entre *res* e *verba*. Isso porque a palavra escolhida é muito débil ou demasiado forte para tratar de determinado assunto, ou porque produz um efeito cômico ou grotesco de maneira indevida, ou ainda em função do uso de palavras ou expressões que possuem sentido vulgar ou obsceno. O autor ressalta que, em muitos casos, os

---

[206] "La Prima è il Soggetto, senza il quale si farebbe nulla: Imperoche si come lo Agente in ogni sua operatione hà sempre riguardo al fine, & fonda l'opera sua sopra qualche Materia, la quale è chiamata il Soggetto; cosi il Musico nelle sue operationi hauendo riguardo al fine, che lo muoue all'operare, ritroua la Materia, ouero il Soggetto, sopra'l quale viene a fondare la sua compositione, & cosi viene a condurre a la perfettione l'opera sua, secondo il proposto fine" (ZARLINO, 1558, III.26, p. 171).

[207] "[...] cosi il Musico, [...] hà il Soggetto, sopra il quale è fondata la sua cantilena, la quale adorna con varie modulationi, & varie harmonie, di modo che porge grato piacere a gli ascoltanti" (ZARLINO, 1558, III.26, p. 172).

defeitos contra o *aptum* podem ser considerados como infrações ao *ornatus* e vice-versa, de modo que é evidente a dificuldade de estabelecer limites precisos entre as virtudes da elocução.

Essa preocupação com a adequação, que caracteriza o decoro, está presente em diversas passagens do tratado de Zarlino. Quando o autor expõe métodos para a elaboração do contraponto a três vozes composto com certas condições (um *cantus firmus*, por exemplo), pondera sobre as regras impostas pela existência de um guia e esclarece o seguinte:

> É necessário que o contrapontista, enquanto faz o contraponto em qualquer um dos modos mostrados, escrevendo ou de improviso, sempre dê atenção ao que pode fazer o consequente, de forma a não cometer erro. Essas coisas, então, devem ser observadas principalmente em contrapontos semelhantes, porque se ocorresse alguma outra observância, seria de pouca importância. Mas deve-se saber que, *em todos esses tipos de contrapontos duplos e feitos com obrigações semelhantes*, é impossível observar plenamente as *regras dadas acima*; especialmente quando tais obrigações crescem, sendo que não *se podem observar a beleza e o decoro do contraponto*, tanto na melodia, como na invenção e no modo de colocar as consonâncias, *já que é retirada a liberdade que o compositor tinha para compor os outros [tipos de contraponto] sem nenhuma obrigação*. E digo isto para que o observador diligente dos nossos preceitos, vendo algumas coisas que não são tão corretas, não se maravilhe. *Porque eu não apresentei aqui tais composições para que sejam usadas longamente e para sempre, mas sim, para quando voltar a elas com o propósito de mostrar a vivacidade de seu engenho e a prontidão de seu intelecto* àqueles que não esperam nada além dessas coisas, e depois, no resto, se encontram despidos. *Essas maneiras são realmente muito engenhosas*, ainda que às vezes se ouça algo que soe estranho [...].[208] (ZARLINO, 1558, III.63, p. 257-258, grifo nosso).

---

[208] "Et bisogna che 'l Contrapuntista mentre farà il contrapunto a ciascuno delli mostrati modi; faccialo scriuendo, oueramente alla sproueduta, habbia sempre riguardo a quello, che può fare il Consequente; acciò non commetta errore. Queste cose adunque si debbeno osseruare principalmente in simili contrapunti: perche se bene occorresse alcun'altra osseruanza, sarebbe di poco momento. Ma si dè sapere, che è impossibile in tutte queste sorti di Coutrapunti doppij, & fatti con simili obligi, di osseruar pienamente le Regole date di sopra; massimamente quando cotali obligi crescono: essendo che non si può osseruare la bellezza, & il decoro del Contrapunto, si in quanto alla modulatione, quanto ancora intorno la inuentione, & il modo di porre le consonanze: perciochè è leuata la libertà al Compositore, che haueua nel comporre gli altri senza alcun obligo: & questo dico, acciochè il diligente osseruatore di nostri Precetti, vedendo alcune cose, che non sono cosi ben corrette, non si marauigli: perche non hò posto qui cotali Compositionni, accioche lungamente, & per sempre si habbiano da vsare; ma si bene alle volte, quando li tornerà in proposito; per mostrar la viuacità del suo ingegno, & la prontezza del suo intelletto con alcuni, che ad

Neste trecho, após explicar as principais regras para a elaboração desse tipo de contraponto, Zarlino ressalta a importância da observação tanto do guia quanto do consequente. Isso faz com que cada contraponto, escrito ou improvisado, se caracterize como uma circunstância que deve ser avaliada para a escolha do que é mais adequado dentro das possibilidades contidas nas regras. O autor reconhece que há casos em que as condições dadas são tantas que limitam a liberdade do compositor e, com isso, impossibilitam a satisfação de todas as regras simultaneamente para a elaboração de um "contraponto belo e decoroso", de modo que é necessário deliberar sobre a forma mais apropriada de se desviar do uso estabelecido pela norma. No entanto, e por considerar as particularidades de cada situação composicional, Zarlino enfatiza o uso dessas incorreções apenas de forma proposital, para demonstrar rapidez e engenho de raciocínio e para obter efeitos específicos. Assim, é possível observar que as orientações dadas pelo autor se assemelham em muitos aspectos ao que define o decoro, especialmente no que diz respeito à avaliação da circunstância para a realização de uma escolha que é guiada pelo sutil e complexo equilíbrio que relaciona *res*, *verba* e público, no sentido de buscar uma adequação entre as características transientes, que são únicas em cada ocasião, e os limites impostos pelas regras do contraponto, com a finalidade de realizar um discurso musical que seja eficaz e eloquente.

Ponderando que o discurso é uma obra destinada a um público, Lausberg (2003, §1056, p. 375-376) explica que o decoro possui uma esfera interna e outra externa. O decoro interno é relativo à obra, às partes integrantes do discurso[209]. Assim, ele relaciona: 1) a causa ou assunto principal com a *inventio* das ideias e dos pensamentos apropriados; 2) as ideias (*res*) encontradas na *inventio* com a roupagem linguística (*verba*) apropriada, definida na *elocutio*; 3) a *dispositio* a serviço do decoro como uma tendência à ordem apropriada; 4) a *pronuntia* em consonância com as ideias expressas e sua formulação elocutiva; e 5) a harmonia recíproca entre as quatro partes do discurso (*exordium, narratio, argumentatio, peroratio*). No âmbito musical, o decoro interno estaria associado, por exemplo, à escolha do modo no

---

altro non attendeno, che a simil cose, & poi nel resto si ritrouano essere nudi. Sono queste maniere veramente molto ingegnose, ancora che si oda alle volte qualche cosa, che sia strana da udire [...]" (ZARLINO, 1558, III.63, p. 257-258).

[209] As quatro partes da retórica resultam de um sistema de classificação que a decompõe em quatro fases que se percorrem ao compor um discurso: *inventio* é a busca dos argumentos e outros meios de persuasão relativos ao assunto do discurso; *dispositio* é a ordenação interna dos argumentos do discurso; *elocutio* é a redação escrita do discurso; e *actio* refere-se a proferir o discurso. Na retórica romana, inclui-se a *memoria* (REBOUL, 2004, p. 43-44).

qual a composição será realizada, cuja adequação ao texto é um aspecto de fundamental importância para Zarlino:

> Digo, então, que sempre que o músico se propuser a compor qualquer moteto ou madrigal, ou qualquer outra sorte de cantilena, deve considerar primeiro a matéria, isto é, as palavras do sujeito, e deve, depois, eleger o modo conveniente à sua natureza. Feito isso, observará que o seu tenor proceda de forma regulada pelas notas daquele modo (que tiver escolhido), fazendo suas cadências segundo a busca de perfeição da oração e o fim de seus períodos. E, acima de tudo, buscará com toda diligência fazer com que tal tenor seja tão mais regulado, belo, gracioso e pleno de suavidade, quanto mais a cantilena seja fundada sobre ele.[210] (ZARLINO, 1558, IV.31, p. 337).

O autor estabelece como ponto de partida para a elaboração do contraponto que o modo escolhido tenha conformidade com o conteúdo das palavras e, dessa forma, aponta para a necessidade de uma coerência interna, que relaciona as diferentes partes que integram a obra. Dal Maso (2017, p. 209) salienta que, desde a antiguidade, se atribui aos modos o poder de induzir várias paixões na mente dos ouvintes e que, de acordo com os efeitos produzidos, cada um deles é caracterizado com propriedades particulares. Na obra de Zarlino, os modos são definidos como sucessões escalares de sons no âmbito de uma oitava que é formada pela junção de uma diapente e uma diatessaron. Cada um deles possui um âmbito próprio, formas específicas de condução melódica das partes, tanto em relação aos intervalos musicais quanto às cadências, e qualidades afetivas individuais que, de forma semelhante aos modos antigos, possuem um tipo de *ethos* que suscita efeitos particulares no público[211] (DAL MASO, 2017, p. 190, p. 209). Nesse sentido, a adequação do modo (e de todos os materiais

---

[210] "Dico adunque che qualunque volta il musico avrà proposto di comporre alcun Motteto, o madrigale, overo qualuque altra sorte di cantilena, considerato prima la materia, cioè le parole soggette, debbe dopoi eleggere il modo conveniente alla loro natura. Il che fatto osserverà che 'l suo tenore procedi regolatamente, modulando per le corde di quel modo [che si avrà eletto], facendo le sue cadenze secondo che ricerca la perfezione della orazione e il fine dei suoi periodi. E sopra 'l tutto cercarà con ogni diligenza di far che tal tenore sia tanto più regolato e bello, leggiadro e pieno di soavità, quanto più che la cantilena si suol fondare sopra di lui" (ZARLINO, 1558, III.31, p. 337).

[211] Nos 12 capítulos que tratam particularmente de cada modo, Zarlino (1558, IV.18-29) oferece informações sobre diversos aspectos: espécies de diapason, diapente e diatessaron; cordas finais (*finalis*); cadências; literatura existente; natureza ou propriedade; e caráter dos textos aos quais são mais aptos (DAL MASO, 2017, p. 213).

musicais que o compositor elege para elaborar seus contrapontos) ao conteúdo das palavras não se dá de forma arbitrária; ela é resultado da escolha de um modo que tenha um caráter afetivo correspondente aos efeitos do texto a que a música será acomodada[212]. Assim, o conhecimento da teoria modal é fundamental para os compositores, pois só depois de escolhido o modo é que o músico passa à composição da melodia do tenor e à realização das cadências.

O autor segue, então, com uma referência à *Arte poética* de Horácio — "O tema cômico não quer ser exposto com versos trágicos"[213] — para reforçar a importância da adequação entre os elementos musicais e o assunto do texto:

> Da mesma forma que *não é lícito* entre os poetas compor uma comédia com versos trágicos, também *não será lícito* ao músico acompanhar essas duas coisas, isto é, juntar a harmonia e as palavras, *fora de propósito*. Não será *conveniente*, portanto, que em uma matéria alegre usemos a harmonia mesta e os números graves, *nem é lícito* usar uma harmonia alegre e números rápidos, ou velozes, onde se trata de matérias fúnebres e cheias de lágrimas. Ao contrário, é necessário usar as harmonias alegres e os números velozes nas matérias alegres, e nas matérias mestas, as harmonias mestas e os números graves, para que cada coisa seja feita com *proporção*.[214] (ZARLINO, 1558, IV.32, p. 339, grifo nosso).

---

[212] Para citar apenas alguns exemplos, o autor considera que o primeiro modo tem um efeito mediano entre o mesto e o alegre e, por sua natureza, é religioso e devoto, conveniente para palavras cheias de gravidade e que tratam de coisas sentenciosas e altas (ZARLINO, 1558, IV.18, p. 320-322); o segundo modo, por sua vez, é descrito como choroso, humilde e depreciativo e, por sua gravidade severa, é usado pelos eclesiásticos para os temas mestos e chorosos, de modo que é apropriado para palavras que representam pranto, tristeza, solicitude, cativeiro, calamidade e todo tipo de miséria (ZARLINO, 1558, IV.19, p. 322-323). A dissertação acerca de cada um dos modos compreende os capítulos 18 a 29 da quarta parte do tratado, e, além do caráter afetivo e dos conteúdos dos textos a que são mais adequados, Zarlino trata da estrutura de cada um deles, com a indicação da diapason, diapente e diatessaron (para os modos autênticos em movimento ascendente e para os plagais em movimento descendente), das respectivas notas finais [*finale*] e das cadências regulares. As exceções são que Zarlino não se refere expressamente à natureza do sétimo modo, nem às palavras a que se relacionam o décimo e o décimo primeiro modos.

[213] "Versibus exponi Tragicis res Comica non vult" (ZARLINO, 1558, IV.32, p. 339). A tradução citada é de Adriano Scatolin (2015, p. 55). Na tradução do tratado para o inglês (ZARLINO, 1983, IV.32, p. 94, n. 2), é indicada uma tradução do latim realizada por H. Rushton Fairclough (Loeb Classical Library) — "A comic theme refuses to be set forth in tragic verse" —, e Urbani (ZARLINO, 2011, IV.32, p. 709, n. 377) traduz o texto de Horácio para o italiano da seguinte forma: "La materia comica non va esposta con versi tragici".

[214] "Percioché sicomme non è lecito tra i poeti comporre una comedia con versi tragici, così non sarà lecito al musico d'accompagnar queste due cose, cioè l'armonia e le parole insieme, fuor di proposito. Non sarà adunque conveniente ch'in una materia allegra usiamo l'armonia mesta e i numeri gravi; né dove si tratta materie funebri e piene di lagrime è lecito usar un'armonia allegra e numeri leggieri, o veloci che li vogliamo dire. Per il contrario bisogna usar l'armonie allegre e i numeri veloci nelle materie allegre, e nelle materie meste l'armonie meste e i numeri gravi, accioch'ogni cosa sia fatta con proporzione" (ZARLINO, 1558, IV.32, p. 339).

Zarlino, de forma explícita, equipara o músico ao poeta. O autor subordina a escolha da harmonia e do número à natureza da oração, para que a composição tenha proporção e esteja de acordo com o propósito do texto[215], mais uma vez remetendo-nos à noção de decoro como um princípio geral que norteia as escolhas do que é mais apropriado em cada situação. É importante observar, aliás, que as expressões destacadas no trecho *supra* são as mesmas utilizadas na definição dessa virtude da elocução, ou apontam para o mesmo significado. De acordo com o autor, quanto maior for a adequação ou a coerência entre os diferentes aspectos envolvidos na composição, mais a cantilena será considerada bela, graciosa e deleitável.

O decoro externo, por sua vez, refere-se à relação do conjunto do discurso e suas partes integrantes com as circunstâncias sociais (LAUSBERG, 2003, §1057, p. 376-377). Nesta esfera são considerados: 1) o próprio orador; 2) o público, cuja observação, pelo orador, estabelece a medida para a ornamentação; 3) o momento do discurso; e 4) o seu lugar. Dessa forma, o decoro interno e externo está associado a todas as fases de elaboração do discurso, mas é na sua concretização elocutiva que ele se torna mais notável, ou seja, na *elocutio* e na *pronunciatio*. Conforme explicado por Salatino (2013, p. 36), a noção geral de decoro atravessa a cultura ocidental e subsiste ainda hoje. Nela, o adequado corresponde a discernir o que e quando é conveniente dizer, e tem conformidade com a natureza e identidade dos possíveis receptores. Desse modo, ele opera tanto nas partes do discurso como nos procedimentos com os quais se realiza a exposição das ideias relativas a cada modalidade de persuasão ou de convencimento do destinatário. Assim, a compreensão das esferas interna e externa do decoro é o que torna possível ou aceitável que se trate de uma matéria imoral ou horrível, mas desde que o discurso siga o decoro, esteja tecnicamente bem ordenado, seja racionalmente adequado à matéria, ao gênero, à circunstância e ao público (HANSEN, 2013, p. 34).

---

[215] Nesse trecho, ainda que indiretamente, Zarlino refere-se à máxima platônica de que a harmonia e o número são servos das palavras, e não o contrário. Esse assunto será retomado mais adiante, com o aprofundamento da discussão acerca da acomodação da música às palavras do texto (capítulo 9).

8

ORNATO (*KATASKEUE, ORNATUS*)

Ornatus é a virtude da elocução que se refere a várias qualidades artísticas da linguagem e a seu uso artificioso, ilustradas por meio de diversas figuras que têm o objetivo de deleitar e causar admiração no público, e, por isso, possui um forte apelo ao *pathos* (BURTON, 2016). Denominada por *dignitas*, ou distinção, na *Rhetorica ad Herennium* (IV.13-56), essa virtude consiste em adornar o discurso, realçando-o com variedade. Embora seja bastante abrangente, essa definição expõe algumas das principais características do ornato e que também são encontradas nas orientações de Zarlino acerca do que é necessário para elaborar qualquer contraponto. Dos seis requisitos elencados pelo autor[216], o mais indispensável de todos é encontrar o sujeito (ou matéria) sobre o qual será fundada a composição. Partindo da *Poética* de Horácio, o trabalho do músico é comparado com o do poeta[217]:

> No seu poema, [o poeta] tem como sujeito a história ou a fábula, a qual, tanto é encontrada por ele quanto é obtida de outros; ele a *adorna e lapida* de tal forma, com *várias maneiras*, como mais lhe agrada, não deixando de lado coisa alguma que seja digna e louvável para *deleitar* as mentes dos ouvintes, que alcançam, então, o *magnífico e o maravilhoso*. Assim, o músico, além de ser movido pelo mesmo fim, isto é, o de servir e *deleitar* as mentes dos ouvintes com seus acentos harmônicos, também tem o sujeito sobre o qual funda a sua cantilena, a qual *adorna com várias melodias e harmonias*, de modo que rende um *caro prazer* aos ouvintes.[218] (ZARLINO, 1558, III.26, p. 172, grifo nosso).

---

[216] Conforme já mencionado, os seis requisitos básicos para a elaboração de uma boa composição musical, para Zarlino, são: 1) encontrar o sujeito; 2) compor principalmente com consonâncias e, acidentalmente, com dissonâncias; 3) usar intervalos com proporções contidas nos números sonoros; 4) usar as consonâncias nas melodias, de forma variada; 5) ordenar a cantilena de acordo com determinado modo; e 6) acomodar a música às palavras do texto e seu conteúdo (ZARLINO, 1558, III.26, p. 171-172).

[217] "Os poetas visam tanto beneficiar quanto deleitar; Pronunciar, ao mesmo tempo, palavras agradáveis e úteis para a vida" // "*Aut prodesse volunt, aut delectare poetæ: Aut simul et iucunda, et idonea dicere vitæ*" (ZARLINO, 1558, III.26, p. 172).

[218] "[...] ha nel suo Poema per soggetto la Historia, ouero la Fauola, la quale, o sia stata ritrouata da lui, ouero se l'habbia pigliata dall'altrui: l'adorna, & polisse in tal maniera con varij costumi, come più gli aggrada, non lassando da parte alcuna cosa, che sia degna, & lodeuole, per dilettar l'animo de gli vditori; che hà poi del magnifico, & marauiglioso; cosi il Musico, oltra che è mosso dallo istesso fine, cioè di giouare, & di dilettare gli animi de gli ascoltanti con gli accenti harmonici, hà il Soggetto, sopra il quale è fondata la sua cantilena, la quale adorna con varie modulationi, & varie harmonie, di modo che porge grato piacere a gli ascoltanti" (ZARLINO, 1558, III.26, p. 172).

É possível observar que os termos destacados na citação são coincidentes com os aspectos assinalados anteriormente como definidores do ornato, tanto na *Rhetorica ad Herennium* quanto por Burton, tais como adorno, variedade e deleite do público. De acordo com o trecho *supra*, a forma de organizar o material musical é o que confere distinção à composição contrapontística e permite que ela seja apreciada pelos ouvintes.

Uma das formas recomendadas por Zarlino para dar início às composições é por meio do uso de uma das consonâncias perfeitas (uníssono, oitava, quinta ou uma de suas replicadas), especialmente quando o contraponto começa simultaneamente ao sujeito. No entanto, o autor não estabelece que essa regra seja absolutamente rígida, pois considera que a composição é mais bela e graciosa quando começa em fuga[219], e, nesse caso, o compositor pode ter liberdade para escolher começar de outra maneira (com alguma consonância imperfeita ou um intervalo de quarta, por exemplo). Essa possibilidade justifica-se porque pretende que o efeito seja melhor, uma vez que "torna o contraponto não apenas deleitável, mas também artificioso"[220] (ZARLINO, 1558, III.28, p. 173). Nesse contexto,

---

[219] A palavra "*fuga*" foi aqui traduzida por "fuga", privilegiando a terminologia original utilizada por Zarlino, embora em seu texto ela tenha mais o sentido do que conhecemos como "cânone" do que o significado moderno atribuído ao termo. A *fuga*, também denominada *consequenza* ou *reditta*, "é uma certa réplica de algumas vozes na cantilena, ou a réplica de toda a melodia contida em uma parte, feita a partir de uma outra depois de algum tempo, cantando e procedendo pelas mesmas figuras cantáveis, ou por diversas e pelos mesmos intervalos de tons e de semitons, com outros semelhantes" // "è una certa replica di alquante voci nella cantilena, overo la replica di tutta la modulatione, che si contiene in una parte, fatta da un'altra dopo alquanto tempo, cantando, & procedendo per le istesse figure cantabili, overo per diverse, & per li medesimi intervalli di tuoni, & di semituoni, con altri simili" (ZARLINO, 1558, III.51, p. 212). A parte que começa a fuga é chamada guia [*guida*]; e a que segue, consequência [*consequenza*], que pode ser feita de diversas formas, respondendo ao uníssono, à quarta, à quinta ou à oitava. A fuga solta [*sciolta*] mantém na consequência o desenho melódico do guia, por um certo número de figuras, para depois se desviar, enquanto, na fuga ligada [*legata*], a consequência canta os mesmos intervalos do guia, com as partes escritas em apenas um pentagrama e com sinais específicos para indicar os lugares onde o consequente começa e termina (*presa* e *coronata*, respectivamente). Nesse tipo de fuga, há uma regra escrita sobre o guia para explicitar como o cantor deve executar a consequência. Tal regra foi denominada *Kanon* pelos gregos e traduzida por alguns músicos (na opinião de Zarlino, pouco inteligentes) como cânone [*canon*], uma nomenclatura equivocada que permaneceu ao longo dos séculos (DAL MASO, 2017, p. 284-285). O assunto é tratado em detalhes no capítulo "Das fugas ou consequências, ou *reditte*, como quisermos dizer" // "Delle Fughe, o Consequenze, overo Reditte, che dire le vogliamo" (ZARLINO, 1558, III.51, p. 212-217). Para uma ampla discussão sobre as definições de *fuga* e *imitatione*, vide Haar (1971).

[220] "[...] nel dar principio alli Contrapunti, ouero ad altre Compositioni musicali, si douesse porre vna delle nominate Consonanze perfette; cioè l'vnisono, la Quinta, la Ottaua, ouero vna delle replicate. La qual regola non volsero che fusse tanto necessaria, che non si potesse fare altramente, cioè che non si potesse anco incominciare per vna delle imperfette; poi che la perfettione sempre si atribuisce al fine, & non al principio delle cose. Non douemo pero intendere questa regola cosi semplicemente: perciochè quando la parte del Contrapunto incomincierà a canatre insieme con la parte del Soggetto, allora si potrà incominciare per vna delle perfette gia dette: Ma quando, per maggior bellezza, & leggiadria del Contrapunto, & per maggior commodità ancora, li Musici facessero, che le parti non incominciassero a cantare insieme; ma l'vna dopo l'altra, con lo istesso progresso di figure, o note, che è detto Fuga, Consequenza, il quale rende il Contrapunto non pur diletteuole; ma etiandio artefìcioso [...]" (ZARLINO, 1558, III.28, p. 173).

Zarlino vai além de definir o que é certo ou errado no contraponto para tratar do que é factível em uma decisão que privilegia o refinamento da composição visando ao contentamento do público.

Um outro exemplo que ajuda a compreender a noção de ornato em *Le istitutioni harmoniche* está no capítulo que trata sobre as pausas. O autor inicia explicando que elas são figuras de taciturnidade, que indicam o tempo que se deve ficar em silêncio; e apresenta sua correspondência com as figuras cantáveis, com o mesmo valor e nome. Logo após exibir a grafia de cada uma delas, Zarlino informa que são utilizadas por necessidade ou por ornamento. O primeiro caso, como o próprio nome sugere, considera a impossibilidade de que os cantores sigam do início ao fim da cantilena sem nenhum repouso. E, sobre o segundo caso, o autor esclarece:

> Foram então encontradas as pausas para ornamento: pois por meio delas pode-se pôr as partes uma depois da outra em fuga, ou consequência, como veremos. Este modo faz a cantilena não só artificiosa, mas também deleitável, de modo que o cantar contínuo que as partes fazem, em conjunto, gera tédio não somente aos cantores, mas também induz saciedade aos ouvintes. E fazer silenciar as partes algumas vezes com algum propósito, isto é, fazendo cantar ora duas, ora três, ora quatro e em seguida todas juntas (sendo a composição a mais vozes), maximamente no fim. Então, é necessário que todas as partes cantem juntas e terminem juntas. Isso faz que as composições, por tal variedade, se tornem mais vagas e deleitáveis.[221] (ZARLINO, 1558, III.50, p. 211).

Neste trecho, também se observa que as qualidades das pausas usadas como ornamento são semelhantes àquelas que definem o *ornatus*. O autor considera que, por meio delas, a cantilena se torna artificiosa e deleitável, e, em uma composição a várias vozes, o revezamento no uso do silêncio nas diferentes partes, alternado com momentos em que todas as vozes cantam juntas, resulta em uma variedade aprazível. Tais características são opostas ao cantar contínuo, ou sem pausas, que leva os cantores ao tédio; e o público, à saturação. Zarlino prossegue explicando que, devido à função que possuem,

---

[221] "Furono poi ritrouate le Pause per ornamento: percioche col mezo loro, le parti si possono porre l'una dopo l'altra in fuga, o consequenza; come uederemo; il qual modo fa la cantilena non solo artificiosa, ma etiandio diletteuole: conciosia che'l cantare di continouo, che fanno le parti della cantilena insieme, genera noia non solamente alli cantori; ma anche a gli ascoltanti induce sacietà: Et lo far tacere le parti alcune uolte con qualche proposito, cioè facendone cantare hora due, hora tre, hora quatro, & tallora (essendo la compositione à più voci) tutte insieme, massimamente nel fine; conciosia che è necessario, che tutte le parti insieme cantino, & insieme finiscano; fà, che le compositioni per tal varietà riusciscono più vaghe, & più diletteuoli" (ZARLINO, 1558, III.50, p. 211). As noções de Zarlino sobre consonâncias plenas e vagas são apresentadas no capítulo 8: "Quali consonanze siano più piene, & quali più vaghe" (ZARLINO, 1558, III.8, p. 155).

as pausas são uma espécie de "interrupção artificiosa" das vozes, "querendo advertir que não deveríamos usar as pausas nas cantilenas sem propósito e sem artifício, mas colocá-las de maneira que se visse que a necessidade e o artifício as requeriam"[222] (ZARLINO, 1558, III.50, p. 211). É notório, mais uma vez, o caráter artificioso atribuído às pausas e como o autor ressalta que a existência de um propósito, ou de um motivo, para o seu uso nas composições é algo imprescindível. Dessa forma, o texto evidencia que elas devem ser empregadas conforme uma escolha consciente do compositor, e não de forma casual. Zarlino ainda desdobra a sua demonstração com a comparação de uma música sem pausas com a irritação causada por alguém que fala sem parar:

> Pois assim como é coisa viciosa que alguém fale sempre e não saiba pôr fim ou meta ao seu falar, também é coisa viciosa que o músico não saiba o tempo e lugar de dar repouso às partes de sua composição de modo que, assim como não é sem virtude o saber razoar e calar com propósito, também não será sem virtude que o músico saiba fazer calar e cantar, no tempo e lugar, as partes de sua cantilena.[223] (ZARLINO, 1558, III.50, p. 211).

Dessa forma, o autor é demasiado explícito ao expor, por meio da comparação com a fala, tanto a necessidade do uso das pausas quanto o seu potencial para ser um ornamento na elaboração de um contraponto belo e deleitável, tomando como argumento central a relação entre virtude e vício.

Burton (2016) explica que, de certa forma, o ornato possui proximidade com a ação (*hypocrisis, actio, pronuntiatio*), pois também considera as dimensões orais e aurais dos sons e ritmos das palavras. De modo semelhante, Harrán (1988a, p. 169) observa que, para os compositores e teóricos do século XVI, não era suficiente que uma música fosse bem composta. Ela também precisava ser retoricamente apresentada pelos cantores, seguindo o modelo dos oradores, para que sua beleza e suas qualidades inatas fossem percebidas pelo ouvinte.

De acordo com Lausberg (2003, §538, p. 50), como parte do estilo, o ornato é a mais codificada de todas as virtudes, provavelmente por ser a mais brilhante e eficaz, e vai além da correção elocutiva (*latinitas*) e da compreensibilidade intelectual da expressão (*perspicuitas*), como resultado da observação do decoro (*aptum*) do discurso. Essa perspectiva, que rela-

---

[222] "E ben dissero arteficioso intralasciamento, volendoci avertire che non dovessimo por le pause nelle cantilene fuor di proposito e senz'artificio ma collocarle di maniera che si vedesse che la necessità e l'arteficio lo richiedeva" (ZARLINO, 1558, III.50, p. 211).

[223] "Imperoché sì come è viziosa cosa ad alcuno che parli sempre e non sappia per fine o meta al suo parlare, così è cosa viziosa al musico che non sappia a tempo e luogo dar riposo alle parti della sua composizione. Di modo che, sì come non è senza virtù il saper ragionare e tacere con proposito, così ancora non è senza virtù che 'l musico sappia far tacere e cantare le parti della sua cantilena a tempo e luogo" (ZARLINO, 1558, III.50, p. 211).

ciona o ornato com as demais virtudes, também pode ser observada nas fontes musicais do século XVI. Ao iniciar a terceira parte de *Le istitutioni harmoniche*, dedicada ao contraponto, Zarlino diz:

> E o contraponto é julgado melhor e mais deleitável, quanto mais se usa com boa graça, melhores modos, com ornato e belo proceder, e isto segundo as regras, que busca a arte de compor bem e corretamente.[224] (ZARLINO, 1558, III.1, p. 147-148).

Neste trecho, o autor evidencia que "compor bem" é algo que depende diretamente de usar o material musical adequado, seguindo as regras de forma harmoniosa e agradável, de modo que uma cantilena destituída de "ornato" e do "belo proceder" é também desprovida de elegância e do seu poder efetivo. Em outra passagem, Zarlino reivindica que "o compositor, então, procurará fazer com que as partes de sua cantilena possam ser cantadas bem e agilmente, que procedam com movimentos belos, graciosos [*leggiadri*] e elegantes"[225] (ZARLINO, 1558, III.45, p. 204). Novamente, a intenção é que a composição seja elaborada de acordo com os preceitos estabelecidos como corretos e, mais do que isso, que suas melodias sejam artificiosas. Nesse sentido, e como depreendido com perspicácia por Harrán (1988a, p. 156), o autor, em seu impulso humanista, procurou alinhar a música aos ideais de refinamento literário, o que requer que ela tenha conformidade com as propriedades do discurso e que sua prática siga os padrões sistematizados na porção de seu tratado dedicada à Música Prática.

Garavelli (2008, p. 197) e Salatino (2013) chamam atenção para o fato de que, embora seja compreendido entre as virtudes oratórias, o ornato requer uma abordagem à parte, seja por sua enorme amplitude de articulações, seja pelos desenvolvimentos autônomos que teve ao longo da história que chegaram, até mesmo, a fazer com que a retórica fosse paulatinamente reduzida à *elocutio*[226], e esta, por sua vez, equiparada à teoria do *ornatus*,

---

[224] "E tanto più il Contrapunto è giudicato dilettueole & buono, quanto più si usa con buona gratia, megliori modi, & con ornato & bel procedere; & questo secondo le Regole, che ricerca l'Arte del bene & correttamente comporre" (ZARLINO, 1558, III.1, p. 147-148).

[225] "Cercarà adunque il compositore di fare che le parti della sua cantilena si possino cantar bene e agevolmente, e che procedino con belli, leggiadri ed eleganti movimenti [...]" (ZARLINO, 1558, III.45, p. 204).

[226] Nuñez (1997, p. 44) destaca que, a partir de 1491, quando Lorenzo Valla rechaçou a atribuição de autoria da *Rhetorica ad Herennium* a Cícero, esta obra começou a perder prestígio e sofrer o mesmo processo de transformação da retórica renascentista, especialmente no que diz respeito ao confronto entre a retórica e a dialética acerca de sua competência sobre a *inventio* e *argumentatio*. Esse confronto está presente em autores como Rodolfo Agricola, Luis Vives, Pierre de la Ramée e Sanchéz de las Brozas e, aos poucos, reduziu o campo da retórica em favor da dialética até que, no Barroco, a retórica e a poética ficaram reduzidas à elocução, enquanto o restante da "velha retórica" passou, fundamentalmente, para o campo da lógica.

vista como um complicado corpus de figuras desprovidas de sua função pragmática original. Mas, antes de referir-se a esse amplo leque de figuras, Cícero destaca que o ornato possui um caráter geral, que, assim como na *Rhetorica ad Herennium*, está associado à variedade, à elegância e ao realce do conteúdo:

> [...] o discurso se adorna, em primeiro lugar, por seu caráter geral e com seu próprio colorido e substância; pois, ao que resulta grave, elegante, culto, generoso, admirável, polido, ao que tem a emoção e o patético suficiente não lhe corresponde a cada um de seus membros, mas são visíveis em todo seu corpo.[227] (*De orat.*, III.96).

Esse caráter geral do ornato, antes referido, pode ser constatado também em diversos excertos de *Le istitutioni harmoniche* que oferecem evidências óbvias da importância dos elementos a ele associados[228] para a composição musical. No que tange à variedade, cabe notar que o quarto dos seis requisitos básicos para um bom contraponto é "usar as consonâncias nas melodias, de forma variada" (ZARLINO, 1558, III.26, p. 172), o que é especialmente enfatizado nos capítulos que tratam dos intervalos obtidos na movimentação das vozes[229]. Para isso, o ponto de partida de Zarlino (1558, III.29, p. 176) é a proibição do uso consecutivo de consonâncias que possuem a mesma razão de proporção nos contrapontos; elas devem sempre ser intermediadas por outro tipo de intervalo. Para o autor, a variedade é

---

[227] "[...] Ornatur igitur oratio genere primum et quasi colore quodam et suco suo; nam ut gravis, ut suavis, ut erudita sit, ut liberalis, ut admirabilis, ut polita, ut sensus, ut doloris habeat quantum opus sit, non est singulorum articulorum; in toto spectantur haec corpore" // "[...] el discurso se adorna, en primer lugar, por su carácter genérico y con su propio colorido y jugo; pues el que resulte grave, elegante, culto, generoso, admirable, pulido, el que tenga la emoción y el patetismo suficiente no le corresponde a cada uno de sus miembros, sino que son visibles en su cuerpo todo" (*De orat.*, III.96).

[228] Inúmeras passagens do tratado citadas neste e em outros capítulos do livro explicitam as recomendações de Zarlino relacionadas a esses três aspectos do ornato. O realce do conteúdo será abordado no próximo capítulo, que discute as orientações do autor acerca da acomodação da música ao texto.

[229] Os demais requisitos necessários à elaboração do contraponto, como já mencionado, são: encontrar o sujeito; usar intervalos com proporções contidas nos números sonoros; usar as consonâncias nas melodias, de forma variada; ordenar a cantilena de acordo com determinado modo; e acomodar a música às palavras do texto e seu conteúdo (ZARLINO, 1558, III.26, p. 171-172).
De forma semelhante à discutida aqui, a variedade é recomendada em outras partes do tratado, a exemplo dos seguintes capítulos: "Que respeito deve-se ter às relações intervalares nas composições a mais vozes" // "Che rispetto si de hauere a gli Interualli relati nelle compositioni di più voci" (ZARLINO, 1558, III.31, p. 181-182); "De que maneira duas ou mais consonâncias perfeitas ou imperfeitas contidas sob a mesma forma podem ser postas imediatamente uma após a outra" // "In qual maniera due, o più Consonanze perfette, ouero imperfette contenute sotto vna istessa forma, si possino porre immediatamente l'vna dopo l'altra" (ZARLINO, 1558, III.32, p. 182-183); "Como são concedidas duas ou mais consonâncias, perfeitas ou imperfeitas, contidas em diversas formas, postas uma imediatamente após a outra" // "Come due o più consonanze perfette overo imperfette, contenute sotto diverse forme poste l'una immediatamente dopo l'altra, si concedono" (ZARLINO, 1558, III.33, p. 183).

condição indispensável para a qualidade da composição: "E poderemos julgar que uma cantilena seja *tão mais harmoniosa* quanto mais se encontrar na composição de suas partes *diversos* intervalos entre elas, entre o grave e o agudo, *diversos* movimentos e *diversas* proporções"[230] (ZARLINO, 1558, III.29, p. 176, grifo nosso). Isso porque considera que consonâncias iguais têm o mesmo proceder e a mesma proporção, o que gera repetição ao invés de variedade. Garavelli (2018, p. 270) explica que a variação (*variatio*) e a repetição (*repetitio*) são mecanismos discursivos fundamentais que se opõem e observa que, do ponto de vista estilístico, a normativa de línguas neolatinas (italiano e francês) propõe a variação como um "remédio" contra as repetições que não são retoricamente motivadas[231]. Nesse sentido, o autor reitera que "a *perfeita harmonia* consistia na *variedade*, não tanto dos locais ou distâncias das partes da cantilena, mas na *variedade* dos movimentos, das melodias e das proporções"[232] (ZARLINO, 1558, III.29, p. 176, grifo nosso).

A orientação de Zarlino é especialmente válida para o uníssono, já que ele não possui nenhum tipo de variedade, seja em relação aos sons extremos, seja em relação à distância entre suas notas, ao seu registro (grave ou agudo), ou ao seu proceder. A proporção que o define é a igualdade, e ele é formado por notas que são idênticas em tudo (ZARLINO, 1558, III.11, p. 157-158). Todos esses aspectos são utilizados pelo autor para estender sua argumentação às demais consonâncias, perfeitas e imperfeitas, e concluir, novamente, aconselhando que "devemos tentar *variar* sempre os sons, as consonâncias, os movimentos e os intervalos e, desse modo, pela *variedade* dessas coisas faremos uma *boa* e *perfeita harmonia*"[233] (ZARLINO, 1558, III.29, p. 177, grifo nosso). Ao longo de toda a exposição, observa-se que o autor é enfático na oposição entre *variatio* e *repetitio*, explicada anteriormente conforme Garavelli (2018, p. 270), e que também há uma preocupação com o vício da monotonia, que, de acordo com Quintiliano, revela mesmice de pensamento, uniformidade da estrutura e das figuras utilizadas, o que provoca o tédio pela falta de variedade e cor (*Inst. orat.*, VIII.III.52). Além

---

[230] "Et tanto più potremo allora giudicare che sia harmoniosa quella cantilena, quanto più si ritrouerà nella compositione delle sue parti diuerse distanze tra l'vna, et l'alra, per il graue, & per lo acuto; diuersi mouimenti, & diuerse proportioni" (ZARLINO, 1558, III.29, p. 176).

[231] A autora também nota que, no inglês e no alemão, essa preocupação é inexistente e a repetição de palavras ou expressões, mesmo que pouco distantes no texto, é uma prática comum, especialmente quando se pretende evitar a ambiguidade (GARAVELLI, 2018, p. 270).

[232] "[...] la perfetta harmonia consistesse nella varietà, non tanto delli Siti, o Distanze delle parti della cantilena, quando nella varietà di i Mouimenti, delle Modulationi, & delle Proportioni" (ZARLINO, 1558, III.29, p. 176).

[233] "[...] douemo cercare di variar sempre li Suoni, le Consonanze, li Mouimenti, & gli Interualli; & per tal modo, dalla varietà di queste cose, verremo a fare vna buona & perfetta harmonia" (ZARLINO, 1558, III.29, p. 177).

disso, é pertinente notar que, assim como Quintiliano, Zarlino recorre à comparação com a cor e a pintura para assinalar a variedade como uma das qualidades das boas composições:

> Do mesmo modo que ver uma pintura pintada com diversas cores deleita mais o olho do que se fosse pintada com uma só cor, também o ouvido se deleita mais e tem mais prazer com as consonâncias e melodias variadas, usadas pelo diligentíssimo compositor nas suas composições, do que as simples e não variadas.[234] (ZARLINO, 1558, III.29, p. 177).

Dessa forma, as instruções de Zarlino acerca da combinação dos elementos na elaboração dos contrapontos enfatizam, de diversas formas, a variação, que é uma das características mais gerais do ornato e que, assim como nas fontes da retórica, está associada a como compor bem, de maneira bela, sábia e elegante.

No que diz respeito à elegância, Zarlino reiteradamente enaltece a sua necessidade na elaboração do contraponto[235]. Harrán (1988b, p. 431) esclarece que a capacidade ou aptidão musical, para Zarlino e seus contemporâneos, possui diferentes níveis que se referem às habilidades de manusear a linguagem. No nível mais baixo, está o barbarismo, isto é, o uso deficiente ou imperfeito do discurso; no nível intermediário, encontra-se seu uso correto; e no mais alto, a elegância, ou seu uso estilizado. O termo "*elegantia*", segundo ele, subentende a *proprietas* (*rectitudo*, *decorum*, *aptum*, *approppriatum*) como uma de suas qualidades constituintes e possui duas acepções: a primeira tem o sentido de "luxuoso", "exuberante" e, portanto,

---

[234] "Onde si come il vedere vna Pittura, che sia dipinta con varij colori, maggiormente diletta l'Occhio, di quello che non farebbe se fusse dipinta con vn solo colore; cosi l'Vdito maggiormente si diletta, & piglia piacere delle Consonanze, & delle Modulationi variate, poste dal diligentißitmo Compositore nelle sue compositioni, che delle semplici, & non variate" (ZARLINO, 1558, III.29, p. 177).

[235] Como nos seguintes trechos que conformam apenas alguns dos exemplos relativos à elegância: "o compositor, então, procurará fazer com que as partes de sua cantilena possam ser cantadas bem e agilmente, que procedam com movimentos belos, graciosos [leggiadri] e elegantes [...]" (ZARLINO, 1558, III.45, p. 204); "o compositor poderá fazer aquilo que lhe for mais cômodo, advertindo, no entanto, para acomodar as partes da cantilena de tal maneira que sempre cantem bem e tenham um proceder belo e elegante, com um não sei o quê misto de gravidade" (ZARLINO, 1558, III.43, p. 200); ou no trecho em que orienta acerca da utilização dos intervalos para que as cantilenas sejam feitas "de modo regulado, com boa ordem, douta e elegantemente e com boas razões e fundamentos" (ZARLINO, 1558, III.27, p. 173). Harrán (1988a, p. 156-157) destaca alguns outros autores que também dedicaram seus escritos, total ou parcialmente, à questão da elegância: Adrianus Petit Coclico (*Compendium musices*, 1552), Conrad von Zabern (*De modo bene cantandi choralem cantum in multitudine personarum*, 1474), Rutgerus Sycamber de Venray (*De recta, congrua devotaque cantione dialogus*, c. 1500), Dietrich Tzwivel (*Introductorium musice practice ad puerorum institutionem... percommode de solmizatione deque tonorum ratione ac modo rite canendi tractans*, c. 1508), Hermann Finck (*Practica musica...*, 1556) e Georg Quitschreiber (*De canendi elegantia, octodecim praecepta, musicae studiosis necessaria...*, 1598).

ornamentado; e a segunda significa "escolha", "bom" ou "puro" e, assim, discriminado ou que está em acordo com os cânones do bom gosto. Nesse sentido, afirma que a principal preocupação do músico deve ser com a correção e com a elegância, já que são os únicos níveis aptos à composição ou à execução musical.

Na obra de Quintiliano (*Inst. orat.*, VIII.III.1), o emprego habilidoso do ornato é onde reside a arte do orador, e, assim, é uma virtude de importância fundamental, já que é uma arma, mais do que efetiva, brilhante em sua luta. Para realçar a grande contribuição do ornamento ao discurso, corrobora Aristóteles e Cícero: "Pois, os que gostam de ouvir prestam mais atenção e mais facilmente creem, geralmente são tomados pela satisfação e, por vezes, arrebatados pela admiração" (*Inst. orat.*, VIII.III.5). Assim, os três autores são unânimes em considerar que provocar a admiração do público é o objetivo máximo da retórica, cuja conquista é facilitada pelo uso de ornamentos. Sentido semelhante é encontrado nas palavras de Cícero:

> [...] o mais alto timbre de glória da eloquência consiste em realçar o conteúdo por meio do ornato, procedimento que vale não só para acrescentar ou suprimir algo quando se fala em um estilo elevado, mas também para atenuá-lo ou diminuí-lo.[236] (*De orat.*, III.104).

Quintiliano (*Inst. orat.*, VIII.III.8-10) oferece vários exemplos que associam os ornamentos do discurso a armas utilizadas para alcançar esse objetivo. Sobre esse aspecto, Miranda (2014, p. 263, p. 265) esclarece que, na obra do autor, o *ornatus* é a arma que "confere vigor [à linguagem], intensifica a sua força, amplifica o seu poder expressivo" e, por isso, é uma palavra-chave relacionada à elocução. A autora chama atenção para o fato de que o termo é invariavelmente traduzido por "ornamento" ou "ornato" (em português, espanhol e italiano; *ornement* em francês; e *ornament* em inglês), o que remete a "adorno", "decoração" e "enfeite", como um atributo estético da linguagem que possui a conotação de algo supérfluo ou acessório. No entanto, ela mostra que, para um leitor contemporâneo a Quintiliano, a palavra "*ornatus*" estava associada a "poder", "superioridade", "equipamento", "apresto" ou "conjunto de recursos"; "*ornamenta*" designava "armas" ou "material de guerra"; e o vocábulo "*ornare*" tinha o significado de "equipar",

---

[236] "Summa autem laus eloquentiae est amplificare rem ornando, quod valet non solum ad augendum aliquid et tollendum altius dicendo, sed etiam ad extenuandum atque abiciendum" // "[...] el más alto timbre de gloria de la elocuencia consiste en realzar el contenido mediante el ornato, procedimiento que vale no sólo para añadir o suprimir algo cuando se habla en un estilo elevado, sino también para atenuarlo y aminorarlo" (*De orat.*, III.104).

"prover". Garavelli (2008, p. 198) igualmente faz referência ao verbo "*ornare*", que, em latim, tem o sentido de "munir", "revestir de armas", "preparar" (um exército, uma frota). Neste sentido, ambas as autoras reivindicam que o *ornatus*, mais do que a ideia de embelezamento, seja compreendido como uma linguagem que "é aguerrida", "dotada de recursos", "equipada" ou "apetrechada de armas" capazes de aumentar o poder de persuasão do orador (GARAVELLI, 2018, p. 198; MIRANDA, 2014, p. 265). Para Miranda, a associação do termo com a linguagem militar justifica a utilização, por Quintiliano, das metáforas da espada[237] (Livro VIII) e da esgrima[238] (Livro IX). A primeira delas é elucidada pela autora da seguinte forma:

> [...] a diferença entre a linguagem com e sem *ornatus* era a diferença entre a espada embainhada e a espada em riste. A espada embainhada da linguagem quotidiana (*loqui*) só seria superada pela espada em riste da eloquência – a linguagem dotada de *ornatus* (*eloqui*). (MIRANDA, 2014, p. 265).

E a relação entre a linguagem ornamentada e a esgrima, por sua vez, é esclarecida como segue:

> Os raciocínios lógicos e simples são como, na esgrima, as esticadas direitas, aquelas que são fáceis de ver e de acautelar; mas o que é dito por figuras corresponde aos golpes de mestre que, por serem imprevistos, ferem e penetram. Se falta astúcia ao orador, ele combate só com o seu peso e o seu ímpeto; pelo contrário, aquele que diversifica os seus ataques e conhece outros tantos lances do adversário, esse acaba por vencer. (MIRANDA, 2014, p. 266).

Ao comentar essas duas metáforas, a autora explica que a linguagem destituída de *ornatus* é também desprovida de poder e eficácia, é equivalente a deixar um soldado combater sem armas, apenas com o seu ímpeto e o próprio peso, e é o mesmo que "ignorar a diferença entre a espada embainhada e a espada em riste" (MIRANDA, 2014, p. 267). Em sua avaliação, a doutrina do estilo, na obra de Quintiliano, é norteada pela concepção funcional da

---

[237] "Pois, pronunciar consiste em expor e levar aos ouvintes tudo quanto tiveres concebido mentalmente; sem isso, são inúteis todos os passos anteriores, semelhantes a uma espada escondida e mantida dentro de sua bainha" (*Inst. orat.*, VIII. Pr.15).

[238] "Realmente, como numa luta com armas [*armorum certamine // sword-play*], quando se veem facilmente as mãos honradas e simples, então é fácil prevenir e repelir golpes do adversário, mas as mãos ocultas e do lado oposto são menos observáveis, e o fato de ter mostrado algo diferente do que esperavas é próprio da arte; do mesmo modo, o discurso, carente de astúcia, batalha apenas com base no peso e no impulso; ao que disfarça e varia as tentativas torna-se possível atacar pelos flancos e por trás, desviar as armas e enganar o adversário com uma simples inclinação do corpo" (*Inst. orat.*, IX.I.20).

retórica como arte da persuasão, na qual o discurso é um produto artístico cujas considerações reforçam a concepção das figuras como o espaço de cruzamento entre a argumentação e a estilística (MIRANDA, 2014, p. 266). Nesse sentido, o ornato é um instrumento relevante para a persuasão, e sua utilidade está associada aos três ofícios do orador (*docere, movere, delectare*)[239].

Da mesma forma que os autores da retórica concordavam acerca do impacto que um discurso ornamentado poderia causar no público, os teóricos musicais acreditavam que uma música provida de refinamentos composicionais teria mais poder para impressionar os ouvintes. Na apreciação de Harrán (1988a, p. 148), Zarlino tinha consciência das diferenças entre o discurso simples e o embelezado na retórica, a *oratio simplex* e a *ornata*, e seus equivalentes na música, o *cantus simplex* e o *ornatus*, dos quais o autor veneziano possuía predileção pelo segundo. Para o autor (HARRÁN, 1988a, p. 149), a *musica ornata* correspondia a uma associação entre gramática (correção no discurso verbal e musical) e retórica (uso efetivo das palavras e da música) e conformava o ideal humanista pretendido por Zarlino, na qual a *gravitas*, característica marcante da *musica gravis, alta* ou *sublimis*, era entremeada pelos encantos e graças do *stilus mediocris*. A *musica ornata*, nesse sentido, assemelha-se à concepção da espada em riste na doutrina do estilo de Quintiliano, discutida por Miranda (2014), na qual *ornatus* possui o significado de palavra ornamentada, armada de material que permite ao orador ser mais eloquente.

Em *De oratore*, a seção que trata do *ornatus* o conecta ao decoro, enfatizando a unidade entre forma e conteúdo como algo imprescindível ao discurso, pois considera que as palavras não farão sentido, se forem isoladas do conteúdo, assim como o conteúdo se tornará sem brilho, se estiver separado das palavras (*De orat.*, III.19-24). Cícero destaca a importância do estilo para reivindicar para o orador a exposição de uma ampla variedade de saberes que podem ser objeto de um discurso (*De orat.*, III.25-36) e define o ornato na linguagem como a marca do verdadeiro orador: "Aqueles que se expressam artisticamente, com uma boa exposição, com abundância, com expressões e pensamentos luminosos, aqueles que, enquanto falam de certo modo, conseguem ritmo e recorrência, isso é o que eu chamo de falar com ornato"[240] (*De orat.*, III.53). Em parte do terceiro livro (*De orat.*, III.148-211), o

---

[239] Os três ofícios do orador: *movere* (comover), *docere* (informar) e *delectare* (deleitar).

[240] "Qui distincte, qui explicate, qui abundanter, qui inluminate et rebus et verbis dicunt et in ipsa oratione quasi quendam numerum versumque conficiunt, id est, quod dico, ornate" // "Quienes se expresan artísticamente, con una buena exposición, con abundancia, con expresiones y pensamientos luminosos, quienes al tiempo que hablan en cierto modo consiguen ritmo y recurrencia, eso es lo que yo llamo hablar con ornato" (*De orat.*, III.53).

personagem Crasso desenvolve os fenômenos próprios dessa virtude retórica em duas subdivisões: uma dedicada a palavras isoladas (*De orat.*, III.148-170); e a outra, aos conjuntos de palavras (*De orat.*, III.171-211). O ornato relativo a palavras isoladas é abordado conforme arcaísmos, neologismos e metáfora, com a recomendação de que sejam evitadas palavras baixas e vulgares, dando preferência para as brilhantes, apropriadas ao assunto e que sejam consideradas corretas de acordo com o costume. O referente a palavras em conjunto tem como base a disposição das palavras[241], cujo cuidado está relacionado com o ritmo e equilíbrio verbal (em especial, no tocante às cláusulas) e, finalmente, com as figuras de dicção e de pensamento.

De forma semelhante, Quintiliano (*Inst. orat.*, VIII.III.15) considera que o ornamento reside tanto em palavras isoladas (*verba singula*)[242], que devem ser claras, elegantes e bem ordenadas para produzir o efeito que pretendem, quanto no conjunto delas (*verba coniuncta*)[243], o qual deve ser formado por palavras corretas, dispostas de maneira adequada e adornadas com figuras convenientes. O autor, no entanto, adverte que, embora a clareza esteja associada ao uso de palavras apropriadas e o ornamento ao uso de termos metafóricos, sem propriedade não há ornato algum. Conforme ressaltado por Nuñez (1997, p. 28-29), ao contrário de Cícero e Quintiliano, o autor da *Rhetorica ad Herennium* não estabelece um discernimento preciso entre as figuras relativas a várias palavras (cujo vício correspondente seria o solecismo gramatical) e aquelas que se referem a palavras isoladas (às quais se opõem os barbarismos)[244].

---

[241] A disposição das palavras é caracterizada, pelo autor, pela colocação e ordenação das palavras, de tal maneira que o contato entre elas não seja áspero nem possua hiatos, mas que seja leve e com fluidez (*De orat.*, III.171).

[242] Em relação ao uso de palavras isoladas, Quintiliano (*Inst. orat.*, VIII.III.16-39) aborda aspectos como: a escolha de sinônimos, com preferência para as palavras mais sonoras e com sons mais eufônicos; a adequação entre as palavras escolhidas e o nível do discurso; a possibilidade da utilização de brincadeiras; o uso apropriado da ambiguidade; mudanças no tipo de linguagem, de acordo com um propósito específico (por exemplo, o uso de arcaísmos para conferir rebuscamento); o risco da afetação pelo uso de palavras raras; a utilização das táticas de suavização ou prevenção perante a necessidade de usar termos perigosos ou traduções livres; o uso de metáforas apenas quando forem adequadas ao contexto geral do discurso; e o cuidado com o uso de palavras obscenas.

[243] No que diz respeito ao conjunto de palavras, Quintiliano (*Inst. orat.*, VIII.III.40-90) explica que o ornamento, por um lado, depende do tipo de elocução pretendida ou do ideal de estilo. É nesse aspecto que se define a intenção do discurso: "se é aumentar ou diminuir algo, falar de modo arrebatado ou calmo, com suavidade ou com severidade, ampla ou suscintamente, áspera ou brandamente, com magnificência ou sutileza, com gravidade ou espirituosidade" (*Inst. orat.*, VIII.III.40). Por outro lado, está vinculado à maneira de expor e relaciona-se com as decisões sobre "com que figuras, reflexões, com que método e, finalmente, com que ordenação possamos alcançar o que pretendemos" (*Inst. orat.*, VIII.III.41). O autor considera que o ornato é composto de três elementos: o primeiro é formar uma concepção clara do que se quer dizer; o segundo é encontrar a sua expressão adequada; e o terceiro é o embelezamento, por meio do qual se confere elegância (*Inst. orat.*, VIII.III.61). Neste sentido, e conforme mencionado anteriormente no capítulo 4, tópico "Virtudes da elocução", o autor inclui *evidentia* no âmbito do *ornatus*, pois entende que ela é capaz de ir além do que é meramente lúcido e aceitável (*Inst. orat*, VIII.III.61-71).

[244] Vide capítulo 5, para as definições dos termos solecismo e barbarismo e sua discussão em *Le istitutioni harmoniche*.

Apesar da evidente preferência de Zarlino pela *musica ornata* e do amplo e detalhado tratamento que é dispensado ao *ornatus* na bibliografia dedicada à retórica, com extensas listas que sistematizam os procedimentos de ornamentação e a inclusão de exemplos que esclarecem as definições apresentadas, constata-se que, em *Le istitutioni harmoniche*, não existe uma parte nem capítulos específicos que abordem o assunto[245]. São raros os trechos em que o autor se refere de forma direta ao ornato, como no início da terceira parte do tratado, em que declara que um bom contraponto, capaz de deleitar os ouvintes, depende do uso dos "melhores modos", "com ornato e belo proceder"[246] (ZARLINO, 1558, III.1, 147), ou quando recomenda que, em um contraponto a várias vozes, a melodia da parte mais aguda tenha um proceder belo, ornamentado e elegante, de modo que alimente e nutra a mente dos que escutam (ZARLINO, 1558, III.58, 239). O autor tampouco fornece exemplos musicais em partitura (ele, no máximo, indica nomes de motetos ou madrigais), ou o faz raramente, e o mais comum é que Zarlino aluda ao tema de forma indireta, valendo-se da qualificação da composição (ou do compositor) como engenhosa, artificiosa, graciosa, deleitável e, portanto, digna de louvor.

Como uma virtude da elocução, o *ornatus* (*dignitas*, na *Rhet. Her.*, IV.18) possui várias qualidades, entre as quais Nuñez (1997, p. 241, n. 50) elenca a *gravitas* e a *suavitas* como seus principais elementos[247]. De acordo com Harrán (1988a, p. 153), eles estão especialmente relacionados com o estilo elevado (*stilus gravis*), no qual a elocução pretende ser elegante por

---

[245] Essa dedicação específica ao ornamento, especialmente entendido como o acréscimo de diminuições e graças (*groppo, tremolo, accento, clamazione*, entre outras) improvisadas, é mais frequente em fontes do fim do século XVI e princípio do XVII, como: [*Delle lettere...*] (1562), de Giovanni Camillo Maffei; *Il vero modo di diminuir* (1584), de Girolamo Dalla Casa; *Ricercate passaggi et cadentie* (1585), de Giovanni Bassano; *Passaggi per potersi essercitare nel diminuire* (1592), de Richardo Rogniono; *Regole, passaggi di musica, madrigali, e motetti passeggiati* (1594), de Giovanni Battista Bovicelli; *Prattica di musica* (1596), de Lodovico Zacconi; *Breve et facile maniera d'essercitarsi ad ogni scolaro* (1593), de Giovanni Luca Conforto; *Il Dolcimelo* (1600), de Aurelio Virgiliano; e *Selva de varii passaggi secondo l'uso moderno* (1620), de Francesco Rognoni. Exceções de notável relevância para essa temática são os tratados *La fontegara* (1535), de Silvestro Ganassi, e *El primo libro [...] nel qual si tratta delle glose sopra le cadenze* (1553), de Diego Ortiz, ambos publicados previamente ao tratado de Zarlino.

[246] Conforme já mencionado, "E tanto più il Contrapunto è giudicato dilettevole & buono, quanto più si usa con buona gratia, megliori modi, & con ornato & bel procedere; & questo secondo le Regole, che ricerca l'Arte del bene & correttamente comporre" (ZARLINO, 1558, III.1, p. 147-148).

[247] Outras qualidades relativas ao *ornatus* são sintetizadas por Lausberg (2003, §540, p. 51): 1) *robur* é o ornato que vai além da *latinitas* e da *perspicuitas*, mas que, ao mesmo tempo, se resguarda de uma realização exagerada; 2) *nitor* refere-se ao decoro, cujo juízo evita o vulgar; 3) *acutum* é a elocução intelectualmente interessante e engenhosa; 4) *copiosum* é a abundância obtida pelo uso de figuras que se opõe à brevidade excessiva e sem adornos; 5) *hilare* é a qualidade de um discurso alegre (*oratio hilaris*), contraposto a uma construção triste (*oratio tristis*); 6) *iucundum* é o efeito do ornato na esfera acústica e na estilístico-conceitual; 7) *accuratum* refere-se à obra e deriva da diligência do autor na observância contínua dos preceitos; 8) *flos* é o ornato que se baseia na variedade (*varietas*); 9) *lumen* é o que enfatiza e confere encanto especial à *perspicuitas*; e 10) *gratia*.

meio do uso de ornamentos. O autor explica que a gravidade está associada a formas e figuras de uma expressão nobre, digna, majestosa, magnificente e grandiosa, e precisa ser temperada pela suavidade, que possui relação com o prazeroso, doce, ameno, gracioso e encantador (HARRÁN, 1988a, p. 148). No texto de Zarlino, esses elementos também são recorrentes quando ele se refere à elegância e à beleza do contraponto ou da maneira de cantar. Um exemplo é encontrado no capítulo que trata do que deve ser considerado na elaboração de contrapontos sobre uma parte ou sobre um sujeito diminuído (ZARLINO, 1558, III.43, p. 200-201). O autor reforça a importância de se observarem as regras apresentadas, especialmente quando o sujeito é um *cantus firmus*, mas reconhece que compor de fantasia[248] é um processo mais livre e fluido, porque permite diminuir qualquer parte que o músico quiser. Nesse caso, explica que

> [...] o compositor poderá fazer aquilo que lhe for mais cômodo, advertindo, no entanto, para acomodar as partes da cantilena de tal maneira que sempre cantem bem e tenham um proceder belo e *elegante*, com um não sei o quê misto de *gravidade*.[249] (ZARLINO, 1558, III.43, p. 200, grifo nosso).

Em outro trecho, ao instruir o compositor sobre como conceber as melodias de forma regulada e os cantores sobre o que é importante em sua prática, o autor conclui que,

> [...] se o compositor e os cantores observarem aquelas coisas que pertencem ao seu ofício, não há dúvida que qualquer cantilena será deleitável, *doce* e *suave* e plena de boa harmonia e oferecerá grato e *doce prazer* aos ouvintes[250] (ZARLINO, 1558, III.45, p. 204, grifo nosso).

Desse modo, embora Zarlino não se refira explicitamente ao *ornatus* nos trechos citados, suas recomendações mencionam nitidamente os elementos que o caracterizam, como se observa nos termos destacados[251].

---

[248] De acordo com Zarlino (1558, III.26, p. 172), compor de fantasia (*comporre di fantasia, contrapuntizare* ou *far contrapunto*) é a denominação dada pelos músicos práticos para o processo de compor o sujeito ao mesmo tempo que o contraponto é elaborado. Outra possibilidade é defini-lo previamente; ele pode ser inventado pelo engenho do próprio compositor, ou retirado de outras composições, ou mesmo ser obtido de qualquer parte de um *cantus firmus* ou *canto figurato*, seja de uma, seja de mais partes de uma composição.

[249] "Potrà adunque il compositore far quello che li tornerà più commodo, avertendo però di accommodar sempre in tal maniera le parti della cantilena che cantino bene e abbiano bello ed elegante procedere, con un non so che misto di gravità" (ZARLINO, 1558, III.43, p. 200).

[250] "[...] se 'l compositore e i cantori insieme osservaranno quelle cose che appartengono al loro officio, non è dubbio ch'ogni cantilena sarà dilettevole, dolce e soave e piena di buona armonia, e apporterà agli uditori grato e dolce piacere" (ZARLINO, 1558, III.45, p. 204).

[251] Infelizmente, Zarlino não insere nem faz menção a nenhum exemplo musical que nos permita compreender de forma mais precisa o que ele considera doce e suave em uma composição musical.

Garavelli (2018, p. 199) esclarece que todas as sistematizações tradicionais do *ornatus* são fundadas na distinção preliminar entre palavras isoladas e grupos (ou conexões) de palavras, e o que varia entre um modelo e outro são as subdivisões e os procedimentos estabelecidos com base em categorias que podem ser distintas nas diversas classificações[252]. No entanto, considera que, de maneira geral, ornatos relativos a palavras isoladas são agrupados em sinônimos e tropos, e os que dizem respeito aos conjuntos de palavras formam as figuras (*léxeos schēmata, figurae elocutionis/figurae verborum*) que podem ser de palavra (obtidas por procedimento de adição, supressão ou ordenação) ou de pensamento (que incluem os mesmos procedimentos das figuras de palavra, além do da substituição)[253]. Como na *Rhetorica ad Herennium* não há uma diferenciação clara entre figuras de palavras isoladas e de conjuntos de palavras, Nuñez (1997, p. 28) indica que nessa obra também não é possível encontrar um discernimento preciso entre figuras e tropos, mas ressalta que existe uma divisão entre figuras de dicção (*verborum exornationes*), que se detêm exclusivamente na expressão empregada, e figuras de pensamento (*sententiarum exornationes*), que se tornam distintas conforme os próprios conteúdos expressos (*Rhet. Her.*, IV.18).

De acordo com Lausberg (2003, §541, p. 52), o ornato em palavras isoladas refere-se às possibilidades da *immutatio* (ou *copia verborum*, isto é, uma coleção ou um arsenal de materiais) e consiste na escolha justa e apropriada de um termo entre uma série de sinônimos com base na relação com

---

[252] De acordo com Garavelli (2018, p. 205-206), a *Rhetorica ad Herennium*, por exemplo, enumera dez figuras de palavra (*exornationes verborum*) que se distinguem de outros tipos de figuras por terem em comum a propriedade de afastar-se do sentido usual do vocábulo e dar ao discurso um significado geral diverso e com certa elegância. Em uma categoria semelhante a essa, Quintiliano enumera 13 tropos que incluem os já listados na *Rhetorica ad Herennium*, além de outros 3. A autora ainda apresenta um compêndio dos sistemas elaborados por Fontanier, que inclui sete classes de figuras de discurso, e por Lausberg, com dez tropos. Em relação às figuras de pensamento, Garavelli (2018, p. 341-342) relata que são encontradas cerca de 20 na *Rhetorica ad Herennium*, cujo catálogo deriva da doutrina asiático-helenista das figuras, e é mais ou menos refletido na tradição posterior (romana, medieval e moderna). Fontanier, por sua vez, redistribui as figuras presentes na retórica clássica e refuta a divisão entre figuras de palavra e de pensamento, e esta última é uma classe do seu sistema, assim como a imaginação, o raciocínio ou combinação e o desenvolvimento. Finalmente, destaca que, para Lausberg, um mesmo procedimento pode ser classificado como figura gramatical, figura de palavra ou figura de pensamento. Por isso, o autor propõe uma sistematização de acordo com as quatro categorias de mudança que são formadas pelos procedimentos de adição, supressão, ordenação e substituição.

[253] Garavelli (2018, p. 267) destaca que, na sistematização do *ornatus* proposta por Lausberg, os sinônimos e tropos são entendidos como substituição de um termo próprio. A autora ainda evidencia que, nos tratados latinos mais antigos, os tropos eram agrupados sempre em um conjunto mais amplo de *exornationes verborum* e esclarece que, nos modelos retóricos tradicionais, a forma, a função e o significado das expressões eram objeto de análise pois contribuíam para a eficácia da argumentação, a carga emocional e o valor estético do discurso, embora o número e as sutilezas das divisões, bem como a incerteza das definições e a sobreposição de subclasses e figuras acabaram por tornar instáveis as distinções. Desse modo, avalia que os instrumentos retórico-estilísticos ofereceram medidas, modelos e formas inadequadas, seja por deficiência, seja por excesso (GARAVELLI, 2018, p. 269).

a *proprietas*. Assim, uma palavra empregada como tropo comunica um novo significado que o orador expressa de acordo com uma finalidade e que o ouvinte reconhece pelo contexto da frase e da situação (LAUSBERG, 2003, §552, p. 57-58). O ornato em grupos de palavras, por sua vez, consiste nas demais figuras e na *compositio*, caracterizadas pelos procedimentos modificativos já mencionados. O autor, contudo, ressalta a falta de clareza acerca da divisão entre tropos e figuras, assim como a discordância sobre o assunto, observada na obra de diversos teóricos (LAUSBERG, 2003, §599-601, p. 93-94). Nuñez (1997, p. 241, n. 50) tem parecer semelhante ao de Lausberg quando expressa que a segmentação desta virtude em diversas figuras faz com que ela seja a parte mais caótica e controvertida da doutrina antiga sobre o estilo, já que não existem limites precisos entre o que é ou não é uma figura.

No que respeita à classificação das figuras de pensamento, Garavelli (2018, p. 340) considera-as mais heterogêneas ou menos confiáveis que as correspondentes taxonomias das figuras de palavra que, minimamente, têm como referência a identificação de algumas estruturas gramaticais. Segundo a autora, as figuras de pensamento são reconhecidas com base em conceitos mais vagos, mal definidos ou que são forçados a coincidir com procedimentos que, às vezes, são comuns a várias figuras. Para Cícero, por exemplo, "a diferença entre as figuras de dicção e as de pensamento reside em que as de dicção desaparecem se as palavras forem mudadas e as de pensamento permanecem, sejam quais forem as palavras que utilize"[254] (*De orat.*, III.200). O que resulta desse tipo de bipartição, segundo Garavelli (2018, p. 340-341), é o embate acerca da organização do conteúdo nas teorias clássicas da elocução, de modo que o mesmo fato discursivo é classificado por uns como figura de pensamento e por outros como figura de palavra.

No âmbito da tratadística musical, diversas propostas de esquematização de uma doutrina das figuras musicais foram elaboradas, especialmente na Alemanha. A mais antiga aparece em *Musica autoschediastikē* (1601), de Joachim Burmeister, cujo capítulo "Do capítulo sobre os ornamentos"[255] é seguido por uma parte intitulada "Os ornamentos ou figuras da música, ilustradas com exemplos

---

[254] "[...] Formantur autem et verba et sententiae paene innumerabiliter, quod satis scio notum esse vobis; sed inter conformationem verborum et sententiarum hoc interest, quod verborum tollitur, si verba mutaris, sententiarum permanet, quibuscumque verbis uti velis" // "[...] la diferencia entre las figuras de dicción y las de pensamiento radica en que las de dicción desaparecen si cambias las palabras y las de pensamiento permanecen, sean cuales sean las palabras que utilizas" (*De orat.*, III.200). De acordo com Iso (2002, n. 335), Cícero alude, nesse trecho, às *figurae*, palavra proveniente da ginástica e que se refere a uma postura ou disposição do discurso distinta da "normal" ou "em repouso".

[255] XII. *Ex capite de ornamentis* (BURMEISTER, 1601) // *From the Chapter on Ornaments* (RIVERA, 1993, p. xv).

dos mais admirados mestres compositores, escritos em pentagrama"[256]. Neles, as figuras musicais são agrupadas em três categorias: 1) ornamentos de harmonia, 2) ornamentos de melodia e 3) ornamentos de harmonia e melodia. Para Rivera (1993, p. xvii), a analogia pretendida por Burmeister com o agrupamento clássico das figuras retóricas em figuras de dicção e figuras de pensamento é óbvia. Harrán (1988a, p. 143), no entanto, considera que as origens dessa doutrina das figuras estaria presente na teoria musical do século XV, em obras que fazem referência a três "figuras" primárias — a repetição (*replicatio*)[257], que é equivalente à repetição de uma palavra ou frase do discurso; a pausa (*pausa*); e a cadência (*clausula*) —, mas nota também que, na prática, elas são ainda mais antigas, já que fazem parte do vocabulário musical básico desde seus primórdios. O autor esclarece que essas três "figuras" tinham duas funções: a primeira delas era musical e estava associada à construção das frases; e a segunda era textual, pois relacionava-se com a articulação das palavras. Distinção semelhante a essa é observada nas figuras descritas por teóricos posteriores. Algumas possuem função musical (*clausula, pausa*, síncope, *transitus, cambiata* etc.), têm significado correlato ao das figuras retóricas e incluem as convenções de estilo, enquanto outras têm função textual e podem servir tanto para a ilustração do texto (*anabasis, catabasis, circulatio* etc.) quanto para enfatizá-lo (algumas delas se relacionam especificamente com a *replicatio*, tais como *anadiplosis, anaphora, apanalepsis, epistrophe* e *epizeuxis*, entre outras).

De acordo com Buelow (2001), os primeiros sinais de interação entre a música e a retórica humanista apareceram na prática musical italiana na virada do século XV para o XVI (na geração de Josquin des Prés), época em que foram publicadas e circularam as primeiras traduções das obras de Quintiliano e Cícero. Nesse contexto, o ideal retórico era expresso na música segundo ritmos e frases melódicas elaboradas de acordo com o texto, o cuidado com a movimentação rítmica que por vezes se convertia em uma espécie de argumentação musical que envolve uma variedade de texturas e a manipulação de conclusões e elisões cadenciais, e a definição geral de seu caráter afetivo. Essas mesmas questões apareceram também nas obras teóricas, nas quais os autores escreveram acerca da variedade (*varietas*) modal, do decoro, do gesto e do uso da voz na prática do canto, bem como da relação entre texto e música. O vínculo entre

---

[256] *Ornamenta sive figurae musicae, probatissimorum artificum exemplis ad contextum notarum exaratis illustrata* (BURMEISTER, 1601) // *The Ornaments or Figures of Music, Illustrated with Examples by the Most Admired Master Composers, Written in Staff Notation* (RIVERA, 1993, p. xvii).

[257] Harrán (1988a, p. 143, n. 20) informa que Tinctoris (*Liber de arte contrapuncti*, Livro III, capítulo 6) estabelece uma distinção entre a *resumptio*, que se refere à repetição de uma frase, e a *redicta*, que diz respeito à repetição contínua de um ou mais motivos.

música e retórica, para o autor, consolidou-se de forma definitiva no meio do século, quando os autores reinterpretaram a terminologia da retórica clássica e a adaptaram para o âmbito musical: *recte loquendum* (discurso correto) e *bene loquendum* (discurso elegante) foram expostas como *recte cantandum* (observação da correta acentuação, pronúncia e acomodação do texto à música)[258]; e *bene cantandum* (cantar de maneira florida e ornamentada) nos tratados de Coclico e Fink. O autor ainda esclarece que a discussão das relações retórico-musicais também ocorreu nos círculos das cortes e academias italianas, nas quais se sustentou uma visão mais apurada sobre a música antiga e uma interação mais sutil e bem fundamentada entre a música e as teorias da poesia em vernáculo.

No que tange às figuras retórico-musicais, Harrán (1988a, p. 144) informa que vários teóricos, do início do século XVII até o fim do século XVIII[259], enumeraram e explicaram como elas se relacionavam com a composição e se esforçaram para codificar os usos do discurso musical de acordo com a prática de cada época. De fato, até o século XVIII, tanto as figuras quanto as diversas listas que associavam tonalidades musicais a afetos foram amplamente discutidas, e elas revelam uma grande gama de interpretações, que variam de pequenas diferenças de nuances até características bastante contraditórias[260]. Nesse sentido, embora existam diversos trabalhos que se dedicam ou que discutem a utilização das figuras retórico-musicais, muitos autores também reclamam da inconsistência do enquadramento objetivo

---

[258] Buelow (2001) corrobora Feldman (1995) ao considerar que as questões relativas à acomodação da música ao texto nos tratados de Lanfranco, del Lago, Vicentino, Zarlino e Stoquerus, ou seja, no contexto veneziano, refletem uma preocupação essencialmente retórica com o *recte loquendum* e derivaram de uma influência direta do ciceronianismo de Pietro Bembo.

[259] Harrán (1988a, p. 144, n. 22) refere-se a alguns dos teóricos mencionados por Buelow (2001): Burmeister (1601, 1606), Lippius (1612), Nucius (1613), Herbst (1653), Kircher (1650), Bernhard (1657) e Walther (1708). Além desses, Buelow (2001) cita: Vogt (1719), Scheibe (1745), Spiess (1745) e Forkel (1788-1801). Conforme se observa nos teóricos mencionados pelos autores, as propostas de codificação das práticas retórico-musicais, incluindo uma ampla categorização de figuras com a finalidade de ilustrar ou enfatizar as palavras e ideias contidas no texto, configuram-se como iniciativas de escritores alemães. Seguindo Burmeister, eles tomaram de empréstimo a terminologia retórica para as figuras musicais, mantendo seus nomes gregos e latinos, mas em alguns casos também inventaram figuras musicais de forma análoga às retóricas. Para Buelow (2001), a teoria das figuras retórico-musicais é uma tradição basicamente germânica e é a ela que concerne o detalhado catálogo de figuras musicais elaborado por Bartel (1997), que lista as suas diferentes formas, definições e descrições. Assim, o autor expõe inúmeros conflitos entre terminologias encontradas nos tratados dos séculos XVII e XVIII.

[260] Para citar apenas alguns exemplos: Mattheson, em seu tratado *Das neu-eröffnete* (1713), considera a tonalidade de Dó menor extremamente amável, ainda que triste; Lá menor é queixosa, respeitável, resignada e convida ao sono; e Fá menor é doce, terna, podendo ser profunda, pesada e com uma ansiedade fatal que leva a ser extremamente movida (BUELOW, 1983, p. 401-402; LENNEBERG, 1958, p. 234-235). No *Traité de L'Harmonie* (1722), Rameau (1971, p. 164) qualifica as tonalidades de Dó menor e Fá menor como adequadas para suavidade, ternura e tristeza. Por sua vez, o *Versuch einer anweisung die flöte traversiere zu spielen* (1752), de Quantz (2001, p. 164-165), declara que as tonalidades de Lá menor, Dó menor e Fá menor expressam melhor o sentimento de melancolia do que outras tonalidades menores.

dessas figuras no âmbito da expressão musical (LÓPEZ CANO, 2012), da mesma forma que observado anteriormente entre os estudiosos da retórica, que reconhecem as diferenças entre os modelos e procedimentos utilizados nas sistematizações de figuras. Isso porque é um campo teórico que dificilmente desemboca em um raciocínio de ordem científica que possa conduzir o músico de acordo com os três ofícios do orador[261].

Quando se refere especificamente à obra de Zarlino, Harrán (1988a, p. 145) afirma, com razão, que não existe a proposta de elaboração de uma doutrina das figuras para a música polifônica do século XVI e que o músico veneziano não pode ser conectado à tradição germânica[262]. Segundo ele, o que está presente nos escritos zarlinianos são observações acerca dos acentos musicais, em particular aqueles que fazem parte da cantilação hebraica, os quais foram interpretados como um certo agrupamento de notas em resposta à estrutura do discurso e seus significados[263]. Em sua avaliação, Zarlino entende a sentença musical como uma série de figuras, das quais algumas são primárias (*reges*) e outras complementares (*ministri*), a qual, em sentido mais amplo, é estabelecida como uma conjunção de intervalos em padrões definidos de sons, cuja ênfase é dada em função das demandas da sintaxe, da acentuação ou do caráter afetivo do texto. Além disso, as mudanças de significado, em porções do sujeito ou do predicado, reivindicam mudanças equivalentes nas melodias, nos ritmos, nas harmonias ou na textura utilizada, de modo que as figuras têm características específicas, e a diferença entre elas é semelhante à existente entre *reges* e *ministri*. Para o autor, apesar de

---

[261] *Movere, docere* e *delectare*, conforme já mencionado.

[262] Embora o autor afirme que Zarlino não pode ser diretamente ligado à sistematização das figuras retórico-musicais legada dos alemães, Rivera (1993, p. liii) considera que essa conexão existiria, pelo menos, no que diz respeito aos modos e aos locais mais apropriados para a elaboração das cadências na composição (que devem seguir a pontuação gramatical do texto), por meio de Sethus Calvisius. Certamente, a tratadística musical italiana exerceu alguma influência sobre os teóricos alemães, mas seria incorreto restringir a tradição retórico-musical germânica a uma releitura ou adaptação dos estudos que faziam das fontes italianas. Cabe destacar que muitos teóricos musicais possuíam um sólido conhecimento de retórica e adotaram seus princípios para a exegese das escrituras Protestantes e a instrução nas *Lateinschulen* (BUELOW, 2001).

[263] Tais observações estão presentes nos *Sopplimenti musicali* (1588), Livro VIII, capítulo 13. Harrán (1988a, p. 144) explica que na cantilação hebraica os acentos musicais coincidem com os gramaticais, de modo que sempre recaem sobre a sílaba tônica. Eles representam uma figura melódica de duas ou mais notas e são indicados por um dos sinais de cantilação aceitos. O autor nota que, de certa forma, os acentos da música hebraica são análogos às figuras musicais que Burmeister e outros autores detalharam anos depois na estrutura de uma *Figurenlehre*: usam cifras que indicam padrões melódicos convencionais, servem para reforçar palavras e dividir o texto em seus componentes sintáticos e podem ser esquematizadas em um número de tipos genéricos que são designados por nomes específicos. A relação entre Zarlino, os hebreus e sua música é discutida detalhadamente em *In search of harmony: Hebrew and humanist elements in Sixteenth-Century musical thought* (HARRÁN, 1988a).

não referir-se explicitamente a uma doutrina das figuras, o procedimento retórico dos preceitos composicionais de Zarlino — com sua discriminação entre componentes principais e auxiliares, entre acentos musicais maiores e menores e entre diferentes níveis de ênfase estrutural ou verbal — estaria ligado às obras de inúmeros compositores de sua geração (como seu modelo, Willaert) e estender-se-ia até compositores mais "figurais" do fim do século XVI (como Lasso, exemplo de Burmeister), e, assim, por sua fundamental preocupação com os aspectos verbais, essas obras seriam consideradas como pertencentes à tradição retórica. Por fim, Harrán (1988a, p. 145-146) pondera que, quando Zarlino recomenda que o compositor descubra o acento musical mais apropriado ao texto, na verdade está se referindo às figuras mais aptas às palavras, de forma semelhante a quando sugere que intervalos e ritmos sejam escolhidos em correspondência com a natureza dos assuntos do texto e dispostos de acordo com a sua intenção poética[264]. Por um lado, é plausível que as orientações de Zarlino acerca da composição contrapontística sejam consideradas pertinentes do ponto de vista retórico, conforme proposto por Harrán (1988a), haja vista que seus escritos teórico-musicais não apenas refletem a interação entre as duas disciplinas presente em tratados anteriores, mas também a solidificam, especialmente quando o autor se refere à relação dos mais diversos materiais musicais com o conteúdo do texto. Por outro lado, a associação sugerida por Harrán (1988a) entre os acentos musicais e as figuras descritas conforme a música hebraica, ainda que percebida indiretamente, só faria sentido se concebida no âmbito dos *Sopplimenti musicali* (1588), mas não poderia ser estendida a *Le istitutioni harmoniche* (1558). Cabe ressaltar que se trata de uma obra publicada 30 anos após a primeira impressão do tratado aqui analisado, e, mesmo com as consideráveis variantes de conteúdo encontradas a partir da edição de 1573[265], permanece inexistente a alusão a um sistema de figuras nesse tratado que se tornou a obra mais conhecida de Zarlino.

Quintiliano (*Inst. orat.*, VIII.II.11-19) e seus comentadores Burton (2016) e Miranda (2014, p. 264) ressaltam que, quando uma linguagem figurativa é usada de acordo com o contexto e o propósito, ela é eloquente e eficaz,

---

[264] O próximo capítulo contém uma discussão mais ampla acerca da acomodação da música ao texto contida em *Le istitutioni harmoniche*.

[265] Os principais acréscimos e correções são encontrados nos capítulos que tratam da divisão do diatônico-sintônico de Ptolomeu (II.39); do temperamento dos músicos modernos (II.41-42); das fugas (III.51); do contraponto duplo (III.62); da escrita poli-coral (III.66); e do novo ordenamento dos modos (IV), que o autor expusera anteriormente nas *Dimostrationi harmoniche*. Além disso, Zarlino inclui, em notas marginais, a indicação das fontes citadas (principalmente as clássicas), e citações de passagens das *Dimostrationi harmoniche*, dos *Sopplimenti musicali* e do tratado jamais publicado (e ainda hoje desconhecido) *De re musica*. Finalmente, o autor modifica algumas obras indicadas como exemplos musicais ao longo do texto (DA COL, 1999, p. 31-33).

caracterizando, assim, uma virtude do estilo[266]. No entanto, se for usada em demasia, pode reduzir ou impedir a clareza do discurso, destruindo o efeito que pretende e convertendo-se em um vício contra a *perspicuitas*. Além disso, se essa linguagem figurativa não é apta ao contexto e ao propósito a que se destina, torna-se ineloquente e ineficaz, passando, dessa forma, a ser identificada como um vício da elocução[267]. De forma semelhante, Garavelli (2018, p. 394) esclarece que a noção de *ornatus* é derivada do modelo aristotélico, no qual o decoro possui papel central, e sugere que a "normalidade" de dada expressão é relativa ao contexto linguístico e à situação em que o discurso é produzido. Este aspecto é detalhado por Cícero da seguinte forma:

> [...] certamente está claro que não existe um único tipo de discurso que se corresponda com qualquer causa, público, pessoas ou circunstâncias; pois as causas capitais exigem um certo tipo de palavras e outro as que afetam aos particulares e às de menor entidade; e espera-se um estilo do gênero deliberativo, outro do encomiástico, outro da exposição plana, outro das consolações, outro das denúncias, outro da exposição doutrinal e outro da história. Importa também quem são os ouvintes, se o senado ou o povo ou os juízes; se são muitos, ou poucos ou um só e de que condição; e quanto ao próprio orador, deve-se ter em conta qual é a sua idade, sua trajetória pública, seu prestígio; quanto às circunstâncias, se são de paz ou de guerra, de premência ou de bonança.[268] (*De orat.*, III.210-211).

---

[266] O uso da linguagem figurativa como uma virtude do estilo é tratado por Quintiliano em parte do oitavo e todo o nono livro de sua *Institutio oratoria*. Os capítulos explicam sobre a *evidentia*, a comparação, a ênfase (*aposiopesis*), o aprimoramento do estilo do discurso, os procedimentos de amplificação (incremento, comparação, silogismo, acumulação) e diminuição (processos semelhantes aos da amplificação), o aprimoramento do discurso, os tropos, as figuras de pensamento e de dicção e a aptidão no uso da estrutura, do ritmo e dos pés métricos.

[267] Quintiliano (*Inst. orat.*, VIII.III.42-60) dedica parte do oitavo livro de seu tratado aos vícios relativos ao ornamento, pois considera que a primeira de todas as qualidades ou virtudes do discurso reside na ausência de vícios. Entre eles, o autor enumera: o excesso de ornamentos; o uso de termos ambíguos que induzem a um significado obsceno; a obscenidade que ocorre durante a pronúncia (pela junção ou separação de palavras ou sílabas); o rebaixamento de algo que é grandioso e digno ou a elevação de algo pequeno; a concisão do discurso que dá a impressão de estar incompleto (*meiosis*) ou a repetição da mesma palavra ou frase (*tautologia*); a monotonia; a elaboração de um discurso desnecessariamente longo (*macrologia*) ou a sobrecarga do discurso com palavras inúteis ou supérfluas (*pleonasmo*); o exagero da afetação (*cacozelia*); e o vício de usar, simultaneamente, palavras de caráter contraditório.

[268] "Quam ob rem quoniam de ornatu omni orationis sunt omnes, si non patefacti, at certe commonstrati loci, nunc quid aptum sit, hoc est, quid maxime deceat in oratione, videamus. Quamquam id quidem perspicuum est, non omni causae nec auditori neque personae neque tempori congruere orationis unum genus; nam et causae capitis alium quendam verborum sonum requirunt, alium rerum privatarum atque parvarum; et aliud dicendi genus deliberationes, aliud laudationes, aliud iudicia, aliud sermones, aliud consolatio, aliud obiurgatio, aliud disputatio, aliud historia desiderat. Refert etiam qui audiant, senatus an populus an iudices: frequentes an pauci an singuli, et quales: ipsique oratores qua sint aetate, honore, auctoritate, debet videri; tempus, pacis an belli, festinationis an

Diante de todas essas variáveis, Garavelli (2018, p. 169) explica que, por um lado, a *oratio inornata*, ou seja, o discurso que não é suficientemente embelezado, constitui um vício por deficiência, e, por outro, a *mala affectatio*, ou a afetação pelo uso do artifício gratuito, redundante, sem medida ou superabundante, configura um vício pelo excesso. Além disso, a autora ressalta que os tropos e figuras são licenças, pois caracterizam-se como modificações legítimas das construções sintáticas habituais e da relativa organização das ideias. Nesse sentido, Lausberg (2003, §543, p. 53) expõe que é possível ir além dos limites da *proprietas* estrita sem necessariamente incorrer em um vício pela *improprietas*, pois, quando uma palavra que não é empregada em seu sentido literal, conduz a uma finalidade semântica com matizes estilísticos e produz uma mudança de significação que, ao invés de um vício, configura-se como uma virtude. Novamente, Cícero traz uma passagem que esclarece essa distinção:

> Essas duas partes que me restam, a de iluminar o discurso e a de coroar todos os aspectos da eloquência, das quais a primeira exige que a exposição seja artística e a segunda, que seja adequada, têm a virtualidade de que o discurso resulte o mais agradável possível, influencie o máximo possível na disposição do público e esteja organizado com o maior conteúdo.[269] (*De orat.*, III.91).

Essa relação implícita entre decoro e ornato é expressa de forma semelhante por Quintiliano:

> De fato, uma vez que a elegância [*ornatus*] do discurso é variada e multiforme e deva ser aplicada de conformidade com o assunto, se não for ajustada às coisas e às pessoas, não só lhe tirará o brilho, como a destruirá e sua força agirá em sentido contrário. (*Inst. orat.*, XI.I.2).

---

oti" // "[...] ciertamente está claro que no existe un único tipo de discurso que cuadre con cualquier causa, público, personas o circunstancias; pues las causas capitales exigen un cierto tipo de palabras y otro las que afectan a los particulares y las de menor entidad; y un estilo se espera del género deliberativo, otro del encomiástico, otro de la exposición llana, otro de las consolaciones, otro de los denuestos, otro de la exposición doctrinal y otro de la historia. Importa además quiénes son los oyentes, si el senado o el pueblo o los jueces; si son muchos, o pocos o uno solo y de qué condición; y en cuanto al propio orador, debe tenerse en cuenta cuál es su edad, su trayectoria pública, su prestigio; en cuanto a las circunstancias, si son de paz o de guerra, de premura o de bonanza" (*De orat.*, III.210-211). Iso (2002, n. 358) explica que as causas capitais mencionadas nesse trecho, em princípio, são aquelas em que se corre o risco de perder a cabeça e, por extensão, dizem respeito aos processos penais de maior envergadura.

[269] "Hae duae partes, quae mihi supersunt, inlustrandae orationis ac totius eloquentiae cumulandae, quarum altem dici postulat ornate, altera apte, hanc habent vim, ut sit quam maxime iucunda, quam maxime in sensus eorum, qui audiunt, influat et quam plurimis sit rebus instructa" // "Estas dos partes que me quedan, la de iluminar el discurso y la de coronar todos los aspectos de la elocuencia, de las que la primera exige que la exposición sea artística, y la segunda que adecuada, tienen la virtualidad de que el discurso resulte lo más agradable posible, influya lo más posible en la disposición del auditorio y esté organizado con el mayor contenido" (*De orat.*, III.91).

No contexto musical, essa relação pode ser observada, por exemplo, quando Zarlino (1558, III.58, p. 238-239) caracteriza as partes da composição polifônica. Cada uma delas é associada a um dos quatro elementos, a uma função e um propósito específico, segundo o qual pode caber uma elaboração melódica mais ou menos ornamentada. Em uma composição a quatro vozes, a parte mais grave é o baixo [*Basso*], ao qual é atribuído o elemento terra, porque está no lugar mais baixo ou inferior e procede por movimentos lentos que, por sua taciturnidade, são semelhantes à natureza imóvel da terra. Da mesma forma que esse elemento é o fundamento dos demais, o baixo é o "fundamento da harmonia", a base, e tem a propriedade de sustentar, estabilizar, fortificar e permitir que as outras partes sejam acrescentadas. Às suas melodias são adequados os ritmos lentos, com figuras de valor maior, com pouca diminuição e intervalos mais separados e distantes dos das vozes intermediárias, para que elas possam proceder por movimentos elegantes e por graus conjuntos, especialmente no soprano. Indo em direção ao agudo, a parte seguinte é denominada tenor [*Tenore*] e corresponde à água. É a parte que rege, que governa a cantilena, é a que mantém o modo no qual ela é fundada, e suas cadências são realizadas nos lugares próprios e com propósito. A parte seguinte é denominada contratenor [*Contratenore*], contralto ou alto, à qual equivale o ar. É plena de alegria, com melodias bem ordenadas, bem compostas, ornamentadas com passagens belas e elegantes que fazem com que a cantilena seja deleitável e tenha bons efeitos. E a parte mais aguda é chamada de canto ou soprano e é associada ao fogo, pois os sons agudos nascem de movimentos velozes e ativos, atingem o ouvido com presteza, de modo súbito e ágil. É a parte mais penetrante, que se ouve antes de qualquer outra, à qual convém melodias belas, ornamentadas e elegantes para que possam nutrir e alimentar a mente daqueles que ouvem. Ao evidenciar as particularidades das partes de uma composição polifônica, Zarlino também instrui sobre a possibilidade ou inadequação do emprego de embelezamentos em cada uma delas, para que o resultado seja um contraponto artificioso e capaz de deleitar o público.

Considerando essa relação implícita entre decoro e ornato, Burton (2016) alerta que algumas das decisões que privilegiam o emprego de uma linguagem estilizada podem ameaçar a clareza da mensagem, quando se usam, por exemplo, termos antigos, cunhados para um contexto específico ou palavras metafóricas. Assim, como uma virtude do estilo, o ornato consiste em encontrar o equilíbrio entre diferentes graus que variam da clareza banal, que é tediosa, à dignidade atraente, e, por isso, está associado com o uso correto e artificioso da linguagem, como algo associado ou que confere beleza, graça e elegância ao discurso, tornando-o, desse modo, bom, belo, deleitável, admirável e de bom gosto (RAPP, 2010, §8.1).

Quando explica sobre o *ornatus*, Quintiliano (*Inst. orat.*, VIII.III.1) declara que é nesta parte que o orador normalmente se sente mais à vontade, ou se permite maior indulgência, mas alerta que é exatamente por isso que obtém apenas um pequeno sucesso, se meramente fala com exatidão e lucidez, pois seu discurso parece mais estar livre de falhas do que ter algum tipo de virtude. Nesse sentido, o autor alerta para a necessidade de adequação do ornamento ao gênero da matéria e ao tipo de causa. Por um lado, considera que, em um tipo de oratória que visa apenas à exibição e ao deleite do público, o orador é descompromissado com a vitória de uma causa e, por isso, pode lançar mão de tudo o que estiver à sua disposição, como as suas mais atraentes reflexões, expressões populares, linguagem brilhante, figuras que conferem charme e uma composição elaborada artisticamente, para obter para si a honra, o enaltecimento e a glória (*Inst. orat.*, VIII.III.11-12). Por outro lado, em toda oratória que houver uma causa ou uma disputa, aquele objetivo da fama torna-se um vício. Nesse caso, a maior preocupação será dedicada ao assunto, do qual derivam as palavras e os ornamentos, empregados com parcimônia e de forma mais contida (*Inst. orat.*, VIII.III.13).

8.1 *Licentia*

A noção de licença faz parte do *ornatus* e, portanto, está relacionada com a oposição entre virtude e vício. Conforme explicado por Garavelli (2018, p. 164-165), o distanciamento em relação a uma virtude, por um lado, pode caracterizar um erro (*vitium*), pela falta ou pelo excesso, se o desvio acontece de forma injustificada, mas, por outro, pode configurar uma licença (*licentia*) ou permissão, se a infração é motivada por uma forte razão que a justifique. De forma semelhante, Lausberg (2003, §470, p. 21-22) sintetiza que todo desvio ou separação em relação à correção gramatical, que possui uma razão particular, caracteriza-se como uma licença e destaca que a acertada aplicação das normas[270] requer um juízo agudo e perspicaz, de modo que qualquer desvio requer uma razão particular que

---

[270] Lausberg (2003, §465-§469, p. 17-21) esclarece que a norma da *latinitas* está dividida em quatro pautas que possibilitam distinguir a correção diante das faltas contra a linguagem: *sermo constat ratione* fundamenta a correção gramatical na lógica; *vetustate* refere-se à licença que é empregada como norma relativa à correção da linguagem; *auctoritate* é a norma de correção dada por uma autoridade notável; e *consuetudine* é a norma decisiva da correção, referente ao uso atual e empírico da linguagem.

permita caracterizá-lo como licença (LAUSBERG, 2003, §465, p. 17). Nesse sentido, trata-se de um tipo de ornato que está intimamente relacionado com a virtude da *latinitas*, no qual sempre prevalece o juízo. Na avaliação de Garavelli (2018, p. 173), esse campo das licenças é o verdadeiro e próprio domínio retórico, no âmbito da elocução.

A relação entre regra e licença foi um assunto a que escritores das mais diversas áreas se debruçaram. Em uma intrincada passagem do proêmio da terceira parte das *Vidas dos mais excelentes arquitetos, pintores e escultores italianos, de Cimabue até nossos dias* (1550), ela é exposta por Giorgio Vasari da seguinte forma:

> Pois ainda faltava na regra uma licença que, não sendo de regra, se coadunasse com a regra e pudesse permanecer sem criar confusão ou estragar a ordem, que precisava de copiosa invenção em tudo e de certa beleza contínua nas mínimas coisas, beleza capaz de mostrar toda aquela ordem com mais formosura. Nas proporções faltava o reto juízo, de tal modo que, sem que fossem medidas, as figuras tivessem nos diversos tamanhos em que eram feitas uma graça que excedesse a medida.[271] (VASARI, 2011, p. 439-440).

De acordo com Bennedetti (VASARI, 2011, p. 440, n. 1), que realizou a tradução da obra para o português, "trata-se de um trecho célebre e importantíssimo para a concepção artística do século XVI italiano". De fato, em apenas duas frases Vasari conjuga diversos conceitos — como regra, licença, ordem, beleza, proporção, juízo, medida e graça — que, em sua avaliação, convergem para a perfeição das artes. É o único proêmio, dos três existentes na obra[272], que faz referência à licença, e esta noção só é retomada posteriormente na biografia de Michelangelo Buonarroti, o único artista, em sua opinião, que alcançará a plena perfeição nas três artes do desenho[273] (VASARI, 2011, p. 713-739). Conforme declarado pelo autor, a licença é o que faltava nas obras

---

[271] "Mancandoci ancora nella regola una licenza che, non essendo di regola, fusse ordinata nella regola e potesse stare senza fare confusione o guastare l'ordine, il quale aveva di bisogno di una invenzione copiosa di tutte le cose e d'una certa bellezza continuata in ogni minima cosa, che mostrasse tutto quell'ordine con piú ornamento. Nelle misure mancava uno reto giudizio, che senza che le figure fussino misurate avessero in quelle grandezze, ch'elle eran fatte, una grazia che eccedesse la misura" (VASARI, [1550] 1986, p. 542).

[272] Pinelli (2003, p. 106) considera que o proêmio à terceira parte é um dos maiores esforços de síntese teórica existentes nas *Vidas* de Vasari. Para o autor, é uma interpretação, pela ótica maneirista do biógrafo, dos fenômenos figurativos italianos desde o *Quattrocento* até Michelangelo.

[273] As três artes do desenho a que o autor se refere são a arquitetura, a pintura e a escultura. Elam (2005) propõe que as noções de composição e mistura, de Serlio, combinadas com os ideais acadêmicos florentinos sobre a língua toscana são essenciais para a compreensão do quadro de referências que Vasari possuía em 1550 e, assim, possibilitam uma compreensão mais abrangente das licenças de Michelangelo, no que diz respeito às ordens. Para a autora, a ideia do "composto" torna-se uma espécie de regra que orienta a quebra de regras.

dos artífices incluídos na segunda parte, que já haviam acrescentado às artes cinco elementos fundamentais: regra, ordem, medida, desenho e maneira[274]. Ao analisar esse trecho, Oliveira (2009, p. 56) pondera que a estrita observância das regras não era suficiente para qualificar nenhum artista ou obra como perfeito. Faltava atingir a graça que excede a medida, a copiosidade na invenção, a beleza nos detalhes e mais ornamentos que, utilizados com juízo, possibilitavam o uso de uma licença, que variava o uso comum. Em outras palavras, trata-se de um julgamento subjetivo do artista que, de certa forma, se contrapõe à mensuração rígida da regra, mas que também se soma a ela para que o efeito da obra seja mais impactante.

Pinelli (2003, p. 107) esclarece que a idade moderna, cujos artistas são os biografados nessa terceira parte das *Vidas*, é a que leva esses acréscimos à perfeição. Seguindo o trecho citado, à regra somou-se a licença; a ordem foi incrementada com uma "copiosa invenção" e com uma "certa beleza contínua nas mínimas coisas" que a exibia com "mais ornamento"; e a medida recebeu o "reto juízo" para que as figuras fossem feitas com "uma graça que excedesse a medida". O autor avalia que os termos aqui referidos são repropostos no texto vasariano, de modo que os parâmetros normativos (regra, ordem e medida) são manobrados pelo artista que, apesar de não prescindir da "verdade objetiva" dessas normas, escolhe entre o repertório que encontra em sua mente para conformar o mais belo que puder (PINELLI, 2003, p. 108). Para isso, Vasari não estabelece regras rígidas e objetivamente fundadas, mas confere ao "reto juízo" a autoridade que atua na decisão, e, embora possa ser subjetivo, guarda conformidade com as academias e com o decoro oficializado. Assim, o artífice concede-se as licenças que excedem a medida, mas que são ordenadas pela regra, em nome da variedade, da graça, do artificio e da beleza.

Uma preocupação semelhante a essa é observada nos escritos musicais do século XVI. Se, por um lado, os autores se dedicavam a definir e explicar em detalhes os requisitos necessários para elaborar um contraponto com correção, apresentando as regras em forma de obrigações e proibições,

---

[274] De acordo com Pinelli (2003, p. 106), os dois primeiros elementos referem-se essencialmente à arquitetura e derivam do estudo e da redescoberta da antiguidade clássica. A regra é o modo de medir, observando as plantas dos edifícios antigos nas obras modernas. A ordem diz respeito à gramática e à sintaxe das ordens arquitetônicas e à ausência de contaminação lexical por elementos de sistemas diversos. Já a medida, um conceito semelhante aos nossos de "organicidade" e "proporção", é uma disposição que pertence às três artes e confirma a sua origem comum. O desenho e a maneira são os acréscimos mais significativos do *Quattrocento*; o primeiro conseguiu "imitar o mais belo da natureza"; e a segunda tornou-se a bela maneira, que decorre da escolha e da individualidade do artífice.

por outro, predispunham-se a expor uma série de casos em que licenças e exceções são aplicáveis (MAMBELLA, 2017a, p. 198). Em *Le istitutioni harmoniche*, por exemplo, Zarlino dedica todo o capítulo 57 da terceira parte do tratado[275] a questões que extrapolam as regras estabelecidas anteriormente e apresenta algumas licenças que o compositor pode tomar em seus contrapontos. O autor argumenta que é possível compreender o universal pelo exemplo particular, cuja observância resultaria na elaboração de uma cantilena "plena de suave harmonia", que "aporte deleite a todos que a ouvirem"[276] (ZARLINO, 1558, III.57, p. 234). Assim, logo no início do capítulo, o autor destaca a importância de avaliar as características específicas das situações com o intuito de escolher o que for mais adequado, dentre as possibilidades, para a comoção do público.

Zarlino reconhece que, em alguns casos, a obediência às regras do contraponto pode restringir o compositor a ponto de impedi-lo de criar melodias belas, graciosas e que deleitem, e de elaborar as partes do contraponto em fuga. Por isso, apoia-se no modelo dos poetas para argumentar a favor da relevância do uso de licenças:

> [...] conforme é concedido aos poetas, alguma vez, fazer contra as regras métricas e usar uma locução por outra e uma sílaba longa no lugar de uma breve, ou o contrário, assim, será lícito ao músico, às vezes, poder por no papel algumas coisas contra as regras dadas. Contudo, não lhes será concedido fazê-lo demais, como também não é permitido ao poeta usar muitas vezes tais licenças.[277] (ZARLINO, 1558, III.57, p. 235).

Este é um dos trechos em que Zarlino equipara o músico ao poeta e o estabelece como modelo para os compositores. Como é possível observar, as palavras do autor referem-se explicitamente às principais características definidoras da licença, tais como a relação entre a aplicação das normas e a necessidade eventual de desviar-se delas, com base em um motivo específico. Além disso, insistem no caráter esporádico que a licença possui, o que demonstra uma preocupação com a noção de exagero (expressa em

---

[275] "Quel che de' osservare il contrapuntista oltra le regole date e d'alcune licenze che potrà pigliare. Cap. 57" (ZARLINO, 1558, III.57, p. 234-238).

[276] "Ristringerò in un capo ora alcune cose dando l'essempio particolare per il quale il compositore potrà comprendere l'universale, acciochè dalla lor osservanza la sua cantilena venghi ad esser piena di soave armonia, e il concento diletto apporti a tutti coloro che l'udiranno" (ZARLINO, 1558, III.57, p. 234).

[277] "[...] secondo ch'ai poeti è concesso alcuna volta di far contra le regole metriche e di usare una locuzione per un'altra e una sillaba lunga in luogo d'una breve o per il contrario, così sarà lecito al musico alle volte di poter porre in carte alcune cose contra le date regole. Ma non però li sarà concesso il troppo continuarle, come eziandio non è permesso al poeta di usar spesse volte cotal licenze" (ZARLINO, 1558, III.57, p. 235).

termos como: "alguma vez", "às vezes", "algumas coisas", "fazê-lo demais", "muitas vezes"), para que um possível desvio não venha a ser qualificado como um erro (*vitium*).

Um dos seis requisitos básicos que definem uma boa composição musical é que "[ela] deve ser composta primeiramente de consonâncias e depois, acidentalmente, de dissonâncias"[278], cuja discussão pode auxiliar na compreensão da forma como a noção de licenças e exceções é expressa no tratado de Zarlino. O termo utilizado originalmente pelo autor é *"per accidente"*, que, de acordo com o dicionário da Accademia della Crusca (ACCIDENTE, 1612, p. 11), indica o que é encontrado ocasionalmente, ou eventualmente, mas sem causar corrupção, sentido que também está presente na tradução do termo para o inglês, por John Florio (1598, p. 4). Assim, o termo diz respeito ao que é acessório, ou a um episódio que ocorre no desenvolvimento de um fato principal. De acordo com Zarlino, o uso das dissonâncias é permitido pelo seguinte motivo:

> [...] embora [as dissonâncias] não sejam muito agradáveis ao ouvido quando usadas sozinhas, ainda assim, quando usadas da forma como regularmente devem ser e segundo os preceitos que demonstraremos, o ouvido, dessa forma, as suporta e [elas] não apenas não o ofendem, mas lhe dão grande prazer e deleite.[279] (ZARLINO, 1558, III.27, p. 172-173).

Essa justificativa explicita o bom efeito que as dissonâncias podem render ao contraponto, desde que sejam empregadas em conformidade com a normativa explicada pelo autor[280]. Além disso, ele declara que elas possuem

---

[278] "Che le Compositioni si debbeno comporre primieramente di Consonanze, & dipoi per accidente di Dissonanze" (ZARLINO, 1558, III.27, p. 172-173).

[279] "[...] lequali quantunque poste sole all'udito non siano molto grate; nondimeno quando saranno collocate nel modo, che regolarmente debbeno eßere, & secondo li precetti, che dimostraremo; l'vdito talmente le sopporta, che non solo non l'offendono; ma li danno grande piacere, & diletto" (ZARLINO, 1558, III.27, p. 172-173).

[280] Cabe relembrar a conhecida polêmica entre Artusi e Monteverdi, tratada de modo geral pela literatura como um embate entre gerações. Por um lado, Monteverdi é identificado como a figura que se rebelou contra as restrições de seus mestres, e, por outro, Artusi, representante de uma geração mais antiga, defendia a elaboração do contraponto conforme os padrões sistematizados por Zarlino. Um dos pontos discutidos com mais veemência nessa polêmica é justamente o tratamento das dissonâncias, cuja objeção à prática de Monteverdi por Artusi tinha três razões: 1) elas eram resultantes da prática de ornamentação em um contexto consonante; 2) estavam fora dos padrões mais severos de composição, mesmo que fossem aceitas no contraponto improvisado e na música instrumental; e 3) não pertenciam às duas categorias anteriores, mas eram justificadas pelas demandas expressivas do texto (PALISCA, 1985b, p. 129). Apesar de a obra de Zarlino ser um ponto de referência nessa controvérsia, observa-se que tanto ele quanto os defensores de Monteverdi (*L'Ottuso Academico* e Giulio Cesare Monteverdi), reconhecem a possibilidade de flexibilização das regras contrapontísticas (mesmo que por meio de procedimentos distintos) mediante a aplicação de licenças em situações particulares, especialmente nos casos em que são justificadas pelo caráter afetivo do texto.

duas utilidades. A primeira é possibilitar a passagem de uma consonância à outra; e "a segunda é que a dissonância faz a consonância que lhe segue imediatamente parecer mais deleitável e ser conhecida e compreendida pelo ouvido com mais prazer"[281] (ZARLINO, 1558, III.27, p. 173), o que o autor compara com a sensação aprazível de ver a luz depois das trevas e de sentir um sabor doce depois do amargo. A argumentação de Zarlino acerca do uso das dissonâncias sugere que elas possuem um caráter acidental, acessório ou eventual, que, como referido anteriormente, acontece na elaboração do fato principal, ou seja, compor primeiramente com consonâncias, com o intuito de que o discurso musical seja mais apreciado pelo público. Para o autor, uma composição elaborada apenas com consonâncias seria quase imperfeita, pois, sem variá-las com as dissonâncias, faltaria algo que lhe confere graça[282] (ZARLINO, 1558, III.27, p. 173). Por isso, os capítulos seguintes do tratado abordam a forma como os intervalos devem ser utilizados pelo compositor para que suas cantilenas sejam feitas "de modo regulado, com boa ordem, douta e elegantemente e com boas razões e fundamentos"[283] (ZARLINO, 1558, III.27, p. 173). Nesse sentido, Zarlino oferece instruções para uma escolha que não corrompe a regra e, mais do que isso, instrui acerca do uso de dissonâncias, de forma deliberada, pois considera que elas têm a capacidade de conferir alegria e beleza à composição[284] (ZARLINO, 1558, III.11, p. 157).

Entre os intervalos classificados como dissonantes, estão os aumentados e os diminutos. Como já mencionado[285], o uso desses intervalos é desencorajado porque são considerados dissonantes (quando formados por notas diatônicas), ou mesmo dissonantíssimos (quando formados por notas cromáticas), e geram repugnância ao ouvido. Por isso, num primeiro momento, o autor define uma regra que reprova o uso dos intervalos aumentados e diminutos e recomenda que, para que as composições sejam livres de erros, deve-se evitar o uso desses intervalos, pois eles estão entre os que provocam pouco deleite, independentemente de serem realizados melodi-

---

[281] "La Seconda è, che la Dissonanza fa parere la Consonanza, la quale immediatamente le segue, più diletteuole; & con maggior piacere dall'vdito è compresa, & conosciuta" (ZARLINO, 1558, III.27, p. 173).

[282] "[...] hauerebbeno tuttauia tali compositioni (non essendo mescolate le Consonanze con le Dissonanze) quasi dello imperfetto, si dalla parte del cantare, come anco per l'aiuto della compositione: perche mancarebbeno di vna grande leggiadria, che nasce da queste cose" (ZARLINO, 1558, III.27, p. 173).

[283] "[...] a tutti coloro, che desidereranno di ridursi in vn modo regolato, & ordine buono di comporre dottamente, & elegantemente, con buone ragioni: & buoni fondamenti, ogni cantilena" (ZARLINO, 1558, III.27, p. 173).

[284] "Percioche se bene il Contrapunto si compone principalmente di consonanze; nondimeno per accidente anco si compone di dissonanze; accioche sia più allegro, & più bello" (ZARLINO, 1558, III.11, p. 157).

[285] Capítulo 5.

camente ou nas relações entre as partes do contraponto. De acordo com o autor, esse efeito ruim é percebido ainda mais claramente em composições simples (a duas vozes), ou quando duas partes de qualquer cantilena cantam sozinhas (ZARLINO, 1558, III.31, p. 181).

Contudo, Zarlino adverte que em certas ocasiões a semidiapente pode ser usada no lugar da diapente, assim como o trítono no lugar da diatessaron, porque podem fazer bons efeitos[286] (ZARLINO, 1558, III.24, p. 169), e, dessa forma, faz referência a uma exceção que concede o uso de algumas dessas dissonâncias. Conforme expresso pelo autor, "ainda que [...] não se possa usar tais intervalos, acomodados de tal maneira nas cantilenas, às vezes podemos usar a semidiapente em uma mesma percussão[287]. Isso será feito quando ela for imediatamente sucedida pelo dítono"[288] (ZARLINO, 1558, III.30, p. 180). Além da explicação textual, a correta utilização desse intervalo na relação entre as partes do contraponto é exposta pelo autor com os dois exemplos musicais a seguir:

Figura 7 – Licença no uso da semidiapente

Fonte: Zarlino (1558, III.30, p. 180-181)

Para o autor, a utilização da semidiapente, nesses exemplos, é possível porque ela acontece em cordas naturais do modo, porque é sucedida por uma terça maior e porque as notas das duas vozes, quando intercambiadas entre si, formam intervalos que podem ser cantados comodamente. Desse modo, o distanciamento da regra que censura a

---

[286] "Si debbe però auertire, che alle volte si pone la Semidiapente ne i Contrapunti in luogo della Diapente: similmente il Tritono in luogo della Diatessaron, che fanno buoni effetti" (ZARLINO, 1558, III.24, p. 169).

[287] A palavra "percussão" [*percussione*], nesse trecho, diz respeito à execução simultânea das notas que formam o referido intervalo.

[288] "Et benche per le ragioni dette non si possa vsare tali interualli, accommodati in cotal maniera nelle cantilene; nondimeno potremo vsare alle volte la Semidiapente in vna istessa percussione; ciò faremo, quando immediatamente da esse verremo al Ditono" (ZARLINO, 1558, III.30, p. 180).

utilização de intervalos aumentados e diminutos é definido pelo autor dentro de limites bastante precisos. Pouco depois, a permissão para o uso desses intervalos é reforçada:

> Deve-se, no entanto, advertir que as partes que têm a semidiapente ou o trítono devem ter uma consonância imediatamente antes da diapente, seja perfeita ou imperfeita, sem nenhum [intervalo] intermediário. Isso porque a semidiapente é temperada pela consonância precedente e pela consequente, de modo que não faz um efeito ruim, mas bom, como se prova pela experiência.[289] (ZARLINO, 1558, III.30, p. 181).

Nesse trecho, Zarlino acrescenta às condições referidas *supra* a de que tal intervalo seja precedido por uma consonância e ressalta o bom efeito que resulta de sua utilização. O emprego desses intervalos também é referido pelo autor em relação ao âmbito melódico, ao tratar das licenças permitidas ao contrapontista: "Semelhantemente, poderá usar, às vezes, mas não muito, uma melodia de uma semidiapente quando for cômodo para acomodar a melodia às palavras e procederá pelas cordas diatônicas naturais do modo sobre o qual é fundada a cantilena"[290] (ZARLINO, 1558, III.57, p. 236). Essa passagem é complementada com a apresentação de um exemplo musical que facilita a compreensão da forma de utilizar a semidiapente e de outro que demonstra o uso equivocado desse intervalo, obtido de uma corda cromática:

Figura 8 – Uso da semidiapente melodicamente

8.1 – Licença no uso da semidiapente

---

[289] "Si debbe però auertire, che quelle parti, che haueranno la Semidiapente, ouero il Tritono, debbino hauere primieramente auanti la Diapente senza alcun mezo, vna consonanza, sia poi perfetta, ouero imperfetta, che questo non fa cosa alcuna: percioche dalla consonanza precedente, & dalla seguente, la detta Semidiapente viene a temperarsi di maniera, che non fa tristo effetto, anzi buono; come si proua con la esperienza" (ZARLINO, 1558, III.30, p. 181).
[290] "Potrà similmente usar alle volte, ma non spesso, una modulazione d'una semidiapente, quando tornarà commodo nell'accommodar la modulazione alle parole, e procederà per le corde diatoniche naturali del Modo, sopra ilquale è fondata la cantilena [...]" (ZARLINO, 1558, III.57, p. 236).

8.2 – Semidiapente não permitida com corda cromática

Fonte: Zarlino (1558, III.57, p. 236)

O que se observa é que Zarlino reconhece a existência de uma razão particular — a comodidade para a adaptação da música ao texto — que concede um afastamento em relação à regra que veta a utilização de intervalos aumentados e diminutos. Além disso, destaca que o emprego da semidiapente ou do trítono deve ser ocasional e condicionado a que sejam realizados em notas diatônicas e entre consonâncias, o que é demonstrado melodicamente por meio dos exemplos apresentados anteriormente (Figuras 7 e 8). Dessa forma, o autor primeiro apresenta uma prescrição geral para depois abordar casos específicos em que ela não será seguida e, então, explicar e exemplificar de que forma esse distanciamento deve ser realizado para que seja entendido como algo aceitável.

Esses intervalos também estão associados às relações não harmônicas, as quais acontecem quando a primeira nota de uma voz e a segunda nota de outra formam um intervalo aumentado ou diminuto, que pode ser de oitava, quinta ou quarta, contidas entre duas vozes que fazem consonâncias entre si[291] (ZARLINO, 1558, III.30, p. 179), como é possível observar a seguir, no exemplo.

---

[291] Conforme explicado por Rotem (2019, [0:44-1:33]), a noção de relação não harmônica é um pouco mais ampla do que os seus termos equivalentes — *"false relation"* ou *"cross relation"*, em inglês, *"Querstand"*, em alemão, ou *"Mi contra fa"* e *"relatio non harmonica"*, em latim —, já que eles se referem exclusivamente ao intervalo de oitava que é alterado por um acidente (bemol ou sustenido), o qual se configura como apenas um dos casos de relação não harmônica mencionados por Zarlino. A falsa relação pode acontecer simultaneamente, quando seu efeito é mais áspero, ou de forma não simultânea, quando o resultado ainda é perturbador, mas não tanto quanto o do primeiro caso. Rotem nota também que Zarlino faz menção apenas a relações não harmônicas que não são simultâneas, embora seja sabido que falsas relações que ocorrem simultaneamente são encontradas no repertório do período e principalmente no do fim do século XVI e início do XVII.

Figura 9 – Relações não harmônicas

Fonte: Zarlino (1558, III.30, p. 179)

Do mesmo modo que Zarlino define que os intervalos aumentados e diminutos devem ser evitados, recomenda que o compositor se esquive do uso de relações não harmônicas, especialmente nos contrapontos simples, porque elas causam "irritação aos ouvidos sensíveis", "são muito difíceis de cantar e têm um efeito ruim"[292] (ZARLINO, 1558, III.30, p. 179). No entanto, reconhece que, eventualmente, é impossível fugir de tal relação e explica:

> [...] pois acontece, às vezes, que o compositor criará sobre algum sujeito que o convidará, algumas vezes, a contrariar esse preceito e, impelido pela necessidade, deixará acontecer, como quando se vê que as partes da composição não se pode cantar comodamente ou quando se quer acomodar uma fuga, ou consequência [...].[293] (ZARLINO, 1558, III.30, p. 180).

Nesse excerto, a infração ao preceito geral de evitar tais relações é justificada por uma imposição do sujeito sobre o qual se fundamenta o contraponto; e, se a exceção não for aplicada, a composição pode tornar-se incômoda para os cantores ou a realização da fuga ser impedida. Nessas situações, em que a necessidade constrange o compositor a usar tais intervalos, Zarlino aconselha que sejam realizados nas notas diatônicas, por serem próprias e naturais do modo, e não nas notas acidentais (ou cromáticas), pois "desse modo não produzem um efeito ruim"[294] (ZARLINO, 1558, III.30, p. 180).

---

[292] "[...] percioche genera alle purgate orecchie alquanto di fastidio [...] ma sia come si voglia, sono molto difficili da cantare, et fanno tristo effetto" (ZARLINO, 1558, III.30, p. 179).

[293] "[...] percioche accade alle volte, che il Compositore componerà sopra alcun Soggetto, che lo inuiterà spesse volte a far contra questo precetto; onde astretto dalla neceßità lo lassarà scorrere; si come quando lui vedesse, che le parti della compositione non si potessero cantare accommodatamente, ouero quando volesse accommodare una Fuga, o Consequenza [...]" (ZARLINO, 1558, III.30, p. 180). Como já mencionado, a definição de fuga é exposta no capítulo "Sobre fugas ou consequências, ou reditte, como quisermos dizer" // "Delle Fughe, o Consequenze, overo Reditite, che dire le vogliamo" (ZARLINO, 1558, III.51, p. 212-217).

[294] "Ma quando la neceßità ne astringesse, douemo almeno hauer riguardo, che tale diffetto si commetta nelle chorde diatoniche, & in quelle, che sono propie & naturali del Modo, & non tra quelle, che sono accidentali, cioè tra quelle, che nel mezo delle cantilene si segnano con questi segni ♮, ♭ & ♯; percioche allora non generano tanto tristo effetto" (ZARLINO, 1558, III.30, p. 180).

Mais uma vez, o autor identifica a existência de uma circunstância particular que expõe uma razão para o afastamento de uma regra, ao mesmo tempo que instrui sobre a melhor forma de realizá-lo, com o intuito de obter um bom efeito, de modo que esse desvio pode ser classificado como uma licença.

A utilização das relações não harmônicas ainda é abordada em outro trecho do tratado, dessa vez as situando em composições a mais de duas vozes, caso que se configura, também, como uma possível licença para o uso da semidiapente e do trítono:

> Mas nas composições a mais vozes, parece-me que tal respeito [evitar relações não harmônicas] não seja tão necessário, seja porque não se pode sempre observá-lo (como disse acima), a não ser com grande incômodo, como também porque a variedade consiste não só na mudança das consonâncias, mas também das harmonias e dos intervalos, o que não acontece nas composições feitas a duas vozes.[295] (ZARLINO, 1558, III.31, p. 181).

Novamente, Zarlino faz referência à regra que restringe o uso desses intervalos dissonantes para, então, apresentar uma situação que se caracteriza como um motivo que justifica a sua utilização. Trata-se das composições que apresentam mais de duas vozes e que, pela variedade que possuem, tanto em relação aos tipos de consonâncias quanto às harmonias e à disposição das notas que formam os intervalos, acabam por encobrir o efeito ruim causado pela semidiapente e pelo trítono, o que, por outro lado, fica demasiado evidente nos contrapontos simples. Tanto no caso do sujeito da composição quanto na acomodação da música ao texto e nas composições a mais de duas vozes, o autor não apenas consente o uso desses intervalos, mas também estipula de que forma ele deve ser realizado, estabelecendo, assim, um limite ou uma medida para que esse distanciamento da regra seja aceitável. Dessa forma, e também pela dificuldade de discorrer sobre uma vasta quantidade de casos particulares, é notória a preocupação de Zarlino (1558, III.57, p. 238) em, reiteradamente, reforçar a relação entre as regras gerais estabelecidas inicialmente e a maneira certa de excedê-las em situações específicas, de modo que acontece de um mesmo assunto ser retomado em diferentes trechos do tratado, como é o caso dos intervalos aumentados e diminutos aqui discutidos.

---

[295] "[...] ma nelle compositioni di più voci, parmi che tal rispetto non sia tanto necessario; si per che non si potrebbe sempre osseruare (come ho detto di sopra) cotal rispetto, se non con grande incommodo; come etiandio per che la varietà consiste non solo nella mutatione delle consonanze; ma etiandio delle harmonie, et de i luoghi; il che non accade nelle compositioni, che si compongono a due voci" (ZARLINO, 1558, III.31, p. 181).

Outro caso em que a concepção de licença pode ser observada na explanação de Zarlino é quando ele se refere a como se deve começar as composições. Inicialmente, o autor define que é com o uso de consonâncias perfeitas (uníssono, oitava, quinta ou uma de suas replicadas), o que, embora seja o mais recomendado, não é estabelecido como uma regra absolutamente rígida, de modo que também é possível utilizar alguma das consonâncias imperfeitas (ZARLINO, 1558, III.28, p. 173). Nessas orientações iniciais, o autor estabelece um preceito geral, ao qual segue o reconhecimento de uma situação específica, que confere a probabilidade da aplicação de uma exceção, e ambos os casos são devidamente justificados: o uso de uma das consonâncias perfeitas no início do contraponto faz com que ele coincida com as cordas extremas ou com a mediania do modo (denominadas cordas essenciais) sobre o qual a cantilena é fundamentada; e a possibilidade de começar com alguma das consonâncias imperfeitas é especialmente concedida quando o compositor pretende elaborar uma fuga, procedimento que é o que confere maior graça, beleza e comodidade ao contraponto e faz com que ele seja deleitável e artificioso.

Zarlino (1558, III.28, p. 175) também esclarece que, especialmente em composições a mais de duas vozes, as entradas devem fazer relações intervalares em uma das consonâncias perfeitas ou imperfeitas, de modo que não se ouça nenhuma dissonância na harmonia formada entre elas (ou seja, no resultado do desenvolvimento simultâneo e vertical dessas partes), pois isso geraria fastio ao ouvido e dificuldade para os cantores. Além disso, o autor desaconselha que uma das partes se distancie do sujeito por uma quarta e a outra por uma quinta, pois elas formariam uma segunda entre si, se soassem juntas. Essa advertência, no entanto, deixará de ser necessária, se o sujeito for composto de forma artificiosa, de modo que leve o compositor a não obedecê-la, como se observa em sua conclusão:

> Então, em casos semelhantes será lícito usar em uma composição muitas partes discordantes entre si nos seus inícios, principalmente quando não se quer ou não se pode desacomodar o sujeito artificioso. Fazê-lo seria besteira. Mas nos outros [casos], não se deve (é o meu conselho) dar tal incômodo aos cantores.[296] (ZARLINO, 1558, III.28, p. 175-176).

---

[296] "In simili casi adunque sarà lecito porre in una composizione molte parti tra loro discordanti nei loro principii, massimamente non volendo né potendo veramente discommodar l'artificioso soggetto, che facendolo sarebbe pazzia, ma negli altri non si debbe (per mio consiglio) dare tale incommodità ai cantanti" (ZARLINO, 1558, III.28, p. 175-176).

Nesse sentido, percebe-se, ao longo de toda a argumentação, que o juízo do compositor, em cada caso particular, é o que servirá de guia para as suas escolhas, as quais poderão ser qualificadas como certas ou erradas (em conformidade com a *latinitas* ou como um barbarismo), ou ainda como uma licença.

Nesse tratado de Zarlino, a concepção de licença ainda está relacionada com as recomendações acerca do âmbito de notas que o compositor utiliza em cada uma das vozes de sua composição. O autor começa o capítulo dedicado a esse assunto com a recriminação de alguns músicos que extrapolam a extensão do modo:

> Mas, como se encontram, algumas vezes, alguns [músicos] tão indiscretos e de pouco juízo ao compor e acomodar as partes na cantilena, fazendo-as passar, alguma vez, além do modo, no grave ou no agudo, que apenas se pode cantar.[297] (ZARLINO, 1558, IV.31, p. 337).

Com base nessa crítica inicial, Zarlino anuncia que mostrará a maneira correta de acomodar as partes da cantilena, para que possam ser cantadas comodamente, de que forma as melodias podem ascender e descender, e quanto as notas graves e agudas podem estar distantes entre si. O autor, então, faz a seguinte recomendação:

> Seria bom que cada uma das partes não excedesse muito as oito cordas [do modo] e se recolhesse nas cordas de sua diapason, mas como se vai além e às vezes é muito mais cômodo para os compositores, então isso atribuiremos mais a *uma certa licença que tomam*, do que à sua perfeição.[298] (ZARLINO, 1558, IV.31, p. 338, grifo nosso).

Em uma única frase, ele estabelece a norma — não exceder as oito notas do modo — e aponta para a possibilidade de que o compositor tome a licença de extrapolá-la para garantir a sua comodidade, o que, nesse caso, se configuraria como uma justificativa para tal decisão. Em outro trecho, o autor refere-se à parte do tenor de forma semelhante à citação *supra*:

---

[297] "Ma perché si ritrovano alle volte alcuni sì indiscreti e di sì poco giudicio, nel comporre e nell'accommodar le parti nella cantilena, facendole passar alcuna volta oltra modo nel grave over nell'acuto, che apena si possono cantare" (ZARLINO, 1558, IV.31, p. 337).

[298] "Sarebbe bene il dovere che ciascuna di esse non passasse più d'otto corde e stesse raccolta nelle corde della sua diapason; ma perché si passa più oltra, torna alle volte commodo grandemente ai compositori, però questo attribuiremo più tosto ad una certa licenza, che si pigliano, ch'alla perfezione della cosa" (ZARLINO, 1558, IV.31, p. 338).

> E ainda que o tenor ultrapasse as cordas da diapason contidas no modo, no grave ou no agudo, por uma ou duas cordas, isso importaria pouco, pois os músicos não se preocupam se o tenor e as outras partes de seus modos forem perfeitos ou imperfeitos ou superabundantes, desde que as partes sejam bem acomodadas à melodia, de maneira que façam boa harmonia.[299] (ZARLINO, 1558, IV.31, p. 338).

Aqui o autor também sugere que o mais correto é que o compositor não exceda a oitava do modo. Contudo, pondera que ultrapassá-la momentaneamente, em uma ou duas notas, não seria algo avaliado como um erro pelos músicos, mas apenas com a condição de que as partes sejam bem compostas. O autor insiste nessa questão em mais uma passagem do mesmo capítulo:

> E embora (como eu disse) tais partes possam se estender, às vezes, por uma nota no grave e também no agudo, e ainda por duas e (se fosse preciso) mais além da sua diapason, todavia deve-se buscar que as partes cantem comodamente e que não ultrapassem a décima ou décima primeira nota nos seus extremos, pois viriam a ser forçadas, extenuantes e difíceis de cantar por sua subida e descida.[300] (ZARLINO, 1558, IV.31, p. 338).

Zarlino novamente reconhece a possibilidade de que as melodias sejam compostas utilizando mais do que o âmbito de uma oitava do modo, mas também estabelece que tenham a extensão máxima de uma décima ou décima primeira. O autor reiteradamente demonstra uma preocupação em garantir que todas as partes possam ser cantadas sem esforço para que essa superação das oito notas seja reconhecida como algo lícito em uma composição. Caso contrário, ela passaria a caracterizar um erro (*vitium*), por desviar-se da norma de forma injustificada. Da mesma forma que nas citações anteriores, existe uma razão particular e uma medida explícita que permitem individualizar esse tipo de excesso como uma licença. Desse modo, todas as situações discutidas auxiliam a compreender, no âmbito da

---

[299] "E se bene il tenore trappassasse oltra le corde della diapason continenti il modo nel grave o nell'acuto per una corda over per due, questo importarebbe poco; imperoché i musici non curano che i tenori e l'altre parti dei lor modi siano perfetti overo imperfetti o soprabondanti, purché le parti siano commodate bene alla modulazione, di maniera che faccino buona armonia" (ZARLINO, 1558, IV.31, p. 338).

[300] "E benché (com'ho detto) tali parti si possino estender alle volte per una corda nel grave e anche nell'acuto, e per due anco e più (se fusse dibisogno) oltra le loro diapason, tuttavia si debbe cercare che le parti cantino commodamente e che non trapassino la decima over la undecima corda nei loro estremi, essendo che verrebbono ad esser sforzate, faticose e difficili da cantarsi per la loro ascesa e discesa" (ZARLINO, 1558, IV.31, p. 338).

tratadística musical, como certos tipos de desvios em relação aos preceitos estabelecidos podem se configurar como uma licença, dada a presença de uma forte justificativa.

8.2 *Compositio*

A *compositio* (*structura*), ou construção, é especificada como uma das virtudes da elocução na *Rhetorica ad Herennium,* mas em outros sistemas de classificação (como nos de Cícero e Quintiliano) ela é entendida como uma subcategoria do *ornatus*[301]. De qualquer forma, ela consiste em combinar as palavras de modo que todas as partes do discurso sejam harmonicamente uniformes (*Rhet. Her.*, IV.18) e, de acordo com os objetivos da retórica (*recte dicere* e *bene dicere*), está associada à estrutura sintática da frase, ou às palavras em conjunto (LAUSBERG, 2003, §911). Para ressaltar a importância da *compositio*, Quintiliano (*Inst. orat.*, IX.IV.6) questiona "em que um discurso sem estrutura pode ser melhor que um bem alinhavado e apresentado?"; e, comparando o discurso à correnteza de um rio, conclui que "melhor fluirá o discurso, retumbante, ininterrupto e em toda sua vivacidade, se dispuser de coerência e coesão internas" (*Inst. orat.*, IX.IV.7). Para Garavelli (2018, p. 396) e Nuñez (1997, p. 239, n. 40), trata-se da arte de dispor com harmonia e elegância as frases nos períodos, os membros nas frases e as palavras nas sequências. Por isso, ela pressupõe correção sintática e idiomática, que fazem parte da *latinitas*, e consiste em um trabalho de sistematização orgânica das unidades para que o conjunto resulte em uma totalidade organizada e disposta com equilíbrio, o que se reflete nos níveis sintático e fonológico (GARAVELLI, 2018, p. 396-397). Os principais vícios que comprometem uma construção harmoniosa do discurso são os encontros de vogais, que produzem rupturas ou hiatos, a excessiva recorrência de uma letra ou palavra, o uso de palavras que terminam da mesma forma, a utilização de hipérbatos e a construção de períodos demasiado longos (*Rhet. Her.*, IV.18). Nuñez (1997, p. 239, n. 40) também destaca que, no tocante à *compositio*, Cícero e Quintiliano analisaram com diligência o ritmo da prosa, tanto em relação à estrutura da frase quanto aos esquemas métricos.

Na tratadística musical do século XVI, os autores demonstram preocupações similares a essas quando instruem sobre a composição contrapontística. Em *Le istitutioni harmoniche*, Zarlino (1558, III.41, p. 194) argumenta

---

[301] Na sistematização de Lausberg (2003, §911-1054), seguida por Garavelli (2018, p. 396-406), a *compositio* situa-se entre as figuras de pensamento (*figurae sententiae*) e é classificada como uma figura por substituição.

que, se na antiguidade a música serviu de modelo para a regulamentação de outras artes e ciências, a música de seu tempo, por sua vez, deveria ser ordenada segundo os modelos antigos da Gramática, da Retórica e da Poesia. Nesse sentido, uma música desordenada e sem regra, para o autor, seria algo muito condenável[302]. Da mesma forma que a *Rhetorica ad Herennium* (IV.18) recomenda evitar a recorrência de uma letra ou palavra, ou o uso repetitivo de palavras que terminem da mesma maneira, Zarlino exemplifica esse tipo de vício retórico com versos de Cícero para reivindicar que as composições musicais sejam livres de excessos semelhantes a esses[303]. Para tanto, faz a seguinte advertência:

> [...] o compositor deve, o máximo possível, evitar colocar os uníssonos nos seus contrapontos e não deve usar muitas vezes as oitavas, pois (como já disse em algum lugar) aqueles não são postos no número das consonâncias e estas, por uma certa semelhança que têm com o uníssono, não são tão vagas ao ouvido como são as outras [consonâncias].[304] (ZARLINO, 1558, III.41, p. 194).

Desse modo, o cuidado expresso por Zarlino acerca do uso exagerado de uníssonos e oitavas é equivalente à orientação encontrada no tratado de retórica e visa banir das composições o efeito ruim que a repetição excessiva provoca. O autor segue, então, o parecer de autoridades que estabeleceram leis universais para vetar o uso desse "modo estranho de falar", mas ressalta que ele só seria lícito "se fosse usado artificiosamente para mostrar algum efeito"[305] (ZARLINO, 1558, III.41, p. 194), ao passo que o contraponto seria considerado ruim, se fosse utilizado de forma desordenada e sem nenhum propósito. Uma possibilidade dada pelo autor é que os uníssonos ou as

---

[302] "Anzi sarebbe cosa (al mio giudicio) molto biasimevole ch'ella fusse disordinata e senz'alcuna regola in quelle cose per le quali l'altre scienze e l'altre arti sono state ordinate e ben regolate" (ZARLINO, 1558, III.41, p. 194).

[303] Zarlino (1558, III. 41, p. 194) cita o verso *"O fortunatam natam me consule Romam"*. De acordo com Bruno Fregni Bassetto (2016, p. 626, n. 205), que realizou a tradução da *Institutio oratoria*, de Quintiliano, para o português, trata-se de um verso presente em *De Consulato suo*, um dos fragmentos sobreviventes dos poemas de Cícero, o qual é também citado por Quintiliano (*Inst. orat.*, IX.IV.41) para exemplificar o erro da repetição de sílabas. Na tradução, lê-se: "Ó Roma afortunada, nascida sob meu consulado!"

[304] "[...] 'l compositore debba, più che sia possibile, schivarsi di porre nei suoi contrapunti gli unisoni; e non debbe usar molto spesso le ottave, perciochè quelli non sono (come altrove ho detto) posti nel numero delle consonanze e queste, per una certa simigliaza che hanno con l'unisono, non sono cosi vaghe all'udito come sono l'altre" (ZARLINO, 1558, III.41, p. 194).

[305] "[...] conciosia che se tutti costoro di commun parere hanno con leggi universali concluso che non è lecito, né in prosa né in verso (salvo se non fusse posto cotal cosa arteficiosamente per mostrar qualche effetto), porre questi modi strani di parlare, maggiormente il musico debbe bandire dalle sue compositioni ogni tristo suono e qualunque altra cosa che potesse offendere l'udito. Et veramente allora il contrapunto non sarebbe cosi ben purgato, quando si udisse in lui simili disordini molto spesso, et senza alcun proposito" (ZARLINO, 1558, III.41, p. 194).

oitavas sejam intermediados por uma outra consonância, especialmente se uníssonos ou oitavas forem realizadas sobre a mesma nota, ainda que as partes procedam por movimento contrário, como é possível observar na figura, a seguir. A recomendação geral é que os uníssonos e oitavas sejam evitados nos contrapontos e se o compositor optar por repetir algum desses elementos, deve fazê-lo seguindo a orientação dada anteriormente e exposta de diversas formas no exemplo a seguir:

Figura 10 – Uso de uníssonos e oitavas

Fonte: Zarlino (1558, III.41, p. 194)

Além disso, o autor é incisivo para que tal repetição não ocorra com frequência, e apenas quando houver uma justificativa, conforme o trecho que segue:

> Não digo, no entanto, que não se devem usá-los, mas digo que não devem ser usados muito frequentemente, porque quando ocorre de o compositor não poder acomodar uma boa e cômoda melodia, isto é, um belo e elegante proceder, com um belo e gracioso cantar, deve usá-los de qualquer modo, mas intermediados por alguma outra consonância, e sempre deve usar mais a oitava do que o uníssono quando lhe for cômodo, porque (como já vimos) ele não é, de nenhum modo, consonância, mas a oitava sim.[306] (ZARLINO, 1558, III.41, p. 195).

---

[306] "Io non dico però che non si debbino adoperare; ma dico che non si debbono usare troppo spesso, percioché, quando occorresse che 'l compositore non potesse accommodare una buona e commoda modulazione, cioè un bello ed elegante procedere con un bello e leggiadro cantare, le debbe per ogni modo usare, tramezate però d'alcun'altre consonanze; e debbe più presto porre sempre l'ottava che l'unisono quando li tornerà commodo, percioche questo (come havemo veduto) non è per alcun modo consonanza, ma si bene la ottava" (ZARLINO, 1558, III.41, p. 195). O capítulo 11 da terceira parte do tratado é dedicado ao uníssono, que Zarlino caracteriza como o princípio do qual nascem todas as consonâncias e os demais intervalos musicais. Sua proporção é a igualdade (1:1, 2:2 etc.), e ele é definido como dois ou mais sons iguais que, por serem idênticos, não formam intervalo nem consonância (ZARLINO, 1558, III.11, p. 157-158).

Desse modo, Zarlino estabelece uma regra cuja argumentação parte da referência à antiguidade e da relação da música com outras artes e ciências, especialmente a Gramática, a Retórica e a Poética, que foram tomadas como parâmetros para proibir a repetição excessiva de uníssonos e oitavas, pois ela resulta em um efeito ruim para o ouvido. O autor ainda apresenta outra possibilidade para a utilização de uníssonos:

> Quando acontecer, então, de querer usar os uníssonos, por necessidade ou por outra razão, [eles] poderão ser postos sobre a segunda parte da semibreve, desde que a parte do sujeito e o contraponto, no tempo ou no contratempo, não se encontrem para proferir o uníssono; pois, posto sobre a segunda parte de uma figura que se queira, quase não se ouve, como se ouviria quando se encontrassem juntos na primeira parte [da figura].[307] (ZARLINO, 1558, III.57, p. 235).

Embora a orientação inicial seja evitar oitavas e uníssonos, as citações *supra* indicam que tanto a utilização quanto a repetição desses elementos só são permitidas se forem realizadas de forma habilidosa e em casos especiais — intermediados por outra consonância ou na segunda parte da figura do sujeito — para realçar algum efeito específico, configurando-se, como visto anteriormente, em um ornamento que privilegia a construção do discurso musical. A preocupação demonstrada ao longo de toda a exposição do autor é com a combinação desses elementos no processo composicional e envolve tanto a relação intervalar do contraponto com o sujeito quanto o tipo de movimento realizado entre as partes (com prioridade para o movimento contrário), com vistas à realização de melodias boas e cômodas, elaboradas de maneira bela e elegante, e que resultem em composições graciosas, artificiosas e que sejam deleitáveis para o ouvinte.

Outro exemplo do cuidado de Zarlino com a estrutura, ou com a maneira como o contraponto é construído, pode ser verificado no capítulo em que o autor discorre sobre quando é lícito utilizar a mesma passagem [*passaggio*] duas ou mais vezes em uma cantilena. Reiterando o que foi discutido anteriormente, o autor inicialmente orienta que o compositor se esforce para variar o contraponto em relação ao sujeito, o máximo possível, já que a variedade conduz ao prazer e ao deleite, enquanto a repetição provoca tédio e fastio (ZARLINO, 1558, III.55, p. 227). Em sua avaliação, o

---

[307] "Quando occorrerà poi di volere usar gli unisoni o per necessità o per altra cagione, si potranno porre sopra la seconda parte della semibreve, purché la parte del soggetto e il contrapunto, nel battere o nel levare, in un tempo non s'incontrino a proferir l'unisono; conciosia che posto sopra la seconda parte di qual figura si voglia, quasi non si ode, come si udirebbe quando s'incontrassero insieme nella prima parte" (ZARLINO, 1558, III.57, p. 235).

uso da mesma passagem muitas vezes é motivo para que o compositor seja julgado "muito pobre de invenção" pelos mais sábios, que pensariam que tal passagem é o único contraponto de que dispõe. A explicação textual é seguida de um dos poucos exemplos musicais presentes no tratado de um procedimento que é expressamente qualificado por Zarlino como um vício:

Figura 11 – Vício: uso repetitivo de uma passagem

Fonte: Zarlino (1558, III.55, p. 227)

Zarlino insiste, por um lado, que a repetição deve ser evitada, especialmente se for realizada várias vezes ou por muito tempo, pois o uso recorrente da passagem implica empregar, no contraponto, as mesmas consonâncias, os mesmos movimentos melódicos e as mesmas notas [*chorde*]. Por outro lado, recomenda que o compositor deve se esforçar para elaborar um contraponto variado, modificando as passagens ao longo da melodia, mas reconhece que, dependendo do sujeito (principalmente se ele impuser algum tipo de obrigação), a repetição de certas passagens é permitida, desde que não seja feita em excesso, ou desde que não cause nenhum desconforto para o cantor, cujo resultado seria ruim [*sinistre modulationi*] (ZARLINO, 1558, III.55, p. 227). O autor ressalta que, quando a repetição é necessária ou é utilizada conforme uma escolha, deve-se ter o cuidado para empregá-la em lugares que, em relação com o sujeito, produzam um resultado variado. Além disso, o músico pode realizá-la com certa liberdade, com algumas variações rítmicas e síncopes, mas sempre respeitando as regras de condução melódica e os intervalos formados entre as vozes, para que não cometa erros, o que seria condenável. Dessa forma, Zarlino expõe mais uma possibilidade que concede uma licença ao compositor, pois privilegia a qualidade da construção do discurso musical tendo em vista uma preocupação com o vício do excesso de repetições.

9

ACOMODAÇÃO DA MÚSICA AO TEXTO

Alguns dos capítulos mais discutidos de toda a obra zarliniana são os que se dedicam à exposição das regras da acomodação entre a música e o texto. Conforme anunciado no proêmio de *Le istitutioni harmoniche*, a quarta parte trata da forma de adequar as harmonias às palavras e de como acomodar as palavras às figuras cantáveis[308] (ZARLINO, 1558, I.Pr., p. 2), o que se configura como um requerimento básico para uma boa composição e execução musical. Diferentemente de um possível entendimento implícito na ideia de acomodação do texto (na literatura em língua inglesa, "*text placement*", "*text underlay*" ou "*text setting*"), que pode denotar um compromisso unilateral de adaptar o texto à música, Zarlino manifesta, primordialmente, o pensamento de uma acomodação da música ao texto. Na avaliação de Harrán (1986, p. 196), este aspecto da composição vocal é tão fundamental quanto a invenção do contraponto, com a determinação de suas alturas e durações.

De acordo com Lewis (1985, p. 242), nessa parte do tratado, o autor codificou e promulgou os princípios para a associação entre música e texto conforme os preceitos de Willaert que, em certa medida, já eram conhecidos e praticados anos antes da publicação de *Le istitutioni harmoniche*. A autora, no entanto, adverte que muitas vezes edições impressas e manuscritos daquela época não refletiam essas regras, o que dificulta o acesso a exemplos de sua aplicação e deixa uma sensação de imprecisão ou de falta de compromisso dos compositores com a correta associação entre música e texto. Segundo Lewis (1985), o mais comum é encontrar todas as palavras do texto agrupadas no início das frases musicais, como na figura a seguir, ao passo que apenas em algumas circunstâncias as sílabas são separadas e cuidadosamente dispostas sob notas específicas[309].

---

[308] "Nella quarta & vltima trattaremo delli Modi altramente da i Musici prattici chiamati Tuoni, et delle loro differenze; & diremo in che modo le harmonie si debbano accommodare alle parole, & le parole si accommodino sotto le figure cantabili" (ZARLINO, 1558, I.Pr., p. 2).

[309] Lewis (1985, p. 243) revela que, até cerca de 1545, Antonio Gardano, que era um dos principais editores musicais de seu tempo, não usava ligaduras em suas fontes musicais, embora, em muitos casos, elas fossem essenciais para a acomodação da música ao texto. Na avaliação da autora, o fato de ele não ter comprado fontes de ligaduras e não ter tido interesse em fabricá-las com base em peças de tipos simples, como alguns editores fizeram, atestaria a sua falta de conhecimento acerca da acomodação entre música e texto e/ou a sua falta de preocupação com este aspecto.

Figura 12 – *Videns dominus*: imprecisão na associação entre texto e figuras musicais

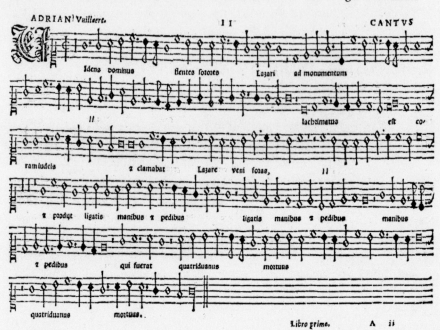

Fonte: Willaert (1539, [*cantus*] p. 11)

Conforme observado pela autora, o resultado é a dificuldade dos intérpretes em encontrar maneiras de vincular o texto à música sem ferir a acentuação das palavras, a fluência rítmica da música ou a estrutura do fraseado (LEWIS, 1985, p. 242). De modo semelhante, Dal Maso (2017, p. 297) evidencia que muitos teóricos musicais lamentam os erros dos cantores em relação à disposição do texto, cuja incompetência é atribuída à superficialidade dos compositores que não ordenavam as partes de modo acurado.

Sobre esse assunto, o ponto de partida de Zarlino é a concepção platônica de melodia[310], como um composto de oração, de harmonia[311] e de número[312], da qual o autor compreende que a oração é principal em relação aos outros dois aspectos, de modo que eles devem ser adequados ao conteúdo das palavras do texto[313]:

> [...] é necessário, então, que façamos uma escolha de harmonia e de número semelhante à natureza das matérias que são contidas na oração, de modo que, da composição dessas coisas usadas juntas com proporção, a melodia resulte segundo o propósito.[314] (ZARLINO, 1558, IV.32, p. 339).

É possível observar, nessa recomendação de Zarlino, alguns aspectos essenciais na definição de virtude, como a necessidade de realizar uma escolha e a sua tendência à proporção, bem como relacionados à noção de decoro, que estabelece o propósito que servirá para orientar a correspondência entre os materiais musicais e a natureza do texto. Assim, o autor indica que a gênese da música é subordinada à natureza das palavras, ou ao seu conteúdo emocional, e a composição musical subentende uma série de considerações em

---

[310] Na *República*, Platão define melodia da seguinte forma: "Mas sem dúvida que és capaz de dizer que a melodia se compõe de três elementos: as palavras, a harmonia e o ritmo" ["λέγειν, ὅτι τὸ μέλος ἐκ τριῶν ἐστιν συγκείμενον, λόγου τε καὶ ἁρμονίας καὶ ῥυθμοῦ" (398δ)] (*República*, 3, 398d).

[311] Conforme mencionado anteriormente, a palavra "harmonia" possui diferentes acepções em *Le istitutioni harmoniche*. Ao tratar da forma de acomodar a música às palavras do texto, Zarlino refere-se a *Harmonia* (neste caso, grafada em seu texto com letra maiúscula) com o sentido de resultado simultâneo e vertical de diferentes linhas melódicas que soam juntas.

[312] Neste contexto, a palavra número está associada às noções de música rítmica e métrica. No texto de Zarlino, a música rítmica pode ser entendida como uma categoria mais geral, que é definida como "aquela harmonia que se ouve no verso ou na prosa pela quantidade das sílabas e pelo som das palavras, quando se compõem bem e apropriadamente" // "[...] quella harmonia, che si sente nel verso, overo nella prosa per la quantità delle sillabe, e per il suono delle parole, quando insieme bene et acconciamente si compongono" (ZARLINO, 1558, I.9, p. 19). Já a música métrica está associada com "saber julgar nos versos a quantidade das sílabas, isto é, se são longas ou breves, mediante as quais se conhecem os pés, quais são e a sua localização determinada; de modo que, a diversidade dos pés, como de duas, de três, de quatro ou de mais sílabas, constitui a música métrica. Se, do mesmo modo quisermos chamá-la, não é senão a harmonia que nasce do verso pela quantidade de sílabas" // "[...] saper giudicare ne i versi la quantità delle sillabe, cioè se siano lunghe o brevi, mediante le quali si conoscano i piedi, & quali sijno, & la loro determinata sede: Conciosiache la diversità di i piedi, come di due, di tre, di quattro, o di più sillabe, costituisce la Musica metrica; La quale si medesimamente volemo dichiarare, non è altro che l'harmonia, che nasce dal verso per la quantità delle sillabe" (ZARLINO, 1558, I.9, p. 19).

[313] "Resta, agora, (sendo que o tempo e o lugar o requerem) ver de que maneira se deve acompanhar as harmonias às palavras do sujeito. [...] depois que manifestou tudo por meio das partes, [Platão] disse que a harmonia e o número devem seguir a oração e não a oração o número e nem a harmonia" // "Resta hora da vedere (essendo che 'l tempo e il luogo lo ricerca) in qual maniera si debba accompagnare le Harmonie alle soggette parole. [...] dopo che ha manifestato il tutto col mezo delle parti [Platone] dice, che l'Harmonia e il Numero debbono seguitare la Oratione, & non la Oratione il Numero, ne l'Harmonia" (ZARLINO, 1558, IV.32, p. 339).

[314] "[...] fa dibisogno ch'ancora noi facciamo una scielta d'armonia e di un numero simile alla natura delle materie che sono contenute nell'orazione; acciochè dalla composizione di queste cose messe insieme con proporzione risulti la melodia secondo 'l proposito" (ZARLINO, 1558, IV.32, p. 339).

torno de um processo simbiótico entre o lado prático da criação de sons e a necessidade de moldá-los da melhor maneira possível para adaptá-los com o intuito de expressar plenamente o conteúdo implícito no texto.

Por esse motivo, e de forma parecida com o que é encontrado em obras de outros autores[315], Zarlino considera que saber dispor as sílabas sob as notas musicais, acomodando o sentido das palavras às cadências e à duração dos sons, é uma responsabilidade tanto dos compositores quanto dos cantores. Conforme observado por Harrán (1986, p. 213), isso implica que, se o compositor (e também o editor ou escriba) falhar ao especificar a localização das sílabas em relação às notas, o cantor deverá realizar essa acomodação, da melhor forma possível, de acordo com as regras dadas. Trata-se, portanto, de uma habilidade básica requerida ao músico prático, que está associada a uma correta execução musical, seja na composição, seja na interpretação, sobre a qual Zarlino elenca uma série de maus hábitos e expõe regras que devem ser observadas para evitar os barbarismos.

O princípio geral é que o modo sob o qual será composto o tenor seja escolhido em conformidade com a natureza da matéria de que trata o texto e, da mesma forma, a harmonia seja elaborada com intervalos convenientes ao tipo de efeito desejado. Conforme exposto pelo autor e enfatizado por Harrán (1986, p. 191), da adequação entre a harmonia e o texto é possível distinguir duas categorias de palavras, às quais correspondem dois tipos básicos de harmonia. No primeiro caso, palavras que denotam "aspereza, dureza, crueldade, amargor e outras coisas semelhantes" devem ser acomodadas em melodias "duras e ásperas", ao passo que, no segundo caso, para palavras que demonstram "pranto, dor, condolência, suspiro, lágrimas e outras coisas semelhantes", Zarlino recomenda "que a harmonia seja plena de tristeza"[316] (ZARLINO, 1558, IV.32, p. 339). Além disso, o autor adverte sobre a possibilidade de incoerência entre o conteúdo do texto e os aspectos da composição musical:

---

[315] Conforme indicado por Dal Maso (2017, p. 297-305), a acomodação da música às palavras também é assunto tratado por Giovanni Maria Lanfranco (*Scintile di musica*, 1533), Angelo da Pizzeghettone (*Fior angelico di musica*, 1547), Nicola Vicentino (*L'antica musica ridotta alla moderna prattica*, 1555), Valerio Bona (*Regole del contraponto, et compositione brevemente raccolte* [...], 1595), Orazio Tigrini (*Il compendio della musica*, 1588), Lodovico Zacconi (*Prattica di musica*, 1596), Adriano Banchieri (*Cartella musicale*, 1601), Sciopione Cerreto (*Della prattica musica vocale, et strumentale*, 1601) e, especialmente, Gaspar Stoquerus (*De musica verbali libri duo*, ca. 1570).

[316] "Onde ela [palavra] denote aspereza, dureza, crueldade, amargor e outras coisas semelhantes, a harmonia seja semelhante a ela, isto é, bastante dura e áspera, mas de maneira que não ofenda. De modo semelhante, quando alguma das palavras demonstrar pranto, dor, condolência, suspiros, lágrimas e outras coisas semelhantes, que a harmonia seja plena de tristeza" // "[...] che dove ella [parola] dinoti asprezza, durezza, crudeltà, amaritudine e altre cose simili, l'armonia sia simile a lei, cioè alquanto dura e aspra, di maniera però che non offendi. Simigliantemente quando alcuna delle parole dimostrerà pianto, dolore, cordoglio, sospiri, lagrime e altre cose simili, che l'armonia sia piena di mestizia" (ZARLINO, 1558, IV.32, p. 339).

> Já que não é lícito entre os poetas compor uma comédia com versos trágicos, também não será lícito ao músico acompanhar essas duas coisas, isto é, juntar a harmonia e as palavras, fora de propósito. Portanto, não será conveniente que em uma matéria alegre usemos a harmonia mesta e os números graves, nem é lícito usar uma harmonia alegre e números rápidos, ou velozes (como quisermos dizer), onde se trata de matérias fúnebres e cheias de lágrimas. Ao contrário, é necessário usar as harmonias alegres e os números velozes nas matérias alegres e nas matérias mestas, as harmonias mestas e os números graves, de maneira que cada coisa seja feita com proporção.[317] (ZARLINO, 1558, IV.32, p. 339).

Essa observação de Zarlino guarda semelhança com o que Quintiliano (*Inst. or.*, XI.I.1) diz acerca do decoro como uma virtude da elocução, segundo o qual é preciso que o orador se expresse de modo adequado ao tipo de causa:

> Que adequação existe, caso usemos um tom sublime em pequenas causas, um tom apequenado e simples nas grandes, um alegre nas tristes, um suave nas agressivas, um ameaçador nas suplicantes, um tom submisso nas tempestuosas e um selvagem e violento nas causas agradáveis? (*Inst. or.*, XI.I.3).

Na obra de Zarlino, a conformidade entre a harmonia e a natureza do texto também está relacionada à escolha dos intervalos: por um lado, efeitos "duros e ásperos" são obtidos pelo uso de intervalos maiores, como a segunda (tom), a terça (dítono), a sexta (hexacorde) e a décima-terça maior; por outro, efeitos de "tristeza" decorrem da utilização de intervalos menores, como a segunda (semitom), a terça (semidítono), a sexta (hexacorde) e a décima-terça menor[318] (ZARLINO, 1558, IV.32, p. 339). Essa relação entre

---

[317] "Perciochè sicomme non è lecito tra i poeti comporre una comedia con versi tragici, così non sarà lecito al musico d'accompagnar queste due cose, cioè l'armonia e le parole insieme, fuor di proposito. Non sarà adunque conveniente ch'in una materia allegra usiamo l'armonia mesta e i numeri gravi; né dove si tratta materie funebri e piene di lagrime è lecito usar un'armonia allegra e numeri leggieri, o veloci che li vogliamo dire. Per il contrario bisogna usar l'armonie allegre e i numeri veloci nelle materie allegre, e nelle materie meste l'armonie meste e i numeri gravi, accioch'ogni cosa sia fatta con proporzione" (ZARLINO, 1558, IV.32, p. 339).

[318] "Il che farà ottimamente, volendo esprimere i primi effetti, quando usarà di por le parti della cantilena che procedino per alcuni movimenti senza 'l semituono, come sono quelli del tuono e quelli del ditono, facendo udire la sesta over la terzadecima maggiori, che per loro natura sono alquanto aspre, sopra la corda più grave del concento, accompagnandole anco con la sincopa di quarta o di undecima sopra tal parte, con movimenti alquanto tardi, tra i quali si potrà usar eziandio la sincopa della settima. Ma quando vorrà esprimere i secondi effetti, allora usarà (secondo l'osservanza delle regole date) i movimenti che procedono per semituono e per quelli del semiditono e altri simili, usando spesso le seste over le terzedecime minori, sopra la corda più grave della cantilena, che sono per natura loro dolci e soavi, massimamente quando sono accompagnate con i debiti modi e con discrezione e giudicio" (ZARLINO, 1558, IV.32, p. 339).

os efeitos "duros e ásperos" ou de "tristeza" com o conteúdo do texto retoma a noção de natureza dos intervalos musicais, já discutida anteriormente por Zarlino. O autor considera que algumas consonâncias imperfeitas, como a terça e a sexta maior, possuem caráter vivo e alegre e são cheias de sonoridade, enquanto outras, como a terça e a sexta menor, são doces e suaves e tendem ao mesto ou lânguido[319] (ZARLINO, 1558, III.10, p. 156). Essa correspondência entre o tipo de intervalos utilizados e o efeito resultante da melodia é posteriormente referida por Zarlino:

> Além disso, deve advertir que todas as vezes que quiser fazer o contraponto um tanto lânguido ou mesto, [e] semelhantemente doce ou suave, deve proceder também por movimentos doces e suaves, como são aqueles que procedem pelo semitom, pelo semidítono e outros semelhantes, usando as consonâncias imperfeitas menores que são o semidítono, o hexacorde menor e as outras replicadas [...] Pelo contrário, querendo fazê-lo alegre, usará o movimento de tom, de dítono e outros semelhantes, com os seus intervalos. E querendo fazer, alguma vez, que tenha o áspero, poderá usar as [consonâncias] maiores, que são o dítono, o hexacorde maior e as replicadas nas partes graves da cantilena. E tanto mais será áspero quanto mais tiver em si esse hexacorde nas figuras de mais valor, na parte grave do concento.[320] (ZARLINO, 1558, III.57, p. 238).

Cabe notar que a advertência citada *supra* está presente no capítulo que trata de licenças que o compositor pode tomar na elaboração do contraponto, e, apesar disso, o autor reitera a importância da adequação

---

[319] "O próprio ou a natureza das consonâncias imperfeitas é que algumas delas são vivas e alegres, acompanhadas de muita sonoridade e algumas, embora sejam doces e suaves, tendem um pouco ao mesto ou lânguido. As primeiras são a terça e a sexta maiores e as replicadas, e as outras são as menores. Todas elas têm a força de mudar toda cantilena e fazê-la mesta ou alegre, segundo a sua natureza. Disso podemos ver que algumas cantilenas são vivas e cheias de alegria e algumas, ao contrário, são mestas ou lânguidas" // "IL PROPIO, o Natura delle Consonanze imperfette è, che alcune di loro sono viue & allegre, accompagnate da molta sonorità; & alcune, quantunque siano dolci, & soaui, declinano alquanto al mesto, ouero languido. Le prime sono le Terze, & le Seste maggiori, & le replicate; & le altre sono le minori. Tutte queste hanno forza di mutare ogni cantilena, & di farle meste, o uero allegre secondo la lor natura. Il che potemo uedere da questo; che sono alcune cantilene, le quali sono viue, & piene di allegrezza; & alcune altre per il contrario, sono alquanto meste, ouer languide" (ZARLINO, 1558, III.10, p. 156).

[320] "Debbe oltra di questo avertire che tutte le volte che vorrà fare il contrapunto alquanto languido o mesto, simigliantemente dolce o soave, debbe procedere anco per movimenti dolci e soavi, come sono quelli che procedono per il semituono, per il semiditono e altri simili, usando le consonanze imperfette minori che sono il semiditono, l'esacordo minore e l'altre replicate; le quali consonanze per sua natura sono (come ho detto nel capitolo 10) atte a tali cose. Per il contrario volendolo fare allegro, usarà il movimento del tuono, quello del ditono e d'altri simili, con i suoi intervalli. E volendolo far che qualche volta abbia dell'aspro, potrà usar le maggiori che sono il ditono, l'esacordo maggiore e le replicate nelle parti gravi della cantilena. E tanto più sarà aspro quanto maggiormente averà in sé il detto esacordo, nelle figure di alquanto valore, nella parte grave del concento" (ZARLINO, 1558, III.57, p. 238).

dos intervalos escolhidos ao caráter da melodia (que, por sua vez, deve ter conformidade com a natureza do texto), de modo que, em relação a esse assunto, Zarlino não faz nenhuma menção à possibilidade da aplicação de exceções.

Ainda no que tange aos intervalos, o autor explica que os que são caracterizados como "vivos e alegres" estão presentes nos modos em que a quinta é dividida harmonicamente[321], formando uma terça maior e uma menor; e que os intervalos "mestos e lânguidos" são encontrados nos modos que têm a quinta dividida aritmeticamente[322], nos quais a terça menor se localiza abaixo da maior[323]. Além disso, cabe lembrar que, para Zarlino, as melodias possuem esses efeitos "duros e ásperos" ou de "tristeza" tanto quando são usados intervalos naturais quanto por meio da utilização de intervalos acidentais (HARRÁN, 1986, p. 192). Os naturais (diatônicos) são intervalos formados pelas cordas naturais do modo e não possuem nenhum tipo de sinal ou acidente; por isso, são mais sonoros e viris. Os intervalos acidentais (cromáticos) são assim denominados porque são indicados pelos sinais dos acidentes musicais, e, assim, seu efeito é mais doce e um pouco lânguido. O resultado, para o autor, é que,

---

[321] Os modos que possuem intervalos dessa natureza são: quinto, sexto, sétimo, oitavo, décimo primeiro e décimo segundo (ZARLINO, 1558, III.10, p. 156). A partir da edição de 1573, com a renumeração proposta por Zarlino, esses modos são modificados, respectivamente, para: primeiro, segundo, sétimo, oitavo, nono e décimo. De acordo com Urbani, são os três modos autênticos e os três plagais com *finalis* Dó, Fá e Sol (ZARLINO, 2011, p. 328, n. 84). Nesses modos, as consonâncias são usadas de acordo com a natureza do número sonoro, ou seja, elas ocorrem na ordem em que são produzidas pelas sucessivas divisões da corda em 2, 3, 4, 5 e 6 partes. Três termos estão em proporção harmônica quando a proporção dos extremos é igual à proporção das diferenças entre eles, como, por exemplo, em 6, 4 e 3: (6 − 4) : (4 − 3) = 6 : 3 (ZARLINO, 1968, p. 22, n. 2). O assunto é explicado por Zarlino no capítulo 39 da primeira parte do tratado (ZARLINO, 1558, I.39, p. 50-51).

[322] Os modos que possuem intervalos dessa natureza são: primeiro, segundo, terceiro, quarto, nono e décimo (ZARLINO, 1558, III.10, 156). A partir da edição de 1573, com a renumeração proposta por Zarlino, esses modos são modificados, respectivamente, para: terceiro, quarto, quinto, sexto, décimo primeiro e décimo segundo. De acordo com Urbani, são os três modos autênticos e os três plagais com *finalis* Ré, Mi e Lá (ZARLINO, 2011, p. 329, n. 86). Em uma série aritmética as diferenças entre três termos sucessivos (*a*, *b* e *c*) são iguais (*a* − *b* = *b* − *c*), mas as proporções formadas por esses termos são diferentes (DAL MASO, 2017, p. 176). O assunto é explicado por Zarlino no capítulo 36 da primeira parte do tratado (ZARLINO, 1558, I.36, p. 46-47).

[323] "Il che potemo uedere da questo; che sono alcune cantilene, le quali sono viue, & piene di allegrezza; & alcune altre per il contrario, sono alquanto meste, ouer languide. La cagione è, che nelle prime, spesso si odono le maggiori consonanze imperfette, sopra le chorde estreme finali, o mezane di i Modi, o Tuoni; [...] i quali Modi sono molto allegri, & viui: conciosia che in eßi si odono spesse fiate le consonanze collocate secondo la natura del numero sonoro, cioè la Quinta tramezata, o diuisa harmonicamente in vna Terza maggiore, & in vna minore; il che molto diletta all'vdito. [...] Ne gli altri Modi poi, [...] la Quinta si pone al contrario, cioè mediata arithmeticamente da vna chorda mezana; di modo che molte uolte si odono le consonanze, poste contra la natura del Numero sonoro. Per il che, si come ne i primi, la Terza maggiore si sottopone spesse uolte alla minore; cosi ne i secondi si ode spesse fiate il contrario, & si ode vn non so che di mesto, o languido, che rende tutta la cantilena molle [...]" (ZARLINO, 1558, III.10, p. 156).

> [...] desse modo, ao acompanhar as partes com os intervalos das consonâncias maiores e menores com os movimentos naturais e acidentais, o que é feito com qualquer juízo, levará a imitar as palavras com a harmonia bem compreendida.[324] (ZARLINO, 1558, IV.32, p. 340).

Além da adequação do modo escolhido e dos intervalos utilizados, Zarlino discorre sobre a importância dos ritmos utilizados. De forma geral, a recomendação é que os movimentos rítmicos sejam ordenados de forma a exprimir o sentido do texto.

> [...] considerada primeiramente a matéria contida na oração, se for alegre, deve-se proceder com movimentos galhardos e velozes, isto é, com figuras que conferem velocidade de tempo, como são as mínimas e semínimas; mas quando a matéria for flébil, deve-se proceder com movimentos tardios e lentos [...].[325] (ZARLINO, 1558, IV.32, p. 340).

Com essa recomendação, o autor estabelece uma correspondência entre matérias alegres, movimentos ágeis e vigorosos e figuras de velocidade rítmica, da mesma forma que faz entre matéria flébil e movimentos mais vagarosos. Especificamente, o autor também explica a conformidade entre os ritmos utilizados e o texto conforme a acentuação, que depende da divisão das sílabas das palavras:

> [...] mas também devemos observar e acomodar de tal maneira as palavras da oração às figuras cantáveis, com tais números, [de modo] que não se ouça nenhum barbarismo, como quando se faz proferir no canto uma sílaba longa que deveria ser proferida breve, ou o contrário, uma breve que deveria ser proferida longa, como se ouve todo dia em infinitas cantilenas, o que é uma coisa realmente vergonhosa.[326] (ZARLINO, 1558, IV.32, p. 340).

O aspecto mais evidente, neste trecho, é a necessidade de dar a devida atenção à formação silábica das palavras, de modo que às sílabas longas correspondam figuras rítmicas igualmente longas, que fazem

---

[324] "[...] di maniera che, accompagnando gli intervalli delle maggiori e delle minori consonanze con li movimenti naturali e accidentali, che fanno le parti con qualche giudicio, si verrà ad imitare le parole con la ben intesa armonia" (ZARLINO, 1558, IV.32, p. 340).

[325] "[...] considerata primeiramente la materia contenuta nell'orazione, se sarà allegra si de' procedere con movimenti gagliardi e veloci, cioè con figure che portano seco velocità di tempo, come sono le minime e le seminimime; ma quando la materia sarà flebile, si de' procedere con movimenti tardi e lenti [...]" (ZARLINO, 1558, IV.32, p. 340).

[326] "[...] ma eziandio dobbiamo osservar di accommodare in tal maniera le parole dell'orazione alle figure cantabili, con tali numeri che non si oda alcun barbarismo, come quando si fa proferire nel canto una sillaba longa, che si doverebbe far proferir breve, o per il contrario una breve che si doverebbe far proferir longa, come in infinite cantilene si ode ogni giorno; il che veramente è cosa vergognosa" (ZARLINO, 1558, IV.32, p. 340).

movimentos tardios e lentos, como as semibreves, breves e longas, e que às sílabas breves sejam acomodados ritmos mais curtos, que imprimem velocidade à melodia, como as mínimas e semínimas (ZARLINO, 1558, IV.32, p. 340). De acordo com Harrán (1988b, p. 424), a falta de correspondência entre as durações das sílabas e das figuras musicais caracteriza um desvio relativo à acentuação, que pode ser de ordem quantitativa, quando se observa o uso incorreto das durações (ou ritmos) que são associadas às sílabas longas e curtas dentro dos padrões métricos, ou podem ser de ordem qualitativa, quando são relativos a imprecisões na acentuação métrica (acentos graves e agudos)[327].

Nos escritos musicais, esses dois tipos de barbarismos são abordados por diversos autores com o intuito de prevenir os compositores para não cometê-los e, segundo Harrán (1988b, p. 424), eles são discutidos até mesmo em obras publicadas após o século XVII, quando a necessidade de uma acentuação adequada foi tomada como certa por compositores e cantores. Do mesmo modo, Zarlino (1558, IV.32) adverte, claramente, que, se há inconsistência entre o aspecto rítmico da música e o das sílabas do texto, o resultado é um barbarismo qualificado como vergonhoso. Embora possa parecer uma recomendação um tanto óbvia, o autor diz que esse tipo de erro é encontrado em muitas composições e acontece, por exemplo, quando as penúltimas sílabas das palavras *Dominus*, *Angelus*, *Filius*, *Miraculum* e *Gloria*, que são breves, são acomodadas musicalmente em figuras de tempos longos (ZARLINO, 1558, IV.32, p. 340). Apesar de relatar que esse tipo de incorreção é frequente, o autor, infelizmente, deixa de mencionar ou fornecer exemplos de composições em que ocorre.

Além da necessidade de correspondência entre a duração das sílabas das palavras e das figuras de ritmo utilizadas, o autor prossegue as suas orientações sobre a acomodação da música ao texto chamando atenção para o uso de pausas e a realização de cadências:

> Deve-se advertir, de modo semelhante, para não separar as partes da oração, uma da outra, com pausa, como fazem alguns pouco inteligentes, até que não tenha terminado a sua cláusula ou qualquer parte sua, de maneira que a audição das palavras seja perfeita. E de não realizar a cadência, especialmente uma das principais, nem colocar pausas maiores do que as de mínima se não tiver terminado o período ou a

---

[327] De acordo com Harrán (1986, p. 193), o assunto é aprofundado por Zarlino nos *Sopplimenti musicali*, livro VIII, capítulos 11 e 12.

> sentença perfeita da oração, e a de mínima nos pontos intermediários, pois é realmente coisa viciosa [...].[328] (ZARLINO, 1558, IV.32, p. 340).

Novamente, observa-se a prioridade da oração em relação aos elementos musicais, pois é o sentido do texto que indica os lugares onde será permitido incluir pausas ou realizar cadências. De acordo com Harrán (1986, p. 200, 1988b, p. 432), trata-se de um aspecto relacionado com a sintaxe musical, já que diz respeito à forma como a música se acomoda às divisões gramaticais naturais do texto e, portanto, aos princípios que regem a organização dos elementos da frase. Segundo Zarlino, pausas e cadências marcam os fins de períodos ou sentenças e, se forem utilizadas antes de sua conclusão, dividindo as palavras ou separando as partes do texto, interrompem as orações e corrompem a sua divisão gramatical[329]. Esse aspecto é tão essencial para a elaboração musical que o autor caracteriza esse tipo de erro como um vício cometido por "alguns pouco inteligentes" e que serão reputados como "ignorantes de uma coisa tão necessária" (ZARLINO, 1558, IV.32, p. 340), os quais são repreendidos com críticas incisivas: "Com isso, aquele que as colocasse [pausas] desse modo demonstraria, realmente, ser uma besta, um estúpido e um ignorante"[330] (ZARLINO, 1558, III.50, p. 212). A recomendação é que a disposição da música seja tal que permita a exata distinção das várias partes do texto e a percepção do sentido das palavras e das sentenças sem esforço, e, dessa forma, remete não apenas à virtude da correção, mas também à da clareza. Para isso, Zarlino relaciona as cadências principais e as pausas mais longas com os fins de períodos ou sentenças; e as pausas mais curtas com os pontos intermediários do texto, o que é detalhado da seguinte forma:

> Deve ter o cuidado de pôr a pausa de mínima ou de semínima, como for mais cômodo, no início dos pontos intermediários da oração, uma vez que servirão como uma vírgula. Mas no

---

[328] "Si debbe similmente avertire di non separare le parti della orazione l'una dall'altra con pause, come fanno alcuni poco intelligenti, fino a tanto che non sia finita la sua clausula over alcuna sua parte, di maniera che 'l sentimento delle parole sia perfetto, e di non far la cadenza, massimamente l'una delle principali, o di non porre le pause maggiori di quelle della minima, se non è finito 'l periodo o la sentenza perfetta dell'orazione, e di quella di minima nei punti mezani; perciochè veramente è cosa viziosa [...]" (ZARLINO, 1558, IV.32, p. 340).

[329] De acordo com Dal Maso (2017, p. 304), a interrupção do som entre as sílabas de uma mesma palavra é um meio expressivo obtido pelo uso de pausa que divide essa palavra. A autora indica que essa possibilidade é admitida nos tratados de Tigrini, Zacconi e Cerreto como uma forma de imitar as palavras *"sospiro"*, *"sospira"*, *"sospirando"* e outras semelhantes, e, dessa forma, configura uma exceção a essa recomendação geral, justificada pelo efeito expressivo que produz. Esses autores exemplificam a utilização de pausas na palavra *"sospiri"* nos madrigais Queste saranno ben lacrime, de G. P. Palestrina (*Il primo libro de madrigali a quattro voci novamente ristampato*, 1596), e *Perché non date voi donna crudele*, de Arcadelt (*Il primo libro di madrigali [...] a quattro, con nuova gionta impressi*, 1539).

[330] "[...] conciosia che colui, che le ponesse a cotal modo, dimostrarebbe veramente essere una pecora, un goffo, e un'ignorante" (ZARLINO, 1558, III.50, p. 212).

> início dos períodos poderá pôr a quantidade de pausas que for
> mais cômoda, pois me parece que, se usadas dessa maneira,
> se poderá discernir otimamente os membros do período, um
> do outro, e ouvir sem incômodo algum o perfeito sentido
> das palavras.[331] (ZARLINO, 1558, IV.32, p. 340).

A recomendação do autor é que as pausas sejam utilizadas de forma análoga à pontuação do texto, de modo que as pausas mais curtas tenham correspondência com vírgulas; e as mais longas possam ser empregadas livremente para marcar o início de novos períodos. Se forem usadas dessa maneira, têm a qualidade de permitir uma boa declamação do texto e a sua perfeita compreensão. Ao apresentar as pausas e expor de que forma devem ser utilizadas na composição, Zarlino explica que elas possuem uma função de articulação, e, por isso, o compositor deve imitar, na música, a estrutura do texto. Caso contrário, cometerá erros que são veementemente repreendidos pelo autor e considerados um tipo de vício (ZARLINO, 1558, III.50, p. 212, IV.32, p. 340).

Em relação às cadências, uma das orientações do autor é que, considerado o texto do sujeito e escolhido um modo adequado a ele, o tenor proceda pelas cordas naturais desse modo e realize cadências para marcar pontos de repouso na melodia em conformidade com os períodos do texto (ZARLINO, 1558, IV.31, p. 337). As cadências são, portanto, uma espécie de pontuação do contraponto, pois marcam pontos de repouso nas suas melodias e permitem que o público compreenda as divisões das sentenças. Quando esses aspectos são desrespeitados, o resultado é descrito por Zarlino da seguinte forma:

> Mas quando penso que uma ciência que deu leis e boas ordens
> a outras ciências, às vezes seja tão confusa em algumas coisas que apenas se pode tolerar; não posso fazer se não me
> entristecer. É verdadeiramente um estupor ouvir e ver as
> cantilenas que se encontram, nas quais, além de se ouvir no
> proferir das palavras os períodos confusos, as cláusulas imperfeitas, as cadências fora de propósito, o cantar sem ordem,
> os infinitos erros na aplicação da harmonia às palavras, as
> poucas observações dos modos, as partes mal acomodadas,
> as passagens sem beleza, os números sem proporção, os

---

[331] "[...] e debbe avertire di porre la pausa di minima o di semiminima, come li torna commodo, in capo dei mezani punti dell'orazione, perciochè serviranno in essa per i comma; ma in capo dei periodi potrà porre quanta quantità di pause li tornerà commodo, perciochè mi pare che poste in cotal maniera si potrà ottimamente discernere i membri del periodo l'un dall'altro, e udir senz'incommodo alcuno il sentimento perfetto delle parole" (ZARLINO, 1558, IV.32, p. 340).

movimentos sem propósito, também se encontram nelas figuras cantáveis acomodadas de tal maneira às palavras, que o cantor não sabe resolver, nem encontrar modo cômodo para poder proferi-las.[332] (ZARLINO, 1558, IV.33, p. 340-341).

Conforme observado, Zarlino enumera uma série de impropriedades relativas aos diversos aspectos anteriormente mencionados, especialmente a inadequação entre os elementos da composição musical (frases, cláusulas, cadências, harmonias, modos, ritmos e movimentos melódicos) e o conteúdo do texto. Na situação descrita pelo autor, o cantor torna-se incapaz de criar soluções para o incômodo de proferir as palavras tal como estão. Em uma composição com essas características, falta clareza, ela é ininteligível e, por isso, é considerada por Zarlino intolerável, assombrosa e causadora de tristeza. Ela é, portanto, reprovada pelo autor.

Nesse sentido, Harrán (1988b, p. 423) sintetiza a indicação geral do autor em relação a esses dois aspectos da seguinte forma: as pausas e cadências devem ser guardadas para os fins das seções, obedecendo o grau de conclusão desses fins, de modo que pausas curtas e cadências mais fracas marcam cláusulas, ao passo que pausas longas e cadências mais enfáticas devem ser usadas em cadências completas. Desse modo, é nítido que Zarlino considera o respeito às convenções poético-gramaticais de um texto como aspecto norteador da associação entre a música e as palavras. Apesar disso, vale ressaltar que, em um momento pouco posterior, a polifonia recebeu duras críticas de diversos teóricos e compositores que a consideravam incapaz de expressar as ideias e o caráter afetivo do texto, a exemplo do *Dialogo della musica antica e della moderna* (1581), de seu discípulo Vincenzo Galilei.

De forma resumida, Harrán (1986, p. 197) considera que as recomendações de Zarlino acerca da acomodação do texto estão associadas a dois tipos de barbarismos. Um deles resulta de uma acentuação inapropriada, com o uso de notas curtas em sílabas longas ou de notas longas em sílabas curtas, ou com o uso de melismas em sílabas curtas, ou ainda, com o emprego de uma única nota curta em uma sílaba longa. Outro tipo de barbarismo é decorrente da utilização de pausas e da realização de

---

[332] "Però quando io mi penso, che vna Scienza, la quale hà datto leggi, & buoni ordini ad altre Scienze, sia alle volte in alcune cose tanto confusa, che apena si può tollerare; io non posso fare, che non mi attristi. È ueramente un stupore udire, & uedere le cantilene, che si trouano, le quali oltra che in esse si odono nel proferir delle parole gli Periodi confusi, le Clausule imperfette, le Cadenze fuori di proposito, il Cantare senza ordine, gli errori infiniti nello applicare l'harmonie alle parole, le poche osseruationi delli Modi, le male accommodate parti, li passaggi senza uaghezza, li Numeri senza proportione, li Mouimenti senza proposito, si troua anco in esse Figure cantabili accommodate in tal maniera alle parole, che 'l Cantore non si sa risoluere, ne ritrouar modo commodo, da poterle proferire" (ZARLINO, 1558, IV.33, p. 340-341).

cadências desconsiderando as divisões sintáticas naturais do texto, o que impede a distinção das várias partes da sentença, bem como a compreensão do sentido completo das palavras. O autor ainda enfatiza que a elegância incorpora a propriedade, que é um passo ou uma condição inevitável da elegância. Nas partes III e IV de *Le istitutioni harmoniche*, a propriedade de compor e cantar é condição essencial para alcançar a elegância, cujos três pré-requisitos são o bom contraponto, a adaptação da música ao conteúdo do texto, e a correspondência entre notas e sílabas em conformidade com a acentuação das palavras e sua sintaxe. Neste sentido, o autor considera que as propriedades na acomodação da música às palavras são inseparáveis das de um texto expressivo, de modo que a elegância na composição demanda mais do que competência no contraponto e inclui sensibilidade às características de acentuação, semântica e sintaxe de qualquer texto escolhido.

Depois de enumerar exemplos de barbarismos e de oferecer orientações gerais, Zarlino estabelece dez regras acerca da disposição musical do texto dirigidas a compositores e cantores. Na avaliação de Harrán (1986, p. 198), da mesma forma que as regras do contraponto, apresentadas na terceira parte do tratado, se qualificam como um compêndio das práticas da primeira metade do século XVI, as de acomodação entre as notas musicais e o texto, presentes na quarta parte, têm importância equivalente e não podem ser compreendidas plenamente, se separadas das técnicas composicionais. O autor explica que as regras de Zarlino são derivadas das presentes no *Scintile di musica* (1533), de Lanfranco, com a inclusão de esclarecimentos ou adaptações para o contexto de seu tempo[333].

> A primeira regra, então, será colocar sempre sob uma sílaba longa ou breve uma figura conveniente, de maneira que não se ouça nenhum barbarismo, já que no canto figurado, toda figura cantável que seja distinta e não ligada (excetuando a semínima e todas as que são menores que ela) portam a sua própria sílaba. Isso também se observa no cantochão, sendo que em cada figura quadrada[334] se acomoda a sua sílaba,

---

[333] Uma análise das relações entre as regras de Zarlino e Lanfranco foi elaborada por Harrán (1973, 1986). O autor (HARRÁN, 1986, p. 198) mostra que uma das diferenças fundamentais entre os dois teóricos é a mudança de ênfase. Para Lanfranco, as palavras devem ser adaptadas à música, como uma responsabilidade dos cantores. Para Zarlino, no entanto, a música deve ser adaptada às palavras, e essa tarefa é primeiramente dos compositores e, por extensão, também dos cantores, que devem observar as intenções do compositor. Conforme observado por Harrán (1986, p. 198), essa mudança reflete a perspectiva humanista da teoria de Zarlino, particularmente na convicção de que o conteúdo do texto é aspecto determinante para as escolhas musicais.

[334] Urbani esclarece que a figura quadrada se refere ao neuma, que era a figura de notação musical típica do cantochão (ZARLINO, 2011, p. 713, n. 390).

> excetuando-se, algumas vezes, as intermediárias como as mínimas e também as semínimas, o que se compreende em muitas cantilenas e, principalmente no Credo in unum Deum, o qual chamam de cardinalício.[335, 336] (ZARLINO, 1558, IV.33, p. 341).

Dessa forma, em *Le istitutioni harmoniche*, a normativa referente à acomodação da música ao texto começa com o simples preceito de que cada nota, ou figura cantável (em oposição à pausa, ou *figura tacita*), mais longa que a semínima, e que não faça parte de uma ligadura deve ter a sua própria sílaba. Além disso, essa regra diz respeito à acentuação das palavras, pois enfatiza a correspondência entre a duração das sílabas (longas ou breves) e suas respectivas figuras rítmicas. Harrán (1986, p. 211) explica que, na teoria de Zarlino, a associação entre as palavras e o aspecto rítmico pode acontecer de duas formas: uma é natural, ou inerente às propriedades longas e curtas da fala; e a outra é artificial, pois refere-se à junção da fala com o som musical, e o compositor tem a responsabilidade de elaborar esse segundo tipo de associação de forma harmoniosa. A acentuação é um aspecto tão importante para a escrita da música vocal que Zarlino dedicou um capítulo dos *Sopplimenti musicali* (1588, 8.XIII, p. 322-326) ao assunto. Para o autor, existem três tipos de acentuação — gramática, retórica e musical —, e a verdadeira natureza da composição não é uma imitação servil das propriedades quantitativas e qualitativas das sílabas, mas a adaptação da música aos ritmos naturais da fala. A orientação é que o compositor deve seguir o acento retórico, em vez do gramático, pois, enquanto este último segue as durações longas e curtas na quantidade de sílabas, o primeiro utiliza o tempo sem ofensa ao ouvido e sem nenhum barbarismo na pronúncia, já que a música apreende os ritmos das palavras de acordo com a prática do orador. Nesse sentido, Harrán (1986, p. 212) sintetiza que uma acentuação gramaticalmente

---

[335] De acordo com Urbani (ZARLINO, 2011, p. 713, n. 391), o canto cardinalício ao qual Zarlino se refere é o *Symbolum cardineum o patriarchinum*, datado do século XV, que era usado nas festividades maiores e que constitui um exemplo de cantochão escrito com a notação do canto figurado. Para Dal Maso (2017, p. 299, n. 8), essa especificidade da notação é particularmente interessante, pois ela atribui uma duração específica aos sons e, por isso, esse Credo também é mencionado como exemplo nos tratados de Franchino Gaffurius, Pietro Aaron e Biagio Rossetti.

[336] "La prima regola adunque sarà di por sempre sotto la sillaba longa o breve una figura conveniente, di maniera che non si odi alcun barbarismo; percioché nel canto figurato ogni figura cantabile che sia distinta e non legata (eccetuando la semiminima e tutte quelle che sono di lei minori) porta seco la sua sillaba; il che si osserva eziandio nel canto fermo, essendo ch'in ogni figura quadrata si accommoda la sua sillaba, eccettuandone alcune volte le mezane che si mandano come le minime e anche come le semiminime; il che si comprende in molte cantilene, e massimamente nel Credo in unum Deum, il quale chiamano cardinalesco" (ZARLINO, 1558, IV.33, p. 341).

correta não é suficiente para o músico; ela deve ser obedecida, mas o acento retórico é o que permite uma declamação expressiva e que pode fazer justiça ao conteúdo das palavras.

Assim, a primeira regra demonstra absoluta coerência com a definição platônica de melodia que norteia as prescrições de Zarlino[337], e a falta de conformidade entre esses dois aspectos é apontada pelo autor como um barbarismo encontrado com frequência tanto nos cantos figurados quanto nos *cantus firmus*, como já mencionado[338]. O autor explica de que maneira os barbarismos que violam essa regra acontecem:

> Ora se veem muitas figuras contidas sob duas sílabas e ora muitas sílabas sob duas figuras. Ora se ouve uma parte que, cantando em algum lugar fará a apóstrofe ou elisão nas vogais, conforme procuram as palavras e querendo fazer o mesmo cantando a sua parte, lhe faltará o modo belo e elegante de cantar ao pôr uma figura que dá tempo longo sob uma sílaba breve e também o contrário, pelo que também se ouve proferir em outras partes a sílaba longa que necessariamente deve ser proferida breve, de maneira que, ouvindo tanta diversidade, não sabe o que fazer, mas permanece em tudo atônito e confuso.[339] (ZARLINO, 1558, IV.33, p. 341).

Desse modo, o autor relata casos em que o cantor fica desnorteado ao encontrar uma quantidade incompatível de sílabas e notas, ou se equivoca na realização de apóstrofes e elisões em lugares musicalmente inadequados. Isso pode acontecer especialmente em imitações ou frases repetidas, quando a melodia possui pequenas mudanças rítmicas, mas o cantor reproduz o que foi feito em outras vozes, resultando em barbarismos aos quais deveria estar atento para não realizar. Conforme bem pontuado por Harrán (1986, p. 213), não é sempre que vogais de palavras consecutivas podem ser combinadas

---

[337] Sobre esse aspecto, tem especial interesse a noção de número associada com as definições de música métrica e música rítmica (ZARLINO, 1558, I.9, p. 19).

[338] Tal correspondência é anunciada no capítulo 32 (ZARLINO, 1558, IV.32, p. 339-340), e as regras para acomodação do texto são apresentadas no capítulo 33 (ZARLINO, 1558, IV.33, p. 340-341), ambos da quarta parte do tratado.

[339] "Ora vede sotto due sillabe contenersi molte figure, e ora sotto due figure molte sillabe. Ode ora una parte che cantando in alcun luogo farà l'apostrofe o collisione nelle lettere vocali, secondo che ricercano le parole; e volendo lui far l'istesso cantando la sua parte, gli viene a mancar il bello e l'elegante modo di cantare, col porre una figura che porta seco il tempo lungo sotto una sillaba breve, e così per il contrario. Laonde tallora ode proferire nell'altre parti quella sillaba lunga che nella sua necessariamente gli è disbisogno di proferirla breve, di maniera che, sentendo tanta diversità, non sa che si fare; ma resta in tutto attonito e confuso" (ZARLINO, 1558, IV.33, p. 341).

em uma única nota, ou seja, a vogal final de uma palavra é acomodada em uma nota; e a vogal inicial da outra palavra, em uma nota diferente, como se observa, na figura a seguir, em *domina angelorum* e *sancta ex*:

Figura 13 – Vogais de palavras consecutivas acomodadas em notas diferentes. *Ave regina celorum* (Superius)

Fonte: Zarlino (1549, [superius] p. 6)

O autor também nota (embora não apresente exemplos de nenhum dos casos em seu tratado) que há situações em que o mesmo texto pode ser acomodado de maneiras diferentes, dependendo de como a melodia foi composta. É o que se observa nos destaques realizados na figura a seguir:

Figura 14 – Mesmo texto acomodado de maneiras diferentes. *Ave regina celorum* (Superius)

Fonte: Zarlino (1549, [superius] p. 6)

No primeiro deles, *gaude gloriosa*, o melisma foi realizado na primeira sílaba da primeira palavra (*gaude*), enquanto a acomodação musical da segunda palavra se deu de forma silábica; na repetição ocorreu o inverso, a primeira palavra teve a correspondência de uma nota por sílaba, e a segunda recebeu um melisma em sua sílaba tônica (glori_o_sa). Por esses exemplos, fica evidente que existe um amplo espectro de possibilidades para a realização do ajustamento entre notas musicais e sílabas, o que implica a necessidade de que o compositor julgue cada situação composicional específica para escolher, dentre uma variedade de procedimentos, o que for mais adequado e efetivo para a elaboração de seus contrapontos.

Para Lewis (1985, p. 249-250), a primeira regra é um ponto de partida que determina uma correspondência silábica entre música e texto, pela qual Zarlino estabelece uma diferença fundamental entre o estilo de Willaert, claramente presente no *Musica Nova* (1559), e o de compositores mais antigos que priorizavam a combinação de estruturas melódicas complexas que continham longos melismas. A autora aponta a coleção *Musici quinque vocum moduli* (1549), de Zarlino, como emblemática para a compreensão do assunto. Ao analisar a primeira regra nessa publicação musical, evidencia que, embora o autor não se refira diretamente à escrita melismática, é notável que utiliza esse procedimento de forma parcimoniosa em seus motetos, começando sempre em uma unidade métrica e com a intenção de marcar sentenças importantes ou palavras significativas do texto. Além disso, demonstra que essa forma de empregar os melismas corresponde exatamente à instrução de Stoquerus que diz que, quando existem duas notas para uma única sílaba, ela deve ser localizada em uma mínima ou semínima que começa em uma unidade métrica, o que significa que a passagem melismática deve iniciar no tempo[340] (LEWIS, 1985, p. 250). De acordo com a autora (LEWIS, 1985, p. 252), mesmo nos motetos em que Zarlino emprega passagens melismáticas, o princípio fundamental de designar uma sílaba para cada figura mais longa que uma semínima e que não está em ligadura é mantido pelo compositor, como é possível observar no exemplo a seguir:

---

[340] Em uma seção de seu artigo, a autora analisa a utilização de passagens silábicas e melismáticas nesses motetos de Zarlino, à luz das recomendações de Stoquers (LEWIS, 1985, p. 249-252).

Figura 15 – Acomodação silábica do texto. *Nemo potest* (*Superius*)

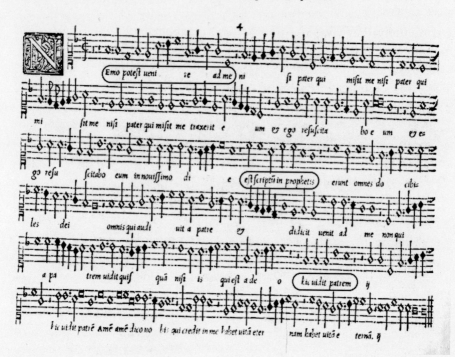

Fonte: Zarlino (1549, [*superius*] p. 4)

Os trechos destacados no texto do moteto *supra*, *Nemo potest*, são alguns que mostram com clareza os momentos em que há uma correspondência silábica entre as palavras e os ritmos utilizados por Zarlino, com exceção da semínima, conforme estabelecido em sua primeira regra. Na avaliação de Harrán (1986, p. 209-210), ela é bastante significativa, pois sua definição teórica de número estabelece o embasamento para uma visão humanista de acomodação da música ao texto, cujo caráter silábico antecipa as reformas recomendadas pelo Concílio de Trento. Harrán (1988b, p. 425) explica que essas reformas censuravam a utilização de melismas, associados à escrita não silábica, bem como os erros de acentuação que interferem na transmissão verbal e que, por isso, tornam-se repreensíveis. No mesmo sentido, as recomendações do Papa Gregório XIII condenavam todas as obscuridades, contradições e ornamentos gratuitos na música sacra e estavam alinhadas com as observações de teóricos como Biagio Rossetti e Vicentino, além de Zarlino, e refletem as mesmas preocupações com a inteligibilidade verbal que caracteriza o humanismo no pensamento musical do período.

Relacionada à primeira regra, a segunda estabelece "que a cada ligadura de mais figuras ou notas, seja usada no canto figurado ou no cantochão, não se acomoda mais de uma sílaba no início"[341] (ZARLINO, 1558, IV.33, p. 341). Vale ressaltar que, de acordo com Dal Maso (2017, p. 305), o termo "ligadura" [*legature*], nos tratados musicais italianos do século XVI, é definido como uma conjunção de um número indefinido de notas que, em função de sua conexão, se submetem a variações de nome e de forma, o que resulta em modificações de sua duração em relação ao seu aspecto original. Nessas fontes primárias, a ligadura une dois ou mais sons de altura diversa que devem ser cantados com a mesma sílaba, seja no cantochão, seja no canto figurado, de modo que, neste contexto, o uso das ligaduras tem o propósito prático de especificar a divisão silábica e a distribuição do texto a ser cantado, como se vê a seguir:

Figura 16 - Uso de ligaduras. *O beatum pontificem* (Superius)

Fonte: Zarlino (1549, [superius] p. 3)

Os diversos tipos de ligaduras utilizadas pelo compositor foram destacados na figura *supra*, e cada uma delas, seguindo a recomendação da segunda regra e em conformidade com a definição de Dal Maso (2017, p. 305), recebe apenas uma sílaba do texto, independentemente da quantidade de notas que possui[342]. Esses tipos de ligaduras, no entanto, caíram em desuso gradativamente com a utilização cada vez mais frequente das figuras de ritmo de valor mais curto, que possuem hastes e que, por isso, não podem ser ligadas de acordo com os critérios antigos (DAL MASO, 2017, p. 305). A autora também explica que essas

---

[341] "La seconda regola è che ad ogni legatura di più figure o note, sia posta nel canto figurato o nel piano, non se le accommoda più d'una sillaba nel principio" (ZARLINO, 1558, IV.33, p. 341).

[342] As ligaduras destacadas na Figura 16 correspondem às sílabas sublinhadas: O; visceribus; regem; non; imperi; o; martire; dulcedo; medicamentum; o; sanctissima; persecutoris; abstulit; amisit.

ligaduras são diferentes das modernas, as quais possuem a forma gráfica de um arco que une duas ou mais notas da mesma altura em um único valor com o efeito de somar as suas durações, o que, de outra forma, seria inexprimível. Além disso, a ligadura em forma de arco pode unir notas de alturas diferentes, como um sistema alternativo às ligaduras antigas[343] (DAL MASO, 2017, p. 317).

Na avaliação de Lewis (1985, p. 255-256), se fossem empregadas apenas essas duas primeiras regras zarlinianas, a realização de melismas seria restrita a breves, semibreves e mínimas pontuadas, ou seja, às figuras contidas em ligaduras. A autora também ressalta que Zarlino e seus contemporâneos utilizavam apenas alguns tipos de ligaduras na maior parte do repertório. As encontradas mais frequentemente são *cum opposita proprietate* (*c.o.p.*), que se resolvem como duas semibreves (destacadas com um círculo na figura *supra*), e as que têm a metade negra, normalmente resolvidas como uma semibreve e uma mínima pontuada seguida de semínima (destacadas com um retângulo na figura *supra*)[344]. Contudo, ao analisar os motetos de *Musici quinque vocum moduli* (1549), a autora adverte que se encontram poucas passagens que usam as figuras rítmicas de modo tão inflexível, cujo único exemplo nessa coleção de Zarlino aparece na voz de *Tenor* do moteto *Ave regina celorum*:

Figura 17 – *Ave regina celorum* (*Tenor*)

Fonte: Zarlino (1549, [tenor] p. 6)

---

[343] A grafia moderna de motetos de Zarlino, com utilização das ligaduras em forma de arco, pode ser observada na edição realizada por Cristle Collins Judd (ZARLINO, 2007).

[344] Na Figura 16, ainda observamos ligaduras que incluem mais de duas notas (destacadas com um retângulo das pontas arredondadas, na terceira linha), nas quais as notas em posição intermediária equivalem a breves. O assunto é tratado por Zarlino no capítulo intitulado "Das ligaduras" // "Delle legature" (ZARLINO, 1558, IV.34, p. 342-343).

De acordo com Lewis (1985, p. 255-256), observa-se que essa parte se caracteriza como uma melodia ritmicamente neutra, que não possui semínimas, na qual os pequenos melismas acontecem nas ligaduras do tipo *c.o.p.* A autora ainda pondera que a inexistência de ligadura capaz de expressar duas mínimas é o que leva Zarlino a eventualmente escrever passagens melismáticas usando duas mínimas desligadas que portam apenas uma sílaba, o que poderia ser qualificado como uma violação da primeira regra (LEWIS, 1985, p. 256). Ela percebe, no entanto, que esse procedimento se limita a duas mínimas e jamais se estende a grupos de três ou mais notas, o que, embora não esteja instituído em nenhuma das regras apresentadas por Zarlino, seria justificável por uma das prescrições de Stoquerus associada à prática de gerações mais antigas, segundo a qual duas mínimas ou semínimas às vezes têm uma sílaba acomodada na primeira nota, que é sustentada até a segunda (LEWIS, 1985).

A terceira regra apresentada por Zarlino diz "que ao ponto que se coloca vizinho às figuras no canto figurado, ainda que seja cantável, não se acomoda nenhuma sílaba"[345] (ZARLINO, 1558, IV.33, p. 341). Harrán (1986, p. 202-203) explica que o único tipo de ponto aplicável a essa regra é o ponto de aumento que, na definição de geômetras e músicos, é considerado a "menor partícula", portanto "indivisível", e, por isso, ele não pode ser interrompido para acomodar uma sílaba própria[346]. Para o autor (HARRÁN, 1986, p. 203), trata-se de uma regra um tanto óbvia e até mesmo irrelevante para a música do tempo de Zarlino, mas que teria sido incluída em sua lista por ter seguido as prescrições de Lanfranco, que, por sua vez, provavelmente tentou estabelecer uma proibição ao abuso de cantores que dividiam os pontos para acomodar o texto. De acordo com Lewis (1985, p. 256), essa regra é seguida rigorosamente por Zarlino na coleção de motetos analisada pela autora.

As regras seguintes dizem respeito à disposição do texto nas figuras rítmicas de pequeno valor e, por isso, estão intimamente relacionadas. A quarta regra estabelece "que raras vezes se costuma usar a sílaba sobre alguma

---

[345] "La terza ch'al punto, il qual si pone vicino alle figure nel canto figurato, ancora che sia cantabile, non se gli accommoda sillaba alcuna" (ZARLINO, 1558, IV.33, p. 341).

[346] O ponto de aumento e os demais tipos de pontos (perfeição, imperfeição e alteração) são explicados na terceira parte, capítulo 70, "Do ponto, das suas espécies e dos seus efeitos" // "Del punto, delle sue specie, & delli suoi effetti" (ZARLINO, 1558, III.70, p. 274-277). As ideias de "menor partícula" e indivisibilidade associadas ao ponto estão presentes também no capítulo que define o uníssono. Para Zarlino (1558, III.11, p. 157-158), assim como o ponto é o princípio da linha e não há nada menor que ele na geometria, o uníssono é o princípio do qual nascem todas as consonâncias e outros intervalos musicais.

semínima, nem sobre as figuras que são menores que ela, nem à figura que a segue imediatamente"[347] (ZARLINO, 1558, IV.33, p. 341). O autor, dessa forma, apresenta uma restrição à acomodação de sílabas em figuras curtas, o que, de certa forma, é uma repetição do que já foi exposto na primeira regra. Apesar de atestar que "raras vezes" uma sílaba é associada a uma semínima, deixa de explicar quão raramente esse tipo de acomodação pode acontecer, bem como em que condições seria possível vincular uma sílaba a um ritmo breve, e, por isso, Lewis (1985, p. 257) considera que se trata de uma regra relativamente vaga. Harrán (1973, p. 40, 1986, p. 204) sugere que essa regra diz respeito a um contexto de figura pontuada, pois, por um lado, o texto de Zarlino é baseado em uma das regras de Lanfranco: "E à semínima *que segue a mínima pontuada*, algumas raras vezes usa-se dar-lhe a sílaba, *e à nota branca que vem depois da dita semínima*"[348] (LANFRANCO, 1533, p. 68-69, grifo nosso). Os padrões rítmicos a que o autor se refere são os seguintes:

Os trechos em itálico foram destacados na transcrição de Harrán para indicar que estão ausentes na redação zarliniana, mas são importantes para a compreensão de sua quarta regra. Para o autor (HARRÁN, 1973), Zarlino tinha em mente as figuras pontuadas descritas por Lanfranco, mas não fez referência explícita a elas, e, por esse motivo, considera essa regra um pouco sem sentido, especialmente se for observada a prática composicional de sua época, na qual inexistia a ocorrência de sílabas em semínimas ou figuras menores em um contexto não pontuado na mensuração ¢. Harrán (1986, p. 204) também constata que Zarlino se refere à atribuição de sílaba a apenas uma semínima (ou sua equivalente em valores menores), e não a duas ou mais semínimas, o que afasta a possibilidade de essa regra ser aplicada a uma série de semínimas. De fato, segundo o estudo de Lewis (1985, p. 258), muitos dos exemplos encontrados nos motetos de Zarlino são formados por uma mínima pontuada, seguida de uma semínima e, então, outra mínima ou figura maior, o que coincide com os padrões rítmicos presentes na regra de Lanfranco mencionada anteriormente. O *superius* do moteto *Nemo potest* contém vários exemplos que podem auxiliar a compreensão do texto de Zarlino:

---

[347] "La quarta che rare volte si costuma di por la sillaba sopra alcuna seminimina, né sopra quelle figure che sono minori di lei, né alla figura che la segue immediatamente" (ZARLINO, 1558, IV.33, p. 341).

[348] "Et alla seminimina, che segue la Minima col punta, alcune rare volte si usa di dar la sillaba, & alla nota bianca: che alla detta semiminima dopo viene" (LANFRANCO, 1533, p. 68-69).

Figura 18 – Regras 4, 5 e 6. *Nemo potest* (*Superius*)

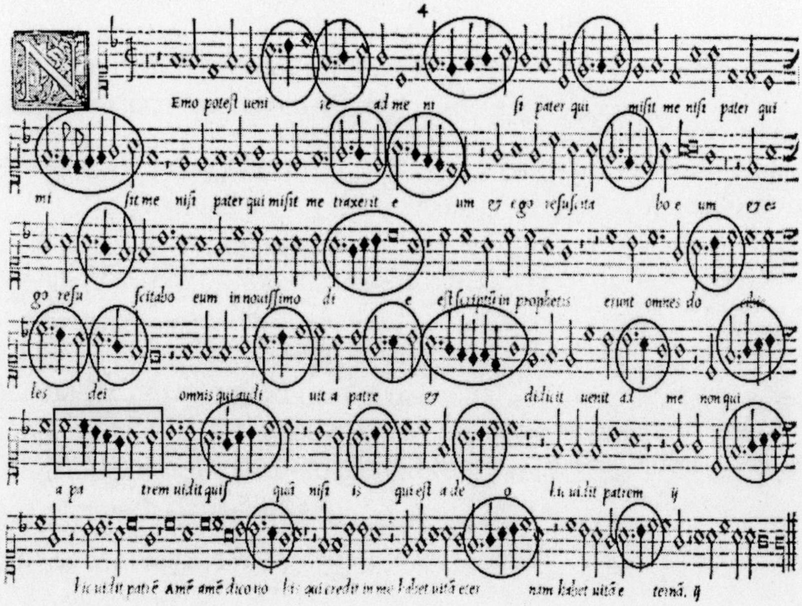

Fonte: Zarlino (1549, [*superius*] p. 4)

Um deles pode ser observado na palavra "traxerit" (destacada com um retângulo das pontas arredondadas, na segunda linha), cuja sílaba intermediária é acomodada em uma semínima. Outra possibilidade de acomodação de sílaba em uma semínima aparece no início da penúltima linha, destacada com um retângulo, mas com a diferença de que as sílabas pertencem a duas palavras distintas ("a patrem"). Essa situação foi ressaltada por Lewis (1985, p. 259) — uma série de semínimas segue uma mínima ou figura maior que não é pontuada —, cujas observações evidenciam que Zarlino normalmente dispõe uma sílaba na figura mais longa e outra na primeira semínima da série. Esse caso, para Harrán (1986, p. 205), estaria implícito na quarta regra, se for considerada a eventualidade de ela se estender a outras situações além do contexto de figuras pontuadas. Ainda que os exemplos observados estejam em apenas uma parte de um dos motetos de Zarlino, eles confirmam a prescrição do autor e corroboram a argumentação de Harrán (1973) e Lewis (1985), pois, de fato, são os únicos casos em que houve uma sílaba associada a uma figura de pequeno valor; em todas as outras configurações rítmicas que fazem uso de semínimas ou colcheias (a única figura menor que a semínima presente no exemplo), as notas curtas estão presentes em melismas de sílabas que tiveram início nas figuras pontuadas imediatamente anteriores, conforme se observa nos trechos circulados na Figura 18.

Na avaliação de Lewis (1985, p. 259), Zarlino demonstra tamanha consistência em seus motetos que, de sua prática composicional, seria possível derivar a regra de que, em uma série de semínimas ou notas menores que seguem uma nota maior não pontuada, uma sílaba pode ser localizada na primeira semínima da série, assim como na nota mais longa que a precede (exemplo destacado com o retângulo na Figura 18). Mas, se a nota longa for pontuada, a primeira semínima da série que a segue não terá nenhuma sílaba[349] (trechos circulados na Figura 18). A autora, contudo, adverte que a ausência de uma nota pontuada antes da série de semínimas não implica, necessariamente, que a sílaba será aplicada à primeira semínima da série.

A quinta regra, por sua vez, retoma a terceira e trata da disposição do texto nas notas que seguem uma figura pontuada. Neste trecho, Zarlino explica o que pode ser observado no destaque da figura a seguir:

> [...] não se costuma acompanhar nenhuma sílaba às figuras que seguem imediatamente os pontos da semibreve e da mínima, que não são de tanto valor como são tais pontos, como a semínima depois do ponto da semibreve e a colcheia depois do ponto da mínima, e também às que seguem imediatamente tais figuras.[350] (ZARLINO, 1558, IV.33, p. 341).

Figura 19 – Regra 5. *Nemo potest* (*Superius*)

Fonte: Zarlino (1549, [superius] p. 4)

---

[349] "Zarlino is so consistent that a simple rule can be formulated based on his usage – that in a series of semiminims or smaller notes following a longer note that is not dotted, a syllable may fall on the first semiminim of the series, as well as on the longer note that precedes it; if, however, the longer note before the series is dotted, no syllable may be placed on the initial semiminim of the series" (LEWIS, 1985, p. 259).

[350] "La quinta che alle figure che seguono immediatamente i punti della semibreve e della minima, le quali non sono di tanto valore quanto sono cotali punti, come la semiminima dopo 'l punto della semibreve e la croma dopo 'l punto della minima, non si costuma d'accompagnarle alcuna sillaba, e così a quelle che seguono immediatamente tali figure" (ZARLINO, 1558, IV.33, p. 341).

De acordo com Harrán (1986, p. 204), Zarlino teria consciência da imprecisão de sua quarta regra e por isso teria formulado a quinta, que, inequivocamente, se refere a uma formação rítmica com nota pontuada. Ao analisar os motetos do compositor, Lewis (1985, p. 256) reconhece a aplicação dessa regra e esclarece que é incomum relacionar uma sílaba às notas que seguem imediatamente uma semibreve ou mínima pontuada quando essas notas têm duração menor do que o valor do ponto, e o mesmo é válido para as notas que as seguem imediatamente.

Zarlino indica, na sexta regra, que, "quando se puser a sílaba sobre a semínima, também se poderá colocar uma outra sílaba sobre a figura seguinte"[351] (ZARLINO, 1558, IV.33, p. 341). Para Harrán (1986, p. 205), trata-se do seguinte contexto de nota pontuada:

De acordo com o autor, esta seria uma possível exceção aplicável à vaga formulação da quarta regra ("raras vezes"), que, no entanto, será injustificável, se considerarmos que na interpretação musical é demasiado estranho cantar uma sílaba em uma semínima sem atribuir outra sílaba à nota longa que a segue. Lewis (1985, p. 260) observa que, na prática, a aplicação dessa regra é bastante frequente na formação rítmica indicada por Harrán (ou em outra que termine em figura mais longa) com a ocorrência de notas repetidas, exatamente como se observa na palavra "traxerit", destacada anteriormente na Figura 18. Nesse caso, o texto é acomodado de forma silábica, e a autora destaca que é a única situação, em toda a coleção de motetos analisada, em que uma sílaba é disposta sobre a nota longa que segue uma semínima.

Na sequência, a sétima regra estabelece: "qualquer figura, seja qual for, que seja posta no início da cantilena ou no meio, depois de alguma pausa, por necessidade, deve portar a pronúncia de uma sílaba"[352] (ZARLINO, 1558, IV.33, p. 341). Ela, portanto, diz respeito ao início de qualquer contraponto vocal e ao começo de frases intermediárias, após a utilização de pausas.

---

[351] "La sesta, quando si porrà la sillaba sopra la semiminima, si potrà anco porre un'altra sillaba sopra la figura seguente" (ZARLINO, 1558, IV.33, p. 341). Na edição de 1573, a redação dessa regra é ligeiramente modificada para: "quando se colocará a sílaba sobre a semínima, havendo necessidade, também se poderá colocar uma outra sílaba sobre a figura seguinte" // "La sesta, quando si porrà la sillaba sopra la seminima, essendo bisogno, si potrà anco porre un'altra sillaba sopra la figura seguente" (ZARLINO, 1573, IV.33, p. 422). Na avaliação de Harrán (1986, p. 205), essa modificação é um indicativo da preferência de Zarlino pela manutenção das semínimas sem sílabas, em conformidade com sua primeira regra.

[352] "La settima che qualunque figura, sia qualsivoglia, che sia posta nel principio della cantilena o sia nel mezo dopo alcuna pausa, di necessità porta seco la pronunzia d'una sillaba" (ZARLINO, 1558, IV.33, p. 341).

Parece tratar-se de algo bastante óbvio, mas Harrán (1986, p. 209) pondera que ela provavelmente foi especificada porque, às vezes, as sílabas poderiam ser deslocadas do começo das frases, na escrita ou na interpretação. Desse modo, o autor considera que seria uma espécie de apelo de Zarlino para compositores, escribas e cantores não cometerem esse tipo de erro.

A oitava regra é dedicada às repetições de palavras ou orações:

> [...] no cantochão nunca se replica palavra ou sílaba, ainda que se ouçam, às vezes, alguns que o façam, coisa realmente condenável, mas no [canto] figurado se comportam tais réplicas, não digo de uma sílaba ou de uma palavra, mas de alguma parte da oração, quando o sentido é perfeito. E isso pode ser feito quando existem figuras em tanta quantidade que podem ser replicadas comodamente, ainda que replicar tantas vezes uma coisa (segundo meu juízo) não seja muito bom, a não ser que fosse feito para exprimir, principalmente, as palavras que têm em si qualquer sentença grave que seja digna de consideração.[353] (ZARLINO, 1558, IV.33, p. 341).

De acordo com esta regra, deve-se evitar tais repetições, que são condenáveis no cantochão, mas aceitáveis no canto figurado. A justificativa para a sua realização é a existência de uma grande quantidade de figuras que permita a disposição do texto de maneira cômoda, desde que seja mantido o completo sentido do texto. Zarlino desaconselha a repetição de sílabas ou palavras isoladas e adverte que, quando ela ocorrer, seja feita em palavras ou sentenças importantes e que mereçam ser contempladas pelo público. Harrán (1986, p. 206) salienta que essa regra é um reflexo da preocupação de Zarlino com a busca de variedade na composição, que é recomendada em diversos capítulos da terceira parte do tratado[354]. De

---

[353] "La ottava, che nel canto piano non si replica mai parola o sillaba, ancora che si odino alle volte alcuni che lo fanno, cosa veramente biasimevole; ma nel figurato tali repliche si comportano, non dico già d'una sillaba né d'una parola, ma d'alcuna parte dell'orazione, quando 'l sentimento è perfetto; e ciò si può far quando vi sono figure in tanta quantità che si possino replicar commodamente, ancora che 'l replicar tante fiate una cosa (secondo 'l mio giudicio) non stia troppo bene, se non fusse fatto per isprimere maggiormente le parole che hanno in sé qualche grave sentenza e fusse degna di considerazione" (ZARLINO, 1558, IV.33, p. 341).

[354] As orientações de Zarlino acerca das ideias de variedade e repetição foram discutidas à luz da virtude do *ornatus*, no capítulo precedente. Em *Le istitutioni harmoniche*, Zarlino recomenda que o contraponto deve ser variado nos tipos de movimentos melódicos, nas alturas, nos registros (grave, médio e agudo), nas texturas e nas consonâncias utilizadas. Alguns exemplos de capítulos da terceira parte que tratam desse assunto: capítulo 33, "Como são concedidas duas ou mais consonâncias, perfeitas ou imperfeitas, contidas em diversas formas, postas uma imediatamente após a outra" // "Come due o piu consonanze perfette overo imperfette, contenute sotto diverse forme poste l'una immediatamente dopo l'altra, si concedono"; capítulo 34, "Que após a consonância perfeita se pode usar a imperfeita, ou vice-versa" // "Che dopo la consonanza perfetta sta bene il porre l'imperfetta, over per il contrario"; capítulo 38, "De que maneira deve-se proceder de uma consonância para a outra" // "In qual maniera si debba procedere da una consonanza ad un'altra"; e, especialmente, capítulo 40, "De que modo deve-se fazer os contrapontos simples a duas vozes, chamado nota contra nota" // "Il modo che si dee tenere nel far i Contrapunti semplici a due voci, chiamati nota contra nota" (ZARLINO, 1558).

modo semelhante, o teórico instrui sobre possíveis formas de utilizar as consonâncias para evitar o efeito de permanência, ou de replicação da sonoridade, e desaprova o uso abusivo de uníssonos e oitavas no contraponto, porque geram monotonia ou um excesso do mesmo som[355]. De qualquer forma, são advertências contra um vício que pode ser identificado como a escassez de variedade ou como o excesso de repetição. Nesse sentido, Lewis (1985, p. 263-264) considera que existem dois problemas envolvidos nessa regra: o primeiro é definir quando a repetição de um texto é desejável e quando um melisma, especialmente no fim da frase, é a melhor opção; e o segundo é estabelecer que parte do texto constitui uma unidade coerente para acomodar uma repetição. Embora Zarlino claramente admita a realização de repetições, alerta que "replicar muitas vezes [...] não é muito bom" e, dessa forma, orienta o compositor para que não cometa um excesso e, portanto, um vício. Da análise dos motetos do compositor, Lewis (1985, p. 264) observou que, quando um moteto é baseado em um modelo de canto, como *O beatum pontificem*, *Ave regina celorum* ou *O sacrum convivium*, a escrita tende a ser mais melismática e com raras repetições do texto, como pode ser verificado a seguir[356]:

> *O Beatum pontificem*
> (L, L, Sb)
> O Beatum pontificem! (Sb, Sb)
> qui totis visceribus diligebat christum regem (L, L, B)
> & non formidebat imperii principatum: (Sb, L, L, B)
> O Martire dulcedo medicamentum & medice! (Sb, L, L)
> O sanctissima anima! (M)
> quam & si gladius persecutoris non abstulit, (B)
> palman tamen (Sb, B, Sb)
> palman tamen martirii non amisit. (Sb, B)
> palman tamen martirii non amisit.

---

[355] Alguns exemplos de capítulos da terceira parte que reprovam a repetitividade: capítulo 32, "De que maneira duas ou mais consonâncias perfeitas ou imperfeitas contidas sob a mesma forma podem ser postas imediatamente uma após a outra" // "In qual maniera due, o più Consonanze perfette, ouero imperfette contenute sotto vna istessa forma, si possino porre immediatamente l'vna dopo l'altra"; capítulo 41, "Que nos contrapontos deve-se evitar os uníssonos, o máximo possível, e que não se deve repetir as oitavas com frequência" // "Che nei contrapunti si debbono schivar gli unisoni, più che si puote, e che non si de' molto di lungo frequentare le ottave" (ZARLINO, 1558).

[356] Seguindo o modelo encontrado em Lewis (1985, p. 266-267), apresenta-se a forma como o texto dos três motetos de *Musici quinque vocum moduli* (1549), de Zarlino, está disposto na voz do *Tenor*, a fim de explicitar como o compositor procedeu à repetição do texto e indicar onde e de que maneira as pausas foram utilizadas para dividir as orações e sentenças. As pausas são indicadas entre parêntesis de acordo com a sua ocorrência em relação ao texto, conforme a seguinte legenda: L = Longa; B = Breve; Sb = Semibreve; M = Mínima; e Sm = Semínima.

Ave regina celorum
Ave (Sb)
regina celorum, (Sb)
Ave (Sb)
domina angelorum (Sb)
Salve radix sancta
ex qua mundo lux est orta: (Sb)
Gaude gloriosa,
super omnes speciosa; (Sb)
vale, valde decora,
& pro nobis semper christum exora.

O Sacrum Convivium
(L, L, L, B)
O sacrum convivium (M)
in quo Christus sumitur: (B)
recoiltur memoria
passionis ejus: (Sb, L, Sb)
mens impletur gratia: (Sb)
et futurae gloriae (Sb)
nobis pignus datur, (Sb, L, B, Sb, M)
Alleluia. (Sb)
Alleluia. (Sb)
Alleluia.

Como é possível observar no exemplo desses três motetos, que são baseados no modelo de canto de antífonas, as repetições são raras ou inexistentes. Quando elas ocorrem, o mais comum é que as frases sejam apresentadas de forma sintaticamente lógica, cujos fins são marcados por cadências seguidas da utilização de pausas que auxiliam na percepção dessas conclusões. Nos casos da inclusão de pausas após trechos menores do texto — "Ave (Sb) regina celorum, (Sb) Ave (Sb) domina angelorum (Sb) — elas são mais curtas e, ainda assim, indicam unidades de pensamento que possuem sentido completo. Dessa forma, Zarlino estabelece uma regra que não é absolutamente fixa e aplicável a qualquer situação, mas oferece diretrizes para que o compositor possa avaliar cada contexto e, de forma deliberada, decidir pelo que é mais adequado, evitando possíveis excessos.

Nas duas últimas regras, Zarlino trata da acomodação dos fins de frases e do texto. A nona regra é expressa da seguinte forma:

> [...] depois de haver acomodado todas as sílabas que se encontram em um período ou em uma parte da oração às figuras cantáveis, quando restarem apenas a penúltima e a última

sílabas, a penúltima terá quantas figuras menores sob si como são duas, ou três, ou outra quantidade, desde que a penúltima sílaba seja longa e não breve, pois se fosse breve, viria a cometer o barbarismo. O porquê disso é que, cantando em tal modo, se vem a fazer aquilo que muitos chamam de neuma[357], que se faz quando sob uma sílaba se proferem muitas figuras, ainda que, se tais figuras forem postas dessa maneira, se faça contra a primeira regra dada.[358] (ZARLINO, 1558, IV.33, p. 341).

De acordo com esta regra, se a penúltima sílaba do texto for longa, será consentido que ela possua várias notas curtas, o que é qualificado pelo autor como um privilégio, na edição de 1589 (ZARLINO, 1589, IV.33, p. 441). No entanto, se a penúltima sílaba for breve, a utilização de melismas não será justificável, e passará a caracterizar um barbarismo, já que, segundo o autor, implica uma infração à primeira regra. Além disso, a associação de melismas a uma sílaba breve comprometeria a correta pronúncia da palavra, o que também se configura como um tipo de barbarismo. Da análise dos motetos de Zarlino, Lewis (1985, p. 262) verificou que a utilização de melismas pelo compositor geralmente acontece na penúltima sílaba das frases, em conformidade com a nona regra. Contudo, a autora notou que os melismas não se restringem a essa situação, e, às vezes, o compositor precisou realizá-los em uma palavra menos importante para que as outras regras fossem respeitadas, como se observa a seguir, no melisma realizado na palavra "et":

---

[357] Harrán (1986, p. 207) explica que a palavra *"neuma"* aparece em tratados musicais desde o século X (*Musica enchiriadis, Commemoratio brevis*), embora seja conhecida desde o *Liber de ordine antiphonarii* do Bispo Amalar, do século IX, no qual o termo é equivalente a música ou melodia. No século XIV, o autor anônimo de *Quatuor principalia musicae* (c. 1380) distingue três significados para *neuma*: um único tom; uma sílaba disposta em duas ou mais notas, portanto um melisma; ou um vocalize na vogal conclusiva de antífonas e responsórios, ou seja, um melisma terminal. Para Harrán (1986, p. 207), *neuma*, no texto de Zarlino, pode incluir o segundo e terceiro significados. Na transcrição da edição de 1589 para o italiano moderno, Urbani indica que *neuma*, nesse trecho, se refere ao sentido medieval de uma passagem melódica com melisma executado em uma única sílaba (ZARLINO, 2011, p. 714, n. 392).

[358] "La nona che dopo l'aver accommodato tutte le sillabe, che si trovano in un periodo overo in una parte dell'orazione, alle figure cantabili, quando resterà solamente la penultima sillaba e l'ultima, tale penultima avrà alquante delle figure minori sotto di sé, come sono due o tre e altra quantità, purché la detta penultima sillaba sia longa e non breve; perciochè se fusse breve si verrebbe a commettere il barbarismo; il perché cantando in tal modo si viene a far quello che molti chiamano neuma, che si fa quando sott'una sillaba si proferisce molte figure, ancora che, essendo poste cotali figure in tal maniera, si faccia contra la prima regola data" (ZARLINO, 1558, IV.33, p. 341).

Figura 20 – Melisma. *Nemo potest* (*Superius*)

Fonte: Zarlino (1549, [*superius*] p. 4)

Finalmente, a décima regra "é que a última sílaba da oração deve terminar, segundo a observação das regras dadas, na última figura da cantilena"[359] (ZARLINO, 1558, IV.33, p. 341). Ao discutir essa última regra, Harrán (1986, p. 207) sugere que Zarlino teria desconsiderado as especificações de Lanfranco para prescrever que a última sílaba deve recair sobre a última nota, a não ser que regras anteriores determinem o contrário[360]. Após repassar as definições das regras precedentes, o autor considera que, se elas forem seguidas pelo compositor nas notas finais da frase, elas excluirão a possibilidade de a última sílaba coincidir com a última nota (HARRÁN, 1986, p. 208). Além disso, pondera que, se a última sílaba for disposta antes da última nota, o resultado será um melisma terminal de duas ou mais notas, o que aparece com bastante frequência no repertório do período, e, então, Zarlino estaria reconhecendo essa prática como algo legítimo. De qualquer forma, vale ressaltar que essa décima regra não estabelece que a última sílaba do texto e a última nota da composição devem começar juntas. Ao analisar a aplicação dessa regra nos

---

[359] "La decima e ultima regola è che la sillaba ultima dell'orazione de' terminare, secondo l'osservanza delle date regole, nella figura ultima della cantilena" (ZARLINO, 1558, IV.33, p. 341).

[360] A oitava regra de acomodação do texto exposta por Lanfranco (1533, p. 69) estabelece "que se chega à cadência ou à última nota cantável para dar-lhe a última sílaba das palavras" // "che si arriva alla cadentia: o all'ultima nota cantabile, per darle l'ultima sillaba delle parole".

motetos de Zarlino, Lewis (1985, p. 262) constatou que, eventualmente, o compositor dispõe a última sílaba na primeira nota de uma ligadura formada por duas, situação na qual, de acordo com a autora, Stoquerus determina que a regra da ligadura possui prioridade[361]. Além disso, a autora identificou que a sílaba final é ocasionalmente localizada em uma nota pontuada seguida por semínimas, formando um pequeno melisma. Desse modo, Lewis apresentou exemplos parecidos com os casos discutidos por Harrán, em que os motetos concluem observando diversas regras expostas por Zarlino. Cabe observar, no entanto, que o fato de a última sílaba ser tratada de acordo com "a observação das regras dadas" está em plena conformidade com a prescrição de que ela "deve terminar [...] na última figura da cantilena", pois o teórico não determina que a última sílaba deve ser coincidente com a última nota, e, desse modo, ela não impede que a última sílaba da frase ou do texto comece em uma figura pontuada, ou em uma ligadura, ou que ela porte um pequeno melisma até a sua conclusão, como se observa a seguir:

Figura 21 – Fim melismático. *Confitebor tibi* (Tenor)

Fonte: Zarlino (1549, [*tenor*] p. 14)

---

[361] Em seu artigo, Lewis (1985, p. 262) transcreve um pequeno trecho que conclui com a última sílaba da palavra final disposta sob a primeira nota das duas que formam a ligadura, mas, infelizmente, a autora não informa a sua procedência. Entre toda a produção musical de Zarlino a que tive acesso durante a realização deste trabalho (*Musici quinque vocum moduli*, *Modulationes sex vocum*, quatro motetos inseridos na coletânea *Moteta D. Cipriani de Rore et aliorum auctorum...* e um moteto da coleção *I dolci frutti*), nenhum moteto possui o tipo de terminação a que a autora se refere. Cabe destacar que a décima regra de Zarlino trata especificamente dos finais das cantilenas e não das terminações de suas frases intermediárias.

Diante do que foi discutido, as regras de Zarlino sobre a acomodação musical do texto podem ser sintetizadas da seguinte maneira:

1. Sobre uma sílaba longa ou curta, é disposta uma nota de valor correspondente. Toda nota mais longa do que uma semínima e que não esteja em uma ligadura possui sua própria sílaba.
2. A ligadura carrega uma única sílaba.
3. Nenhuma sílaba é acomodada sobre o ponto que segue uma nota, ou seja, uma figura pontuada possui apenas uma sílaba.
4. Raramente se acomoda uma sílaba sobre uma semínima ou nota de menor valor, ou sobre a nota que a segue imediatamente.
5. Não é comum dispor uma sílaba sobre as notas que seguem imediatamente uma semibreve ou mínima pontuada, quando essas notas possuem valor menor do que o ponto. Isso é válido para as notas que as seguem imediatamente.
6. Se uma sílaba deve ser disposta sobre uma semínima, outra também pode ser colocada sobre a próxima nota.
7. A primeira nota de uma melodia ou frase deve conter uma sílaba.
8. Repetições às vezes são toleradas, não de uma sílaba ou de uma palavra, mas de alguma parte do texto que possui um sentido completo. Repetir algo muitas vezes não é bom, a menos que isso seja feito para enfatizar palavras que possuem uma mensagem séria, digna de consideração.
9. A penúltima sílaba pode acomodar diversas notas curtas, exceto se for uma sílaba curta.
10. A sílaba final terminará na nota final da melodia.

Dessa forma, essas dez regras estabelecidas por Zarlino estão associadas, principalmente, à correspondência entre as durações dos sons e das sílabas, ou seja, sons longos com sílabas longas e sons curtos com sílabas breves. Elas também se referem à atribuição de sílabas às semínimas e às figuras de pequeno valor, em diferentes contextos, ao uso de figuras pontuadas e ligaduras e à repetição de palavras ou sentenças (o que é proibido no cantochão)[362]. Conforme sintetiza Dal Maso (2017, p. 303), na concepção

---

[362] De acordo com Dal Maso (2017, p. 298-304), as regras relativas à acomodação entre texto e música apresentadas por Zarlino correspondem, pelo menos em parte, às que são definidas por outros autores de seu tempo. A autora reconhece que o tratado de Stoquerus se destaca dos demais, já que se dedica inteiramente a esse assunto.

do autor, o compositor deve empenhar-se para adequar cuidadosamente as durações das notas e sílabas, e o cantor deve se certificar de articular o texto de modo a ter uma pronúncia correta e clara. No capítulo dedicado a este assunto, Zarlino abstém-se de indicar exemplos específicos, mas atesta que eles podem ser facilmente encontrados no repertório, especialmente se forem examinadas as composições de Willaert e de seus discípulos. A análise dos motetos presentes em *Musici quinque vocum moduli* (1549), elaborada por Lewis (1985, p. 265), evidenciou que, mesmo quando um procedimento composicional adotado pelo compositor não é identificável em suas regras, ele pode ser compreendido como uma exceção ou ainda ser reconhecido em regras expostas por outros autores de sua época, como Lanfranco, Stoquerus e Vicentino. Para a autora, tais exceções são musicalmente lógicas e transparecem que Zarlino sempre compunha com o texto em mente.

A autora (DAL MASO, 2017, p. 298), no entanto, não chega a comentá-lo em detalhes, uma vez que seu livro é circunscrito ao contexto musical italiano. Além disso, Dal Maso (2017, p. 301-302) destaca o tratado de Nicola Vicentino, que relaciona a disposição do texto aos movimentos melódicos, explicando, por exemplo, como fazer a correspondência entre as sílabas e saltos melódicos amplos, como o de oitava. Para a autora (DAL MASO, 2017, p. 302), outro tratado que se sobressai é o *Cartella musicale* (1601), de Adriano Banchieri, que propõe uma distinção entre a disposição musical de textos em latim e vulgar, no caso em que uma palavra que termina em vogal precede uma outra que também começa em vogal, formando, respectivamente, uma *dialefe* ou uma sinalefa. Cabe esclarecer que, no âmbito da *latinitas*, tanto a *dialefe* quanto a sinalefa constituem metaplasmos. A primeira ocorre por junção e permite empregar, separadamente, duas vogais contíguas, de palavras diferentes, que poderiam estar em uma única posição. A sinalefa é o seu oposto e implica a fusão de duas vogais contíguas que pertencem a palavras diversas o que, metricamente, significa que duas sílabas ocupam a mesma posição (GARAVELLI, 2018, p. 177).

10

CONSIDERAÇÕES FINAIS

O propósito deste livro foi compreender de que maneira se dava a formação do músico para a prática musical no século XVI, à luz das concepções ética e retórica do cultivo das virtudes. Para tanto, *Le istitutioni harmoniche* (1558), de Gioseffo Zarlino, foi tomado como documento de investigação, dada a representatividade que possui entre os tratados musicais do período.

Na primeira parte do texto, foi possível observar que Zarlino se engajou em uma diversidade de atividades musicais, cujo conhecimento ajuda a visualizá-lo como um homem público estimado, simples, de grande cultura e ligado aos círculos religioso, científico e filosófico de Veneza e outras cortes italianas, o que contribuiu para a compreensão de sua produção musical e escrita. Nesse sentido, foram abordados temas que se desenvolveram de forma mais consistente na literatura e sobre os quais há um certo consenso, bem como perspectivas que parecem mais controversas ou que merecem ser exploradas com maior acuidade. A prioridade por discorrer sobre a sua atuação musical implicou, inevitavelmente, excluir outras questões que possibilitariam assimilar a figura de Zarlino de forma mais integral, de modo que poderão ser aprofundadas em investigações, tanto no campo da musicologia quanto de outras áreas do conhecimento. Foram constatados alguns pontos de concordância acerca da atuação musical de Zarlino (como sua atuação em São Marcos e na Accademia della Fama, e sua produção musical e escrita que foi publicada), enquanto outros permanecem controversos (como a suposta composição da *favola* intitulada *Orfeo*), pouco discutidos (como as celebrações pela vitória na batalha de Lepanto e a inauguração da Igreja do Redentor), ou ainda desconhecidos, e quiçá permanecerão assim (como as possíveis composições posteriores a 1570 e os dois tratados musicais não publicados e explicitamente mencionados em textos da época). Na literatura consultada, é surpreendente notar que um músico da envergadura de Zarlino, cuja obra possui importância primordial para a música italiana do século XVI, tenha um verbete tão diminuto nas principais obras de referência da área de música, que negligenciam aspectos relevantes de sua atuação musical, de sua rede de relações e de sua ampla variedade de interesses, o que, se fosse tratado de forma mais ampla e profunda, permitiria ao leitor o acesso a dados mais completos, diversos e atualizados, especialmente no que concerne às suas composições musicais e aos seus demais tratados teórico-musicais. É notória, portanto, a necessidade de mais investigações sobre essas temáticas e de uma revisão e renovação das informações contidas nesses textos.

O panorama de *Le istitutioni harmoniche* possibilitou compreender a abrangência de conhecimentos que faziam parte do ofício do músico, tanto em sua dimensão teórica quanto prática, bem como na aproximação de ambas, o que evidenciou uma profunda coerência entre os conteúdos discutidos e a forma de abordá-los e que também se constitui em uma das mais inovadoras e importantes contribuições oferecidas pelo autor. Uma das particularidades do tratado é que as explicações textuais mencionam uma série de motetos e madrigais de compositores contemporâneos a Zarlino ou que atuaram pouco antes dele, mas não há exemplos musicais completos (à exceção dos contrapontos a duas vozes elaborados pelo próprio compositor que exemplificam cada um dos modos na quarta parte do tratado), o que parece indicar que era um repertório profusamente conhecido pelo público ou que o leitor deveria buscar conhecê-lo por iniciativa própria. Embora seja uma fonte de incontestável relevância para a sistematização da prática musical polifônica do século XVI, a literatura tende a tratá-la, primordialmente, como um escrito teórico, que se debruça e dá primazia ao aspecto matemático da música, ou como um compêndio de regras para a composição contrapontística. Talvez por isso, ou também pela reverberação da ideia de que as composições de Zarlino são menos interessantes que seus tratados, são escassos os trabalhos que relacionam a sua produção musical, bem como a de outros compositores do período, ou mesmo os exemplos citados por ele, com seus trabalhos escritos.

Os capítulos que integram a segunda parte do livro são os que se dedicam a apresentar o referencial teórico e realizar a análise aqui proposta e são, portanto, os que se detêm, pormenorizadamente, em cada uma das virtudes da elocução em *Le istitutioni harmoniche*. Nesta parte, o quarto capítulo distingue-se dos demais por ser essencialmente teórico e não incluir diálogos e reflexões relativas às questões musicais expostas por Zarlino. Apesar disso, foi de fundamental importância para a compreensão do conceito de virtude, que é central para a temática aqui discutida e foi imprescindível para embasar a demonstração da relação existente entre esse tratado zarliniano e as preceptivas retóricas antigas.

De forma semelhante, o nono capítulo se sobressai em relação aos outros por tratar de uma única temática — acomodação da música ao texto —, pela qual todas as virtudes da elocução puderam ser analisadas indissociavelmente e evidenciar a intrínseca relação entre elas, bem como quanto é difícil estabelecer limites precisos entre uma e outra, na prática. Alinhado com a concepção platônica de melodia, o autor é bastante enfático ao estabelecer que a música é submissa à oração, de modo que a escolha de todos os elementos musicais e interpretativos deriva do caráter afetivo das palavras e deve favorecer a sua compreensão, seja em relação ao seu conteúdo expressivo, seja em relação às suas convenções poético-gramaticais. Mesmo assim, e ainda que com argumentos muito semelhantes, vários autores pouco posteriores a ele teceram críticas severas ao contraponto, por considerá-lo incapaz de expressar as ideias do texto. Além disso, embora a recomendação de subserviência da música ao texto seja bastante genérica, ela inclui aspectos definidores da virtude, como a inerente realização de escolhas e o sentido de decoro que orienta e equilibra a prática de organizar os sons em conformidade com a natureza do texto.

Nos outros capítulos da segunda parte (5 a 8), foram discutidas, individualmente, cada uma das virtudes elocutivas, valendo-se de um aprofundamento de sua definição no campo da retórica com a simultânea discussão de como podem ser compreendidas no âmbito musical, com base em excertos de *Le istitutioni harmoniche*. Se, por um lado, a escolha por essa forma de realização e apresentação da análise teve a vantagem de detalhar as virtudes e facilitar o entendimento de sua abordagem em um texto musical, por outro, impediu que temáticas relevantes do tratado (como a elaboração de contrapontos a duas vozes e a teoria modal) fossem discutidas de forma integral, como aconteceu com a acomodação da música ao texto. Além de proporcionar o entendimento das questões aludidas nos objetivos, estes capítulos incluíram traduções para o português de diversas passagens do tratado extraídas de suas quatro partes. Dessa forma, o processo de análise acabou contribuindo, também, para a contextualização e explicação de questões complexas que foram abordadas por Zarlino em diferentes trechos do tratado e que, por vezes, pareceram contraditórias em uma primeira leitura.

No decorrer do livro, é possível observar que, seguindo o modelo da retórica, o tratado de Zarlino demonstra uma preocupação abrangente com questões que competem à elocução, isto é, à forma de incorporar as ideias na linguagem e personalizá-las no contexto da comunicação. Ainda que os meios utilizados para a comunicação sejam distintos entre a oratória e a música, é possível identificar um terreno comum entre ambas, que se encontra na formação da pessoa (orador ou músico). Qualquer tentativa de adaptar a retórica à música envolve deliberações profundamente subjetivas no que tange à escolha dentre as possíveis formas de combinar os sons e suas inflexões na comunicação musical com o intuito de transmitir emoções. O denominador comum às duas áreas é que tanto o orador quanto o músico têm o mesmo objetivo, que é ser eloquente e persuasivo, apesar de disporem de meios diversos para alcançar esse fim: o orador, o discurso, e o músico, a composição, ou a música em ato (que é aquela realizada pelo exercício dos instrumentos naturais — voz — ou artificiais na execução musical). Nesse sentido, de acordo com a concepção ética aristotélica, associada ao objetivo retórico de expressar-se com correção e eloquência, o "músico virtuoso" pode ser entendido como aquele que desempenha a sua função de músico com excelência. Mais do que ser detentor de uma impecável destreza técnica, é aquele que, guiado pela razão, consegue escolher, dentre as diversas possibilidades de ação, aquela que é mais apta para proferir um discurso musical efetivo perante determinado público, numa situação específica. De forma semelhante, o músico perfeito de Zarlino também pode ser visto como um músico virtuoso, já que, por dominar, de forma simultânea, tanto o conhecimento empírico quanto o científico do que faz, é capaz de deliberar bem, valendo-se do juízo do ouvido e do intelecto, acerca do seu ofício. Assim, o músico perfeito, ou músico virtuoso, tem correspondência com o orador virtuoso, e é aquele que possui um alto nível de proficiência musical, pois conhece as regras de sua arte e sabe aplicá-las não apenas de forma apropriada, mas, principalmente, artificiosa, tornando o discurso musical mais eloquente. Esse era um desejo e uma recomendação de Zarlino com relação aos músicos que perpassa todo o tratado e que, nos séculos seguintes, permaneceu como um modelo a ser seguido.

Os trechos examinados forneceram exemplos de orientações acerca do manejo de aspectos musicais relativos à *latinitas*, à *perspicuitas*, ao *decorum* e ao *ornatus* e de como eles estão intimamente relacionados entre si. A normativa gramático-musical para a composição de contrapontos é estabelecida por meio de regras acerca dos materiais necessários para a expressão musical e concentra-se em elementos mais gerais do discurso que são apontados pelo autor como critérios para o julgamento de uma composição ou interpretação musical. Essa normativa é exposta por meio de obrigações e proibições às quais licenças e exceções podem, eventualmente, ser aplicadas, e elas são justificadas, muitas vezes, pela possibilidade (ou dificuldade) de percepção auditiva e inteligibilidade, por parte do público, dos procedimentos escolhidos pelo compositor. Dessa forma, a análise do tratado de Zarlino corroborou, no âmbito musical, a estreita relação entre a *latinitas* e a *perspicuitas* prenunciada na literatura da retórica que integrou o referencial teórico. Da análise do tratado, observou-se que as instruções de Zarlino também priorizam aspectos como a moderação, o equilíbrio, a adequação e o que é apropriado na avaliação das particularidades de cada situação composicional e interpretativa, de modo que a noção de decoro é uma referência primordial para a prática musical, atuando como fundamento dos processos de escolha, especialmente nos casos em que há o desejo ou a necessidade de quebrar regras para a aplicação de licenças e exceções. De forma semelhante, refletindo o que foi observado nos tratados e manuais de retórica, nos quais a parte destinada ao *ornatus* é a mais extensa de todas as que abordam aspectos relativos à elocução, o oitavo capítulo, dedicado a esta virtude, também é o mais longo do livro. Nesse âmbito, a variedade, característica intrínseca do ornato, é um dos requisitos essenciais definidos por Zarlino para uma boa composição, sem a qual esta é desprovida de elegância e do seu poder efetivo. A repetitividade, em contrapartida, é apontada como um vício que, pela mesmice e uniformidade dos procedimentos empregados, é causador de tédio. Embora seja evidente a preferência do autor pela *musica ornata*, seu tratado não contém uma parte ou capítulos que sejam dedicados especificamente ao assunto, e são raros os trechos que se referem explicitamente ele. Além disso, inexistem exemplos musicais de uma música ornamentada, o que dificulta a compreensão do que o autor qualifica como uma boa composição, o que precisa ser depreendido, primordialmente, de suas explicações textuais.

É importante reiterar que, apesar de já existirem discussões sobre as relações retórico-musicais em diversos círculos cortesãos e acadêmicos na Itália desde o século XV, a primeira proposta de sistematização de uma doutrina das figuras retórico-musicais só apareceu na Alemanha em 1601 (portanto, 11 anos após a morte de Zarlino), com Burmeister. Além disso, embora Harrán tenha demonstrado que a compreensão de sentença musical, por Zarlino, passa pelas séries de figuras pertencentes à música hebraica, seria um equívoco afirmar que existe uma proposta de elaboração de uma doutrina das figuras retórico-musicais para a polifonia do século XVI, pelo menos em *Le istitutioni harmoniche*.

Com base nas citações incluídas ao longo do texto, é evidente que, em muitos casos, o autor desfere críticas contundentes aos erros cometidos pelos músicos, tanto na composição quanto na execução do canto, os quais são explicitamente qualificados como barbarismos. Convém ponderar que o cuidado de Zarlino com a definição de proibições, bem como de advertências e críticas, certamente foi uma reação ao que os músicos tendiam a fazer de fato, e elas manifestam não só os principais defeitos que deveriam ser corrigidos, mas também permitem ter uma noção do que era louvável e esperado de um bom músico.

O conhecimento dos aspectos abordados por Zarlino na seção do tratado dedicada à Música Prática permite compreender e apreciar plenamente uma composição musical de seu tempo, tanto no que diz respeito à sua linguagem quanto aos seus meios expressivos. Cabe ressaltar que, em diversas épocas, existiram (e ainda existem) elementos que não são escritos na partitura, seja pela prática habitual, seja pelas limitações da notação, ou mesmo por uma omissão intencional do compositor, mas que são subentendidos e requerem um conhecimento profundo e acurado de sua práxis executiva. Atualmente, o embasamento para essa compreensão é possibilitado pelo estudo teórico, e ela é favorecida e complementada pelas experiências que proporcionam um contato direto com a música, seja na interpretação musical, seja em sua apreciação auditiva. Dessa forma, o contato com o repertório do período, por meio da execução ou da análise musical de composições do próprio Zarlino, de Willaert (tantas vezes enaltecido ao longo do tratado) ou de outros compositores de seu círculo, pode aprofundar a compreensão das discussões aqui apresentadas. Conforme as citações incluídas e do estudo elaborado, é notório que o autor, por diversas vezes, fornece uma série de orientações destinadas aos cantores e que, portanto, dizem respeito à prática interpretativa da época, apesar de seu tratado ser reiteradamente qualificado como uma obra teórica, que versa sobre questões matemáticas da música e que é interessante sobretudo para compositores ou aqueles que se dedicam à análise musical.

Diante do que foi exposto, pode-se dizer que a educação para as virtudes também norteou a formação do músico, tornando-o capaz de escolher pela via de ação mais equilibrada e efetiva na construção de um discurso musical eloquente. Finalmente, o processo de análise de *Le istitutioni harmoniche* permitiu compreender a importância fundamental do aperfeiçoamento intelectual e do desenvolvimento das virtudes, um controle flexível e harmonioso das diversas possibilidades de ação para uma escolha que considera as características de cada situação.

REFERÊNCIAS

ACCIDENTE. *In*: ACCADEMIA DELLA CRUSCA. *Vocabolario degli accademici della Crusca*. Firenze: [s. n.], 1612. p. 11. Disponível em: www.lessicografia.it. Acesso em: 19 out. 2018.

ADRIO, Adam; GOTTWALD, Clytus. Calvisius, Sethus. *In*: GROVE MUSIC ONLINE. Oxford: Oxford University Press, 2001. Disponível em: http://www.oxfordmusiconline.com/subscriber/article/grove/music/04621. Acesso em: 17 ago. 2017.

ALBERTI, Leon Battista. *Da pintura*. Tradução de Antonio da Silveira Mendonça. Campinas: Editora da Unicamp, 2014.

ALEXANDRE JÚNIOR, Manuel. Prefácio e introdução. *In*: ARISTÓTELES. *Retórica*. Prefácio e introdução de Manuel Alexandre Júnior. Tradução e notas de Manuel Alexandre Júnior, Paulo Farmhouse Alberto e Abel do Nascimento Pena. 2. ed. Lisboa: Imprensa Nacional – Casa da Moeda, 2005. p. 9-63. (Obras Completas de Aristóteles, v. 8, t. 1).

ANDERSON, Warren; MATHIESEN, Thomas J. Aristotle. *In*: GROVE MUSIC ONLINE. Oxford: Oxford University Press, 2001. Disponível em: http://doi.org/10.1093/gmo/9781561592630.article.01247. Acesso em: 7 jun. 2018.

ARISTÓTELES. Ética a Nicômaco. Tradução, textos adicionais e notas de Edson Bini. São Paulo: Edipro, 2014. (Obras Completas).

ARISTÓTELES. *Retórica*. Tradução, textos adicionais e notas de Edson Bini. São Paulo: Edipro, 2013. (Obras de Aristóteles).

ARISTÓTELES. *In*: MORA, Jose Ferrater. *Diccionario de filosofía*. 5. ed. Buenos Aires: Editorial Sudamerica, 1964. t. 1. p. 130-135.

ARNOLD, Denis; COCHRANE, Lalage. Zarlino, Gioseffo. *In*: THE OXFORD COMPANION TO MUSIC. Oxford: Oxford University Press, 2017. Disponível em: http://www.oxfordmusiconline.com:80/subscriber/article/opr/t114/e7437. Acesso em: 16 nov. 2017.

ARTUSI, Giovanni Maria. *Seconda parte dell'Artusi ouero delle imperfettioni della moderna musica*: nella quale si tratta de'molti abusi introdotti da i moderni scrittori, et compositori. Venetia: Giacomo Vincenti, 1603. Disponível em: gallica.bnf.fr. Acesso em: 14 nov. 2017.

BALDI, Bernardino. *Le vite de' matematici*: edizione annotata e commentata della parte medievale e rinascimentale. A cura di Elio Nenci. Milano: FrancoAngeli, 2007.

BALDI, Bernardino. Vite inedite di matematici italiani. *Bullettino di Bibliografia e di Storia delle Scienze Matematiche e Fisiche*, Roma, t. 19, p. 167-175, luglio/nov. 1887. Tipografia delle Scienze Matematiche e Fisiche.

BARTEL, Dietrich. *Musica poetica*: musical-rhetorical figures in german baroque music. Lincoln; London: University of Nebraska Press, 1997.

BASSETTO, Brunno Fregni. Notas. *In*: QUINTILIANO, Marcos Fábio. *Instituição Oratória*. Tradução, apresentação e notas de Bruno Fregni Bassetto. Campinas: Editora da Unicamp, 2016. t. 3. p. 615-629. (Coleção Fausto Castilho Multilíngues de Filosofia da Unicamp).

BENEDETTI, Rocco. *Ragguaglio delle allegrezze, solennità e feste fatte in Venetia per la felice vittoria*. Venetia: Gratioso Perchaccino, 1571.

BERTI, Enrico. Prefazione. *In*: ROSSI, Roberto. *Aristotele*: L'arte di vivere. Fondamenti e pratica dell'etica aristotelica come via alla felicità. Milano: FrancoAngeli, 2018. p. 15-19.

BETTINELLI, Saverio. *Risorgimento d'Italia Negli Studj, nelle Arti, e Ne' Costumi dopo il Mille*. Bassano: Remondini di Venezia, 1786.

BIZZARINI, Marco; SCIARRA, Elisabetta. Gioseffo Zarlino, De vera anni forma. *In*: ZANONCELLI, Luisa (ed.). *Mvsico Perfetto Gioseffo Zarlino (1517-1590)*: La teoria musicale a stampa nel cinquecento. Venezia: Biblioteca nazionale Marciana; Fondazione Ugo e Olga Levi, 2017. p. 210-215.

BLOXAM, M. Jennifer. Cantus firmus. *In*: GROVE MUSIC ONLINE. Oxford: Oxford University Press, 2001. Disponível em: http://www.oxfordmusiconline.com/subscriber/article/grove/music/04795. Acesso em: 18 jul. 2016.

BONACCORSI, Alfredo. Zarlino, Gioseffo. *In*: ENCICLOPEDIA Italiana. Roma: Treccani, 1937. Disponível em: http://www.treccani.it/enciclopedia/gioseffo-zarlino_%28Enciclopedia-Italiana%29/. Acesso em: 4 ago. 2017.

BROMBERG, Carla. *A música como ciência na obra quinhentista de Vincenzo Galilei*. 2009. Tese (Doutorado em História da Ciência) – Pontifícia Universidade Católica de São Paulo, São Paulo, 2009.

BROWN, H. M. II. Origins. *In*: BROWN, H. M. *et al.* Opera. *In*: GROVE MUSIC ONLINE. Oxford: Oxford University Press, 2001. Disponível em: http:////www.oxfordmusiconline.com/grovemusic/view/10.1093/gmo/9781561592630.001.0001/omo-9781561592630-e-0000040726. Acesso em: 13 jun. 2018.

BRYANT, David. The 'cori spezzati' of St. Mark's: Myth and Reality. *Early Music History*, Cambridge, v. 1, p. 165-186, 1981. Disponível em: http://www.jstor.org/stable/853747. Acesso em: 8 fev. 2018.

BUELOW, George J. Rhetoric and Music. *In*: GROVE MUSIC ONLINE. Oxford: Oxford University Press, 2001. Disponível em: https://doi.org/10.1093/gmo/9781561592630.article.43166. Acesso em: 7 jun. 2018.

BUELOW, George J. Johann Mattheson and the Invention of the Affektenlehre. *In*: BUELOW, George J.; MARX, Hans Joachim (ed.). *New Mattheson Studies*. Cambridge: Cambridge University Press, 1983. p. 393-407.

BURMEISTER, Joachim. *Musica Autoschediastike*. Rostochii: Christophorus Reusnerus, 1601.

BURTON, Gideon O. Silva Rhetoricae. *Brigham Young University*, Provo, 2016. Disponível em: rhetoric.byu.edu. Acesso em: 1 fev. 2017.

BUSETTO, Giorgio. Il complesso Marciano nell'età di Zarlino: Il senso di un luogo. *In*: ZANONCELLI, Luisa (ed.). *Mvsico Perfetto Gioseffo Zarlino (1517-1590)*: La teoria musicale a stampa nel cinquecento. Venezia: Biblioteca nazionale Marciana; Fondazione Ugo e Olga Levi, 2017. p. 23-32.

CAFFI, Francesco. *Della vita e delle opere del prete Gioseffo Zarlino maestro celeberrimo nella Cappella Ducale di Venezia*. Venezia: Giuseppe Orlandelli, 1836.

CAFFI, Francesco. *Storia della musica sacra nella già Cappella Ducale di San Marco in Venezia dal 1318 al 1797*. Milano: Bollettino Bibliografico Musicale, 1831. v. 2.

CALCAGNO, Antonio Maria. *Storia dell'apparizione di Maria Vergine sul Lido di Chioggia e della di Lei miracolosa immagine che si venera nella chiesa parrocchiale di S. Jacopo Appostolo della detta città*. Venezia: Giuseppe Molinari, 1823.

CASIMIRI, Raffaele. Musica e musicisti nella Cattedrale di Padova nei sec. XIV, XV, XVI: contributo per una storia (continuazione). *Note d'archivio per la storia musicale*, anno 18, n. 6, p. 181-214, nov./dic. 1941.

CASTRO, Tiago de Lima. *Compendium Musicae de Descartes*: possíveis fontes musicais. 2017. Dissertação (Mestrado em Música) – Universidade Estadual Paulista Júlio de Mesquita Filho, São Paulo, 2017.

CHAVES, Mariel de Paula. *A matemática na música*: divisibilidade do compasso. 2018. Dissertação (Mestrado Profissional em Matemática em Rede Nacional) – Universidade Federal de Santa Maria, Santa Maria, 2018.

CÍCERO. *Dos deveres.* [*De officiis*]. Tradução, introdução, notas, índice e glossário de Carlos Humberto Gomes. Lisboa: Edições 70, 2000. (Textos Filosóficos).

CICERÓN. *Sobre el Orador.* [*De Oratore*]. Introdução, tradução e notas de José Javier Iso. Madrid: Editorial Gredos, 2002. Arquivo Kindle. (Biblioteca Clásica Gredos, 300).

CICERO. *On the Orator:* Book 3. Translation by H. Rackham. Cambridge: Harvard University Press, 1942. (The Loeb Classical Library 349).

CLARISSIMO. *In*: ACCADEMIA DELLA CRUSCA. *Vocabolario degli accademici della Crusca.* 4. ed. Firenze, 1729-1738. p. 682. Disponível em: www.lessicografia.it. Acesso em: 8 abr. 2021.

COCLICO, Adrian Petit. *Compendium musices descriptum.* Norimbergae: Ioanis Montani & Ulrici Neuberi, 1552.

CORWIN, Lucille. *Le Istitutioni Harmoniche of Gioseffo Zarlino, Part 1*: a Translation with Introduction. 2008. Dissertation (Doctor of Philosophy) – The City University of New York, New York, 2008.

CROCKER, Richard L. Perché Zarlino diede una nuova numerazione ai modi? *Rivista Italiana di Musicologia*, v. 1, n. 3, p. 48-58, 1968.

DA COL, Paolo. Silent Voices: Professional Singers in Venice. *In*: SCHILTZ, Katelijne (ed.). *A Companion to Music in Sixteenth-Century Venice.* Leiden, Boston: Brill, 2018. p. 230-271. (Brill's Companions to the Musical Culture of Medieval and Early Modern Europe; v. 2).

DA COL, Paolo. Tradizione e scienza: Le Istitutioni harmoniche di Gioseffo Zarlino. *In*: ZARLINO, Gioseffo. *Le Istitutioni Harmoniche, Venezia, 1561.* Bologna: Arnaldo Forni Editore, 1999. p. 13-33.

DAL MASO, Vania. *Teoria e pratica della musica italiana del Rinascimento.* Lucca: Libreria Musicale Italiana, 2017. (Teoria Musicale, 3).

DE RORE, Cipriano. *Premiere livre des chansons a quatre et cincq parties ... par Lassus, de Rore*. [Leuven: Phalèse press, 1570]. Edição de Allen Garvin. Hawthorne Early Music, 2018. Complete score. Disponível em: https://imslp.org/wiki/Susann'_un_jour_(Rore%2C_Cipriano_de). Acesso em: 23 out. 2019.

DIAS, Gustavo Ângelo. *O papel do contraponto no desenvolvimento da harmonia*: uma abordagem a partir do baixo contínuo italiano no século XVII. 2015. Tese (Doutorado em Música) – Universidade Estadual de Campinas, Campinas, 2015.

EDWARDS, Rebecca. Setting the Tone at San Marco: Gioseffo Zarlino Amidst Doge, Procuratori and Cappella Personnel. *In*: PASSADORE, Francesco; ROSSI, Franco (ed.). *La cappella musicale di San Marco nell'età moderna*. Venezia: Edizioni Fondazione Levi, 1998. p. 389-400.

ELAM, Caroline. 'Tuscan Dispositions': Michelangelo's Florentine Architectural Vocabulary and its Reception. *Renaissance Studies*, v. 19, n. 1, p. 46-82, 2005.

FALSE Relations in the Late Renaissance. Creator and editor: Elam Rotem. [*S. l.*: *s. n.*], 2019. 1 vídeo (17 min), son., color. Disponível em: https://www.earlymusicsources.com/youtube/false-relation. Acesso em: 1 set. 2019.

FELDMAN, Martha. *City Culture and the Madrigal at Venice*. Berkeley: California University Press, 1995. Disponível em: http://ark.cdlib.org/ark:/13030/ft238nb1nr/. Acesso em: 8 ago. 2017.

FENLON, Iain. *The Ceremonial City*: History, Memory and Myth in Renaissance Venice. New Haven; London: Yale University Press, 2007.

FENLON, Iain. Merulo and State Ceremonial: The Visit to Venice of Henry III. *In*: CAPRA, Marco. *A Messer Claudio, Musico*: Le arti molteplici di Claudio Merulo da Correggio (1533-1604) tra Venezia e Parma. Parma; Venezia: Istituzione Casa della Musica; Marsilio Editori, 2006. p. 261-275.

FENLON, Iain. Gioseffo Zarlino and the Accademia Venetiana della Fama. *In*: FENLON, Iain. *Music and Culture in Late Renaissance Italy*. New York: Oxford University Press, 2002. p. 118-138.

FENLON, Iain. Gioseffo Zarlino and Venetian Humanism. *In*: ZARLINO, Gioseffo. *Le Istitutioni Harmoniche (Venezia, 1561)*. Estudos introdutórios de Iain Fenlon e Paolo da Col. Variantes da edição de 1589 e índice de Paolo da Col. Bologna: Arnaldo Forni Editore, 1999. p. 7-12.

FENLON, Iain. In Destructione Turcharum: The Victory of Lepanto in Sixteenth-Century Music and Letters. *In*: DEGRADA, Francesco (ed.). *Andrea Gabrieli e il suo tempo*: Atti del convegno internazionale (Venezia 16-18 Settembre 1985). Firenze: Leo S. Olschki Editore, 1987. p. 293-317.

FERNANDEZ, Antonio. *Arte de musica de canto dorgam, e canto cham, & proporções de musica divididas harmonicamente*. Lisboa: Pedro Craesbeeck Impressor del Rey, 1616.

FÉTIS, F. J. Zarlino (Joseph). *In*: BIOGRAPHIE Universelle des Musiciens et Biographie Générale de la Musique. Paris: Librarie de Firmin Didot Frères, Fils et C., 1867. p. 508-512.

FLORIO, John. Per accidente. *In*: FLORIO, John. *New World of Words, or Most Copious, and Exact Dictionarie in Italian and English*. London: Arnold Hatfield, 1598. p. 4. Disponível em: http://www.pbm.com/~lindahl/florio/. Acesso em: 19 out. 2018.

GALASSO, Giuseppe. Italia e storiografia (6º - 20º secolo). *In*: IL CONTRIBUTO italiano alla storia del Pensiero: Storia e Politica. 2013. Disponível em: http://www.treccani.it/enciclopedia/italia-e-storiografia_%28Il-Contributo-italiano-alla-storia-del-Pensiero:-Storia-e-Politica%29/. Acesso em: 11 jun. 2018.

GARAVELLI, Bice Mortara. *Manuale di retorica*. Prefazione di Stefano Bartezzaghi. Firenze; Milano: Bompiani; Giunti Editore, 2018. (Tascabili Bompiani, 94).

GLIXON, Jonathan. A Musician's Union in Sixteenth-Century Venice. *Journal of American Musicological Society*, New York, v. 36, n. 3, p. 392-421, Autumn, 1983. Disponível em: http://www.jstor.org/stable/831233. Acesso em: 15 set. 2017.

GULLINO, Giuseppe. Diedo, Vincenzo. *In*: DIZIONARIO Biografico degli Italiani. Roma: Istituto dell'Enciclopedia Italiana, 1991. v. 39. Disponível em: http://www.treccani.it/enciclopedia/ricerca/vincenzo-diedo/. Acesso em: 5 out. 2017.

HAAR, James. Zarlino's Definition of Fugue and Imitation. *Journal of American Musicological Society*, v. 24, n. 2, p. 226-254, Summer, 1971. Disponível em: http://www.jstor.org/stable/830492. Acesso em: 1 out. 2018.

HANSEN, João Adolfo. Instituição retórica, técnica retórica, discurso. *Matraga*, Rio de Janeiro, v. 20, n. 33, p. 11-46, jul./dez. 2013.

HARRÁN, Don. Toward a Rhetorical Code of Early Music Performance. *The Journal of Musicology*, v. 15, n. 1, p. 19-42, Winter, 1997. Disponível em: http://www.jstor.org/stable/763902. Acesso em: 7 fev. 2017.

HARRÁN, Don. *In Search of Harmony*: Hebrew and Humanist Elements in Sixteenth-Century Musical Thought. Neuhausen-Stuttgart: American Institute of Musicology, 1988a. (Musicological Studies & Documents, 42).

HARRÁN, Don. Elegance as a concept in Sixteenth-Century Criticism. *Renaissance Quarterly*, Chicago, v. 41, n. 3, p. 413-438, Autumn, 1988b. Disponível em: http://www.jstor.org/stable/2861755. Acesso em: 23 out. 2016.

HARRÁN, Don. *Word-tone Relations in Musical Thought from Antiquity to the Seventeenth Century*. Neuhausen-Stuttgart: American Institute of Musicology, 1986. (Musicological Studies and Documents, 40).

HARRÁN, Don. New Light on the Question of Text Undelay Prior to Zarlino. *Acta Musicologica*, Chicago, v. 45, fasc. 1, p. 24-56, Jan./June 1973. Disponível em: http://www.jstor.org/stable/932221. Acesso em: 11 jan. 2014.

IGNOTO artista veneto. Gioseffo Zarlino. Século XVIII. 1 pintura, óleo sobre tela, color. 79 x 61 cm. La Quadreria, Museo Internazionale e Biblioteca della Musica di Bologna. Disponível em: http://www.bibliotecamusica.it/cmbm/scripts/quadri/scheda.asp?id=284. Acesso em: 15 maio 2018.

ISO, José Javier. Introducción. *In*: CICERÓN. *Sobre el orador*. [*De Oratore*]. Introdução, tradução e notas de José Javier Iso. Madrid: Editorial Gredos, 2002. Arquivo Kindle. (Biblioteca Clásica Gredos, 300).

JUDD, Cristle Collins. "To discourse learnedly" and "Compose Beautifully": Thoughts on Gioseffo Zarlino, Theory and Practice. *Music Theory Online*: a Journal of the Society for Music Theory, Bloomington, v. 19, n. 3, p. 1-15, Sept., 2013. Disponível em: http://www.mtosmt.org/issues/mto.13.19.3/toc.19.3.html. Acesso em: 15 mar. 2018.

JUDD, Cristle Collins (ed.). *Gioseffo Zarlino. Motets from 1549*: Part 2: Eleven Motets from Musici Quinque Vocum Moduli (Venice, 1549). Middleton: A-R Editions, Inc., 2007.

JUDD, Cristle Collins. Introduction. *In*: ZARLINO, Gioseffo. *Motets from 1549*: Part 1, Motets Based on the Song of Songs. Edited by Cristle Collins Judd. Middleton: A-R Editions, Inc., 2006. p. vii-xxii.

JUDD, Cristle Collins; SCHILTZ, Katelijne. Introduction. *In*: ZARLINO, Gioseffo. *Motets from the 1560s*: Seventeen Motets from Modulationes sex vocum and

Motetta D. Cipriani de Rore et aliorum auctorum. Edited by Cristle Collins Judd e Katelijne Schiltz. Middleton: A-R Editions, Inc., 2015. p. ix-xxx.

KICKHÖFEL, Eduardo H. P. Sine ars scientia nihil est: Leonardo da Vinci and beyond. *Epilepsy and Behavior*, v. 14, n. 1, p. 5-11, 2009. DOI 10.1016/j.yebeh.2008.09.022. Disponível em: www.elsevier.com/locate/yebeh. Acesso em: 21 out. 2019.

KIRKENDALE, Warren. Ciceronians versus Aristotelians on the Ricercar Exordium, from Bembo to Bach. *Journal of the American Musicological Society*, v. 32, n. 1, p. 1-44, Spring, 1979. Disponível em: http://www.jstor.org/stable/831267. Acesso em: 20 jan. 2018.

KORPANTY, Katarzyna. *The Reception of Zarlino's Theory about the Relations Music – Word in Central Europe*. Trabalho apresentado no Musico Perfetto. Gioseffo Zarlino (1517-1590) – Il suo tempo, la sua opera, la sua influenza: convegno internazionale per il quinto centenario della nascita. Venezia, 2017. Não publicado.

KRAUT, Richard. Aristotle on Becoming Good: Habituation, Reflection, and Perception. *In*: SHIELDS, Christopher (ed.). *The Oxford Handbook of Aristotle*. New York: Oxford University Press, 2012. p. 529-555.

LANFRANCO, Giovan Maria. *Scintile di musica*. Brescia: Lodovico Britannico, 1533. Disponível em: https://imslp.org/wiki/Scintille_di_musica_(Lanfranco,_Giovanni_Maria). Acesso em: 11 maio 2016.

LAUSBERG, Heinrich. *Manual de retórica literária*: fundamentos de una ciencia de la literatura. Versão espanhola de José Pérez Riesco. Madrid: Editorial Gredos, 2003. (Biblioteca Románica Hispánica).

LENNEBERG, Hans. Johann Mattheson on Affect and Rhetoric in Music (II). *Journal of Music Theory*, Durham, v. 2, n. 2, p. 193-236, Nov. 1958. Disponível em http://www.jstor.org/stable/843199. Acesso em: 23 jan. 2012.

LEWIS, Mary S. Zarlino's Theories of Text Underlay as Illustrated in His Motet Book of 1549. *Notes*, Middleton, v. 42, n. 2, p. 239-267, Dic. 1985. Disponível em: http://www.jstor.org/stable/897419. Acesso em: 7 fev. 2017.

LÓPEZ CANO, Rubén. *Música y retórica en el Barroco*. Berga: Editorial Amálgama, 2012.

MACE, Dean T. Pietro Bembo e le origini letterarie del madrigale italiano. *In*: FABBRI, Paolo (ed.). *Il madrigale tra Cinque e Seicento*. Bologna: Il Mulino, 1988. p. 71-91.

MAMBELLA, Guido. Gioseffo Zarlino: Le istitutioni harmoniche. *In*: ZANON-CELLI, Luisa. *Mvsico Perfetto Gioseffo Zarlino (1517-1590)*: La teoria musicale a stampa nel cinquecento. Venezia: Biblioteca nazionale Marciana; Fondazione Ugo e Olga Levi, 2017a. p. 196-200.

MAMBELLA, Guido. *Gioseffo Zarlino e la scienza della musical nel '500, dal numero sonoro al corpo sonoro*. Conferência pública apresentada na Fondazione Benetton di Studi e Ricerche, 2017b, Veneza. Disponível em: http://www.fbsr.it/agenda/musica-antica-casa-cozzi/. Acesso em: 28 jan. 2019.

MAMBELLA, Guido. *Gioseffo Zarlino e la scienza della musica nel '500*: dal numero sonoro al corpo sonoro. Venezia: Istituto Veneto di Scienze, Lettere ed Arti, 2016.

MAMBELLA, Guido; SCIARRA, Elisabetta. Gioseffo Zarlino, Dimostrationi harmoniche. *In*: ZANONCELLI, Luisa (ed.). *Mvsico Perfetto Gioseffo Zarlino (1517-1590)*: La teoria musicale a stampa nel cinquecento. Venezia: Biblioteca nazionale Marciana; Fondazione Ugo e Olga Levi, 2017. p. 204-209.

MIRANDA, Maria Margarida. Da espada embainhada à espada em riste: doutrina do estilo em Quintiliano. *Humanitas*, 66, p. 257-267, 2014.

MISCELLANEA ms. in foglio contenente, Bologna: [s. n.], [1840?]. Colocação p. 124, Microfilme 1772, Fotogramas 92-95. Disponível em: http://www.bibliotecamusica.it/cmbm/scripts/gaspari/scheda.asp?id=1687. Acesso em: 15 jan. 2019.

MOLMENTI, P. G. *La Storia di Venezia nella Vita Privata dalle Origini alla Caduta della Republica*. 2. ed. riveduta et ampliata dall'autore. Torino: Roux e Favale, 1880.

MORAES, Helvio. Accademia della Fama: atividade literária, projeto editorial e política na gênese dos diálogos da história de Francesco Patrizi. *Revista Ecos*, 10, p. 69-86, jun. 2011.

NENCI, Elio. Introduzione. *In*: BALDI, Bernardino. *Le Vite de' Matematici*: Edizione annotata e commentata della parte medievale e rinascimentale. A cura di Elio Nenci. Milano: FrancoAngeli, 2007. p. 13-55.

NUÑEZ, Salvador. Introducción. *In*: RETÓRICA a Herenio. Introdução, tradução e notas de Salvador Nuñez. Madrid: Editorial Gredos, 1997. p. 7-59. (Biblioteca Clásica Gredos, 244).

OLIVEIRA, Rita C. B. *A vitória de Michelangelo no certame de Giorgio Vasari*. 2009. Dissertação (Mestrado em Filosofia) – Universidade de São Paulo, São Paulo, 2009.

ONGARO, Giulio Maria. La vita musicale a Venezia ai tempi di Zarlino. *In*: ZANONCELLI, Luisa (ed.). *Mvsico Perfetto Gioseffo Zarlino (1517-1590)*: La teoria musicale a stampa nel cinquecento. Venezia: Biblioteca nazionale Marciana; Fondazione Ugo e Olga Levi, 2017. p. 33-42.

ONGARO, Giulio Maria. Sixteenth-Century Patronage at St Mark's, Venice. *Early Music History*, Cambridge, v. 8, p. 81-115, 1988. Disponível em: http://www.jstor.org/stable/853838. Acesso em: 6 ago. 2017.

ONGARO, Giulio Maria. *The Chapel of St. Mark's at the Time of Adrian Willaert (1527-1562)*: A Documentary Study. 1986. Dissertation (Doctor of Philosophy) – The University of North Carolina at Chapel Hill, Chapel Hill, 1986.

PALISCA, Claude V. *Music and ideas in the sixteenth and seventeenth centuries*. Urbana; Chicago: University of Illinois Press, 2006. (Studies in the History of Music Theory and Literature).

PALISCA, Claude V. Zarlino, Gioseffo. *In*: GROVE MUSIC ONLINE. Oxford: Oxford University Press, 2001a. Disponível em: http://www.oxfordmusiconline.com/subscriber/article/grove/music/30858. Acesso em: 20 jun. 2016.

PALISCA, Claude V. Zarlino, Gioseffo. *In*: THE NEW GROVE dictionary of music and musicians. Edited by Stanley Sadie. Oxford: Oxford University Press, 2001b. p. 751-754.

PALISCA, Claude V. *Humanism in Italian Renaissance Musical Thought*. New Haven; London: Yale University Press, 1985a.

PALISCA, Claude V. The Artusi-Monteverdi Controversy. *In*: ARNOLD, Denis; FORTUNE, Nigel (ed.). *The New Monteverdi Companion*. London; Boston: Faber & Faber, 1985b. p. 127-158.

PALISCA, Claude V. Introduction. *In*: ZARLINO, Gioseffo. *On the Modes*: Part Four of Le Istitutioni Harmoniche, 1558. Translation by Vered Cohen. Edited with an introduction by Claude V. Palisca. New Haven; London: Yale University Press, 1983. (Music Theory Translation Series).

PALISCA, Claude V. *Girolamo Mei (1519-1594)*: Letters on Ancient and Modern Music to Vincenzo Galilei and Giovanni Bardi. 2. ed. Neuhausen-Stuttgart: American Institute of Musicology, 1977. (Musicological Studies and Documents).

PALISCA, Claude V. Zarlino, Gioseffo. *In*: BLUME, Friedrich (ed.). *Die Musik in Geschichte und Gegenwart*. Basel: Bärenreiter Kassel, 1968a. p. 1.017-1.022.

PALISCA, Claude V. Introduction. *In*: ZARLINO, Gioseffo. *The Art of Counterpoint*: Part Three of Le Istitutioni Harmoniche, 1558. Translation by Guy A. Marco and Claude V. Palisca. New York: W. W. Norton & Company Inc., 1968b.

PALUMBO-FOSSATI, Isabella. La casa veneziana di Gioseffo Zarlino nel Testamento e nell'inventario dei beni del Grande Teorico Musicale. *Nuova Rivista Musicale Italiana*, Torino, n. 4, p. 633-649, 1986.

PERFETTO. *In*: ACCADEMIA DELLA CRUSCA. *Vocabolario degli accademici della Crusca*. Firenze, 1612. p. 612. Disponível em: www.lessicografia.it. Acesso em: 20 set. 2019.

PETRARCA, Francesco. *Canzoniere*. Edizione a cura di Paola Vecchi Galli. Milano: BUR Classici, 2018. (Nuove edizioni – Classici Italiani).

PINELLI, Antonio. *La bella Maniera*: Artisti del Cinquecento tra regola e licenza. Torino: Einaudi, 2003. (Piccola Biblioteca Einaudi. Arte. Architettura. Teatro. Cinema. Musica).

PLATÃO. *A República*. Introdução, tradução e notas de Maria Helena da Rocha Ferreira. 9. ed. Lisboa: Fundação Calouste Gulbenkian, 2001.

PORTO JÚNIOR, Delphim Rezende. *Preceptivas humanistas e musicais na tratadística quinhentista*: um estudo das representações retóricas do exercício musical no renascimento italiano. 2018. Tese (Doutorado em Música) – Universidade de São Paulo, São Paulo, 2018.

PRADELLA, Jonathan. "Io pre Gioseffo Zarlino da Chioza". Relazioni, contesti, cronologia. *Musica & Figura*, Padova, n. 5, p. 57-114, 2018.

PSYCHOYOU, Théodora. *The Reception of Zarlino's Istitutioni harmoniche in Seventeenth-century Franch music theory*. Trabalho apresentado no Musico Perfetto. Gioseffo Zarlino (1517-1590) – Il suo tempo, la sua opera, la sua influenza: convegno internazionale per il quinto centenario della nascita, 2017, Venezia.

QUANTZ, Johann J. *On Playing the Flute*: The Classic of Barroque Music Instruction. Tradução, notas e introdução de Edward R. Reilly. London: Faber & Faber, 2001.

QUINTILIAN. *Institutio Oratoria III*. Translation by H. E. Butler. Cambridge: Harvard University Press; London: William Heinemann, 1976. (The Loeb Classical Library). Books VII-IX.

QUINTILIANO, Marcos Fábio. *Instituição Oratória*. Tradução, apresentação e notas de Bruno Fregni Bassetto. Campinas: Editora da Unicamp, 2016. t. 3-4. (Coleção Fausto Castilho Multilíngues de Filosofia da Unicamp).

QUINTILIANO, Marcos Fábio. *Instituição Oratória*. Tradução, apresentação e notas de Bruno Fregni Bassetto. Campinas: Editora da Unicamp, 2015. t. 1. (Coleção Fausto Castilho Multilíngues de Filosofia da Unicamp).

QUINTILIANO, Marcos Fábio. *L'istituzione oratoria di Marco Fabio Quintiliano*. Traduzione di Rino Faranda e Piero Pecchiura. Torino: Unione Tipografico – Editrice Torinese, 2003. (Classici Latini).

RAMEAU, Jean-Philippe. *Treatise on Harmony*. Tradução, apresentação e notas de Philip Gossett. New York: Dover Publications, 1971.

RAPP, Christof. Aristotle's Rhetoric. *In*: THE STANFORD Encyclopedia of Philosophy. Stanford: Stanford University, Spring 2010. Disponível em: http://plato.stanford.edu/archives/spr2010/entries/aristotle-rhetoric/. Acesso em: 10 out. 2016.

RAVAGNAN, Girolamo. *Elogio di Giuseppe Zarlino di Chioggia celebre ristauratore della musica nel secolo XVI*. Venezia: Tipografia Zebletti, 1819.

REBOUL, Olivier. *Introdução à retórica*. Tradução de Ivone Castilho Benedetti. São Paulo: Martins Fontes, 2004.

REESE, Gustav. *Music in the Renaissance*. Revised edition. New York: W. W. Norton & Company Inc., 1959.

RETÓRICA a Herenio. Introdução, tradução e notas de Salvador Nuñez. Madrid: Editorial Gredos, 1997. (Biblioteca Clásica Gredos, 244).

RIPA, Cesare. *Iconología*. Traducción del italiano de Juan Barja e Yago Barja. Traducción del latín y griego de Rosa M. Mariño Sánchez-Elvira e Frenando Garcia Romero. Madrid: Ediciones Akal, 2002. t. 1-2.

RIPA, Cesare. *Iconologia*. Siena: Heredi di Matteo Florimi, 1613.

RIPA, Cesare. *Iconologia*. Roma: Lepido Facii, 1603.

RIVERA, Benito V. Introduction. *In*: BURMEISTER, Joachim. *Musical Poetics*. Translation by de Benito V. Rivera. Yale: Yale University Press, 1993. p. xiii-lxiii.

ROSSI, Roberto. *Aristotele*: L'arte di vivere. Fondamenti e pratica dell'etica aristotelica come via alla felicità. Milano: FrancoAngeli, 2018.

SALATINO, María Cristina (ed.). *M. T. Cicerón, El orador (a M. Bruto)*. Introdução, anotação e revisão geral das traduções de María Cristina Salatino. Primeira tradução de G. Alonso, G. Frannino, S. Frazio, L. Ivars e A. Sbordelati. Godoy Cruz: Jagüel Editores de Mendoza, 2013.

SANDERS, Ernest H. Cantilena (i). *In*: GROVE MUSIC ONLINE. Oxford: Oxford University Press, 2001. Disponível em: http://www.oxfordmusiconline.com/subscriber/article/grove/music/04773. Acesso em: 18 set. 2017.

SANSOVINO, Francesco. *Venetia città nobilissima, et singolare, descritta in XIIII libri*. Venetia: Steffano Curti, 1663.

SCATOLIN, Adriano. Horácio, Arte Poética, 1-118. *Rónai*: Revista de Estudos Clássicos e Tradutórios, v. 3, n. 1, p. 49-60, 2015.

SCHNEIDER, Matthias. *Zarlino's* Istitutioni, *Sweelinck's Compositional rules, and Northen German organ music after 1600*: Jacob Praetorius and Berendt Petri. Trabalho apresentado no Musico Perfetto. Gioseffo Zarlino (1517-1590) – Il suo tempo, la sua opera, la sua influenza: convegno internazionale per il quinto centenario della nascita, 2017, Venezia.

SILVA, Pedro A. S. *Um modelo para a interpretação de polifonia renascentista*. 2010. Dissertação (Doutoramento em Música) – Universidade de Aveiro, Aveiro, 2010.

SLIM, H. Colin. Cavazzoni, Marco Antonio. *In*: GROVE MUSIC ONLINE. Oxford: Oxford University Press, 2001. Disponível em: http://www.oxfordmusiconline.com/grovemusic/view/10.1093/gmo/9781561592630.001.0001/omo-9781561592630-e-0000005219. Acesso em: 30 abr. 2018.

SMITH, Anne. *The Performance of 16th-Century Music*: Learning from the Theorists. New York: Oxford University Press, 2011.

TARLING, Judy. *The Weapons of Rhetoric*: A Guide for Musicians and Audiences. Hertfordshire: Corda Music, 2005.

TOLLEFSEN, Randall H.; DIRKSEN, Pieter. Sweelinck, Jan Pieterszoon. *In*: GROVE MUSIC ONLINE. Oxford: Oxford University Press, 2001. Disponível em: http://www.oxfordmusiconline.com/subscriber/article/grove/music/27206. Acesso em: 17 ago. 2017.

URBANI, Silvia. Zarlino, musico "prattico" e speculativo, semplicemente perfetto. *In*: ZARLINO, Gioseffo. *L'istituzioni armoniche*. Treviso: Diastema Editrice, 2011. Saggio, p. 745-762.

VASARI, Giorgio. *Vidas dos artistas*. Organização de Luciano Bellosi e Aldo Rossi. Apresentação de Giovanni Previtalli. Tradução de Ivone Castilho Bennedetti. São Paulo: WMF Martins Fontes, 2011.

VASARI, Giorgio. *Le vite de' piú eccellenti pittori, scultori ed architetti*. A cura di Luciano Bellosi e Aldo Rossi. Torino: Einaudi, 1986. (Letteratura italiana Einaudi).

VEGA, María José. *Poética y música en el Renascimiento*: la invención del paradigma clásico. Madrid; Bellaterra: Editorial Caronte, 2011. (Seminario de Poética de Renascimiento).

VICENTINO, Nicola. *L'antica musica ridotta alla moderna prattica, con la dichiaratione, et con gli essempi de i tre generi, con le loro spetie*. Et con l'inventione di uno nuovo strumento, nel quale si contiene tutta la perfetta musica, con molti segreti musicali. Roma: Antonio Barre, 1555. Disponível em: https://imslp.org/wiki/L'antica_musica_ridotta_alla_moderna_prattica_(Vicentino%2C_Nicola). Acesso em: 14 mar. 2016.

VILLAVICENCIO, Cesar. Per formar-se: técnica e virtudes no delectare, movere e docere. *In*: AULOS. Anais da 1ª Mostra Internacional de Flauta Doce: Performance e Didática, 2013, Florianópolis. *Anais* [...]. Florianópolis: Editora da Udesc, 2013. p. 71-75.

WILLAERT, Adrian. *Musica quatuor vocum, (quae vulgo Motecta nuncupatur) Noviter onmi studio, ac diligentia in lucem edita*. Liber primus. Venetia: [Girolamo Scotto], 1539. 4 partes: cantus, altus, tenor e bassus. Disponível em: https://imslp.org/wiki/Musica_quatuor_vocum%2C_Liber_1_(Willaert%2C_Adrian). Acesso em: 25 out. 2019.

WILSON, Blake. Middle Ages and Renaissance. *In*: WILSON, Blake; BUELOW, George J.; HOYT, Peter A. Rhetoric and Music. *In*: GROVE MUSIC ONLINE. Oxford: Oxford University Press, 2001. Disponível em: https://doi.org/10.1093/gmo/9781561592630.article.43166. Acesso em: 7 jun. 2018.

WILSON, Blake; BUELOW, George J.; HOYT, Peter A. Rhetoric and Music. *In*: GROVE MUSIC ONLINE. Oxford: Oxford University Press, 2001. Disponível em: https://doi.org/10.1093/gmo/9781561592630.article.43166. Acesso em: 7 jun. 2018.

ZANONCELLI, Luisa (ed.). *Mvsico Perfetto Gioseffo Zarlino (1517-1590)*: La teoria musicale a stampa nel cinquecento. Venezia: Biblioteca nazionale Marciana; Fondazione Ugo e Olga Levi, 2017.

ZARLINO, Gioseffo. *Motets from the 1560s*: Seventeen Motets from Modulationes sex vocum and Motetta D. Cipriani de Rore et aliorum auctorum. Edited by Cristle Collins Judd e Katelijne Schiltz. Middleton: A-R Editions, Inc., 2015.

ZARLINO, Gioseffo. *L'istituzioni harmoniche*. A cura di Silvia Urbani. Casier: Diastema Editrice, 2011.

ZARLINO, Gioseffo. *Motets from 1549*: Part 2, Eleven Motets from Musici quinque vocum moduli. Edited by Cristle Collins Judd. Middleton: A-R Editions, Inc., 2007.

ZARLINO, Gioseffo. *Motets from 1549*: Part 1, Motets Based on the Song of Songs. Edited by Cristle Collins Judd. Middleton: A-R Editions, Inc., 2006.

ZARLINO, Gioseffo. *Le istitutioni harmoniche (Venezia, 1561)*. Saggi introduttivi di Iain Fenlon e Paolo da Col. Varianti dell'edizione del 1589 e indice a cura di Paolo da Col. Bologna: Arnaldo Forni Editore, 1999.

ZARLINO, Gioseffo. *On the Modes*: Part Four of Le Istitutioni Harmoniche, 1558. Translation by Vered Cohen. Edited with an introduction by Claude V. Palisca. New Haven; London: Yale University Press, 1983. (Music Theory Translation Series).

ZARLINO, Gioseffo. *The Art of Counterpoint*: Part Three of Le Istitutioni Harmoniche, 1558. Translation by Guy A. Marco and Claude V. Palisca. New York: The Norton Library, 1968.

ZARLINO, Gioseffo. *De tutte l'opere*. Venetia: Francesco de' Franceschi, Senese, 1589. Disponível em: https://imslp.org/wiki/De_tutte_l%E2%80%99opere_(Zarlino%2C_Gioseffo). Acesso em: 16 maio 2018.

ZARLINO, Gioseffo. *Sopplimenti mvsicali*. Venetia: Francesco de' Franceschi, Sanese, 1588. Disponível em: https://imslp.org/wiki/Sopplimenti_musicali_(Zarlino%2C_Gioseffo). Acesso em: 14 set. 2017.

ZARLINO, Gioseffo. *De vera anni forma, fiue de Recta cius emendatione*. Venetijs: Officina Varisciana, 1580. Disponível em: https://archive.org/details/bub_gb_7v-jDsB0VYr4C/page/n8. Acesso em: 21 mar. 2018.

ZARLINO, Gioseffo. *Istitvtioni harmoniche*. Venetia: Francesco de i Franceschi Sanese, 1573. Disponível em: https://imslp.org/wiki/Le_Istitutioni_Harmoniche_(Zarlino%2C_Gioseffo). Acesso em: 14 set. 2017.

ZARLINO, Gioseffo. *Dimostrationi harmoniche*. Venetia: Francesco de i Franceschi Sanese, 1571. Disponível em: https://imslp.org/wiki/Le_Dimostrationi_Harmoniche_(Zarlino%2C_Gioseffo). Acesso em: 5 maio 2016.

ZARLINO, Gioseffo. *Istitutioni Harmoniche*. Veneza: Francesco de i Franceschi Senese, 1562. Disponível em: https://imslp.org/wiki/Le_Istitutioni_Harmoniche_(Zarlino%2C_Gioseffo). Acesso em: 14 set. 2017.

ZARLINO, Gioseffo. *Istitutioni Harmoniche*. Veneza: Francesco de i Franceschi Senese, 1561. Disponível em: http://books.google.com. Acesso em: 15 maio 2018.

ZARLINO, Gioseffo. *Le Istitutioni Harmoniche*. Veneza: [Pietro da Fino?], 1558. Disponível em: https://imslp.org/wiki/Le_Istitutioni_Harmoniche_(Zarlino%2C_Gioseffo). Acesso em: 24 set. 2016.

ZARLINO, Gioseffo. *Musici quinque vocum moduli*. Venezia: Antonium Gardane, 1549. 2 partes: Superius et Tenor. Disponível em: http://www.bibliotecamusica.it/cmbm/scripts/gaspari/scheda.asp?id=6804. Acesso em: 6 dez. 2018.

ZENONI, Domenico. *Entry of Henry III, King of France and Poland, into Venice*. [S. l.], 1574. Gravura, p&b, 19,7 cm x 27,1 cm. The Elisha Whittelsey Collection, Metropolitan Museum of Art. Disponível em: https://www.metmuseum.org/art/collection/search/708943. Acesso em: 15 maio 2018.

ZORZI, Marino. La circolazione del libro: biblioteche private e pubbliche. *In*: *STORIA DI VENEZIA*. Roma: Treccani, 1994 Disponível em: http://www.treccani.it/enciclopedia/dal-rinascimento-al-barocco-la-c...ei-privati-la-circolazione-del-libro-biblio_%28Storia-di-Venezia%29/. Acesso em: 5 ago. 2017.

ÍNDICE REMISSIVO

A

Aaron, 21, 45, 54, 55, 91, 186
Accademia Aldina, 29
Accademia degli Uniti – Venezia, 29
Accademia della Crusca, 24, 63, 160
Accademia della Fama, 11, 28, 30, 31, 33, 55, 208
Accademia Venetiana, 28, 219
acomodação da música ao texto, 7, 13, 54, 91, 92, 99, 106, 109, 110, 111, 115, 128, 140, 151, 153, 166, 175, 182, 186, 191, 210
actio, 109, 131, 138
adequação, 6, 7, 12, 46, 74, 83, 84, 85, 86, 87, 106, 108, 113, 114, 117, 120, 121, 123, 127, 128, 129, 130, 131, 132, 133, 145, 156, 178, 180, 181, 212
Adriano Banchieri, 177, 206
Andrea Gabrieli, 24, 25, 26, 219
Andreini, 27
Annibale Caro, 36
antiguidade, 1, 36, 38, 45, 52, 58, 60, 91, 96, 132, 158, 170, 172
aretê, 70
Aretino, 28
Aristóteles, 3, 10, 12, 15, 56, 66, 67, 68, 69, 70, 71, 72, 73, 74, 75, 76, 77, 79, 80, 81, 82, 83, 84, 85, 86, 90, 91, 96, 103, 107, 113, 114, 122, 126, 142, 215
Arte de canto cham, 14, 15
artifex, 64
Artusi, 7, 43, 44, 48, 160, 215, 223
Aurelio Virgiliano, 146

B

Badoer, 28, 29, 30, 31
Baldassare Donato, 18
barbarismo, 3, 97, 99, 100, 113, 115, 142, 146, 167, 181, 182, 185, 186, 187, 202, 203

barbarismos, 86, 92, 98, 99, 102, 109, 114, 146, 178, 182, 185, 187, 188, 213
Barbaro, 20, 28, 113
Bembo, 31, 41, 46, 221
Bernardino Baldi, 11, 20
Bernardo Tasso, 20, 33
Biblioteca Marciana, 29, 55
Boécio, 17, 45, 55, 64, 91
Bottrigari, 11
Burmeister, 46, 149, 151, 152, 153, 213

C
Caccini, 37
cadências, 59, 99, 106, 110, 129, 132, 152, 156, 177, 182, 183, 184, 185, 202
cantilena, 57, 59, 63, 91, 92, 93, 95, 100, 104, 106, 115, 121, 127, 129, 132, 133, 135, 136, 137, 138, 139, 140, 141, 147, 156, 159, 161, 162, 163, 167, 168, 173, 179, 180, 198, 203, 204
canto, 2, 7, 25, 57, 60, 115, 121, 151, 156, 181, 186, 191, 194, 199, 202, 213, 219
canto fermo, 24, 186
canto figurato, 24, 147
cantochão, 24, 60, 186, 191, 199, 206
cantor, 2, 7, 21, 52, 61, 63, 64, 101, 109, 120, 121, 123, 136, 173, 177, 184, 188, 206
cantores, 12, 21, 23, 54, 90, 99, 100, 101, 102, 108, 111, 115, 120, 121, 124, 137, 138, 147, 165, 167, 176, 177, 182, 185, 186, 194, 199, 213
cantus firmus, 60, 63, 130, 147, 187
caráter, 4, 6, 19, 54, 62, 66, 68, 69, 72, 73, 74, 75, 79, 81, 84, 87, 88, 126, 128, 129, 132, 139, 140, 150, 152, 154, 160, 161, 179, 180, 185, 191, 210
Cavazzoni, 20, 21, 226
Celio Magno, 26
Cícero, 3, 10, 12, 16, 41, 45, 66, 82, 86, 87, 88, 90, 96, 108, 110, 111, 112, 114, 117, 119, 122, 123, 139, 142, 144, 146, 149, 150, 154, 155, 169, 170
clareza, 6, 83, 84, 85, 86, 87, 88, 103, 106, 107, 108, 109, 110, 111, 112, 113, 114, 115, 122, 146, 149, 153, 156, 183, 185, 190
Claude Le Jeune, 49

Claudio Merulo, 22, 24, 38, 39

Coclico, 64, 142, 151

Commedia dell'Arte, 27

Compendium musicae, 9, 217

composição, 2, 4, 5, 6, 12, 25, 26, 33, 36, 39, 54, 57, 58, 59, 60, 61, 62, 66, 91, 92, 93, 94, 95, 99, 100, 101, 102, 103, 106, 107, 110, 114, 115, 123, 126, 127, 128, 129, 131, 133, 135, 136, 137, 138, 139, 140, 142, 146, 147, 148, 151, 152, 153, 155, 156, 158, 160, 161, 165, 166, 167, 169, 170, 175, 177, 178, 184, 185, 187, 199, 204, 208, 209, 211, 212, 213

Compositio, 86, 169

compositor, 2, 7, 9, 11, 18, 19, 26, 31, 32, 33, 35, 36, 41, 48, 49, 52, 55, 59, 61, 63, 64, 92, 101, 104, 106, 107, 109, 115, 121, 122, 124, 127, 129, 130, 131, 132, 136, 137, 139, 141, 146, 147, 153, 159, 161, 165, 167, 168, 170, 171, 173, 177, 180, 184, 186, 187, 189, 190, 192, 198, 200, 202, 203, 204, 206, 209, 212, 213

consonância, 49, 55, 57, 59, 92, 93, 94, 104, 105, 136, 161, 163, 171, 172, 200

consonâncias, 42, 53, 55, 57, 58, 59, 91, 92, 93, 94, 104, 105, 126, 128, 130, 135, 136, 137, 140, 141, 160, 161, 164, 166, 167, 170, 172, 173, 179, 180, 181, 194, 199, 200

contraponto, 2, 7, 12, 18, 19, 24, 46, 48, 49, 54, 58, 59, 62, 90, 91, 92, 93, 94, 95, 101, 102, 103, 106, 107, 115, 123, 127, 129, 130, 131, 132, 135, 136, 138, 140, 142, 146, 147, 153, 156, 159, 160, 162, 165, 167, 171, 172, 173, 175, 177, 179, 180, 184, 185, 186, 199, 200, 210, 218

Cornelio Frangipane, 27

correção, 6, 46, 83, 86, 88, 90, 92, 93, 95, 96, 98, 100, 102, 103, 108, 113, 114, 138, 142, 144, 157, 159, 170, 183, 211

D

De La Rue, 54, 91

De Oratore, 3, 12, 16, 82, 114, 217, 220

de Rore, 18, 23, 34, 35, 124, 204, 218, 220, 227

De Tutte l'Opere, 40

decoro, 6, 27, 34, 85, 87, 88, 114, 117, 118, 119, 120, 121, 122, 123, 126, 127, 128, 129, 130, 131, 133, 138, 144, 147, 150, 154, 155, 156, 159, 177, 178, 210, 212 *decorum*, 12, 85, 114, 117, 142, 211

deficiência, 75, 76, 77, 79, 80, 81, 84, 97, 102, 109, 148, 154

deliberação, 68, 69, 73, 74, 81, 117

Dialogo della musica antica et della moderna, 7, 48

Diapason, 14, 15, 59, 94, 95, 104, 105, 127, 132, 168, 169

Diapente, 15, 94, 95, 104, 105, 127, 132, 162, 163

Diatessaron, 15, 59, 94, 95, 105, 127, 132, 162

diatônico, 57, 60, 153

Diedo, 20, 51, 219

Diego Ortiz, 146

Dimostrationi harmoniche, 40

discurso, 1, 2, 5, 6, 12, 38, 42, 66, 81, 82, 83, 84, 85, 86, 87, 88, 90, 99, 101, 103, 107, 108, 109, 110, 111, 112, 113, 114, 117, 120, 122, 123, 126, 129, 131, 133, 135, 138, 139, 142, 143, 144, 145, 147, 148, 149, 150, 151, 152, 153, 154, 155, 156, 161, 169, 172, 174, 211, 212, 214, 219

dissonância, 2, 57, 104, 161, 167

dissonâncias, 58, 59, 91, 92, 94, 104, 105, 128, 135, 160, 162

Dolce, 28

Domenico Scorpione, 48

E

elegância, 3, 6, 32, 46, 107, 108, 113, 115, 139, 142, 145, 147, 148, 155, 156, 170, 185, 212

elocução, 3, 6, 10, 12, 81, 82, 83, 84, 85, 86, 87, 89, 90, 96, 99, 103, 108, 113, 114, 122, 123, 129, 130, 133, 135, 139, 143, 145, 146, 147, 149, 154, 157, 169, 178, 209, 210, 211, 212

erro, 65, 77, 81, 85, 88, 93, 94, 98, 100, 101, 106, 107, 108, 110, 111, 115, 130, 157, 160, 168, 169, 170, 182, 183, 199

erros, 9, 47, 64, 90, 91, 93, 94, 95, 98, 99, 101, 110, 114, 161, 174, 176, 184, 191, 213

estilo, 1, 10, 21, 39, 81, 83, 84, 85, 88, 89, 96, 103, 107, 112, 113, 114, 119, 120, 122, 126, 129, 138, 142, 143, 144, 145, 147, 149, 150, 153, 154, 156, 189, 222

ética, 3, 5, 6, 11, 12, 67, 68, 69, 72, 73, 76, 123, 208, 211

Ética a Nicômaco, 6, 12, 16, 66, 68, 75, 80, 215

Etienne Loulié, 49

eudaimonía, 66, 67

excelência, 4, 69, 70, 71, 72, 73, 74, 75, 78, 84, 90, 92, 103, 118, 211

excesso, 75, 76, 77, 79, 80, 81, 84, 88, 97, 98, 107, 111, 112, 148, 154, 157, 169, 173, 200

F

felicidade, 66, 67, 68, 72, 73, 78

Festa, 54, 91

figuras, 10, 11, 24, 46, 59, 60, 61, 86, 89, 92, 95, 96, 97, 98, 103, 109, 110, 112, 125, 128, 135, 136, 139, 141, 144, 145, 147, 148, 149, 151, 152, 153, 155, 156, 157, 158, 169, 175, 180, 181, 182, 184, 186, 187, 191, 192, 194, 195, 196, 197, 199, 202, 206, 213

Figurenlehre, 152

Fink, 64, 151

Fogliano, 54, 56, 91

Forkel, 151

Francesco dalla Viola, 20

Francesco Maria Delfico, 20

Francesco Patrizi, 33

Francesco Rognoni, 146

Francesco Sansovino, 20, 33

fuga, 60, 107, 136, 137, 159, 165, 167

G

Gaffurio, 54, 55, 56, 91

Gandolfo Sigonio, 48

Gelosi, 27

Giovanni Bassano, 146

Giovanni Battista Bovicelli, 146

Giovanni Camillo Maffei, 146

Giovanni Croce, 25, 121

Giovanni Gabrieli, 24

Giovanni Luca Conforto, 146
Giovanni Spataro, 56
Girolamo Dalla Casa, 146
Girolamo Parabosco, 22
Giuseppe Tartini, 48
Glareano, 60, 61, 91
Gombert, 54, 91
Guido d'Arezzo, 45

H
hábito, 70, 71, 72, 73, 74, 75, 77, 97
hábitos, 68, 70, 71, 72, 73, 74, 78, 114, 178
harmonia, 5, 14, 26, 32, 56, 57, 60, 62, 99, 104, 107, 110, 115, 119, 120, 121, 127, 128, 133, 140, 141, 147, 150, 155, 159, 167, 168, 170, 176, 177, 178, 179, 181, 184, 218
Henrique III, 25, 26, 27, 33, 38
homem bom, 3, 66
Horácio, 113, 133, 135, 225
humanismo, 1, 2, 191
humanista, 1, 3, 28, 58, 99, 139, 144, 150, 186, 191
humanistas, 1, 3, 9, 220

I
Iconologia, 77, 118, 225
Institutio Oratoria, 3, 10, 12, 16, 45, 81, 82, 114, 153, 170, 224
instrumentista, 2, 122
Instrumento di deputatione, 30
instrumentos, 1, 2, 14, 19, 26, 27, 38, 55, 56, 57, 58, 63, 93, 96, 109, 127, 148, 211
interpretação musical, 2, 66, 108, 198, 212, 213
intérprete, 4, 5, 94, 101
intervalos musicais, 14, 53, 103, 105, 132, 172, 179, 194

J
Jan Adam Reincken, 49
Jan Pieterszoon Sweelinck, 48
Jehan Le Fort, 49
Johann Joseph Fux, 49
Johannes Ockenghem, 54
Josephys Tramezinus, 50
Josquin, 54, 91, 150
justo meio, 75, 76, 77, 81

K
kakía, 71
Kircher, 151

L
L'antica musica ridotta alla moderna prattica, 4, 7, 177, 226
Lanfranco, 7, 54, 55, 91, 96, 151, 177, 186, 194, 195, 204, 207, 221
Lasso, 153
latinitas, 12, 85, 86, 87, 88, 96, 97, 98, 99, 101, 103, 105, 106, 108, 113, 114, 123, 138, 147, 157, 167, 170, 206, 211
Le istitutioni harmoniche, 5, 6, 7, 8, 9, 10, 11, 12, 14, 18, 19, 23, 24, 32, 35, 36, 40, 42, 43, 45, 46, 47, 48, 49, 50, 54, 55, 57, 58, 61, 64, 91, 123, 128, 136, 138, 140, 146, 153, 159, 170, 175, 176, 185, 186, 199, 208, 209, 210, 213, 221, 227
Le vite de' matematici italiani, 20
Lefèvre d'Étaples, 54, 91
Leon Battista Alberti, 63
Lepanto, 25, 26, 37, 208, 219
licença, 88, 94, 95, 98, 115, 157, 158, 160, 166, 167, 168, 169, 174
licenças, 95, 98, 109, 155, 157, 158, 159, 160, 161, 163, 180, 212
licentia, 85, 88, 157
ligadura, 186, 190, 191, 192, 193, 204, 205
ligaduras, 95, 175, 191, 192, 193, 206
Lippius, 151
Lodovico Zacconi, 48, 146, 177

Lorenzo Valla, 31, 113, 139
Luscinius, 4, 5

M
Marchesino Vacca, 36
Marco Scacchi, 49
Marin Mersenne, 49
Martini, 42
Mattheson, 151
mediania, 4, 75, 76, 77, 80, 81, 167
melisma, 189, 200, 202, 203, 204
melismas, 124, 185, 189, 191, 192, 193, 197, 203
melodia, 2, 57, 60, 63, 99, 101, 103, 104, 107, 123, 124, 127, 130, 133, 136, 146, 150, 163, 168, 172, 173, 176, 177, 179, 180, 182, 184, 187, 188, 193, 202, 206, 210
mestre de capela, 11, 19, 21, 22, 23, 24, 35, 40, 49, 50
mi contra fa, 94
Michelangelo, 158, 218, 222
modo, 2, 5, 6, 10, 12, 18, 19, 20, 25, 34, 39, 46, 47, 49, 52, 53, 54, 57, 59, 60, 61, 62, 82, 83, 84, 85, 87, 88, 91, 95, 123, 126, 127, 129, 131, 132, 135, 141, 156, 162, 163, 165, 168, 169, 172, 178, 181, 182, 183, 184, 185, 187, 188, 193, 199, 200, 202, 204, 208, 212
modos, 2, 3, 5, 10, 12, 14, 60, 61, 82, 110, 128, 132, 146, 153, 168, 180, 184, 209
Modulationes sex vocum, 34, 35, 36, 54, 204, 220, 227
Monteverdi, 7, 25, 38, 160, 223
Morales, 54, 91
música prática, 2, 7, 11, 12, 46, 52, 53, 54, 62, 91, 92, 139, 213
Musici quinque vocum moduli, 34, 35, 36, 189, 193, 200, 204, 207, 227, 228
músico perfeito, 12, 54, 55, 62, 63, 64, 211
Musurgia seu praxis musicae, 4

N
normas, 90, 94

normativa, 6, 59, 89, 91, 95, 108, 115, 140, 160, 186, 212

Nucius, 151

O

Ockenghem, 91

orador, 2, 3, 5, 16, 41, 66, 82, 83, 86, 88, 89, 90, 97, 112, 113, 117, 122, 130, 133, 142, 143, 144, 149, 152, 154, 156, 178, 187, 211, 220, 225

oratória, 2, 3, 46, 84, 85, 122, 156, 211

Orazio Vecchi, 37

ornamentação, 82, 85, 89, 122, 129, 133, 146, 160

ornamentado, 6, 142, 144, 146

ornatus, 12, 85, 86, 88, 89, 98, 108, 112, 130, 137, 139, 143, 144, 145, 146, 147, 148, 154, 155, 156, 157, 169, 199, 211

ouvinte, 2, 56, 82, 88, 100, 102, 105, 115, 127, 138, 149, 172

P

palavras, 3, 5, 9, 10, 22, 46, 61, 65, 69, 81, 84, 87, 90, 91, 92, 96, 97, 98, 99, 100, 103, 106, 108, 109, 110, 111, 112, 113, 114, 115, 117, 119, 120, 123, 124, 127, 128, 129, 130, 132, 133, 135, 138, 144, 145, 148, 149, 150, 151, 152, 153, 154, 156, 157, 163, 169, 170, 175, 176, 177, 178, 181, 182, 183, 184, 185, 186, 187, 188, 189, 190, 196, 199, 204, 206, 210

Palladio, 20, 28, 33

Paolo Manuzio, 29

Paul Hofhaimer, 4

pausa, 104, 150, 182, 183, 186, 198

pausas, 95, 99, 106, 136, 137, 138, 182, 183, 184, 185, 199, 200, 202

Peri, 37

perspicuitas, 12, 85, 86, 87, 88, 103, 105, 106, 108, 109, 111, 112, 113, 114, 123, 138, 147, 154, 211

Philidor, 37

Pietro da Fino, 47, 228

Pietro Francesco Contarini, 51

Pietro Pontio, 48

Pitágoras, 45, 57, 91

Pizzeghettone, 177
Pizzighettone, 7
Platão, 57, 62, 176, 177
poeta, 2, 33, 36, 66, 133, 135, 159, 160
ponto, 4, 26, 39, 53, 58, 59, 71, 73, 76, 79, 80, 81, 83, 87, 95, 115, 123, 132, 140, 153, 159, 161, 176, 189, 194, 197, 198, 205, 206
pronúncia, 3, 98, 99, 100, 108, 109, 110, 115, 151, 154, 187, 198, 203, 206
proporção, 4, 46, 56, 57, 59, 64, 79, 93, 94, 95, 104, 105, 117, 120, 122, 127, 133, 140, 141, 158, 172, 177, 178, 180, 184
proporções, 7, 53, 55, 56, 91, 95, 105, 135, 140, 157, 180, 219
Ptolomeu, 45, 57, 91, 153

Q

Quantz, 151
Quintiliano, 3, 10, 12, 16, 45, 66, 81, 82, 83, 86, 89, 90, 91, 96, 99, 100, 103, 107, 108, 109, 111, 112, 114, 117, 120, 121, 123, 141, 142, 143, 144, 145, 148, 150, 153, 154, 155, 156, 169, 170, 178, 222, 224

R

Rameau, 17, 49, 151
Ramos de Pareja, 56, 91
regras, 2, 19, 45, 49, 54, 58, 59, 87, 90, 91, 93, 94, 95, 101, 102, 104, 106, 107, 111, 114, 115, 117, 123, 128, 130, 131, 138, 147, 158, 159, 161, 166, 174, 175, 178, 185, 186, 187, 192, 193, 194, 196, 202, 203, 205, 206, 209, 211, 212
relações não harmônicas, 59, 164, 165, 166
René Descartes, 9, 49
René Ouvrard, 49
reta razão, 68, 73, 79
retórica, 2, 3, 6, 10, 11, 12, 16, 30, 45, 46, 62, 66, 82, 83, 84, 85, 86, 88, 89, 90, 93, 97, 99, 100, 103, 107, 108, 109, 111, 113, 114, 117, 120, 131, 139, 141, 142, 144, 145, 146, 148, 150, 151, 152, 153, 169, 170, 171, 172, 187, 208, 210, 211, 212, 215, 219, 221, 224
Rhetorica ad Herennium, 10, 12, 16, 86, 87, 88, 96, 103, 106, 107, 113, 114, 135, 139, 146, 148, 169, 170
Richardo Rogniono, 146

Rinuccini, 37, 38
ritmo, 2, 95, 145, 153, 170, 176, 182, 192, 194
Rossetti, 191

S
Salomon de Caus, 49
São Marcos, 11, 19, 21, 22, 23, 24, 25, 26, 27, 28, 29, 33, 34, 35, 39, 40, 42, 49, 50, 208
Scheibe, 151
Sciopione Cerreto, 177
Semidiapente, 15, 94, 95, 127, 162, 163, 164, 166
Semidiatessaron, 15, 94, 95, 127
senario, 55, 57
Senese, 40, 47, 48, 50, 227, 228
Serlio, 158
Sethus Calvisius, 48, 152
Silvestro Ganassi, 54, 146
sintônico-diatônico, 57, 58
Sopplimenti musicali, 40, 41, 42, 43, 48, 153, 187
Speroni, 28
Spiess, 151
Stoquerus, 7, 151, 177, 190, 194, 204, 206, 207
Summa librorum, 32

T
teoria modal, 7, 133, 210
Thomas Morley, 49
Tigrini, 7, 48, 177, 183
Tintoretto, 20
tratados, 2, 6, 7, 8, 11, 19, 31, 35, 40, 41, 42, 45, 48, 53, 55, 59, 63, 91, 114, 146, 148, 151, 153, 183, 186, 191, 202, 208, 209, 212
Tritono, 15, 95, 162, 163
Trítono, 15, 94, 95, 127, 162, 163, 164, 166
Trost, 48

U

Uníssono, 14, 59, 104, 105, 107, 136, 141, 166, 170, 172, 194

V

Valerio Bona, 7, 177

Vanneo, 54, 55, 91

variedade, 49, 60, 61, 85, 104, 112, 126, 127, 135, 137, 139, 140, 141, 144, 147, 150, 159, 166, 173, 189, 199, 208, 212

Vasari, 52, 157, 158, 159, 222

Vicentino, 4, 5, 7, 48, 54, 151, 177, 191, 206, 207, 226

vício, 10, 12, 71, 72, 73, 75, 76, 78, 79, 81, 85, 97, 98, 99, 100, 107, 108, 109, 112, 128, 138, 141, 146, 154, 156, 157, 170, 173, 174, 183, 200, 212

vícios, 71, 75, 76, 77, 79, 80, 81, 85, 86, 98, 108, 109, 111, 112, 114, 122, 130, 154, 170

Vincenzo Galilei, 7, 9, 48, 58, 185, 216, 223

virtude, 4, 5, 6, 10, 12, 68, 69, 70, 71, 72, 73, 74, 75, 76, 77, 78, 79, 80, 81, 83, 84, 85, 86, 87, 88, 89, 90, 95, 96, 97, 98, 103, 106, 107, 108, 112, 113, 119, 123, 129, 133, 135, 138, 142, 145, 146, 149, 153, 155, 156, 157, 177, 178, 183, 199, 209, 210, 212

virtudes, 3, 4, 5, 6, 10, 12, 26, 66, 67, 68, 69, 71, 72, 73, 74, 75, 76, 77, 79, 80, 84, 85, 86, 87, 88, 98, 99, 103, 105, 108, 109, 113, 114, 119, 122, 123, 130, 138, 139, 154, 169, 208, 209, 210, 214, 226

virtus, 70, 79, 81, 84, 97, 98, 103

Vogt, 151

W

Walther, 151

Willaert, 18, 19, 21, 22, 23, 32, 36, 45, 49, 52, 54, 58, 91, 92, 153, 175, 189, 207, 213, 223, 226

Z

Zarlino, 3, 5, 6, 7, 8, 9, 10, 11, 13, 14, 17, 18, 19, 20, 21, 22, 23, 24, 25, 26, 27, 28, 30, 31, 32, 33, 34, 35, 36, 37, 38, 39, 40, 41, 42, 43, 44, 45, 46, 47, 48, 49, 50, 51, 52, 53, 54, 55, 56, 57, 58, 59, 60, 61, 62, 63, 64, 90, 91, 93, 94, 95, 96, 99, 100, 101, 103, 104, 105, 106, 107, 108, 110, 111, 115, 120, 121, 123,

124, 126, 127, 128, 129, 130, 131, 132, 133, 135, 136, 137, 138, 140, 141, 142, 144, 146, 147, 148, 151, 152, 153, 155, 159, 160, 161, 162, 163, 164, 165, 166, 167, 169, 170, 171, 172, 173, 175, 176, 177, 178, 179, 180, 181, 182, 183, 184, 185, 186, 187, 189, 190, 192, 193, 194, 195, 196, 197, 198, 199, 200, 202, 203, 204, 205, 206, 208, 209, 210, 211, 212, 213, 215, 216, 217, 218, 219, 220, 221, 222, 223, 224, 225, 226, 227, 228